国家社科基金项目"中国养老金制度运行的经济效应研究"（编号：10BJL024）。

国家社科基金丛书
GUOJIA SHEKE JIJIN CONGSHU

养老金制度的经济学分析

Economic Analysis of Pension System

刘子兰　等著

人民出版社

前　言

　　养老金制度是一个以上的养老金计划的结合体,而养老金计划是工业革命以来出现的向社会成员提供养老金的一种社会化的制度安排,它是养老金制度的实际组织和运行形式,不同养老金计划之间结合成为养老金制度。①养老金是指退休人员从退休开始直至死亡期间,连续定期被支付的资金。这也是终身年金的定义,因此养老金是终身年金的一个典型例子。② 养老金具备两种基本功能,一是保证个人一生的"消费平滑",即个人在工作期间牺牲一部分消费来加入养老金计划,在其退休期间就可以获得一定的养老金收入;二是保险功能,特别是针对长寿风险(个人寿命长短的不确定风险)。此外,在国家层面养老金计划还具有减贫和分配功能。③

　　从经济的视角来看,包含养老金计划在内的社会保险计划有四个重要的目标。当人们面临早逝、年老、疾病、残障、失业等长期风险时,社保为其提供基本的经济保障;此外还包括减贫、稳定经济、传承重要的价值观等。④

　　美国马里兰大学经济学教授、布鲁金斯学会高级研究员亨利·艾伦

---

① 李韶光:《养老金制度与资本市场》,中国发展出版社 1998 年版,第 1 页。
② Blake,D.,*Pension Economics*,John Wiley&Sons Ltd.,2006,p.1.
③ Barr,N.,*The Economics of the Welfare State*,Oxford University Press,2004,p.15.
④ Rejda,G.E.,*Social Insurance and Economic Security*,Prentice-Hall,Inc.,1999,pp.36-37.

（Henry Aaron）指出，养老金制度如何影响个人储蓄、劳动供给和收入分配已经成为美国经济学家日益关注的重要问题，因为养老社会保险（Social Security）是美国最大的非国防类政府项目。据测算，1981 年，养老社会保险现金给付占个人可支配收入的 6.8%，估计当前和未来的给付现值会由 1972 年的 1.8 万亿美元上升到 1977 年的 3.6 万亿美元。未来养老社会保险给付成为大多数美国家庭最重要的资产，实际获得的给付在减少老年人贫困方面发挥了核心作用。① 他具体分析了美国养老社会保险对储蓄、劳动供给和收入分配产生的影响。

养老金经济学大体上包括两个流派：政治经济学派与新古典学派。② 前者强调非经济的因素，尤其是政治因素在变迁过程中的作用，在方法上以经验描述为主。研究重点既有养老金制度的起源，又侧重于以社会公平的标准来评价其制度绩效。后者基本上是在新古典主义的理论框架之内运用严格的新古典主义的方法，对各种养老金制度安排的经济绩效进行研究，重点放在不同的养老金制度对其他经济变量的影响上，强调它们对于收入分配、劳动力行为、个人和国民储蓄、资本市场及财政预算等经济变量的影响。③

新古典经济学的分析方法从经济增长的视角来看待养老保险制度，其关注的焦点更侧重于储蓄和资本形成，主要关心不同的养老保险筹资模式是如何通过影响储蓄来影响资本积累从而最终影响到经济增长。但这种分析视角忽视了养老保险的再分配功能，与养老保险消除老年贫困的目标并不一致，如果政府的目标函数兼顾效率和公平，可以得到一个对于社会总福利而言最优的养老保险规模。④ 封进等的模拟研究表明，一个合适的现收现付制的养老

---

① Aaron, H. J., *Economic Effects of Social Security*, The Brookings Institution, 1982, p.1.

② 李韶光：《养老金制度与资本市场》，中国发展出版社 1998 年版，第 9 页。

③ Bodie, Z. & Papke, L E., "Pension Fund Finance", In *Pensions and the Economy：Sources, Uses and Limitations of Data*, edited by Zvi Bodie & Alicia Haydock Munnell, Pension Research Council and University of Pennsylvania Press, 1992, pp.149-172.

④ 封进：《人口转变、社会保障与经济发展》，上海人民出版社 2005 年版，第 5 页。

保险制度在中国可以改进社会总福利。

运用奥尔巴赫和科特里科夫创立的动态生命周期模拟模型(A-K模型)，郑伟等重点考察了养老社会保险制度变迁对宏观经济、微观经济、经济公平和转轨代价等方面的影响。[①]

从严谨的现代经济学逻辑出发，学者们通过一系列宏观经济学的动态模型，揭示不同养老保险体系运行的内在机理，全面讨论养老保险体系的基本模式(现收现付制和基金积累制)对宏观经济运行的影响。[②]

养老金制度是社会保障制度的重要组成部分。建立一个具有社会和经济双重功能的社会保障制度，不但有利于保障老年人口的利益，也有利于中国高储蓄率的维持、资本的有效形成、资本市场的完善。目前的主流认识还是认为社会保障制度是一个社会制度，它被动受制于经济发展水平和经济制度，对社会保障安全之外的功能还缺乏足够的讨论。[③]

经济增长为充足的社会保障待遇给付奠定了物质基础，而社会保障制度则有助于稳定经济，甚至往往刺激经济增长。但社会保障对经济增长的影响及其两者的关系复杂且有争议，不同的体系和制度项目在特定的情况下可能会产生不同的效果。[④] 剖析两者之间的关系有助于改善各国制度，最大限度地发挥两者积极的协同作用。

基于养老金经济学的分析框架，本书主要围绕养老金制度对储蓄、消费、收入再分配、劳动供给、企业全要素生产率等方面的影响展开研究。此外，还分析了缴费确定型养老金计划的最优投资策略，以及混合养老金计划的最优资产配置和给付调整策略，估算了我国企业职工基本养老保险的长寿风险，剖

[①]　郑伟、孙祁祥：《中国养老保险制度变迁的经济效应》，《经济研究》2003年第10期，第75—84页。

[②]　袁志刚主编：《养老保险经济学》，上海人民出版社2005年版，第4页。

[③]　李珍：《社会保障制度与经济发展》，武汉大学出版社1998年版，第3页。

[④]　郑功成、[德]沃尔夫冈·舒尔茨：《全球社会保障与经济发展关系：回顾与展望》，中国劳动社会保障出版社2019年版，第2页。

析了最低工资调整对企业参保行为的影响。通过运用中国的入户调查数据及宏观经济数据进行计量分析与实证检验,就如何进一步完善相关制度提出建议。全书共分十章,各章内容简介如下。

第一章:养老金制度与个人储蓄。本章首先讨论了现收现付制养老社会保险与个人储蓄关系的几种重要理论。无论是费尔德斯坦(Feldstein)运用扩展的生命周期模型进行的研究,还是巴罗(Barro)运用含有遗产储蓄动机的迭代模型所作的分析,都不能得出现收现付养老金计划必然减少私人储蓄的结论。由于个人储蓄背后的动机比较复杂,本章接下来对有关现收现付制养老金计划与个人储蓄关系的实证研究工作进行了梳理,结果表明,应用横截面(Cross-Section)方法的实证研究基本上证实了现收现付制养老金计划会降低个人储蓄水平,而应用时间序列(Time Series)方法以及跨国数据(Cross-Country)的实证研究工作并不能得到与之相同的结论。

第二章:养老金制度与居民消费。以生命周期理论为基础,本章构建了一个两期的代际交叠模型来分析中国预期寿命的消费效应以及养老保险发展对该效应的影响。分析发现,预期寿命延长将导致居民消费率的下降,而养老保险水平和覆盖率的提高能在一定程度上削弱这一效应。利用中国 31 个省份2002—2013 年的平衡面板数据以及静态、动态面板估计方法,对模型分析的结论进行了计量检验,计量结果与模型分析的结论相符。研究还发现,老年抚养比率对居民消费率具有显著的正向影响,而少儿抚养比率则对居民消费率无显著影响。

此外,采用中国健康与养老追踪调查(CHARLS)2011 年和 2013 年的入户调查数据,通过计算养老金财富值,我们还在家户层面实证分析了养老保险对居民消费的影响。用工具变量法估计固定效应模型的回归结果表明,养老金财富 1%的增长将分别提高企业职工和居民家庭的总消费 1.26%和 1.00%;养老金财富的边际消费倾向大于家庭收入的边际消费倾向,养老金财富可以促进家庭总消费以及改善家庭消费结构。研究还表明,养老保险对企业职工和居民消费的影响存在异质性。

第三章:养老金制度的再分配效应。收入再分配是养老金制度的重要功能之一,本章介绍了有关养老保险收入再分配效应的基本度量方法和相关结论,总结了影响养老社会保障制度收入再分配效应的主要因素。基于我国代表性的城镇职工养老保险抽样调查数据,我们分析了工资增长和个体异质性对养老保险再分配效应的影响及"断保者"在现行制度下的损益。结果显示,现行城镇职工养老保险存在代内和代际再分配效应。当社会年平均工资增长率为4%时,参保使基尼系数减小了3.157个百分点;当社会年平均工资增长率分别为6%、9%和12%时,参保使基尼系数分别减小了4.257个百分点、5.541个百分点和5.512个百分点。这说明,在其他条件不变的情况下,当未来的社会年平均工资增长率提高时,养老保险对降低基尼系数作用显著。研究还发现,与代际再分配效应相比,代内收入再分配效应更显著。

第四章:养老保险与企业全要素生产率。基于全国税收调查数据,本章系统地考察了养老保险政策缴费率、实际缴费率与企业全要素生产率三者之间互动关系。研究结果表明,企业养老保险实际缴费率与全要素生产率之间呈倒 U 型关系,当养老保险缴费率过高或过低时,均不利于企业全要素生产率的提升,存在一个适当缴费区间,能够实现资源配置、企业研发活动以及员工激励三者的良性互动。养老保险最优实际缴费率存在企业异质性,对劳动力成本上升更加敏感、保费转嫁程度较低或无法灵活调整生产要素的企业,其最优实际缴费水平相对较低。进一步以 2008—2011 年浙江、江苏等四个省份阶段性降低基本养老保险缴费比例为准自然实验,通过构建渐进 DID 模型,发现下调养老保险缴费比例政策会使企业实际缴费水平下降 0.878%,而相对缴费率提高 0.336%,企业全要生产率水平也会提高 6.9%。降费政策减轻了企业养老保险缴费负担,使得企业养老保险缴费合规程度也有所提高,有利于企业生产效率的提升。并得到了企业养老保险实际缴费率平均弹性系数区间为 0.189—2.248,进而得到了养老保险最优政策缴费区间为

11. 95%—15. 66%。

第五章:养老保险对劳动供给和退休决策的影响。本章使用三期中国健康与养老追踪调查(CHARLS)数据,采用工具变量法等计量方法,分别考察了城镇企业职工养老保险和"新农保"对退休行为和劳动供给决策的影响。研究表明:城镇职工养老保险会激励职工提早退休,养老金财富每增加1%,职工预计停止工作年龄平均提早约1.2个月,需要照顾孙子辈的职工倾向于提早退休,而参加城镇职工医疗保险会减弱这一引致退休效应;"新农保"对农民预计停止工作年龄产生微弱的负向影响,随着年龄的增加,养老保险的引致退休效应将减弱。同时,养老金财富的增加在一定程度上抑制农民无休止劳动的意愿;城镇职工养老保险制度对劳动供给产生的收入效应大于替代效应,它不仅会影响个体全职劳动时间,也会影响兼职的劳动时间;"新农保"对劳动供给的影响是非线性的。随着养老金给付水平的提高,自家农业活动的劳动时间呈现先逐步增加后降低的变化趋势,其他活动的劳动供给并未受到显著影响。实证研究结果表明,如果基本养老金增长率降低,则职工的预计停止工作年龄将推迟,这为中国适时推出渐进式延长退休年龄政策提供了经验依据。

第六章:缴费确定型养老金计划最优投资策略。本章研究了学习机制下带有保费返还条款的缴费确定(DC)型养老金计划的最优投资决策。假设金融市场由无风险资产与风险资产构成,考虑风险资产回报率仅部分可观测,其中不可观测部分可以通过贝叶斯学习机制从可观测信息中学习。此外,我们还引入了保费返还条款,允许在基金积累阶段死亡参保者的指定受益人提取其缴纳的养老保险费。借助动态规划原理,通过构造并求解优化问题对应的HJB方程,我们得到了最优投资决策。最后,通过数值分析,讨论了模型参数,学习机制与保费返还条款对最优投资决策的影响及其背后的经济直觉。

第七章:混合养老金计划的最优资产配置和给付调整策略。本章研究了长寿风险下目标给付(Target Benefit)养老金计划的最优投资组合和给付调整策略。我们假设将养老基金投资于无风险资产、股票和与长寿相关的金融衍生品——长寿债券,运用随机最优控制理论,求得了当市场中有无长寿债券时的最优投资组合和给付调整决策的封闭解。最后,我们给出数值算例以探讨各参数对最优决策的影响。

第八章:养老基金持投与公司绩效。选取 2008—2016 年全国社保基金和企业年金的季度持股数据,本章采用工具变量法研究养老基金持股比例变化对公司绩效和公司绩效改善能力的动态影响。研究发现:第一,养老基金是价值的发现者,但不具有价值创造功能;第二,当其他条件不变时,与社保基金减持股票、更低比例持股、短期持股的公司相比,社保基金增持股票、重仓持股和长期持股的公司的绩效更高,但是绩效改善幅度更低,而社保基金是否是目标公司的前十大股东对公司的绩效和绩效改善幅度没有显著影响;第三,企业年金增持股票和重仓持股公司的绩效平均高于其减持股票和持有更低股票比例公司的绩效。

第九章:基本养老保险的长寿风险估算。本章采用残差分布情况、生物合理性、预测稳健性、参数估计稳健性、模型简洁性和预测准确性六种指标,从六种经典死亡率模型中选择适合中国 0—89 岁男女的最佳随机动态死亡率模型,以此构建人口发展模型和城镇企业职工基本养老保险精算模型。基于死亡率不确定性利用 VaR 和 CVaR 估算基本养老保险制度财务缺口上限和超过上限的尾部风险,进而评估各省份城镇企业职工基本养老保险的长寿风险,并模拟分析了渐进式延迟退休政策对不同省份养老保险长寿风险的影响。研究发现:经济发达、人口密集的省份未来面临的长寿风险较大;渐进式延迟退休会降低养老保险的长寿风险,但是政策的效果会逐渐减弱。

第十章:最低工资调整与企业参保行为。基于 2003—2007 年的中国工业企业数据库和 326 个地级市的最低工资与社保政策缴费率数据,本章实证检验了最低工资标准提升同企业社保缴费积极性之间的因果关系。最低工资制度会通过成本效应和替代效应来影响企业参保行为,最低工资标准的提高对企业参保概率无显著影响,但会显著降低企业的缴费率,损害企业的参保积极性。进一步分析发现,最低工资标准对企业参保积极性的影响与所在城市的社保政策缴费率和流动人口比例有关,政策缴费率和流动人口比例越高的地区,最低工资对企业参保积极性的负面影响越大。研究还发现,最低工资标准对企业参保行为的影响与当地最低工资和社保政策的监管有关,最低工资监管较为宽松的地区企业逃费倾向相对较弱,而社保政策监管宽松的地区企业社保逃费行为更为严重。

本书的出版得到国家社会科学基金资助。各章的分工如下:

第一章:刘子兰、周成;第二章第一节:蔡兴;第二章第二节:陈迪红、肖楚女、臧家珩、刘子兰;第三章第一节:刘子兰;第三章第二节:李连友、宋泽、陈其;第四章:刘子兰、郑茜文、周成;第五章:郑茜文、刘子兰;第六章:王一君、刘子兰、张换英;第七章:刘子兰、张换英、贺磊;第八章:刘子兰、肖楚女、甘顺利;第九章:贺磊、马昕;第十章:刘子兰、刘辉、杨汝岱。

刘子兰

2022 年 10 月于长沙

目　录

第一章　养老金制度与个人储蓄

第一节　引言及文献综述

学术界关于养老金制度的改革模式存在不同意见。一些学者认为,为了迎接人口老龄化的挑战,必须要放弃现收现付型养老社会保险制度,实行完全积累的个人账户制度,这种观点的一个重要理论依据是,现收现付型公共养老金制度减少了私人储蓄,而完全积累的个人账户制度有助于提高国民储蓄率。国内就有学者指出,"基本养老保险实行完全的基金和个人账户制,已经成为许多国家的改革选择,在我国具备更多的有利条件。简而言之,如果我们愿意,从明天开始就可以采取完全的基金积累制,而毋须考虑所谓新人老人之分,也不必琢磨 20 年或 30 年哪个过渡期更合适"。另一些学者则认为,现收现付型养老社会保险制度不应被放弃,为了使养老金制度财务上具有可持续性,只需要对养老社会保险基金的投资政策进行调整,美国著名社会保险专家亨利·艾伦(Henry Aaron)就持这种观点。第三种观点认为,应该建立个人账户,但社会统筹部分应予保留。需要指出的是,许多学者力图通过实证研究来证明,现收现付型养老社会保险制度对个人储蓄具有挤出效应,即由于现收现付型养老社会保险制度的存在,可能会使个人储蓄减少,进而会影响一个国家的经济增长。美国著名学者马丁·费尔德斯坦(Martin Feldstein)就持这种观点,他1974年的研究结论就产生了较大的影响,所以,他力主改革美国现行的现收现付制度。问题在于,现收现付的养老社会保险制度对个人储蓄产生负面影响是一个令人信服的结论吗?

养老金制度抑制储蓄的观点认为,养老金与其他金融资产之间存在替代效应,因此养老金对个人储蓄产生负效应。阿塔纳西奥(Attanasio)等利用意大利的数据研究发现,养老金改革与私人储蓄的替代弹性介于-0.4到-0.3之间,且35—45岁年龄段的人群替代弹性最大。[1] 何立新等利用城镇住户调查数据(CHIPS)的研究也有类似发现。[2] 还有学者认为,社会保障制度的改革提高了资本市场的运作效率,减少了预防性储蓄。[3] 李雪增等认为,居民储蓄受惯性因素的影响最大,短期内我国的养老金制度改革难以降低储蓄,但从长期来看,养老保险制度的完善将弱化不确定性对家庭的冲击,稳定居民预期,增加家庭消费。[4] 马光荣等使用两期中国家庭追踪调查(CFPS)面板数据进行的研究表明,新农保显著降低了60岁以上居民的储蓄率。[5]

养老金制度增加储蓄的观点认为,养老保险制度引起了个体消费认知以及边际消费倾向的变化,对当期储蓄产生正效应。卡甘(Cagan)认为,养老保险制度具有"认知效应",它使个体认识到储蓄对于老年生活的重要性,从而

---

[1] Attanasio, O.P.& Brugiavini, A., "Social Security and Household Saving", *Quarterly Journal of Economics*, vol.118, no.3, 2003, pp.1075-1119.

[2] 何立新等:《养老保险改革对家庭储蓄率的影响:中国的经验证据》,《经济研究》2008年第10期,第128页。

[3] Rojas, J. & Urrutia, C., "Social Security Reform with Uninsurable Income Risk and Endogenous Borrowing Constraints", *Review of Economic Dynamics*, vol.11, 2008, pp.83-103.

[4] 李雪增等:《养老保险能否有效降低家庭储蓄:基于中国省级动态面板数据的实证研究》,《厦门大学学报(哲学社会科学版)》2011年第3期,第30页。

[5] 马光荣等:《新型农村养老保险对家庭储蓄的影响:基于CFPS数据的研究》,《经济研究》2014年第11期,第127页。

改变工作期间的消费函数,以增加储蓄。[1] 塞勒(Thaler)认为,消费者会估计抵制现期消费诱惑的心理成本,同样的财富会由于个体心理成本的差异而出现不同的边际消费倾向。[2] 萨姆维克(Samwick)认为,在养老金制度转轨过程中,如果转轨成本通过税收而非债务方式实现,则稳态下储蓄率可能会提高。[3] 白重恩等使用9省市城镇住户调查的数据,构建家庭养老金缴费的工具变量,研究发现,在信贷约束与目标储蓄动机的双重作用下,养老金缴费会减少当期可支配收入,抑制消费。[4] 杨继军等使用1994—2010年宏观省级面板数据,采用系统 GMM(Generalized Method of Moments)估计方法,实证发现,养老保险覆盖面、养老保险缴费水平对个人储蓄的影响显著为正。[5] 塔洛萨加(Talosaga)等运用家庭经济调查(HES)数据,检验了新西兰渐进式延迟退休的养老保险改革对家庭储蓄率的影响。[6] 塔洛萨加认为,这种政策改变提高了受影响家庭的平均储蓄率,其中中等收入家庭和老年家庭储蓄率增幅较大。马塔(Marta)等使用1997—2003年波兰家庭预算调查数据,采用时间和组别的交叉项作为养老保险财富的工具变量,研究波兰1999年养老保险改革对家庭消费和储蓄的影响。研究发现,此次改革对储蓄具有正效应,对家庭开支则有负

---

[1] Cagan, P., *The Effect of Pension Plans on Aggregate Saving: Evidence from a Sample Survey*, NBER Books, 1965, vol.21, no.3, p.576.

[2] Thaler, R.H., *Quasi Rational Economics*, New York: Russell Sage Foundation Publications, 1994, pp.172-253.

[3] Samwick, A., "Is Pension Reform Conducive to Higher Saving?", *Review of Economics and Statistics*, vol.82, no.2, 2000, pp.264-272.

[4] 白重恩等:《中国养老保险缴费对消费和储蓄的影响》,《中国社会科学》2012年第8期,第71页。

[5] 杨继军等:《人口年龄结构、养老保险制度转轨对居民储蓄率的影响》,《中国社会科学》2013年第8期,第65、66页。

[6] Talosaga, T.et al., "The Effect of Public Pension Eligibility Age on Household Saving: Evidence from a New Zealand Natural Experiment", New Zealand Treasury Working Paper, no.14/21, 2014, pp.26-27.

效应。[①]

此外,有学者认为,养老金计划对储蓄影响是"中性"或者不确定的。矢北明(Yakita Akira)认为,由于个体预期寿命的不确定性和养老金市场的不完善,使得社会保障对储蓄不会产生实质性影响。[②] 顾海兵等认为,如果不考虑高收入和低收入两类群体的边际消费倾向差异,那么社会保障对总消费和总储蓄的影响是"中性"的。[③]

现收现付的公共养老保险制度对于个人储蓄会产生何种效应?本章将从理论上进行分析与讨论。

第二节　理论分析

在这部分,我们将介绍有关养老金计划与个人储蓄之间关系的几种重要理论,包括生命周期模型(Life-cycle Model,LCM)、含有遗产储蓄动机的迭代模型(Overlapping Generations Model,OLG model)、预防动机储蓄(Precautionary Motives for Saving)理论以及"拇指法则"(Rules of Thumb)。

一、生命周期理论

Feldstein 在传统的生命周期模型中加入养老金计划,并使个人的退休生活时期内生化,发现养老金计划对个人储蓄的影响有两种效应:一种被他称作"资产替代效应"(Assets Substitution Effects);另一种被他称作"引致退休效应"(Induced Retirement Effects)。"资产替代效应"是指养老金作为一种支持

① Marta,L. et al.,"The Effect of Public Pension Wealth on Saving and Expenditure", *IZA Discussion Paper*,no.8895,2015,pp.31-32.

② Yakita Akira,"Uncertain Lifetime,Fertility and Social Security", *Journal of Population Economics*,vol.14,no.4,2001,pp.635-640.

③ 顾海兵等:《试论社会保障水平与消费水平的不相关》,《经济学家》2010 年第 1 期,第 92 页。

个人退休生活的资产能够替代一部分个人在年轻时为以后退休生活而留作的储蓄,从而"资产替代效应"将会降低个人储蓄水平。[①] 在说明"引致退休效应"之前,需要介绍一下养老金计划中的"收入测试"(Earning Test)制度。"收入测试"制度意味着,如果一个已经过了正常退休年龄(the Full Retirement Age,FRA)的老年人的收入比较高,那么他所能领到的养老金收益将会被减少。[②] 具体而言,美国社会保障署(Social Security Administration,SSA)每年都会定出一个收入的上限(比如 2006 年,这个上限是 33240 美元),如果一个老年人年龄上已经超过了 FRA 并且其收入也超过了 SSA 所定的上限的话,那么他的养老金收益将会被减少的金额就等于他超过上限的那部分收入的三分之一。如果他超过 FRA 之后的收入来自工作,那么实际上"收入测试"制度就相当于对其工作收入征税,只不过这笔税金的支付是从其养老金收益中扣除的,而不是从其工资收入中扣除。因此,一些老年人为了能领取更高水平的养老金,将会提前退休,这便是养老金计划的"引致退休效应"。[③] 提前退休意味着个人退休生活的时期将延长,从而需要更多的资金用来维持退休生活,进而会增加个人储蓄。由此,Feldstein 认为养老金计划对个人储蓄的影响取决于"资产替代效应"与"引致退休效应"的净效应,单单在理论上不能够断定养老金计划对个人储蓄的影响方向,要确定养老金计划对个人储蓄的影响须利用实证研究的方法。

[①] Feldstein,M.,"Social Security,Induced Retirement,and Aggregate Capital Accumulation",*Journal of Political Economy*,vol.82,no.5,1974,pp.905-926.

Feldstein,M.,"Social Security and Saving:The Extended Life Cycle Theory",*The American Economic Review*,vol.66,1976,pp.77-86.

Feldstein,M.,*Social Security and Private Savings:International Evidence in an Extended Life-Cycle Model*,London:The Macmillan Press,1977,pp.174-205.

[②] 在美国 1938 年之后出生的人的 FRA 是 65 岁,1959 年之后出生的美国人的 FRA 是 67 岁。

[③] 关于"引致退休效应"是否显著是存在争论的,Krueger 和 Pischke(1992)通过对 1977 年美国《养老金法案》(*Social Security Act*)改革做实证研究发现这种"效应"是不明显的,而 Blau(1994)则利用"退休历史调查"(Retirement History Survey)的数据发现这种"效应"是显著的。更早的对"引致退休效应"大小的讨论见 Feldstein(1974)。

为了详细说明 Feldstein 所扩展了的生命周期模型的思想,我们在下面建立一个说明性的模型,这个模型主要是依据 Feldstein 的相关研究来建立的。①

(一) 基本假定

经济中的时间是离散的,每个个体只能存活两期:年轻期和老年期(年龄上个体已经超过正常退休年龄)。经济中每个个体都是自私的,没有"利他主义"倾向②,个体的效用函数仅仅以其自身分别在两期的消费、闲暇为自变量,而同他人的(包括其子女)效用无关。

我们设定所考虑的经济是一个小型开放经济,资本具有充分的流动性,劳动不可以流动。这样,我们所考虑的经济的利率水平将等于一个国际水平 r,并且我们设定 r 是一个常数。经济中的生产只有劳动和资本两种投入要素,抽象掉技术变量(也可以理解为技术水平保持不变)。劳动力和资本市场是完全竞争的,从而劳动和资本收益就等于相应的边际生产力,由于最优的资本—劳动比率固定,资本收益即利率等于常数 r,从而劳动收益或工资也必为一个常数,我们设为单位 1。

经济中实行现收现付(Pay-As-You-Go,PAYG)的养老金计划,每个个体年轻时按 t 的税率缴纳养老金税,退休后所得的养老金收益为 B。某一时期,经济中老年人所得到的养老金收益来自于同期年轻人所缴的税。

(二) 居民行为

设居民年轻时及年老时的消费分别为 c_y、c_o,年轻时及年老时所享受的闲

---

① Feldstein(1977)的原始模型还讨论了在居民第 2 期劳动供给固定情况下养老金计划与个人储蓄的关系,由于 Feldstein 文章的目的主要是引入"引致退休效应",从而要求第 2 期的劳动供给是可变的,所以这里我们仅仅介绍居民的第 2 期劳动供给是内生的情况下的模型,并将原模型中的假定形式化。

② 这是为了同下面(本章第二节第二部分)"含有遗产储蓄动机的迭代模型"相区别,本章第二节中的个体是具有"利他主义"情操的。

暇分别为 L_y、L_o。并设居民的效用函数为下列形式：

$$U = u^y(c_y, L_y) + u^o(c_o, L_o), u_i^j > 0, u_{i,k}^j < 0 (j = y, o; i, k = y, o) \quad (1.1)$$

可知 $(1 - L_y)$ 和 $(1 - L_o)$ 为居民年轻时和年老时的劳动供给，也等于其劳动收入。

下面，我们来考虑预算约束问题，居民年轻时须满足下式：

$$c_y = (1 - t)(1 - L_y) - s \quad (1.2)$$

其中，s 为储蓄。养老金计划中的"收入测试"制度实际上是对居民在老年期工作收入 $1 - L_o$ 征税，我们设税率为 α，从而有预算约束式：

$$c_o = Rs + (1 - t)(1 - L_o) + B - \alpha(1 - L_o), R = (1 + r) \quad (1.3)$$

个体的行为就可以用下面的一个非线性规划（NLP）问题来描述：

$$\max_{s, L_o} U = u^y(c_y, L_y) + u^o(c_o, L_o) \quad (1.4)$$

s.t. （1.2），（1.3）

问题隐含地假设了 L_y 是固定的，居民只能够通过 s、L_o 这两个控制变量来最大化自己一生的效用。由于 L_o 是控制变量，所以居民在第 2 期（老年期）的劳动供给是内生的，也即居民的退休生活时期是内生的，而不是像传统的生命周期模型一样是外生的。

（三）模型的求解与含义

问题的一阶条件为下列两个式子：

$$-u_1^y + u_1^o R = 0 \quad (1.5)$$

$$-u_1^o(1 - t - \alpha) + u_2^o = 0 \quad (1.6)$$

Feldstein（1977）还提出了一个养老金计划运行的预算约束：

$$B = Rt(1 - L_y) + (t + \alpha)(1 - L_o) \quad (1.7)$$

等式的右边第一项实际上假定养老金税（Social Security tax）同居民储蓄的收益率（利率）一样，即 $R = (1 + r)$。对（1.7）式求全微分得：

$$dt = \frac{dB - (1 - L_o)d\alpha + (t + \alpha)dL_o}{R(1 - L_y) + (1 - L_o)} \tag{1.8}$$

分别对 s、t、B、α 求全微分,可得到下列矩阵方程:

$$[A]\begin{bmatrix} ds \\ dL_o \end{bmatrix} = \underset{\sim}{a}d\alpha + \underset{\sim}{b}dB \tag{1.9}$$

其中,

$$A = \begin{bmatrix} u_{11}^y + R^2 u_{11}^o & R(u_{12}^o - u_{11}^o) \\ R(u_{12}^o - u_{11}^o) & u_{11}^o + u_{22}^o + 2u_{12}^o \end{bmatrix}$$

$$\underset{\sim}{a} = \begin{bmatrix} [R(1 - L_y) + 1 - L_o]^{-1}(1 - L_y)(1 - L_o)(u_{11}^y + R^2 u_{11}^o) \\ -[R(1 - L_y) + 1 - L_o]^{-1}R(1 - L_y)[u_1^o + (u_{11}^o - u_{12}^o)(1 - L_o)] \end{bmatrix}$$

$$\underset{\sim}{b} = -\begin{bmatrix} [R(1 - L_y) + 1 - L_o]^{-1}(1 - L_y)[u_{11}^y + R^2 u_{11}^o] \\ [R(1 - L_y) + 1 - L_o]^{-1}[u_1^o - R(1 - L_y)(u_{11}^o - u_{12}^o)] \end{bmatrix}$$

求解矩阵方程,易得

$$|A|\frac{ds}{d\alpha} = [R(1 - L_y) + 1 - L_o]^{-1}(1 - L_y)[|A|(1 - L_o) - R^2(u_{11}^o - u_{12}^o)u_1^o] \tag{1.10}$$

$$|A|\frac{ds}{dB} = -[R(1 - L_y) + 1 - L_o]^{-1}[|A|(1 - L_y) + R(u_{11}^o - u_{12}^o)u_1^o] \tag{1.11}$$

$$|A|\frac{dL_o}{d\alpha} = -[R(1 - L_y) + 1 - L_o]^{-1}R(1 - L_y)(u_{11}^y + R^2 u_{11}^o)u_1^o \tag{1.12}$$

$$|A|\frac{dL_o}{dB} = -[R(1 - L_y) + 1 - L_o]^{-1}(u_{11}^y + R^2 u_{11}^o)u_1^o \tag{1.13}$$

最后,我们来讨论养老金计划对居民行为的影响,模型中养老金计划对居民行为的影响有两个途径:一个是通过发放养老金(B);另一个是通过"收入测试"制度而对 $1 - L_o$ 征税(α)。最大值的二阶条件, $|A| > 0$,从而

$(u_{11}^y + R^2 u_{11}^o) < 0$。从而,可知 $dL_o/d\alpha > 0, dL_o/dB > 0$,也就是说无论是养老金给付还是"收入测试"制度都鼓励居民在老年享受闲暇。然而,我们不能确定等式符号,所以关于养老金计划对个人储蓄的影响在理论上是不确定的。

(四) 对生命周期理论的讨论

本节讨论 Feldstein 所扩展的生命周期模型所存在的一些问题。这些问题包括储蓄的动机、养老金收益的不确定性、流动性约束以及养老金收益的年金发放制度。

生命周期模型实际上隐含地假设居民储蓄的动机仅仅是为了以后的退休生活。但是实际上居民储蓄的动机是多元的,居民储蓄的动机并不单单是为了以后的退休生活,也可能是为了应对生活中可能会遭遇的种种意外(比如大的疾病,破产等),为了奢侈消费,为了给孩子们留遗产。甚至应对生活中可能会遭遇的种种意外可能是居民储蓄的最重要动机。居民储蓄动机的多元化会使养老金计划的"资产替代效应"减小。因为养老金所能替代的那部分储蓄,仅仅是那些用以维持退休生活为动机的储蓄。退一步说,即使居民储蓄的动机仅仅是为了支持退休生活,居民是否真能按照生命周期模型所要求的最优储蓄路径进行储蓄也是令人怀疑的。70%的美国人并不知道他们应当为了他们以后的退休生活而储蓄多少,37%的美国人显著地低估了他们在退休生活期间所需的年收入金额。[①] 这也对生命周期模型的有效性构成了威胁。

在美国,养老金计划已经被调整过多次,有些调整明显地改变了养老金计划参与者所将领取的养老金收益。[②] 这使得居民对于其以后所能领取的养老金(即模型中的 B)不确定。根据雅库布斯基(Yakoboski)等的调查报告,三分

---

① Rejda, G., *Social Insurance and Economic Security* (*6th ed*), New York: Prentice Hall, 1998, pp.75—82.

② 如美国 1977 年对养老金法案(Social Security Act)的调整就明显减少了 1916 年之后出生的人所能领取的养老金收益。

之一的受调查者称,他们并不相信他们以后所能领到的养老金具有同当前退休人员所领到的养老金同等的价值。这种对未来所能获得养老金收益的悲观预期也对"资产替代效应"有影响——这种效应被减小了。[1]

前面模型中还假定了资本市场是完美的,这实际上就是为了避开流动性约束的问题。我们设 s^*、c_y^* 分别为居民合意的储蓄和年轻期的消费。当 $s^* = [(1-L_y) - c_y^*] - t(1-L_y) < 0$,即养老金税对于这个居民来说太高,其需要举债才能保持 c_y^*。在资本市场完美时,居民能够借到一笔钱来维持 c_y^*,这笔借款将利用其退休后所能得到的养老金收益来偿还。但是如果资本市场不完美,居民不能借到钱,只能降低消费水平以缴纳 $t(1-L_y)$ 金额的养老金税,从而实际上就有了"强制性储蓄"(Forced Saving)。这种由于流动性约束而造成的强制性储蓄将增加个人储蓄。

最后,养老金是以年金形式发放的。由于年金形式不利于居民老年时应对意外的大额开支(比如大额的医疗支出),这种年金也不能作为遗产留给子女,因此,居民在年轻时,将会多留一些储蓄,所以这在一定程度上会消弱"资产替代效应"。不过,如果居民预期其通过年金形式所能得到的养老金的价值大于他所缴纳的养老金税的价值,那么他将更多地减少个人储蓄,从而放大了"资产替代效应"。

二、含有遗产储蓄动机的迭代模型

含有遗产储蓄动机的迭代模型主要是巴罗(Barro)和科钦(Kochin)所做的工作[2],含有遗产储蓄动机的迭代模型是萨缪尔森(Samuelson)和戴蒙德

---

① Yakoboski,P.et al.,"Increased Saving but Little Planning:Results of the 1997 Retirement Confidence Survey",*Employee Benefit Research Institute Issue Brief*,1997,pp.2-37.

② Barro Robert,"Are Government Bonds Net Wealth?",*Journal of Political Economy*,vol.82,no.6,1974,pp.1095-1117.

Kochin L.,"Are Future Taxes Anticipated by Consumers?",*Journal of Money, Credit and Banking*,no.6,1974,pp.385-394.

(Diamond)迭代模型的一个重要扩展①。在萨缪尔森以及戴蒙德模型之中,每个经济个体都是自私的、"利己主义"的。巴罗等的扩展工作就体现在他们将现实中明显存在的"利他主义"(altruism)因素加入到 OLG 模型中的个体行为之中。具体而言,巴罗是在传统的 Samuelson-Diamond OLG 模型中引入了个人储蓄的遗产动机,老年人将为其子女留下一部分遗产。巴罗利用这个引入了个人储蓄遗产动机的 OLG 模型分析了养老金计划与个人储蓄之间的关系。②

为了对巴罗(1974)、科钦(1974)思想做详细的介绍,我们将在下面以巴罗(1974)的模型为范本来建立一个说明性的模型,并讨论模型在养老金计划和个人储蓄之间关系上的结论。③

(一) 基本假定

经济中的时间是离散的,每个个体只能存活两期:年轻期(工作期)和老年期(退休期),个体之间是同质的,并且个体偏好是不变的。关于经济中的人口,我们设定每一期的人口总量均为 L,每个个体都将有且只有一个下一代。

经济中每个个体进入老年之后都是"利他主义"的,他们将给其子女留下一笔遗产, $b(b > 0)$ 。更重要的是,他们子女一生所能达到的最大效用将是

---

① 本章附录中对 Samuelson(1958)的文章做了一个简要介绍。Samuelson 的模型主要是证明了实行现收现付养老金计划这种强制性的代际转移制度可以使经济达到帕累托最优的状态。

② 巴罗(Barro)在其 1974 年的文章之中,实际上所讨论的是古老的"李嘉图等价"问题。在文中,他所直接分析的是政府债券同个人储蓄、财富的关系。不过,紧跟其模型之后,巴罗又指出养老金实际上是政府债券的一种特殊形式。他认为,其前面关于政府债券和个人储蓄之间关系的模型也可以用来讨论养老金和个人储蓄之间的关系。

③ 我们的模型将直接用 Barro(1974)模型的框架讨论现收现付养老金计划同个人储蓄的关系,而不是像 Barro(1974)一样先去讨论政府债券与个人储蓄的关系,再间接地讨论现收现付养老金计划同个人储蓄的关系。另外,文章为了证明具有利他主义精神个体的最优化行为的存在性(这点是 Barro(1974)没有证明的),还对 Barro(1974)模型中效用函数等的设定做了细微的改变。

其效用函数的一个自变量(效用函数的具体形式,我们将在下面做出定义)。通俗地讲,孩子们过得好坏与否(子女的效用)将直接影响着这些父母们生活的幸福程度(父母的效用),这也是"利他主义"的特征——"独乐不如众乐"。

和前面一小节一样,我们设定所考虑的经济是一个小型开放经济,资本具有充分的流动性,劳动不可以流动。从而我们所考虑的经济的利率水平将等于一个国际水平 r,劳动收益或工资也必为一个常数,设为 w。假设每个个体在年轻时提供一单位的劳动,所得报酬为 w。个体进入老年期就退休并不再工作,自然也就没有劳动报酬。

经济中实行现收现付(Pay-As-You-Go,PAYG)的养老金计划,每个个体年轻时向政府缴纳一揽子税(Lump-sum Tax) p,相应的老年人退休后所得的养老金为 p。某一时期,经济中老年人所得到的养老金来自于同期年轻人所缴的税。经济初始时,我们设定第 1 代已经迈入老年,得到遗产 b_0 和数额为 p 的养老金。

(二) 居民行为

在前面,我们假定个体进入老年后具有"利他主义"倾向,其子女一生所能达到的最大效用影响其自身一生的效用水平。第 t 代($t = 1,2,3,\dots$)个体的效用函数设定为如下形式:

$$u_t = U(c_t^y, c_t^o, u_{t+1}^*) \tag{1.14}$$

其中, u_t 代表第 t 代代表性个体一生的效用; c_t^y 为第 t 代代表性个体年轻时的消费; c_t^o 为其年老时的消费; u_{t+1}^* 为其下一代所能取得的最高效用水平。若第 t 代个体从其父母(第 $t-1$ 代)那里得到的遗产 b_{t-1}[①],则第 t 代个体面临下列预算约束方程:

---

① 这笔遗产要在第 t 代进入老年期才能得到,因为第 t 代还年轻时,上一代还存活中,遗产仍在储蓄,没有给第 t 代的年轻人。

$$w = c_t^y + p + (1 - r)s_t \tag{1.15}$$

$$b_{t-1} + s_t + p = c_t^o + (1 - r)b_t \tag{1.16}$$

将第 t 代个体的预算约束合并成一个约束式:

$$w + [(1 - r)b_{t-1} - rp] = c_t^y + (1 - r)c_t^o + (1 - r)^2 b_t \tag{1.17}$$

(1.17)式的左边表示个体一生可用的资源,其构成有两部分:一项是工资收入(w);另一项相当于 Barro 所称的"净遗产"(net bequest)(($1 - r)b_{t-1} - rp$)。右边则是个体一生的支出的现值包括年轻时以及年老时的消费(c_t^y, c_t^o)以及留给下一代的遗产(b_t)。这里定义 $NB_t = (1 - r)b_t - rp(t = 1,2,3,...)$ 。

我们对个体效用函数做进一步的设定——个体效用函数是加性可分的,即

$$u_t = U(c_t^y, c_t^o, u^*) = U'(c_t^y, c_t^o) + \beta u_{t+1}^*, 0 < \beta < 1 \tag{1.18}$$

其中 β 为折现率。

根据约束方程(1.17),我们可知第 t 代个体年轻时以及年老时的消费水平(c_t^y, c_t^o)取决于 w、NB_{t-1}、r 以及 b_t,从而在 w、r、p 给定的条件下,(1.18)式可以表示成:

$$u_t = U'(NB_{t-1}, NB_t) + \beta u_{t+1}^*(NB_t) \tag{1.19}$$

(1.19)式中 $NB_t = (1 - r)b_t - rp$ 是第 t 代留给下一代的净遗产①。

个体的行为即由下列动态规划问题描述:

$$\max_{NB_t} U'(NB_{t-1}, NB_t) + \beta u_{t+1}^*(NB_t) \tag{1.20}$$

$$s.t. b_t > 0$$

问题(1.20)的解将是下列一个值函数(value function):

$$v(NB_{t-1}) = \max_{NB_t} U'(NB_{t-1}, NB_t) + \beta v(NB_t) \tag{1.21}$$

---

① 用 NB_t 而不用 b_t 引入效用函数是合理的,因为约束方程可以表示为 $w + NB_{t-1} = c_t^y + (1 - 4)c_t^o + (1 - 4)NB_t + r(1 - 4)p$,而 r、p、w 是给定的,所以 c_t^y、c_t^o 就由 NB_{t-1}、NB_t 决定。

在讨论 Barro 模型关于养老金计划与个人储蓄之间关系的结论之前,首先我们需要证明函数方程(1.21)的解的存在性。这个解的存在性证明是重要的,因为模型中个体的行为就是要最大化由效用函数(1.18)或(1.19)所定义的一生的效用,函数方程(1.21)的解的存在与否就等价于模型中个体是否能够做到最大化其一生的效用的行为决策,假若解不存在,也就是说个体找不到最大化其一生效用的行为决策,这就将使我们下面关于个人储蓄行为的讨论遇到困难,因为个体将采取何种行为方式是我们在理论上所不能预料的。下面一小节就是要研究动态规划问题(1.20)的解的存在性①。

（三） 解的存在性

为了严格证明函数方程(1.21)的解的存在性,我们对模型做一些技术上的设定。

首先,定义 X 为 NB_t 的可行值集合,另外,定义 $\Gamma:X \to X$ 是描述可行性约束的对应,$\Gamma(NB_{t-1})$ 是第 t 代个体根据第 $t-1$ 代留给它的净遗产而做出的一个关于其留给下一代(第 $t+1$ 代)的可行的净遗产数量的集。并且,定义 $\Omega = \{(NB_{t-1}, NB_t) \in X \times X : NB_t \in \Gamma(NB_{t-1})\}$,从而 U' 即为从 Ω 映射到 $\mathbb{R}$ 的一个收益(效用)函数。

另外,我们还要两个就经济意义上并不苛刻的假定来对 X,Γ 以及 U' 做技术上的刻画:

假定 1: X 是 $\mathbb{R}$ 的一个凸子集,且 $\Gamma:X \to X$ 是一个非空,紧和连续的映射。

假定 2:收益(效用)函数 $U':\Omega \to \mathbb{R}$ 是有界连续的。

设 $C(X)$ 是具有上确界范数的有界连续函数 $f:X \to \mathbb{R}$ 的空间。定义 $C(X)$ 上的算子 T:

① 在 Barro(1974)的文章中,并没有对解的存在性作出严格的证明,而是将之视为一个既成的事实。

$$(Tf)(NB_{t-1}) = \max_{NB_t \in \Gamma(NB_{t-1})} \left[U'(NB_{t-1}, NB_t) + \beta f(NB_t) \right] \qquad (1.22)$$

注意比较(1.21)和(1.22)式，如果我们能证明 T 有一个不动点，$Tf = f$，那么这个 f 就是函数方程(1.21)的解，也就是问题(1.20)的值函数。幸运的是，应用斯托基(Stokey)和卢卡斯(Lucas)中的相关结论(Stokey & Lucas, 1989)①，我们的确能证明这个结论，更进一步我们还能证明，这个不动点是唯一的。我们在此先设这个解为 v，定义最优策略映射，$D: X \rightarrow X$ 为：

$$D(NB_{t-1}) = \left\{ NB_t \in \Gamma(NB_{t-1}) : v(NB_{t-1}) = U'(NB_{t-1}, NB_t) + \beta v(NB_t) \right\}$$

$$(1.23)$$

定理 1：若 X、Γ、U'、β 满足假定 1 和假定 2，且定义 $C(X)$ 为具有上确界范数的有界连续函数 $f: X \rightarrow \mathbb{R}$ 的空间。则算子 T 将 $C(X)$ 映射到自身；并且 T 有唯一的不动点 $v \in C(X)$。此外，给定 v，(1.23)式所定义的最优策略映射 $D: X \rightarrow X$ 是非空，紧和下半连续的。

证明②：在假定 1 和假定 2 条件下，对每一个 $f \in C(X)$ 和 $NB_{t-1} \in X$，(1.21)式的问题就是在紧集 $\Gamma(X)$ 上最大化连续函数 $U'(NB_{t-1}, NB_t) + \beta f(NB_t)$，从而最大化能够达到。由于 U' 和 f 是连续的且 Γ 是连续且紧的，从而由最大化定理知道 Tf 是连续的，因此，$T: C(X) \rightarrow C(X)$。

从而可知 T 满足布莱克威尔(Blackwell)充分条件，由于由具有上确界范数的有界连续函数构成的空间是巴拿赫(Banach)空间，从而得知 $C(X)$ 是一个 Banach 空间，由压缩映射定理可知 T 有唯一不动点 $v \in C(X)$。将最大化定理应用到(1.22)式，可知 D 是非空紧集且下半连续。证毕。

如前所述，定理 1 表明函数方程(1.21)存在解，也就是说个体是能够找

---

① Stokey, N. & Lucas, R., *Recursive Methods in Economic Dynamics*, Cambridge：Havard University Press, 1989, pp.133-157.

② 证明中应用到的最大化定理, Blackwell 充分条件可以参考任何一本较为全面的讨论动态规划的教科书, 比如 Stokey 和 Lucas(1989)。

到一种行为最大化其由(1.18)式或(1.19)式刻画的一生的效用。

定理 1 说明第 t 代个体所面临的动态规划问题(1.20)是有解的,解就是(1.21)式所刻画的值函数。(1.21)式说明第 t 代个体在其上一代留给他 NB_{t-1} 数量的净遗产之后,第 t 代个体就会选择一个 $NB_t \in D(NB_{t-1})$ 来最大化其效用。同样被给予 NB_t 数量的净遗产的第 $t+1$ 代又会选择一个 $NB_{t+1} \in D(NB_t)$ 来最大化其一生的效用,依次类推,在确定第 1 代所选 NB_1 之后,各代的行为就可以刻画出来了。至于 NB_1 的确定,利用基本假定中关于经济初始情形的设定就能够轻易地得到。基本假定中,我们设定第 1 代得到 b_0 数量的遗产,从而 $NB_0 = (1-r)b_0 - rp$,第 1 代就根据(1.21)式选择一个 $NB_1 \in D(NB_0)$,从而就确定了 NB_1,进而可以递归地确定以后各代所选择的净遗产。

我们现在假设养老金收益出现一个持久的改变(增加或减小),从以往 p 变为 $p + \Delta p$,那么个体对此反应如何呢?我们以第 t 代为例子,第 t 代个体的储蓄行为将对此做何反应呢?讨论第 t 代个体的储蓄行为等价于讨论其消费行为。前面说到,第 t 代个体的行为是在第 $t-1$ 代留给他既定的净遗产 NB_{t-1} 条件下做出的。而第 $t-1$ 代所选择的 NB_{t-1} 又是在既定的 NB_{t-2} 下作出的最优策略,即 $NB_{t-1} \in D(NB_{t-2})$。[①] 现在 p 变化 Δp,由 $NB_{t-1} = (1-r)b_{t-1} - rp$ 可知,第 $t-1$ 代可以调整其留给第 t 代的遗产 b_{t-1} 来保持最优决策 NB_{t-1} 不变。[②] 具体而言,b_{t-1} 将改变 $[r/(1-r)\Delta p]$ 以保持 NB_{t-1} 不变。这里需要说明,b_{t-1} 的调整也不是无约束的,它受到约束条件 $b_{t-1} > 0$ 的约束,也就是说,调整后的 b_{t-1},设为 $b'_{t-1} = b_{t-1} + [r/(1-r)\Delta p]$,必须严格大于 0,或者说 b'_{t-1}

① 因为 NB_t 由 NB_{t-1} 决定,r 又由 r 决定,以此类推,最后是由外生的 r 决定,从而将 t 设为既定的是合理的。

② 第 B 代的最优决策 c_y、c_o 是在 L_y、L_o 已经确定的条件下做出的,换句话说 $U = u^y(c_y, L_y) + u^o(c_o, L_o)$,$u^j_i > 0$,$u^j_{i,k} < 0$($j = y, o$; $i, k = y, o$)仍是最优决策,只要 $(1 - L_y)$ 和 $(1 - L_o)$ 不变。现在 $c_y = (1-t)(1-L_y) - s$ 尽管发生了改变,但是 s 没有改变,从而 $1 - L_o$ 仍然是最优决策,故要保持。

是一个内解。由于即使在 p 变化时，只要 b'_{t-1} 是内解（这点在 p 的改变是增加时，总是满足的），第 $t-1$ 代留给第 t 代的 NB_{t-1} 总是不变的。由约束方程（1.17）可知，在 NB_{t-1} 不变的条件下，第 t 代所面临的预算约束也是不变的，由于个体偏好或效用函数形式不变，从而第 t 代的消费也将保持不变，进而个体的储蓄也不变，从而基本上可以说个人储蓄同养老金的变动无关，不存在所谓养老金计划对个人储蓄的"挤出效应"。

这个结果合乎我们的直觉。因为养老金计划实际上就是一种法律上强制的由年轻一代向年老一代的代际转移支付，而遗产实际上则是一种出于"利他主义"的自愿地由年老一代向年轻一代的代际转移支付。这两种不同方向的代际转移相互替代，从而导致养老金计划对个人储蓄的净效应很微弱。另外，这样的结果也是"李嘉图等价"的一个形式。养老金计划实际上相当于一种政府债券，个体在年老时虽然获得一笔年金，然而，第 t 代个体知道他们所获得的这种收益实际上是政府通过向其子女征税而取得的。具有"利他主义"倾向的第 t 代老年人将通过给其子女留遗产这样的方式来减轻其子女的税负。关于这点，一个更加有趣的表现是，当 p 增加时，老年人（比如第 $t-1$ 代）要保持 NB_{t-1} 而提高其留给下一代的遗产。简言之，老年人得知自身养老金收益增加，预期到子女的税负也将增加，具有"利他主义"倾向的老年人不愿其子女为之背上较重的税负，于是他想到了一个办法就是通过增加留给孩子们的遗产来减小这种负担。

（四）对含有遗产储蓄动机的迭代模型的讨论

含有遗产储蓄动机的迭代模型之中包含着传统的生命周期模型的思想，所以在第二节第一部分中关于生命周期模型的部分讨论也是适用于含有遗产储蓄动机的迭代模型的，比如储蓄的动机、养老金收益的不确定性、流动性约束以及养老金收益的年金发放制度。这些问题也是含有遗产储蓄动机的迭代模型所存在的问题。

此外,含有遗产储蓄动机的迭代模型还忽略了"引致退休效应",在含有遗产储蓄动机的迭代模型中居民一旦进入老年期就要退休,也就是说居民何时退休在模型中是外生的,养老金计划对居民的退休决策是没有影响的。然而,Feldstein(1974)的分析说明养老金计划的确影响居民的退休决策,存在着一种"引致退休效应"。

三、其他储蓄理论

除了生命周期理论以及带有遗产储蓄动机的 OLG 模型之外,预防动机储蓄(Precautionary Motives for Saving)以及"拇指法则"(Rules of Thumb)也是讨论养老金计划与个人储蓄之间关系有影响的理论。

(一) 预防动机储蓄

很显然,一个人储蓄的动机并不是仅仅为了退休生活(如生命周期理论所表现的那样),个人储蓄的目的还有一部分是为了应对生活中可能遭遇到的种种不确定事件,比如失业、大病等等。美国联邦储备委员会(Federal Reserve Board)1983 年所进行的一项消费者调查表明,43%的受调查者认为应对生活中的突发事件是他们进行储蓄的最重要动机。[1] 已经有大量的文献用预防动机储蓄理论来解释居民储蓄,特别是在解释那些并不富裕的年轻人的储蓄行为时,也许更加切合实际。[2] 当然,这种看法也是存在争论的,布朗宁(Browning)等认为,尽管预防动机储蓄在解释居民储蓄行为时有一定的作用,但是这种作用的重要性还没有达到可以解释大部分储蓄行为

---

[1] Carroll, C. D., "Buffer-Stock Saving and the Life-Cycle/Permanent Income Hypothesis", *Quarterly Journal of Economics*, vol.112, no.1, 1997, pp.1–55.

[2] 比如 Blinder 等(1981)、Carroll 和 Samwick(1995a,1995b)、Carroll(1997),更详细的有关这方面的文献可以参考 Browning 和 Lusardi(1996),该文中 5.3 节有这方面研究文献的列表。

的地步。①

(二)"拇指法则"

"拇指法则"是以居民非理性为基础的储蓄理论。前面的理论实际上都假定居民是理性的,他们的储蓄行为都是通过最大化其一生效用计算而得来的。然而,现实中居民进行储蓄大多并不是经过一套复杂的最优化计算,"拇指法则"声称居民进行储蓄的原则很简单,就是按照一个固定的比例将其收入一部分留作储蓄。由于养老金征税而导致居民收入的微小变化不会改变居民储蓄的原则,他仍然按照以往那个固定比例将其收入中的一部分留作储蓄。所以,养老金对储蓄的影响也就相对较小。

第三节　实证研究中有关问题的讨论

由于个人储蓄背后动机的复杂性,单单利用某一种理论去讨论养老金计划与个人储蓄之间关系也许存在局限性。一方面,养老金计划对个人储蓄是否有负面影响尚无定论;另一方面,即使存在负面影响,那么这种影响到底有多大也是一个较难回答的问题。

在本部分,我们将介绍如何度量"养老金财富"(Social Security Wealth)以及研究养老金计划与个人储蓄之间关系所应用到的方法以及结果。

一、"养老金财富"的计量

研究养老金计划与个人储蓄之间关系的实证研究文献中主要运用到的研究方法有三种:第一,横截面(Cross-Section)数据的方法;第二,时间序列

---

① Browning, M. & Lusardi, A., "Household Saving: Micro Theories and Micro Facts", *Journal of Economic Literature*, vol.34, no.4, 1996, pp.1797-1855.

(Time-Series)数据的方法;第三,跨国(Cross-Country)数据的方法。① 无论是使用哪一种方法,在进行计量模型设定时都用到了"养老金财富"(Social Security Wealth)来作为模型的一个自变量,所以先介绍"养老金财富"的计量方法。

"养老金财富"的定义有两种(Feldstein,1974):一种是"养老金总财富"(Gross Social Security Wealth);另一种则是"养老金净财富"(Net Social Security Wealth)。"养老金总财富"是指预期将被养老金计划参与者领取的所有退休养老金(Retirement Benefits)的现值。"养老金净财富"则是指"养老金总财富"减去预期的养老金计划参与者中正在工作的人将支付的所有"养老金税"(Social Security Tax)的现值。

实证研究中"养老金财富"的计量方法不尽相同,不过他们的基本策略都是一样的,这种策略就是 Feldstein(1974)首次引入"养老金财富"概念并对之计量时所用到的策略②。

首先,需要注意"养老金财富"的度量既包括当期退休人员预期将获得的"养老金财富",也包括当期还在工作的计划参与者预期将会获得的"养老金收益"(在"养老金净财富"中,还需考虑当期还在工作的计划参与者预期将缴纳的"养老金税")。一般而言,我们首先收集计划参与者的收入信息,从而估计出计划参与者的一个从当期到未来的预期收入水平序列。然后,再同计算"养老金收益"的公式(主要就是可获得的养老金收益与可支配收入的比率(the Ratio of Benefits to Disposable Income))相结合估计出预期的"养老金收益"序列③。我们还需要对这个序列进行折现以计算现值,从而引出了如何确

---

① 关于这三种方法的详细讨论,参见本章第三节第二部分"方法与结果"。

② Feldstein(1974)关于"养老金财富"的计量工作是有错误的,参见本章第三节第二部分"方法与结果"中"时间序列的方法与结果"。

③ 若使用"养老金净财富"则还得根据"养老金税"的计算公式,计算"养老金税"的序列。

定折现率的问题。许多研究都是以 3% 为折现率[1]，不过也有一些研究利用 2.5% 来作为折现率[2]。另外，大多数研究在折现时除了考虑利率之外还会加上死亡率（Mortality Rate），因为很显然，一个人死后不会再去排队领养老金了。[3]

最后，我们还需要对前面关于"养老金财富"定义中所出现的"预期"作几点说明。在实证研究中，计划参与者如何"预期"养老金收益是有争论的。争论的焦点在于计划参与者怎样"预期"养老金收益的计算方法（将来可获得的养老金收益与可支配收入的比率），以及"预期"未来有多少人有资格领取养老金。莱默（Leimer）等对计划参与者如何预期养老金收益的计算公式做了较为全面的讨论。[4] Leimer 等认为有 5 种预期方法：第一，居民预期养老金收益与可支配收入的比率（以下简称"比率"）一直保持在一个常数（Constant Ratio）；第二，居民预期未来的"比率"就是当期的"比率"（Current Ratio）；第三，居民采取"适应性预期"（Adaptive Expectation），结合"比率"的历史以及当期情况形成对未来"比率"的预期；第四，居民利用当期已知的关于"比率"调整计划的信息形成预期；第五，居民能完全准确地预期未来"比率"的路径。不同的"预期"方法，将导致不同的"养老金财富"序列，从而对养老金与个人储蓄之间关系的估计结果有影响。Leimer 等发现这种影响是比较大的，我们

---

[1] Feldstein, M., "Social Security and Private Saving: Reply", *Journal of Political Economy*, vol. 90, no. 3, 1982, pp.630-642.

Feldstein, M., "The Missing Piece in Policy Analysis: Social Security Reform", *American Economic Review*, vol.86, no.2, 1996, pp.1-14.

Leimer, D. & Lesnoy, S., "Social Security and Savings: New Time Series Evidence", *Journal of Political Economy*, vol.90, no.3, 1982, pp.606-629.

[2] Dicks-Mireaux, L. & King, M., "Pension Wealth and Household Savings: Tests of Robustness", *Journal of Public Economics*, vol.23, no.1/2, 1984, pp.115-139.

[3] Bernheim（1987）认为，在不存在私人养老金计划时，单单利用利率来做折现率将比既利用利率又利用死亡率来做折现率更好地拟合真实的"养老金财富"。

[4] Leimer, D. & Lesnoy, S., "Social Security and Private Saving: Theory and Historical Evidence", *Social Security Bulletin*, vol.48, no.1, 1985, pp.14-30.

将在下面做更为详细的讨论。

二、方法与结果

在本节,我们将要综述现有实证研究所主要采取的研究方法以及相应的结果。相对而言,应用横截面数据方法的实证研究工作基本证实了养老金计划对个人储蓄存在负面影响,然而在关于这种影响的大小的认识上又是有分歧的,而运用时间序列以及跨国数据的方法进行的研究工作则很难说明两者之间的关系。

(一) 时间序列的方法与结果

时间序列的方法是利用一国的"养老金财富"的时间序列以及相应的总储蓄或消费的时间序列,通过回归等方法来确定,随着"养老金财富"的时间序列的波动,总储蓄或消费的时间序列是否也有相应的负方向或正方向的波动。

表 1.1 给出了部分应用时间序列方法的实证研究的结果。

表 1.1　部分应用时间序列方法的实证研究的结果[①]

	样本区间	因变量	"养老金财富"的定义	参数估计值
Feldstein (1974)[a]	1929—1971 (不含 1941—1946) 1947—1971	居民消费	SSWG	0.021(1929—1971) 0.014(1947—1971) (NSS)
Munnell(1974)	1929—1969 1946—1969	个人储蓄	SSWN	−0.033(1929—1969) (NSS) −0.12(1946—1969)

① SSWG、SSWN 分别代表"养老金总财富"和"养老金净财富",NSS 代表在 5% 的显著水平统计上不显著;若文章中有多个估计结果,如果都是显著或不显著,则仅选取其中的一个参数估计值,否则将显著以及不显著的结果分别列出;另外,如果文章中既用 SSWG 又用 SSWN,则仅列出使用 SSWG 进行计量所得到的结果。a.Feldstein(1974)在其文章中使用的"养老金财富"数据是有误的;b.0.019 是在原模型引入失业率作为自变量之后的结果;c.0.023 是在原模型中引入失业率与可支配收入的乘积变量后的估计结果。

续表

	样本区间	因变量	"养老金财富"的定义	参数估计值
Darby(1977)	1929—1974 1947—1974	居民消费	SSWN	0.025(1929—1974) (NSS) 0.003(1946—1974)
Feldstein(1979)	1929—1974 (不含1941—1946)	居民消费	SSWG	0.024 0.019(NSS)[b] 0.023[c]
Leimer,Lesnoy (1982)	1930—1974 (不含1941—1946) 1947—1974	居民消费	SSWG	0.011(1930—1974) (NSS) −0.060(1947—1974)
Browning(1982)	1962—1979	居民消费	SSWG 加上私人 养老金财富	0.036
Lee,Chao(1988)	1947—1977	个人储蓄	SSWN	0.003
Feldstein(1996)	1930—1980 (不含1941—1946)	消费占 可支配 收入比率	SSWG	0.041 (用OLS估计) 0.028 (用AR1估计)

如果运用时间序列方法进行实证研究,结果表明,养老金计划与个人储蓄之间的关系没有一致的看法。尽管部分研究发现"养老金财富"对个人储蓄有负面影响,然而又有部分研究却发现养老金财富与个人储蓄之间的关系在统计上是不显著的。

用时间序列的方法所做的实证工作大多是很有局限性的。这主要体现在下面几点:第一,利用时间序列方法所得到的结论对计量模型所设定的形式非常敏感;第二,由时间序列方法所得出的结论对模型中关于"养老金财富"的计算方法很敏感;第三,由时间序列方法得出的结论对研究所选取的时间段非常敏感。

关于第1点,很有趣的例子就是 Feldstein(1974)与 Barro(1978)两篇文章的对比。Feldstein(1974)的研究表明养老金计划对个人储蓄有负面影响。Barro(1978)则利用了一个与 Feldstein(1974)文章中所用计量模型很相似的模型来对 Feldstein 的结论重新检验。Barro 在其模型之中还加入了政府赤字、失业率、耐久品存量（Stock of Durable Goods），其研究并未得出与之相同的结论。

Leimer 等（1982）对第 2、3 点进行了有意义地讨论。Leimer 等（1982）的文章主要是对 Feldstein（1974）文章的批判，他们指出 Feldstein 文章中所用的"养老金财富"数据的计算是有误的，并表明如果使用修正了的"养老金财富"数据重新估计 Feldstein 文章中的计量模型，将得出一个截然相反的结论。具体而言，Feldstein 的结果表明在 1930—1974 年（除去 1941—1946 年）时间段上，存在着"养老金财富"同个人储蓄负相关的显著证据，在 1947—1974 年时段，两者之间不存在什么显著的关系。Leimer 等利用修正后的数据发现 1930—1974 年（除去 1941—1946 年）时段不存在两者相关的显著证据，而在 1947—1974 年时段存在着两者正相关的显著证据。这一方面说明了 Feldstein 文章中计量工作所存在的错误对估计结果的"危害"①，另一方面也说明关于养老金计划与个人储蓄之间关系的结论对时间序列方法所分析的时间段敏感。这一点从表 1.1 也可以看出来，表 1.1 中所列出的一些研究在某个时段能得到一个显著的关系，而在时间段换了之后这种关系就不显著了。另外，Leimer 等（1982）讨论了不同的"养老金财富"的定义对养老金与个人储蓄之间关系的估计结果的影响。他们考虑了 5 种对"养老金财富"的不同定义方法，并根据不同定义估计出不同的"养老金财富"序列，然后分别利用这些序列对养老金与个人储蓄之间关系作计量分析。他们的结果表明，应用 5 种不同的"养老金财富"序列都不能得到养老金与个人储蓄之间存在某种关系的显著证据，不过不显著的程度还是有较大差异的。

---

① 这种"危害"不仅是对 Feldstein（1974）的，而且也是具有"外部性"的。20 世纪 70 年代所做的许多实证研究工作都是利用了 Feldstein（1974）所估计出的"养老金财富"，而令人遗憾的是这些数据被 Leimer 和 Lesnoy（1982）证明是错误的。

（二）横截面数据的方法与结果

所谓横截面数据的方法,就是利用微观层面经济个体的数据(如某个人将获得的"养老金财富"、个人储蓄水平、可支配收入等),通过回归来确定养老金计划对个人储蓄的影响。表1.2报告了部分横截面研究的结果。

表1.2 部分应用横截面数据方法的实证研究的结果①

	因变量	"养老金财富"的定义	参数估计值
Feldstein,Pellechio (1979)	家庭净财富(house-hold net wealth)	SSWN	−0.90
Kotlikoff(1979)	家庭净财富	SSWN	0.237(NSS)
Blinder Gordon and Wise(1983)	居民的金融资产(financial assets)	SSWG	−0.39(NSS)
Dicks-Mireaux,King (1984)	资产—收入比	SSWN	−0.23
Hubbard(1986)	财富—收入比	SSWN	−0.18
Bernheim(1987)	家庭净财富	SSWG	−0.77[a] −1.24[b]
Novos(1989)	家庭净财富	SSWN	0.07(NSS)
Leimer,Richardson (1992)	消费支出	SSWG	0.609
Gale(1995)	家庭净财富	SSWN	0.10

尽管运用横截面数据得到的估计结果之间仍然存在一定差异,但是总的来说,养老金计划对个人储蓄会产生一定的负面影响。

应用横截面数据进行研究的结果具有一定的差异,一个直接原因就是各个

---

① SSWG、SSWN分别代表"养老金总财富"和"养老金净财富",NSS代表在5%的显著水平统计上不显著;若文章中有多个估计结果,如果都是显著或不显著的,则仅选取其中的一个参数估计值,否则将显著以及不显著的结果分别列出;另外,如果文章中既用SSWG又用SSWN,则仅列出使用SSWG进行计量所得到的结果;"家庭净财富"不含有养老金收益。a.估计"养老金财富"时是使用利率和死亡率相结合的折现率;b.估计"养老金财富"时仅使用利率作为折现率。

研究者所运用的数据集不一样。不同的数据集会造成不同的估计结果是很正常的。不过这也说明,至少某些研究所采用的数据并不具有代表性,不能反映一般居民在现实生活中的行为。如 Feldstein 和 Pellechino(1979)利用一个 100 多个人的数据集发现养老金计划将会减小个人储蓄的较强证据。[①] 10 年之后,诺瓦斯(Novos)指出 Feldstein 和 Pellechinode(1979)的文章关于养老金计划同个人储蓄显著负相关的结论强烈地依赖于其样本集中的 6 个农场主的数据。Novos 发现,如果剔除这 6 个样本,那么养老金对个人储蓄的影响将接近于 0。[②]

(三) 跨国数据的方法与结果

跨国数据的方法是确定国际上是否一国的"养老金财富"水平同该国的储蓄水平有着某种系统性的相关(比如负相关)。跨国数据方法实际上是横截面数据方法的一个扩展,样本的选取从微观个体上升到宏观的国家。

表 1.3 总结了部分跨国数据的实证研究的结果。

表 1.3 部分应用跨国数据方法的实证研究的结果[③]

	因变量	"养老金财富"的定义	参数估计值
Feldstein(1977)	居民储蓄率	SSWG	−0.104
Barro & MacDonald(1979)	居民消费率	SSWG	−0.09(NSS)
Feldstein(1980)	居民储蓄率	SSWG	−0.37(NSS)

① Feldstein 和 Pellechino 在文章中共估计了 12 个计量模型,所有的参数估计值(养老金财富对个人储蓄影响的参数估计值)均显著,其中最小的 t 值也有 2.03。

② Novos,I.E.,"Social Security Wealth and Wealth Accumulation:Futher Microeconomic Evidence",*Review of Economics and Statistics*,vol.71,no.1,1989,pp.167–171.

③ SSWG、SSWN 分别代表"养老金总财富"和"养老金净财富",NSS 代表在 5% 的显著水平统计上不显著;若文章中有多个估计结果,如果都是显著或不显著的,则仅选取其中的一个参数估计值,否则将显著以及不显著的结果分别列出;另外,如果文章中既用 SSWG 又用 SSWN,则仅列出使用 SSWG 进行计量所得到的结果。

续表

	因变量	"养老金财富"的定义	参数估计值
Koskela & Viren(1983)	居民储蓄率	SSWG	0.0043(NSS)
Edwards(1995)	居民储蓄率	SSWG	−0.124

从表1.3来看,参数估计值大多在0附近,并且大多数估计值统计上也不显著。与时间序列的方法一样,跨国数据研究的结果对计量模型设定的形式也很敏感。一般而言,跨国数据研究中一个比较常见的问题往往是储蓄水平影响"养老金财富"而不是相反。若一个国家有着较低的储蓄率,以致许多退休人员的生活得不到保障,那么一国政府可能就会给退休人员发放较多的养老金收益,从而导致"养老金财富"较高。尽管统计上表现出"养老金财富"同个人储蓄的负相关,然而事实上这种"负相关"却并非由于养老金对个人储蓄有"挤出效应"。

第四节　结　语

以 Feldstein(1974)为代表的经济学家认为,现收现付养老体系的存在会对私人储蓄带来负面的影响。他的计量研究结果表明,美国由于公共养老体系的存在,私人储蓄呈现下降趋势。他指出,美国的现收现付制度使储蓄降低了大约50%,并由此使资本存量与没有养老社会保障制度时相比减少了38%。很显然,当一个经济的储蓄在现收现付制度下不能达到某种最优状态时,引进个人积累制的养老计划,将提高私人储蓄,改进经济的效率。但是,所有证明公共养老体系挤出私人储蓄,并使社会最优储蓄下降的模型都假定经济行为人不具有利他主义考虑。如果在模型中考虑经济行为人的利他主义因素,情况就不一样了。[1] Barro(1974)构造了一个具有利他主义因素的迭代模型,每一代人都通过他们自己的孩子与下一代人发生关系,这样一来,公共养

---

[1]　刘子兰:《养老金计划私有化问题研究》,《中国人口科学》2004年第4期,第74、75页。

老体系减少私人储蓄的结论就大大值得怀疑了。

衡量养老保障政策对储蓄的实际影响,学者们还有很多疑问没有克服。令人感到困惑的是,两个研究者可以得出两个完全不同且各自具有说服力的研究结果。用特定方法进行统计分析,如何考虑其他影响因素? 研究特定国家时的微小差别就会导致不同的研究结果:养老保障政策使其储蓄增加、减少或没有影响。

本章首先讨论了养老金计划与个人储蓄关系的几种重要的理论。我们发现,无论是 Feldstein(1974,1976,1977)运用扩展的生命周期模型进行的研究,还是 Barro(1974)运用含有遗产储蓄动机的迭代模型所作的分析,都不能得出现收现付养老金计划必然减少私人储蓄的结论。养老金计划与个人储蓄关系的实证研究表明,应用横截面方法的实证研究工作基本上证实了现收现付养老金计划会"挤出"一部分个人储蓄,尽管在这种"挤出"效应的大小问题上仍有分歧,而应用时间序列以及跨国数据方法的实证工作并不能得出现收现付养老金计划会"挤出"个人储蓄的结论。总之,现收现付养老社会保险计划对个人储蓄率的影响在学术界尚无定论。

附　　录

附录将建立一个说明性的模型来描述 Samuelson(1958)所做出的开创性工作,我们所建立的模型是 Samuelson(1958)文章中模型的一个简化。

(一) 基本假定

经济中的时间是离散的,每个个体只能存活两期,在第 1 期工作,到了第 2 期就退休。[1] 个体之间是自私、同质的,偏好是持久不变的。经济中的人口

---

[1]　Samuelson 的文章中,既有"两期"模型,又有"三期"模型(个体可以存活三期,前两期工作,最后一期退休)。这里仅仅各处两期情况的模型,一方面是出于保持模型简化的考虑,另一方面是由于"两期"模型更能说明"养老金计划"的作用。

水平有一个常数的增长水平,设为 m ,并记 $t(t = 1,2,3...)$ 期的人口总量为 L_t 。

假设我们所考虑的经济是一个没有货币的物物交换的经济,每个个体在第 1 期提供 1 单位的劳动,得到 1 单位的商品。经济中的物品是不可持久保存的,也就是说当期的商品到了下一期就不具有使用价值了。

(二) 居民行为与均衡利率解

设 $c_i(i = 1,2)$ 为居民在第 i 期的消费,则 t 期年轻居民的行为即是最大化 (1.24)式定义的一生的效用:

$$\max u(c_1, c_2)$$
$$\text{s.t.} \quad c_1 + R_t c_2 = 1 + 0 \tag{1.24}$$

$R_t = 1/(1 + r_t)$ 表示折现率, r_t 为利率水平。

方程(1.24)的解自然可以表示成 $c_i^*(R_t)(i = 1,2)$, $c_i^*(R_t)$ 为最大化居民一生的效用。从而,我们可以知道居民的储蓄行为:

$$s_1 = s_1(R_t) = 1 - c_1^*(R_t) \tag{1.25}$$

$$s_2 = s_2(R_t) = 0 - c_2^*(R_t) \tag{1.26}$$

由方程(1.24)中的预算约束式,得:

$$s_1(R_t) + R_t s_2(R_t) = 0 \tag{1.27}$$

我们下面要讨论的是整个经济市场出清的均衡利率解。在 t 期,有 L_t 的年轻人和 $L_t/(1 + m)$ 的老年人,从而出清条件式为:

$$L_t s_1(R_t) + L_t/(1 + m)s_2(R_{t-1}) = 0 \tag{1.28}$$

Samuelson 发现方程(1.28)有 2 个解: $R_t = 1/(1 + m)$ 或 $m = r_t$; $R_t = +\infty$ 。前面一个被 Samuelson 称为生物利率水平(Biological Rate of Interest)。根据方程(1.27),很显然 $R_t = 1/(1 + m)$ 是满足方程(1.28)的,并且 Samuelson 在其文章中还进一步表明 $r_t = m$ 是 Pareto 最优的。关于 $R_t = +\infty$ 也是方程(1.28)

的解就需要多作一些说明了。我们所考虑的经济是一个没有货币的经济,并且其中的商品不可持久地保存。从而,单个个体不能够为其第 2 期的消费进行储蓄(如果储蓄,那么被储蓄的商品到了第 2 期就"坏"掉了),从而个体只能在每一期将其收获的商品完全地消费掉,即 $s_1(R_t) = s_2(R_t) = 0$,从而方程(1.28)成立。$s_1(R_t) = s_2(R_t) = 0$ 意味着 $R_t = +\infty$,因为经济中个体已经不再储蓄,从而也就存在当期商品同未来商品的跨期交换。①

(三)"不可能性定理"(The Impossibility Theorem)与现收现付(PAYG)养老金计划

前面说道,经济中的商品是不能持久保存的,所以居民可能会将每一期的收入完全消费掉,从而在退休后没有商品可供消费。"不可能性定理"实际上就是说明,这是居民唯一的消费安排,前面所说的 Pareto 最优的均衡利率水平 $r_t = m$ 是不能达到的。

Samuelson 指出,Pareto 最优的均衡利率水平 $r_t = m$ 实际上来自这样一种交易:在 t 期,年轻人 i,将其储蓄的商品给同期的老年人 j,用于退休生活,当 i 也退休了,再用同期的年轻人 k 提供的储蓄商品来生活。这笔交易相当于 t 期的年轻人在年轻时用其储蓄的商品换将来退休后生活的商品,不过这些商品来自 $t+1$ 年轻人。而"不可能性定理"说明,这种交易是不可能的。理由很简单,自愿的交易须对交易双方都有益。t 期年轻人 i 将其储蓄给当期的老年人 j,这显然对老年人是有利的,然而,j 并不能给予 i 任何好处,因为 j 已经退休了,没有任何收入。上面所说的交易能够存在于"乌托邦"之中,在每个经济个体都是自私的模型之中不会出现。

现收现付制的养老金计划实际上就是使上面只能存在于"乌托邦"之中

---

① $-u_1^o(1-t-\alpha) + u_2^o = 0$ 可以理解为折旧率非常大(无穷),从而同样数量的商品留到未来将一文不值,从而居民将不再储蓄商品,而是消费掉所有收获的商品。

的交易存在于一个由自私的经济个体构成的现实社会之中。其实,PAYG 养老金计划是利用法律强制要求年轻人赡养同期的老年人,这就保证了上述交易的发生,以及 Pareto 最优的均衡利率水平出现,从而使得模型成为一个名副其实的 2 期迭代模型。

(四) 扩展

对 Samuelson(1958)模型的重要扩展有两个:一个是 Diamond(1965)作出的,另一个是 Barro(1974)作出的。

Samuelson 的模型的一个重要假定是,经济中不存在可以持续保存的商品或资本品(Capital Goods),这样,个人不能够单独地为他以后的退休生活进行储蓄,只能在每一期完全消费掉他的收入。现收现付制的养老金计划的引入是一个 Pareto 改进,它平滑了居民一生的消费。然而,经济中明显存在着资本品,那么在一个存在资本品的经济中,PAYG 的引入是否还具有 Pareto 改进的性质呢? Diamond(1965)扩展了 Samuelson 的模型,在他的模型中存在着资本品,他发现 PAYG 养老金计划的 Pareto 改进的性质在一个存在资本品的经济中将不存在。

另外,Samuelson 的模型假定经济中个体是自私的。这就排除了子女在年轻时对其已退休的父母赡养的可能性,而子女赡养父母在现实经济中很常见。特别是当经济中不存在资本品,单个个体无法维持其退休生活的情况下,Samuelson 的这个假定更显得苛刻了。Barro(1974)在 Samuelson 的模型中引入了个体的"利他主义"元素扩展了 Samuelson 模型。

第二章　养老金制度与居民消费

近年来,我国储蓄率居高不下,消费需求增长乏力,如何适度扩大居民消费需求成为实现国民经济持续稳定增长的关键。国外学者最先关注养老金制度对人们整个生命周期消费的影响。通过研究社会保障,特别是养老保险与消费的关系,可以找到扩大居民消费的有效途径。

第一节　养老金制度影响居民消费:
基于省际面板数据分析[①]

一、文献综述

改革开放以来,中国经济取得了举世瞩目的成就。但是,伴随着高速的经济增长,中国的总消费率却不断下降。据世界银行世界发展指标数据库(即WDI 数据库)显示,2020 年全世界的总消费率为 73.07%,而中国的总消费率仅为 54.82%,不仅远低于英美等发达国家的水平,也低于经济发展水平较低的印度、越南等国。不仅如此,中国的总消费率还呈现持续下降的趋势,从改

---

① 蔡兴:《预期寿命、养老保险发展与中国居民消费》,《经济评论》2015 年第 6 期,第 81—90 页。

革开放初期的65%左右下降至当前的54.8%左右。①

对于中国消费持续低迷的原因,国内外学者从不同的视角提出了解释。主要观点包括:预防性储蓄说,认为中国社会保障体系的不健全使得居民需要采用预防性储蓄,防患未来收入和支出的不确定性②;收入分配不均说,认为近年来中国收入分配差距的扩大使得财富向少数富人集中,而富人的消费倾向相对较低,从而导致总消费率不断下降③;流动性约束说,认为中国金融市场的不完善导致了企业和居民的高储蓄、低消费④。

近年来,中国进入了人口老龄化快速发展的阶段,老年抚养比率不断上升。并且,在未来的一段时期内,中国的人口老龄化还将呈现加速发展的趋势。据联合国《世界人口展望》报告预测,到2050年中国的老年抚养比率将超过40%。这一人口结构的显著变化可能会对中国的居民消费产生重要的影响。根据莫迪利阿尼(Modigliani)和布伦博格(Brumberg)提出的生命周期理论,消费者为了实现一生效应的最大化,通常会选择平滑其收入和消费,所以,成年期消费者的消费率相对较低、储蓄率相对较高,而处于老年期的消费者则刚好相反。⑤ 而从一个国家的整体来看,一国老年抚养比率上升将导致

---

① 数据来源:由世界银行数据库(https://data.worldbank.org.cn/)相关数据计算得到。

② 易行健等:《预防性储蓄动机强度的时序变化与地区差异》,《经济研究》2008年第2期,第129页。

Meng, X., "Unemployment, Consumption Smoothing, and Precautionary Saving in Urban China", *Journal of Comparative Economics*, vol.31, no.3, 2013, pp.465-485.

③ 袁志刚、朱国林:《消费理论中的收入分配与总消费》,《中国社会科学》2002年第2期,第75页。

陈斌开:《收入分配与中国居民消费——理论和基于中国的实证研究》,《南开经济研究》2012年第1期,第46页。

④ 万广华等:《流动性约束、不确定性与中国居民消费》,《经济研究》2001年第11期,第44页。

Aziz, J.& Cui, L., "Explaining China's Low Consumption: The Neglected Role of Household Income", IMF Working Paper, No.181, 2007, pp.29-30.

⑤ Modigliani, F.& Brumberg, R., "Utility Analysis and the Consumption Function: An Interpretation of Cross-section Data", in *Post-Keynesian Economics*, Rutgers University Press, 1954, pp.388-436.

该国总消费率上升、总储蓄率下降。以该理论为基础,许多国内外学者实证研究了中国人口年龄结构转变对居民消费的影响,并得到了大相径庭的结论。部分研究得到了与生命周期理论一致的结论,即老年抚养比率的上升引起居民消费率上升①;另一部分研究则得到了与生命周期理论不相符的结论,发现老年抚养比率对居民消费的影响不显著②,而有学者甚至发现老年抚养比率对居民消费存在显著的负向影响③。

事实上,在老年人口比重不断提高的同时,中国当前的人口老龄化还呈现出另一个显著特征——人口预期寿命不断延长,中国人均预期寿命由 1990 年的 68.55 岁上升至 2019 年的 77.3 岁④。根据生命周期理论,人口预期寿命延长也会对居民消费产生重要影响。那么,中国当前经历的预期寿命延长是否会对居民消费产生显著影响呢? 目前的研究却相对忽视了这一问题,只有部分学者探讨了预期寿命对中国储蓄率的影响⑤。

国外学者在较早时期就已经开始关注预期寿命延长对居民储蓄的影响。雅里(Yaari)对该问题作出了开创性贡献。⑥ 随后,一些学者在生命周期理论

---

① Modigliani,F.& Cao,S.L.,"The Chinese Saving Puzzle and the Life Cycle Hypothesis",*Journal of Economic Literature*,vol.42,no.1,2004,pp.145-170.

邱俊杰、李承政:《人口年龄结构、性别结构与居民消费——基于省际动态面板数据的实证研究》,《中国人口·资源与环境》2014 年第 2 期,第 130 页。

② 李文星等:《中国年龄结构与居民消费:1989—2004》,《经济研究》2008 年第 7 期,第 126、127 页。

王欢、黄健元:《人口结构转变与我国城镇居民消费关系的实证研究》,《消费经济》2014 年第 5 期,第 17 页。

③ 毛中根等:《中国人口年龄结构与居民消费关系的比较分析》,《人口研究》2013 年第 3 期,第 91 页。

刘子兰等:《人口结构对居民消费的影响——基于城乡和地区差异的实证分析》,《湖南师范大学社会科学学报》2014 年第 6 期,第 83、84 页。

④ 数据来源:《"十四五"公共服务规划》(发改社会〔2021〕1946 号)。

⑤ 刘生龙等:《预期寿命与中国家庭储蓄》,《经济研究》2012 年第 8 期,第 115 页。

范叙春、朱保华:《预期寿命增长、年龄结构改变与我国国民储蓄率》,《人口研究》2012 年第 4 期,第 19 页。

⑥ Yaari,M.E.,"Uncertain Lifetime,Life Insurance,and the Theory of the Consumer",*The Review of Economics Studier*,vol.32,no.2,1965,pp.137-150.

的基础上进一步发展了该研究①,认为预期寿命延长会导致更长的退休时期,为了保障更长退休时期的生活支出,理性的行为人需要在成年时期更多地进行储蓄,因此预期寿命越长会导致居民储蓄增加、消费减少。但是,部分学者在考虑了预期寿命延长对退休决策的影响后,发现理性的居民对于预期寿命延长的最优反应是相应地延长工作期的长度,即选择延迟退休,而不是通过减少当前消费、增加储蓄的方式来保障退休后的生活,因此预期寿命延长可能对居民消费不存在显著影响。② 布卢姆(Bloom)认同这一观点,但同时也指出在一些存在非常强退休激励(即选择更早地退休)且退休年龄又是固定的国家,人们不能选择延迟退休甚至选择提前退休,那么,更长的寿命往往会导致更长的退休期,理性的消费者会倾向于增加储蓄,因此居民消费会下降。③ 由此可见,预期寿命延长是否会对居民消费和储蓄产生影响很大程度上取决于预期寿命延长后居民的退休决策:如果大多数居民选择不延长退休,则预期寿命延长会导致居民储蓄上升、消费下降;反之,则预期寿命延长不会对居民储蓄和消费产生显著影响。Bloom(2007)进一步认为,养老保险水平会对居民的退休决策产生重要影响,因此也会影响预期寿命延长的消费或储蓄效应。养老保险水平越高的国家会给居民带来更强烈的退休激励,因而预期寿命延长的消费或储蓄效应可能会显著存在。有研究利用中国省级面板数据就中国预期寿命延长对居民储蓄的影响进行了实证研究,并得到了与生命周期理论相符

---

① Zhang,J.et al.,"Mortality Decline and Long-run Economic Growth",*Journal of Public Economics*,vol.80,no.3,2001,pp.485-507.

Bloom,D.E.et al.,"Longevity and Life-cycle Savings",*Scandinavian Journal of Economics*,vol.105,no.3,2003,pp.319-338.

② Chang,F.,"Uncertain Lifetimes,Retirement,and Economic Welfare",*Economica*,vol.58,no.5,1991,pp.215-232.

Kalemli-Ozcan,S. & Weil,D.N.,"Mortality Change,the Uncertainty Effect,and Retirement",*Journal of Economic Growth*,vol.15,no.1,2010,pp.65-91.

③ Bloom,D.E.et al.,"Demographic Change,Social Security Systems and Savings",*Journal of Monetary Economics*,vol.54,no.1,2007,pp.92-114.

的实证结果,即预期寿命的延长导致了中国居民储蓄率的上升。[①] 刘生龙等甚至发现人口预期寿命延长是中国高储蓄率的主要原因,其对中国家庭储蓄增长的贡献度达到了 42.9%。

综上所述,关于预期寿命的消费或储蓄效应的研究已比较丰富,但结合中国实践的理论和实证研究值得进一步深化。从理论方面来看,Bloom(2007)主要强调养老保险对居民退休决策的影响,从而间接影响预期寿命的消费效应。但该文忽略了养老保险的另一个方面的影响:养老保险在一定程度上能替代以养老为目的的储蓄,即预期寿命延长所导致的储蓄增加可能在一定程度上被养老保险的发展所替代。也就是说,一方面,养老保险的发展可能会强化居民的退休激励,从而使得预期寿命延长会显著降低居民消费;另一方面,养老保险的发展还可能替代预期寿命延长所引起的储蓄增加,从而减弱预期寿命的消费效应。从现实情况来看,中国一直实行以固定退休年龄为主的退休制度,因此,养老保险的发展对居民退休决策的影响相对较弱,由此可以推断,中国预期寿命延长必然引起退休时间的增加,从而显著增加居民储蓄,降低居民消费。同时,养老保险的发展还会通过第二种渠道来影响预期寿命延长的消费效应,也就是说,养老保险的发展可能会减弱预期寿命对居民消费的影响。另外,关于中国的实证研究也只关注了预期寿命对储蓄率的影响,但没有考察养老保险发展对这一效应的影响。基于以上考虑,我们希望从理论和实证两方面对上述问题进行研究:首先建立一个简化的代际交叠模型(Overlapping Generation Model,即 OLG 模型),分析中国预期寿命延长的消费效应以及养老保险发展对这一效应的影响;再收集省级面板数据进行实证研究,以检验以上的理论分析。

---

① 刘生龙等:《预期寿命与中国家庭储蓄》,《经济研究》2012 年第 8 期,第 115 页。
范叙春、朱保华:《预期寿命增长、年龄结构改变与我国国民储蓄率》,《人口研究》2012 年第 4 期,第 19 页。

二、理论模型

为了进行理论分析,本节沿用雅里、查克拉博蒂(Chakraborty)的方法[1]构建了一个两时期的代际交叠模型。假设行为人一生经历两个时期:第一个时期为成年期,该时期的行为人具有劳动能力,其一生的全部劳动收入均来自于这一时期;第二个时期为退休期,该时期的行为人没有劳动收入,主要依靠成年期的储蓄和退休金来保障生活。为了简化分析且尽量反映中国的现实情况,假设退休制度为固定年龄退休制,养老保险只覆盖部分退休老人。在这种情况下,行为人不能选择退休年龄,只能根据预期寿命和养老保险水平来最大化一生的效用。

在成年期,行为人将其可支配收入(用 w_i 表示)分别用于当期消费(用 c_i 表示)和保障退休时期生活的储蓄(用 s_i 表示):

$$c_i + s_i = w_i \tag{2.1}$$

在退休期,行为人消费支出的来源主要包括养老金和成年期的储蓄及其利息收入。假设养老保险覆盖率为 α,而养老金替代率为 β[2],且每个行为人被养老保险覆盖的概率是随机的,那么行为人在退休期获得的养老金的期望值为 $\alpha\beta w_i$。这里的养老保险覆盖率 α 和养老金替代率 β 是两个衡量养老保险发展的重要指标,前者衡量养老保险发展的广度,后者衡量养老保险发展的深度(或水平)。

采用与 Chakraborty 类似的方法,引入行为人的生存概率(用 p_i 表示)作为预期寿命的代理变量。预期寿命越长(当 p_i 越大时)也意味着退休期的时间越长,因此储蓄需要被分摊到更长的时间上去。我们用储蓄除以生存概率来

---

①　Chakraborty,S.,"Endogenous Lifetime and Economic Growth",*Journal of Economic Theory*,vol.116,no.2,2004,pp.119-137.

②　养老金替代率是衡量养老保障水平的最重要指标,它是指劳动者退休后领取的养老金与自己退休前的工资收入或者当前劳动者的平均工资收入的比值。本节中的养老金替代率为前一种含义。

体现这一关系。如果用 r 表示储蓄利率,用 ex_i 表示行为人退休期的消费支出来源,其公式可表述为:

$$ex_i = \frac{(1+r)}{p_i} \cdot s_i + \alpha\beta \cdot w_i \tag{2.2}$$

结合公式(2.1)和公式(2.2),可以得到行为人消费支出的预算约束:

$$c_i + \frac{p_i}{(1+r)} \cdot ex_i = w_i\left(1 + \frac{\alpha\beta \cdot p_i}{1+r}\right) \tag{2.3}$$

行为人在公式(2.3)表示的预算约束下最大化其一生的效应:

$$\text{Max } E[U(c_i, ex_i)] = U(c_i) + p_i \cdot U(ex_i)$$

$$\text{s.t. } c_i + \frac{p_i}{(1+r)} \cdot ex_i \leqslant w_i\left(1 + \frac{\alpha\beta \cdot p_i}{1+r}\right) \tag{2.4}$$

利用拉格朗日乘子法求解以上预算约束下的效应最大化问题,得到行为人平滑消费的基本原则:

$$\frac{U'(c_i)}{U'(ex_i)} = (1+r) \tag{2.5}$$

同样沿用 Chakraborty 的简化处理,假设效用函数形式为自然对数形式,即 $U(c_i) = \text{Log}(c_i)$ 和 $U(ex_i) = \text{Log}(ex_i)$,则可得到更为简洁的平滑消费原则:

$$ex_i = (1+r) \cdot c_i \tag{2.6}$$

将公式(2.6)代入公式(2.3)可得到行为人的最优消费支出水平:

$$c_i = \frac{w_i}{1+p_i}\left(1 + \frac{\alpha\beta \cdot p_i}{1+r}\right) \tag{2.7}$$

那么,行为人的最优消费率(用 cr_i 表示)则为:

$$cr_i = \frac{c_i}{w_i} = \frac{1}{1+p_i}\left(1 + \frac{\alpha\beta \cdot p_i}{1+r}\right) \tag{2.8}$$

为了考察预期寿命对消费率的影响,求行为人最优消费率 cr_i 对生存概率 p_i 的偏导数:

$$\frac{\partial cr_i}{\partial p_i} = \frac{1}{(1+p_i)^2}\left(\frac{\alpha\beta}{1+r} - 1\right) \tag{2.9}$$

从上式可知,只有当 $\alpha\beta>1+r$ 时,预期寿命延长才会对行为人的消费率产生正向影响。而养老保险覆盖率 α 总是不超过 1,所以只有当养老金替代率 β 足够大(至少超过 $1+r$)时才有可能使得以上偏导数为正。从现实情况来看,中国基本养老保险制度设计的养老金替代率目标为 58% 至 60%,而事实上自 1997 年建立城镇企业职工基本养老保险制度以来,养老金替代率一直呈现下降的趋势,目前已大大低于设计目标。[①]基于此,我们可以得到理论分析的主要结论:即在当前的固定退休年龄制度以及养老保险水平和覆盖率现状下,中国人口预期寿命的延长会导致居民消费率的下降,但养老保险水平和覆盖率的提高能在一定程度上削弱这种影响。

三、计量模型设定与数据说明

(一) 计量模型设定

李文星等(2008)认为,已有消费模型都假定消费者所处的制度或消费环境是稳定的,但中国在改革开放的过程中实行了包括教育、房产、社会保障等各方面的全面改革,因此使用特定的消费函数是不恰当的。我们也遵照该文的处理方法,选择简约型模型来进行计量分析。具体模型设定如下:

$$cr_{it} = \delta_0 + \delta_1 M_{it} + \gamma X_{it} + \mu_{it} \tag{2.10}$$

其中,cr 表示居民消费率,M 表示我们关注的核心解释变量,包括人口预期寿命、养老保险水平、养老保险覆盖率以及预期寿命与两个养老保险变量之间的交叉乘积项,X 表示其他控制变量,μ 为误差项。

由于前文的理论分析是建立在生命周期理论的基础之上的,而生命周期理论具有很强的微观基础。为了更好地反映这一点,我们使用居民家庭消费率作为因变量。家庭消费率以中国家庭调查数据中的家庭收入和支出数据计算得到。具体计算方法为:先分别计算城镇家庭消费率和农村家庭消费率,即

---

① 李珍、王海东:《基本养老保险目标替代率研究》,《保险研究》2012 年第 2 期,第 97 页。

城镇家庭消费率等于城镇居民家庭人均现金消费支出除以人均可支配收入，农村家庭消费率等于农村居民家庭平均每人消费支出除以农村居民人均纯收入，再以城镇和农村人口占总人口的比重为权重计算加权平均值。

《中国统计年鉴》只统计了 1990 年、2000 年和 2010 年的人口平均预期寿命数据，这严重限制了计量分析的样本量。刘生龙（2012）等通过采用求平均值的方法增加样本数量，即分别求 1990 年和 2000 年、2000 年和 2010 年的平均值得到 1995 年和 2005 年的数据。该方法尽管增加了两个年度的数据，但可能存在较严重的测量误差，从而降低了计量结果的可信度。正是由于预期寿命数据的缺乏，一些研究采用人口死亡率作为预期寿命的代理变量来进行实证分析。有研究发现，人口预期寿命和死亡率呈显著的负相关关系，20 世纪 50 年代后世界人口预期寿命的增长得益于人口死亡率的下降。[1] 这表明人口死亡率是预期寿命较好的代理变量。而且已经有学者使用人口死亡率作为预期寿命的代理变量，实证研究了预期寿命增长对储蓄率和经济增长率的影响。[2] 为了避免测量误差以及小样本对估计结果的影响，我们也选择使用人口死亡率（用 mr 表示）作为预期寿命的代理变量。前文理论分析认为预期寿命与居民消费率之间呈负相关关系，那么，人口死亡率回归系数的预期符号为正。

养老保险水平（用 $level$ 表示）有多种衡量方法，包括养老金替代率、养老金支出与 GDP 之比等。其中，养老金替代率是较常用的衡量指标，但由于缺乏计算各省份养老金替代率所需数据，因此我们选择以基本养老保险基金支出额占 GDP 的比值来衡量养老保险水平。由于缺少农村数据，所以，养老保险覆盖率（用 $cover$ 表示）只能用城镇职工参加养老保险的人数占城镇人口的比重来衡量。另外，计量模型还加入养老保险水平、养老保险覆盖率分别与人

---

① Sheshinski, E., "Note on Longevity and Aggregate Savings", *Scandinavian Journal of Economics*, vol.108, no.2, 2006, pp.353-356.

② De La Croix, D. & Licandro, O., "Life Expectancy and Endogenous Growth", *Economics Letters*, vol.65, no.2, 1999, pp.255-263.

口死亡率的交叉项,用以考察养老保险发展对预期寿命的消费效应的影响。根据前文理论分析的结论,预计交叉项的符号显著为负。

为了保证计量结果的稳健性,我们加入如下控制变量:

一是少儿抚养比率(用 ydr 表示)和老年抚养比率(用 odr 表示)。生命周期理论认为人口年龄与消费是一个 U 字型关系,即相对于成年时期,少儿时期和老年时期的消费率更高。因此,对于一个经济体的整体而言,少儿、老年人占人口的比重越大,居民消费率可能越高。但学者们对中国的实证研究却得到了各不相同的结果。

二是人均实际可支配收入(用 rdi 表示)。凯恩斯的绝对收入假说认为总消费是实际可支配收入的增函数。凯恩斯还进一步认为随着收入水平的提高,边际消费倾向是递减的,即穷人的边际消费倾向要高于富人。据此可以推测,人均实际可支配收入越高会导致居民消费率的下降。

三是收入分配不均(用 $ineq$ 表示)。国内许多学者探讨了收入分配不均对居民消费的影响。有学者认为,收入分配不均显著影响居民消费倾向,并且收入差距越大居民消费倾向越低。[①] 也有学者认为,收入差距扩大会提高居民寻求社会地位的成本进而造成居民进行更多储蓄[②]。基尼系数是衡量收入分配不均的重要指标,但由于省级数据缺乏,大多数研究选择用城乡居民收入之比(即城镇居民人均可支配收入/农村居民人均纯收入)作为收入分配不均的代理变量。[③] 我们也沿用这一处理方法。

---

① 杨汝岱、朱诗娥:《公平与效率不可兼得吗? ——基于居民边际消费倾向的研究》,《经济研究》2007 年第 12 期,第 56 页。

② 金烨、李宏彬、吴斌珍:《收入差距与社会地位寻求:一个高储蓄率的原因》,《经济学(季刊)》2011 年第 3 期,第 908 页。

③ 李文星等:《中国人口年龄结构和居民消费:1989—2004》,《经济研究》2008 年第 7 期,第 122 页。

陈斌开:《收入分配与中国居民消费——理论和基于中国的实证研究》,《南开经济研究》2021 年第 1 期,第 40 页。

杨碧云等:《住房需求对城镇居民消费倾向的影响及其区域差异研究》,《消费经济》2014 年第 1 期,第 9 页。

四是收入不确定性(用 *unc* 表示)。预防性储蓄理论认为,当人们面临未来收入和支出的不确定性时,往往通过增加储蓄来预防未来可能出现的入不敷出的风险。因此,当收入不确定性越大时,居民将增加储蓄、减少消费。许多研究将通货膨胀率作为收入不确定的代理变量。[1] 我们遵循该做法,预期通货膨胀估计系数的符号为负。

(二) 数据说明

本节收集了中国 31 个省、直辖市、自治区 2002—2013 年的平衡面板数据,共 372 个观测值。家庭消费率是根据中国家庭调查数据的家庭收入和支出数据计算得到。人口死亡率、少儿抚养比率、老年抚养比率、通货膨胀率、城镇居民人均可支配收入、农村居民人均纯收入、基本养老保险基金支出、城镇职工参加养老保险人数、城镇居民人口数均来自各年的《中国统计年鉴》和中国统计局网站。人均实际可支配收入是根据相关数据计算得到:首先用 CPI 指数将城镇居民人均可支配收入和农村居民人均纯收入转换为实际量,再以城镇和农村人口占总人口的比重为权重计算加权平均值。各变量的描述性统计结果见表2.1。

表 2.1　变量的描述性统计

变量名	符号	平均值	标准差	最小值	最大值
家庭消费率(%)	*cr*	73.74	5.76	31.53	88.21
人口死亡率(‰)	*mr*	5.96	0.67	4.21	7.30
少儿抚养比率(%)	*ydr*	25.16	7.47	9.60	44.70
老年抚养比率(%)	*odr*	12.08	2.44	6.70	21.90
人均实际可支配收入(元)	*rdi*	8493.12	5104.56	2571.76	31705.26
城乡收入比(比值)	*ineq*	3.05	0.62	2.03	5.52
通货膨胀率(%)	*unc*	2.75	2.20	−2.30	10.10

---

[1]　Stephan, S. & Schrooten, M., "Private Savings and Transition: Dynamic Panel Data Evidence from Accession Countries", *Economics of Transition*, vol.13, no.2, 2005, pp.287-309.

续表

变量名	符号	平均值	标准差	最小值	最大值
养老保险覆盖率(%)	*cover*	33.53	10.75	8.97	71.85
养老保险水平(%)	*level*	2.60	0.89	1.16	6.13

四、计量结果及分析

在前文理论分析和数据描述的基础上,本节对预期寿命延长的消费效应以及养老保险发展对该效应的影响进行计量检验。首先采用静态面板方法进行估计,得到基础性的实证结果。但是,中国居民消费具有明显的动态变化特征,有研究发现消费习惯在较大程度上影响了中国的居民消费[①]。同时,Bloom 等(2003)指出预期寿命与储蓄率之间可能存在双向因果关系,即不仅预期寿命会影响储蓄率,而且储蓄率也可能通过影响经济发展和经济水平,从而对居民的健康水平和预期寿命产生影响。这些因素都可能导致模型的内生性问题,从而使得静态面板估计的结果产生偏误。鉴于此,我们采用动态面板估计方法来克服以上问题,从而保证计量结果的稳健性。

(一) 静态面板方法估计结果

表 2.2 报告了静态面板方法估计结果。其中,估计方程(1)和(2)为未加入养老保险相关变量的估计结果,用于考察预期寿命的消费效应,后四个估计方程为添加了养老保险相关变量的估计结果,用于进一步考察养老保险发展对预期寿命消费效应的影响。通过变量之间的相关性检验发现,养老保险覆盖率(*cover*)与养老保险水平(*level*)之间存在强相关关系(相关系数为0.551),并且,在估计方程中同时加入这两个变量及其与人口死亡率交叉项时,养老保险水平及其交叉项不显著,这表明这两个变量之间存在明显的多重

---

① 杭斌:《习惯形成下的农户缓冲储备行为》,《经济研究》2009 年第 1 期,第 103、104 页。

共线性。为了避免这一问题对估计结果的影响,我们采用分别添加变量的方法进行估计,其中,估计方程(3)和(4)为添加了养老保险水平及其与人口死亡率交叉项的估计结果,而估计方程(5)和(6)则为添加了养老保险覆盖率及其与人口死亡率交叉项的估计结果。另外,估计方程(2)、(4)和(6)均为添加了时间虚拟变量的结果。

静态面板数据包括多种估计方法:混合估计方法、固定效应模型估计法和随机效应模型估计法等。三种方法各具优劣,可依据相关检验来进行选择。固定效应的 F 检验适用于比较混合估计结果与固定效应模型结果之间的优劣,而 Hausman 检验则适用于比较固定效应模型估计结果与随机效应模型估计结果之间的优劣。表 2.2 中所有估计方程的 F 检验结果和 Hausman 检验结果均支持了固定效应模型的估计结果①。

表 2.2　静态面板方法估计结果

估计方程	（1）	（2）	（3）	（4）	（5）	（6）
估计方法	固定效应	固定效应	固定效应	固定效应	固定效应	固定效应
mr	1.498*** (0.553)	1.233** (0.574)	5.942*** (1.265)	5.846*** (1.259)	6.887*** (1.051)	6.403*** (1.050)
ydr	0.070 (0.065)	−0.088 (0.084)	0.020 (0.064)	−0.155* (0.082)	0.003 (0.063)	−0.133 (0.081)
odr	0.054 (0.127)	0.308* (0.167)	0.101 (0.124)	0.380* (0.164)	0.282** (0.127)	0.511*** (0.164)
rdi	−0.0006*** (0.000)	−0.0004** (0.0002)	−0.0007*** (0.0001)	−0.0004** (0.0002)	−0.0005*** (0.0001)	−0.0004** (0.0002)
$ineq$	7.436*** (0.751)	7.702*** (0.962)	7.129*** (0.735)	6.808*** (0.945)	6.264*** (0.744)	6.885*** (0.932)
unc	−0.143* (0.074)	0.223 (0.222)	−0.112 (0.074)	0.143 (0.215)	−0.154** (0.070)	0.098 (0.213)

---

① 由于篇幅所限,本节只给出了所有方程的固定效应模型估计结果,混合估计结果与随机效应模型的估计结果与固定效应模型的估计结果基本一致。

续表

估计方程	（1）	（2）	（3）	（4）	（5）	（6）
估计方法	固定效应	固定效应	固定效应	固定效应	固定效应	固定效应
level			10.707*** （2.327）	11.031*** （2.307）		
level×*mr*			-1.620*** （0.393）	-1.645*** （0.389）		
cover					0.796*** （0.148）	0.761*** （0.149）
cover×*mr*					-0.155*** （0.026）	-0.151*** （0.026）
常数项	44.865*** （4.120）	47.201*** （4.288）	18.271** （7.344）	20.486*** （7.315）	18.758*** （6.204）	21.617*** （6.458）
时间 虚拟变量	否	是	否	是	否	是
R^2	0.232	0.307	0.251	0.347	0.239	0.288
固定效应 F 检验的 P 值	0.000	0.000	0.000	0.000	0.000	0.000
Hausman 检 验的 P 值	0.000	0.000	0.000	0.000	0.000	0.000
样本数量	372	372	372	372	372	372

注:括号内的估计量为估计系数的标准差;***、**、*分别表示1%、5%和10%的统计显著水平。

从估计方程(1)和(2)的结果可以看出,人口死亡率的估计系数显著为正,这表明预期寿命(与人口死亡率负相关)与中国家庭消费率之间呈负相关关系,即预期寿命延长导致家庭消费率下降。估计方程(3)和(4)的结果显示,养老保险水平与人口死亡率的交叉项(即 *level*×*mr*)显著为负,这表明养老保险水平的提高将削弱预期寿命延长所引起的家庭消费率的下降。我们以方程(4)的具体结果进一步说明,求家庭消费率(*cr*)对人口死亡率(*mr*)的偏导数可得:5.846-1.645×*level*。这意味着人口死亡率对家庭消费率的影响取决于养老保险水平(*level*)的高低,养老保险水平每提升1个百分点,将导致人口死亡率对家庭消费率的影响下降1.645个百分点。估计方程(5)和(6)也得到了类似的结果,即养老保险覆盖率提高将降低人口死亡率对家庭消费率的影响,且养老保险覆盖率每提高1个百分点,人口死亡率对家庭消费率的影响下降大约0.15个百分点。以上计量结果都与前文理论分析结论相符。

从其他控制变量的情况来看,少儿抚养比率(ydr)在大多数估计结果中不显著且符号不稳定。老年抚养比率(odr)估计系数的符号为正,在大多数方程中显著,这与生命周期理论基本相符。而人均实际可支配收入(rdi)的估计系数显著为负,与李文星等(2008)、杨碧云等(2014)的结果类似,同时也符合理论预期。通货膨胀率(unc)的估计系数不显著且符号不一致,在未添加时间虚拟变量时为负,而在添加了时间虚拟变量之后转变为正。

另外,我们还发现城乡居民收入比($ineq$)的估计系数显著为正,这表明收入分配差距越大,家庭消费率越高,这一结果与理论预期不相符。前文提及的大多研究认为收入分配差距扩大会导致居民消费率下降,陈斌开(2012)的实证研究也显示了城乡居民收入差距对居民消费的显著负向影响,但刘生龙等(2012)、杨碧云等(2014)的研究结果却无法印证这一关系。杨碧云等(2014)对此的解释是城乡居民收入差距并非是收入分配不均很好的代理变量,因为其无法反映城镇居民和农村居民内部的收入差距以及地区间收入差距。除了这一方面的原因,我们认为还可以从另一可能的角度来进行解释。从图2.1可以看出,改革开放以来,中国城镇家庭消费率尽管处于不断下降的趋势,但在2012年之前仍一直高于农村家庭消费率,这可能是由城乡消费习惯差异以及经济发展阶段不同导致的。而城乡居民收入比越大,意味着收入分配越倾向于家庭消费率更高的城镇,因此整体平均家庭消费率就会更高。进一步,根据图2.1两条曲线的发展趋势来看,自2013年起,中国城镇居民家庭消费率将可能持续低于农村居民家庭消费率,由此也可以预测,未来城乡居民收入差距与全国居民家庭消费率的关系可能发生逆转,由正向关系转变为负向关系。

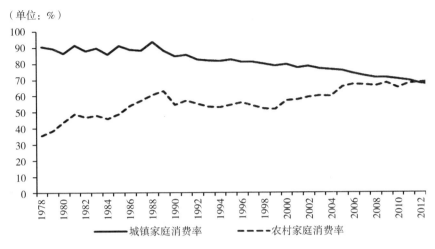

（单位：%）

图 2.1　中国城镇、农村家庭消费率发展趋势（1978—2013 年）

（二）动态面板方法估计结果

前文已提及由于消费习惯相对稳定,因此居民家庭消费常常表现出较强的"惯性",同时,预期寿命与消费之间可能存在双向因果关系。由此产生的内生性问题可能会导致静态面板估计结果的偏误。虽然工具变量在一定程度上能较好地解决这一问题,但这有赖于严格外生的工具变量的选取,而这是一项相当棘手的工作。Bloom 等在研究东亚经济体预期寿命对储蓄率的影响时,使用纬度、距海岸线或主要水路 100 公里以内面积占总面积的比重、位于热带区域的面积占总面积的比重等地理因素作为预期寿命的工具变量。我们也依据这一思路,尝试采用各省（直辖市、自治区）所处的纬度、是否拥有海岸线、每万人医疗机构床位数作为工具变量,两阶段回归的估计结果却显示以上变量都是弱工具变量。鉴于此,我们只能利用 GMM 方法来克服以上提及的内生性问题。

GMM 方法分为差分 GMM 方法和系统 GMM 方法。其中,差分 GMM 仅对差分方程进行估计,而系统 GMM 则同时对水平方程和差分方程进行估计,并以差分变量的滞后项作为水平方程的工具变量,以水平变量的滞后项作为差分方程的工具变量。因此,系统 GMM 方法能利用更多的样本信息,其估计结果在大多数情况下比差分 GMM 方法更为有效。我们以系统 GMM 方法的估计结果为主,同时也报告差分 GMM 方法的估计结果作为稳健性检验。表 2.3 报告了估计结果。

表 2.3　动态面板方法估计结果

估计方程	（7）	（8）	（9）	（10）	（11）	（12）
估计方法	SYS-GMM	DIF-GMM	SYS-GMM	DIF-GMM	SYS-GMM	DIF-GMM
cr_{-1}	0.641 *** (0.015)	0.254 *** (0.009)	0.467 *** (0.014)	0.247 *** (0.023)	0.427 *** (0.021)	0.201 *** (0.020)
mr	1.324 *** (0.196)	0.964 * (0.495)	5.821 *** (0.272)	5.818 *** (1.309)	6.111 *** (0.472)	6.414 *** (1.485)
ydr	0.090 *** (0.019)	0.178 *** (0.025)	−0.018 (0.024)	0.074 (0.048)	0.002 (0.021)	0.063 (0.044)
odr	0.246 *** (0.029)	0.099 *** (0.036)	0.212 *** (0.046)	0.139 *** (0.048)	0.356 *** (0.076)	0.209 *** (0.050)
rdi	−0.00004 ** (0.00002)	−0.0003 *** (0.00002)	−0.0003 (0.00003)	−0.0004 *** (0.0001)	−0.0005 *** (0.00007)	−0.0003 *** (0.0001)
$ineq$	4.085 *** (0.248)	5.639 *** (0.602)	1.971 *** (0.405)	5.432 *** (0.626)	1.354 ** (0.651)	4.424 *** (0.553)
unc	−0.116 *** (0.018)	−0.105 *** (0.010)	−0.186 *** (0.021)	−0.121 *** (0.012)	−0.157 *** (0.019)	−0.119 *** (0.017)
$level$			11.416 *** (0.757)	8.207 *** (2.379)		
$level×mr$			−2.001 *** (0.125)	−1.480 *** (0.391)		
$cover$					1.153 *** (0.109)	0.767 *** (0.184)
$cover×mr$					−0.190 *** (0.021)	−0.155 *** (0.036)
AR(2) 检验的 P 值	0.240	0.838	0.249	0.689	0.160	0.880

估计方程	（7）	（8）	（9）	（10）	（11）	（12）
估计方法	SYS-GMM	DIF-GMM	SYS-GMM	DIF-GMM	SYS-GMM	DIF-GMM
Sargan检验的P值	0.898	0.999	0.923	0.999	0.935	0.999
样本数量	341	310	341	310	341	310

注:括号内的估计量为估计系数的标准差;***、**、*分别表示1%、5%和10%的统计显著水平。

表2.3的主要估计结果与表2.2基本一致:所有估计方程中人口死亡率（mr）的估计系数均显著为正,其数值也与表2.2相近;养老保险水平、养老保险覆盖率与人口死亡率的交叉项的符号也显著为负;同样,少儿抚养比率估计系数在多数估计方程中不显著,而老年抚养比率均显著为正;其他控制变量的估计结果也与表2.2基本相符,只有通货膨胀率（unc）的估计系数变得显著为负了。这些结果都表明表2.2的主要结果是基本稳健的,验证了前文理论分析的主要结论。同时,在所有估计结果中,家庭消费率（cr）的滞后项均显著为正,这表明中国家庭消费的确存在一定的"惯性",消费者习惯具有较强的稳定性,而高速的经济增长拉低了平均消费率。另外,各估计方程的Sargan检验均拒绝了原假设,表明不存在工具变量过度识别问题;而AR(2)检验的P值大于0.1,表明工具变量是有效的。

五、结论

中国正进入人口老龄化加速发展的阶段,许多学者依据生命周期理论预测未来老年人口比重的提高将会刺激长期低迷的居民消费率。然而,当前人口老龄化还呈现另一个显著特征——预期寿命延长,而这可能显著降低居民消费率。因此,忽略预期寿命延长这个特征将不能全面、准确地反映人口老龄化对居民消费率的影响。并且,国外研究还发现预期寿命的储蓄或消费效应的强弱在一定程度上取决于养老保险发展。基于此,我们从理论和实证两方面研究了中国预期寿命延长的消费效应,以及养老保险水平和覆盖率提升对该效应的影响。通过建立两时期的代际交叠模型发现,在现阶段养老保险发展水平和覆盖率下,中国预期寿命延长将导致居民消费率的下降,而养老保险水平和覆盖率的提高能在一定程度上削弱这一效应。进一步利用全国 31 个省、直辖市、自治区 2002—2013 年的平衡面板数据进行实证研究,实证结果与理论模型分析的结论一致。另外,我们的实证研究还发现老年抚养比率、城乡居民收入差距对居民家庭消费率存在显著的正向影响,人均实际可支配收入、通货膨胀率对家庭消费率具有显著的负向影响,而少儿抚养比率则不能显著影响家庭消费率。对于城乡居民收入差距扩大引起居民家庭消费率提高的实证结果,我们认为可能的原因是 2012 年之前中国的城镇居民家庭消费率均高于农村居民家庭消费率(见图 2.1),而城乡居民收入差距扩大意味着收入分配更倾向于家庭消费率更高的城镇居民,从而引起全国家庭消费率的提高。

第二节　养老金制度影响居民消费: 基于微观调查数据的分析①

一、中国社会养老保险制度发展历程

中国养老保险制度经历了不断探索的发展过程。新中国成立后,依照苏联等社会主义国家模式,我国逐步建立了现收现付、待遇确定型养老保险制度。② 1951 年,中央人民政府颁布了《中华人民共和国劳动保险条例》,其规定由国家统筹、企业实施对职工和职工家庭的老年保险等全面的劳动保险;1958 年,国务院公布了《关于工人、职员退职处理的暂行规定》,统一了企业和

---

① Chen Dihong et al.,"Old-Age Social Insurance and Household Consumption:Evidence From CHina",*Emerging Markets Finance and Trade*,vol.54,no.13,pp.2948-2964.

② 黄必红:《养老金制度》,中国劳动社会保障出版社 2008 年版,第 167 页。

国家机关的退职办法,解决了企业和国家机关退休、退职办法不统一的矛盾;"文化大革命"期间,社会保险制度遭到严重破坏,原来全国统一的社会保险蜕变为企业保险。

由于以企业为单位的传统的养老保险制度不适应市场经济发展的需要,成为企业改革和发展的障碍。从 1984 年起,全国各地先后实行了养老保险费用社会统筹①。到了 20 世纪 90 年代初期,退休费用统筹已在全国普遍推行。1991 年 6 月,国务院发布了《关于企业职工养老保险制度改革的决定》,极大地推动了全国各地退休费用社会统筹工作的开展。1992 年 5 月,劳动部提出改革基本养老金计发办法,基本养老金由社会性养老金和缴费性养老金构成。1993 年,党的十四届三中全会《中共中央关于建立社会主义市场经济体制若干问题的决定》,正式提出"社会统筹和个人账户相结合(统账结合)"制度。

1997 年 7 月,国务院颁布《关于建立统一的企业职工基本养老保险制度的决定》,按照社会统筹与个人账户相结合的原则,从以下几个方面统一了企业职工基本养老保险制度。第一,统一规范企业和职工个人的缴费比例。企业缴纳基本养老保险费(以下简称"企业缴费")的比例,一般不得超过企业工资总额的 20%(包括划入个人账户的部分),具体比例由省、自治区、直辖市人民政府确定。少数省、自治区、直辖市因离退休人数较多、养老保险负担过重,确需超过企业工资总额 20% 的,应报劳动部、财政部审批。个人缴纳基本养老保险费(以下简称"个人缴费")的比例,1997 年不得低于本人缴费工资的 4%,1998 年起每两年提高 1 个百分点,最终达到本人缴费工资的 8%。有条件的地区和工资增长较快的年份,个人缴费比例提高的速度应适当加快。第二,统一个人账户的规模。按本人缴费工资 11% 的数额为职工建立基本养老保险个人账户,个人缴费全部记入个人账户,其余部分从企业缴费中划入。随

---

① 所谓社会统筹,一是按照工资总额的一定比例统一筹资资金,二是统一支付离退休人员的养老金。统筹首先在市县级范围和层次实行,逐步向地市级和省级统筹过渡。参见穆怀中:《中国养老保险制度改革关键问题研究》,中国劳动社会保障出版社 2006 年版,第 19 页。

着个人缴费比例的提高,企业划入的部分要逐步降至 3%。个人账户储存额,每年参考银行同期存款利率计算利息。个人账户储存额只用于职工养老,不得提前支取。职工调动时,个人账户全部随同转移。职工或退休人员死亡,个人账户中的个人缴费部分可以继承。第三,统一养老金计发办法。本决定实施后参加工作的职工、个人缴费年限累计满 15 年的,退休后按月发给基本养老金。基本养老金由基础养老金和个人账户养老金组成。退休时的基础养老金月标准为省、自治区、直辖市或地(市)上年度职工月平均工资的 20%,个人账户养老金月标准为本人账户储存额除以 120。个人缴费年限累计不满 15 年的,退休后不享受基础养老金待遇,其个人账户储存额一次支付给本人。本决定实施前已经离退休的人员,仍按国家原来的规定发给养老金,同时执行养老金调整办法。本决定实施前参加工作、实施后退休且个人缴费和视同缴费年限累计满 15 年的人员,按照新老办法平衡衔接、待遇水平基本平衡等原则,在发给基础养老金和个人账户养老金的基础上再确定过渡性养老金,过渡性养老金从养老保险基金中解决。

2005 年 12 月,在总结东北三省改革试点经验的基础上,国务院发布《关于完善企业职工基本养老保险制度的决定》,缩小了个人账户的规模,并逐步做实个人账户。第一,逐步做实个人账户。做实个人账户,积累基本养老保险基金,是应对人口老龄化的重要举措,也是实现企业职工基本养老保险制度可持续发展的重要保证。要继续抓好东北三省做实个人账户试点工作,抓紧研究制订其他地区扩大做实个人账户试点的具体方案,报国务院批准后实施。国家制定个人账户基金管理和投资运营办法,实现保值增值。第二,改革基本养老金计发办法。为与做实个人账户相衔接,从 2006 年 1 月 1 日起,个人账户的规模统一由本人缴费工资的 11%调整为 8%,全部由个人缴费形成,单位缴费不再划入个人账户。同时,进一步完善鼓励职工参保缴费的激励约束机制,相应调整基本养老金计发办法。《国务院关于建立统一的企业职工基本养老保险制度的决定》(国发〔1997〕26 号)实施后参加工作、缴费年限(含视同缴费年限,下同)累计满 15 年的人员,退休后按月发给基本养老金。基本养老金由基础养老金和个人账户养老金组成。退休时的基础养老金月标准以当地上年度在岗职工月平均工资和本人指数化月平均缴费工资的平均值为基数,缴费每满 1 年发给1%。个人账户养老金月标准为个人账户储存额除以计发月数,计发月数根据职工退休时城镇人口平均预期寿命、本人退休年龄、利息等因素确定。国发〔1997〕26 号文件实施前参加工作,本决定实施后退休且缴费年限累计满 15 年的人员,在发给基础养老金和个人账户养老金的基础上,再发给过渡性养老金。各省、自治区、直辖市人民政府要按照待遇水平合理衔接、新老政策平稳过渡的原则,在认真测算的基础上,制定具体的过渡办法,并报劳动保障部、财政部备案。本决定实施后到达退休年龄但缴费年限累计不满 15 年的人员,不发给基础养老金;个人账户储存额一次性支付给本人,终止基本养老保险关系。本决定实施前已经离退休的人员,仍按国家原来的规定发给基本养老金,同时执行基本养老金调整办法。第三,建立基本养老金正常调整机制。根据职工工资和物价变动等情况,国务院适时调整企业退休人员基本养老金水平,调整幅度为省、自治区、直辖市当地企业在岗职工平均工资年增长率的一定比例。各地根据本地实际情况提出具体调整方案,报劳动保障部、财政部审批后实施。

2009 年,国务院发布《关于开展新型农村社会养老保险试点的指导意见》(国发〔2009〕32 号),探索建立个人缴费、集体补助、政府补贴相结合的新农保制度,实行社会统筹与个人账户相结合,与家庭养老、土地保障、社会救助等其他社会保障政策措施相配套,保障农村居民老年基本生活。年满 16 周岁(不含在校学生)、未参加城镇职工基本养老保险的农村居民,可以在户籍地自愿参加新农保。2009 年试点覆盖面为全国 10%的县(市、区、旗),以后逐步扩大试点,在全国普遍实施,2020 年之前基本实现对农村适龄居民的全覆盖。第一,新农保基金由个人缴费、集体补助、政府补贴构成。一是个人缴费。参加新农保的农村居民应当按规定缴纳养老保险费。缴费标准目前设为每年

100元、200元、300元、400元、500元5个档次,地方可以根据实际情况增设缴费档次。参保人自主选择档次缴费,多缴多得。国家依据农村居民人均纯收入增长等情况适时调整缴费档次。二是集体补助。有条件的村集体应当对参保人缴费给予补助,补助标准由村民委员会召开村民会议民主确定。鼓励其他经济组织、社会公益组织、个人为参保人缴费提供资助。三是政府补贴。政府对符合领取条件的参保人全额支付新农保基础养老金,其中中央财政对中西部地区按中央确定的基础养老金标准给予全额补助,对东部地区给予50%的补助。地方政府应当对参保人缴费给予补贴,补贴标准不低于每人每年30元;对选择较高档次标准缴费的,可给予适当鼓励,具体标准和办法由省(区、市)人民政府确定。对农村重度残疾人等缴费困难群体,地方政府为其代缴部分或全部最低标准的养老保险费。第二,建立个人账户。国家为每个新农保参保人建立终身记录的养老保险个人账户。个人缴费,集体补助及其他经济组织、社会公益组织、个人对参保人缴费的资助,地方政府对参保人的缴费补贴,全部记入个人账户。个人账户储存额每年参考中国人民银行公布的金融机构人民币一年期存款利率计息。第三,养老金待遇。养老金待遇由基础养老金和个人账户养老金组成,支付终身。中央确定的基础养老金标准为每人每月55元。地方政府可以根据实际情况提高基础养老金标准,对于长期缴费的农村居民,可适当加发基础养老金,提高和加发部分的资金由地方政府支出。个人账户养老金的月计发标准为个人账户全部储存额除以139(与现行城镇职工基本养老保险个人账户养老金计发系数相同)。参保人死亡,个人账户中的资金余额,除政府补贴外,可以依法继承;政府补贴余额用于继续支付其他参保人的养老金。第四,养老金待遇领取条件。年满60周岁、未享受城镇职工基本养老保险待遇的农村有户籍的老年人,可以按月领取养老金。新农保制度实施时,已年满60周岁、未享受城镇职工基本养老保险待遇的,不用缴费,可以按月领取基础养老金,但其符合参保条件的子女应当参保缴费;距领取年龄不足15年的,应按年缴费,也允许补缴,累计缴费不超过15

年;距领取年龄超过 15 年的,应按年缴费,累计缴费不少于 15 年。

为了建立个人缴费、政府补贴相结合的"统账结合"城镇居民养老保险制度,保障城镇居民老年基本生活,2011 年,国务院发布了《关于开展城镇居民社会养老保险试点的指导意见》(国发〔2011〕18 号)。2011 年 7 月 1 日启动试点工作,实施范围与新型农村社会养老保险(以下简称"新农保")试点基本一致,2012 年基本实现城镇居民养老保险制度全覆盖。年满 16 周岁(不含在校学生)、不符合职工基本养老保险参保条件的城镇非从业居民,可以在户籍地自愿参加城镇居民养老保险。第一,城镇居民养老保险基金主要由个人缴费和政府补贴构成。一是个人缴费。参加城镇居民养老保险的城镇居民应当按规定缴纳养老保险费。缴费标准目前设为每年 100 元、200 元、300 元、400元、500 元、600 元、700 元、800 元、900 元、1000 元 10 个档次,地方人民政府可以根据实际情况增设缴费档次。参保人自主选择档次缴费,多缴多得。国家依据经济发展和城镇居民人均可支配收入增长等情况适时调整缴费档次。二是政府补贴。政府对符合待遇领取条件的参保人全额支付城镇居民养老保险基础养老金。其中,中央财政对中西部地区按中央确定的基础养老金标准给予全额补助,对东部地区给予 50% 的补助。地方人民政府应对参保人员缴费给予补贴,补贴标准不低于每人每年 30 元;对选择较高档次标准缴费的,可给予适当鼓励,具体标准和办法由省(区、市)人民政府确定。对城镇重度残疾人等缴费困难群体,地方人民政府为其代缴部分或全部最低标准的养老保险费。第二,建立个人账户。国家为每个参保人员建立终身记录的养老保险个人账户。个人缴费、地方人民政府对参保人的缴费补贴及其他来源的缴费资助,全部记入个人账户。个人账户储存额目前每年参考中国人民银行公布的金融机构人民币一年期存款利率计息。第三,养老金待遇由基础养老金和个人账户养老金构成,支付终身。中央确定的基础养老金标准为每人每月 55元。地方人民政府可以根据实际情况提高基础养老金标准,对于长期缴费的城镇居民,可适当加发基础养老金,提高和加发部分的资金由地方人民政府支出。个人账户养老金的月计发标准为个人账户储存额除以139(与现行职工基本养老保险及新农保个人账户养老金计发系数相同)。参保人员死亡,个人账户中的资金余额,除政府补贴外,可以依法继承;政府补贴余额用于继续支付其他参保人的养老金。第四,养老金待遇领取条件。参加城镇居民养老保险的城镇居民,年满60周岁,可按月领取养老金。城镇居民养老保险制度实施时,已年满60周岁,未享受职工基本养老保险待遇以及国家规定的其他养老待遇的,不用缴费,可按月领取基础养老金;距领取年龄不足15年的,应按年缴费,也允许补缴,累计缴费不超过15年;距领取年龄超过15年的,应按年缴费,累计缴费不少于15年。

2014年,国务院正式颁布了《关于建立统一的城乡居民基本养老保险制度的意见》(国发〔2014〕8号)。年满16周岁(不含在校学生),非国家机关和事业单位工作人员及不属于职工基本养老保险制度覆盖范围的城乡居民,可以在户籍地参加城乡居民养老保险。到"十二五"末,在全国基本实现新农保和城居保制度合并实施,并与职工基本养老保险制度相衔接;2020年前,全面建成公平、统一、规范的城乡居民养老保险制度。该《意见》规定,城乡居民养老保险继续实行个人缴费、集体补助、政府补贴相结合的筹资方式。个人缴费标准统一归并调整为每年100元至2000元12个档次,省级政府可以根据实际情况增设缴费档次,参保的城乡居民自主选择缴费档次,多缴多得。集体补助方面,在原有政策基础上增加了公益慈善组织的资助,以利于进一步拓宽筹资渠道,提高参保人员的待遇水平。政府补贴方面,《意见》强调对选择较高档次标准缴费的人员适当增加补贴金额,并明确规定对选择500元及以上缴费档次的补贴标准不低于每人每年60元,进一步强化了多缴多补的激励机制。国家为每个参保人员建立终身记录的养老保险个人账户,无论在哪缴费,也无论是否间断性缴费,个人账户都累计记录参保人权益。个人缴费、地方政府对参保人的缴费补贴、集体补助及其他社会经济组织、公益慈善组织、个人对参保人的缴费资助,全部记入个人账户。个人账户储存额按国家规定计息。

城乡居民养老保险待遇由基础养老金和个人账户养老金组成,并支付终身。基础养老金由中央确定最低标准,并将建立正常调整机制。地方政府可根据实际情况提高当地基础养老金标准,对长期缴费的,可适当加发基础养老金,以鼓励长缴多得。城乡居民养老保险待遇领取人员死亡的,从次月起停止支付其养老金。

建立完善的事业单位工作人员养老保险制度,是加快建立覆盖城乡居民社会保障体系的重要举措,直接关系事业单位工作人员的切身利益。根据《事业单位工作人员养老保险制度改革试点方案》(国发〔2008〕10 号),国务院决定,在山西省、上海市、浙江省、广东省、重庆市先期开展试点,与事业单位分类改革试点配套推进。未进行试点的地区仍执行现行事业单位退休制度;2012 年 4 月,中共中央、国务院《关于分类推进事业单位改革的指导意见》进一步明确指出,事业单位工作人员基本养老保险实行社会统筹和个人账户相结合,养老保险费由单位和个人共同负担,个人缴费全部记入个人账户。养老保险基金单独建账,实行省级统筹,基本养老金实行社会化发放。

2015 年,国务院发布《关于机关事业单位工作人员养老保险制度改革的决定》(国发〔2015〕2 号)。该决定适用于按照公务员法管理的单位、参照公务员法管理的机关(单位)、事业单位及其编制内的工作人员。第一,实行社会统筹与个人账户相结合的基本养老保险制度。基本养老保险费由单位和个人共同负担。单位缴纳基本养老保险费(以下简称"单位缴费")的比例为本单位工资总额的 20%,个人缴纳基本养老保险费(以下简称"个人缴费")的比例为本人缴费工资的 8%,由单位代扣。按本人缴费工资 8% 的数额建立基本养老保险个人账户,全部由个人缴费形成。个人工资超过当地上年度在岗职工平均工资 300% 以上的部分,不计入个人缴费工资基数;低于当地上年度在岗职工平均工资 60% 的,按当地在岗职工平均工资的 60% 计算个人缴费工资基数。第二,改革基本养老金计发办法。本决定实施后参加工作、个人缴费年限累计满 15 年的人员,退休后按月发给基本养老金。基本养老金由基础养老金和个人账户养老金组成。退休时的基础养老金月标准以当地上年度在岗职工月平均工资和本人指数化月平均缴费工资的平均值为基数,缴费每满 1 年发给 1%。个人账户养老金月标准为个人账户储存额除以计发月数,计发月数根据本人退休时城镇人口平均预期寿命、本人退休年龄、利息等因素确定。第三,机关事业单位在参加基本养老保险的基础上,应当为其工作人员建立职业年金。单位按本单位工资总额的 8% 缴费,个人按本人缴费工资的 4% 缴费。工作人员退休后,按月领取职业年金待遇。职业年金的具体办法由人力资源社会保障部、财政部制定。发布之后,四川、山东、上海、江苏、福建、吉林、湖南等地陆续出台了养老金并轨方案。进入 2015 年 10 月,各地进程明显加快,云南、甘肃、陕西、湖北、天津、黑龙江等地相继公布了养老金并轨实施意见和办法。

经过多年的改革发展,我国的养老保险覆盖范围不断扩大,养老保险制度从城镇扩大到乡村,建立起统一的城乡居民养老保险制度,成为世界上覆盖人群最多的养老保障计划。2021 年末,全国参加基本养老保险人数为 102871 万人,比上年末增加 3007 万人。城镇职工基本养老保险人数为 48074 万人;城乡居民基本养老保险参保人数为 54797 万人,其中实际领取待遇人数为 16213 万人。[①] 对保障人民基本生活,调节社会收入分配,促进城乡居民消费增长发挥了重要作用。

由于机关事业单位养老保险制度改革起步较晚,我们仅讨论城镇企业职工、城乡居民基本养老保险制度与家庭消费的关系。我们估计企业职工和城乡居民的养老金财富(SSW)的边际消费倾向。在控制主要家庭特征后,精确计算养老金财富值。使用固定效应模型(FE)来估计 SSW 对家庭总消费和其他六类消费的影响。考虑到内生性问题,研究中采用了工具变量(IV),即年份虚拟变量和年龄虚拟变量的交叉项。然后使用分位数回归来检验 SSW 对企业职工和城乡居民消费的不同影响。最后,对研究结果进行稳健性检验。

---

① 数据来源:人社部《2021 年度人力资源和社会保障事业发展统计公报》。

二、研究方法

（一）基准模型

Feldstein 在传统生命周期理论的基础上提出了扩展的生命周期模型：

$$Ct = \alpha + \beta1 Y_t + \beta2 W_t + \beta3 SSW_t + \varepsilon t \qquad (2.11)$$

Ct 是消费支出，Y_t 是绝对收入，W_t 是上一期的金融资产，SSW_t 是养老金财富（Feldstein，1974）[1]。

我们进一步拓展上述模型，并使用面板数据来估计社会养老保险对企业职工和城乡居民家庭消费的影响。（2.12）式引入了更多的个体特征和虚拟变量：

$$LnC_{it} = \alpha + \beta_1 LnY_{it} + \beta_2 LnW_{it} + \beta_3 LnSSW_{it} + \chi Z_{it} + \varepsilon_{it} \qquad (2.12)$$

Z_{it} 代表每个省份的人均国内生产总值（GDP），（2.12）式还包括了家庭和居民的基本特征：家庭成员人数，少儿抚养比，健康状况（好，坏），家庭婚姻状况（已婚，未婚，离异），户主受教育年限和城市户籍。在这些变量中，如果户主结婚，则虚拟变量等于1；如果住户身体健康，则虚拟变量等于1；如果参保者是城市户口或者参加了城居保，则虚拟变量等于1。另外两个虚拟变量是省份变量和年份变量。

（二）养老金财富（SSW）的计算

基于 CHARLS 微观数据，综合考虑参保者的年度缴费和养老金给付、开始工作的时间、预期获得养老金给付的年份、主观贴现率、工资和基本养老金的增长率，我们准确计算了养老金财富（SSW）的精算值。

第一，企业职工的养老金财富（SSW）计算。首先计算在职企业员工的

---

[1] Feldstein, M., "Social Security, Induced Retirement and Aggregate Capital Accumulation", *Journal of Political Economy*, vol.82, no.5, 1974, pp.905–926.

SSW。根据有关规定,员工每缴费一年,则退休后可以领取基本养老金的 1%,那么员工的基本养老金(B_1)可用如下方式计算:

$$B_1 = 12 \cdot (\overline{W}_{t-1} + Z)/2 \cdot L \cdot 0.01 \tag{2.13}$$

$$Z = \overline{W}_{t-1} \cdot \theta \tag{2.14}$$

$$\theta = (W_n / \overline{W}_{n-1} + \cdots + W_3 / \overline{W}_2 + W_2 / \overline{W}_1 + W_1 / \overline{W}_0)/N \tag{2.15}$$

$\overline{W}_{t-1}$ 表示本年度当地员工的平均工资, θ 表示平均工资指数。Z 代表平均月薪。我们将 θ 定义为每个地区个人年薪与社会年工资的比率, L 表示缴费年限。

然后计算个人账户养老金。个人账户养老金等于个人账户储存额除以计发月数。计发月数由预期寿命、退休年龄、利率等因素决定。

$$F_t = 12 \cdot f_t \tag{2.16}$$

$$F_t + m - a = Ft \, (1 + g)^{m-a} \tag{2.17}$$

$$B_t = F_t \sum_{m=a}^{R} S_{a,m} \, (1 + g)^{(m-a)} \, (1 + d)^{a-m} + B_{t-1} \tag{2.18}$$

$$B_2 = \frac{12}{N} \cdot [\, F_t \sum_{m=a}^{R} S_{a,m} \, (1 + g)^{(m-a)} \, (1 + d)^{m-n} + B_{t-1} \,] \tag{2.19}$$

f 表示上一年职工的缴费,其在第 t 年不变。因此,年龄为 a 的人其个人账户积累额为 F_t 。同时,我们假设社会平均工资增长率为 g ,当职工达到年龄 m 时,其个人账户积累额是 F_{t+m-a} 。B_{t-1} 代表着 t 年前的个人账户积累额。$S_{a,R}$ 表示职工从 a 岁到 R 岁生存的概率。

最后计算过渡性养老金 B_3 。我们参照 1997 年的《决定》,用指数化的方法计算过渡性养老金。

$$\overline{W}_{t+59-a} = \overline{W}_{t-1} \, (1 + g)^{R-a} \tag{2.20}$$

$$Z = \overline{W}_{t+59-a} \cdot \theta \tag{2.21}$$

$$\overline{W}_{t+59-a} = \overline{W}_{t-1} \, (1 + g)^{R-a} \tag{2.22}$$

$$B_3 = Y^* \cdot r \cdot Z \tag{2.23}$$

Y^* 表示职工在 1997 年以前的缴费，r 表示过渡性养老金支付期，Z 表示平均月薪，g 表示社会平均工资增长率，a 表示职工的年龄，R 表示职工的退休年龄。

计算了三个部分的养老金后，预期的养老金财富(B)可以表示如下：

$$B = \left[(B_1 + B_3) S_{a,R} (1 + d)^{-(R-a)} + B_2 \right] \sum_{n > R}^{D} S_{R,n} (1 + g')^{(n-R)} (1 + d)^{-(n-R)} \tag{2.24}$$

$S_{a,R}$ 表示年龄为 a 的职工生存到年龄 R 的概率，$S_{R,n}$ 表示年龄 R 的职工生存到年龄 n 的概率，g 表示社会平均工资增长率和基本养老金增长率，d 表示贴现率。参照有关研究[①]，我们估计生存概率：

$$Dx = \exp(-4.759 + 0.1143x - \ln(x + 0.4)) \tag{2.25}$$

此外，年龄为 m 的退休人员的 SSW 数值用 B_4 表示：

$$B_4 = 12 \cdot B^* \sum_{n > m}^{D} S_{m,n} (1 + g)^{(n-m)} (1 + d)^{-(n-m)} \tag{2.26}$$

B^* 表示员工上个月获得的养老金给付，$S_{m,n}$ 是个人从 m 岁存活到 n 岁的概率。

第二，城乡居民养老金财富(SSW)的计算。下面计算被新型农村社会养老保险和城镇居民社会养老保险覆盖的居民的养老金财富(SSW)。先作如下假定：基础养老金为 55 元，且固定增长率为 g，假设 g 为 0.06，与中国经济增长率接近；城乡居民社会养老保险不含额外的过渡性养老金。

对于 60 岁以下的居民，基础养老金的金额为 B_5，个人账户为 B_6，养老金财富值(SSW)为 B_7。D 意味着人们可以生存的最大年龄。l 是个人的养老金给付年数。其他变量的定义与上述相同。

---

① 贺菊煌等：《消费函数分析》，社会科学文献出版社 2000 年版，第 42 页。

$$B_5 = 55 \cdot \sum_{m=a}^{R} S_{a,m} (1+g)^{(m-a)} (1+d)^{a-m} \tag{2.27}$$

$$B_{t-1} = Ft \cdot l \tag{2.28}$$

$$B_6 = \frac{12}{N} \cdot \left[F_t \cdot \sum_{m=a}^{60} S_{a,m} (1+g)^{(m-a)} (1+d)^{a-m} + B_{t-1} \right] \tag{2.29}$$

$$B_7 = [B_1 + B_2] \sum_{n>R}^{D} S_{R,n} (1+g')^{(n-R)} (1+d)^{-(n-R)} \tag{2.30}$$

对于 60 岁以上的居民,基本养老金的金额为 B_8:

$$B_8 = 12 \cdot B^* \sum_{n>m}^{D} S_{m,n} (1+g)^{(n-m)} (1+d)^{-(n-m)} \tag{2.31}$$

三、数据

我们采用 2011 年和 2013 年"中国健康与养老追踪调查"(CHARLS)的面板数据,将参保人划分为企业职工与城乡居民两个样本群。为了避免由极端值带来的有偏估计,剔除了一些信息缺失的个体观测值以及收入、资产和消费低于 1% 或高于 99% 的异常值,样本中有 694 人被职工基本养老保险覆盖,6135 人被城乡居民养老保险覆盖(其中 325 人参保城镇居民养老保险,5810 人参保新型农村养老保险)。另外,每个样本包括正在为养老保险缴费的人和已经领取养老金的人。

在等式(2.12)中, $\mathrm{Ln}Cit$ 表示人均家庭消费和其他消费的自然对数,家庭总消费等于食品、服装、居住、家庭设备服务、医疗健身、交通运输和通信、教育和文化娱乐、其他商品和服务支出的总和。我们重点关注服装、旅游、耐用品、教育培训、医疗休闲等方面的支出。此外, $\mathrm{Ln}Yit$ 是人均家庭总收入的对数,家庭总收入包括家庭收入、个人转移收入、农业收入、个人经营收入和政府转移收入五个部分。家庭总消费和其他六类消费的缩写分别为 $\mathrm{Ln}(total)$、$\mathrm{Ln}(clo)$、$\mathrm{Ln}(tra)$、$\mathrm{Ln}(dur)$、$\mathrm{Ln}(edu)$、$\mathrm{Ln}(med)$ 和 $\mathrm{Ln}(lei)$。我们将 $\mathrm{Ln}Wit$ 定义为人均家庭金融资产的对数,家庭金融资产为存款、政府债券、股票、基金和投资收益之和。LnSSW 代表 SSW 的对数,Ln(inc) 表示人均家庭收入的对数,Ln(fin) 是家庭金融资产的对数。考虑到异方差和非线性,我们对 SSW、收入、金融资产和消费作对数处理。

四、实证结果

(一) 固定效应和工具变量的结果

本部分首先给出了家庭人均六类消费、人均收入、人均消费支出和养老金财富(SSW)的四分位点的描述性统计。表 2.4 和表 2.5 分别列出了职工和居民的描述性统计。

表 2.4　职工相关变量的描述性统计

	Mean	St.D	P25	P50	P75	P90
人均服饰消费	789	1954	0	300	1000	2000
人均旅行消费	742	3095	0	0	0	1667
人均耐用品消费	813	3699	0	0	0	2000
人均教育和培训消费	580	2101	0	0	0	1500
人均医疗费用	2936	111683	0	500	2000	5000
人均休闲消费	796	3152	0	0	60	2000
人均家庭收入	24910	67547	10715	20400	28800	40800
人均家庭支出	22881	29634	7587	14704	27340	47720
养老金财富(SSW)	463527	168062	226258	361990	515720	651582
家庭规模	2.38	1.54	1	2	4	5
家庭年龄	63.13	10.35	56	62	71	78
婚姻状况	0.82	0.39	1	1	1	1
性别	0.58	0.49	0	1	1	1
教育程度	11.72	3.91	6	9	12	16

通过使用面板数据来控制个人或家庭固定效应,本研究使用 FE 估计社会养老保险对家庭消费的影响。根据上述理论框架的实证研究,SSW 在促进家庭消费总量和其他六种消费方面发挥了积极的作用。然而,职工和居民的

刺激效果也不尽相同。首先研究通过使用 FE 估计 SSW 的边际消费倾向。然后用 IV 来避免内生性。

表 2.5　居民相关变量的描述性统计

	Mean	St.D	P25	P50	P75	P90
人均服饰消费	352	706	0	150	400	1000
人均旅行消费	62	913	0	0	0	0
人均耐用品消费	365	2881	0	0	0	638
人均教育和培训消费	401	1769	0	0	0	750
人均医疗费用	1538	5791	0	100	1000	3000
人均休闲消费	78	924	0	0	0	48
人均家庭收入	9701	224275	607	2226	7698	17550
人均家庭支出	12222	27814	2865	6448	13472	25260
养老金财富(SSW)	17831	27811	10303	14445	20057	23167
家庭规模	3.56	1.96	2	3	4	6
家庭年龄	61.46	10.43	52	61	69	76
婚姻状况	0.77	0.42	1	1	1	1
性别	0.50	0.50	0	0	1	1
教育程度	6.19	3.07	0	6	6	9

　　内生性有三个原因。第一是遗漏变量。当遗漏的变量包含在干扰项中且与解释变量相关时,会导致遗漏变量偏差。我们引入了更多的人口和区域特征的控制变量来减少遗漏变量偏差。第二是测量误差。如果解释变量计算不准确,则测量误差也将包含在扰动项中,它与解释变量相关,会导致估计量不一致。第三是反向因果关系。这意味着养老金财富(SSW)可能促进家庭消费,家庭消费也可能影响养老金财富(SSW)。之后,在本节中,我们使用工具变量方法来减少反向因果关系,并估计了 SSW 对消费的净影响。

　　该研究采用 DWH 检验来确定养老金财富(SSW)是否为内生解释变量。DWH 检验的零假设是所有解释变量都是外生的。如果 DWH 检验的 p 值小于 0.1,则可以在 10% 的显著水平排除零假设,并认为 SSW 是内生解释变量。

否则,SSW 是一个外生解释变量。表 2.4 和表 2.5 报告的 DWH 检验结果显示,居民的 SSW 是内生变量,企业职工的 SSW 是外生变量,我们仍然对职工和居民两个样本使用 IV 方法。事实上,由于居民养老保险是自愿性质的,居民的养老金财富(SSW)和家庭消费存在双向因果关系。对强制参保的企业职工而言,其缴费更加清晰、稳定,是一项可预见的支出,因此,企业职工的养老金财富(SSW)不会受到家庭消费的影响。考虑到存在遗漏变量,最终使用工具变量(IV)法来估计养老金财富(SSW)对家庭消费的影响。

根据封进、阿塔纳西奥(Attanasio)和罗韦德尔(Rohwedder)的研究[①],我们使用年份虚拟变量和年龄虚拟变量的交叉项作为工具变量来降低内生性。年份虚拟变量和年龄虚拟变量的交叉项影响贴现率、生存概率、本年度养老金给付,最终与养老金财富(SSW)高度相关。此外,该工具变量完全是外生的,不会直接影响家庭消费。

综上所述,年份虚拟变量和年龄虚拟变量的交叉项是一个合理的工具变量。我们进行了过度识别检验和弱工具变量检验,以及其与养老金财富(SSW)在统计上的相关性。表 2.6 和表 2.7 显示,年份虚拟变量和年龄虚拟变量的交叉项不是弱工具变量,也恰好被识别。最后,我们利用 FE 和 IV 方法对其关系进行了研究。研究发现,如果不考虑内生性问题,FE 的结果可能会低估养老金财富(SSW)对家庭消费的影响,引入工具变量后,SSW 对家庭消费的影响更大且更加显著。因此,我们仅关注 IV 估计的结果,使用稳健标准误纠正扰动项中的异方差。

表 2.6 显示了养老金财富(SSW)对家庭总消费的影响,表 2.7 显示了其他六类消费的结果。

---

① Feng,J.et al.,"Public Pension and Household Saving:Evidence from Urban China",*Journal of Comparative Economics*,vol.39,no.4,2011,pp.470-485.

Attanasio,O.P.& Rohwedder,S.,"Pension Wealth and Household Saving:Evidence from Pension Reforms in the United Kingdom",*American Economic Review*,vol.93,no.5,2003,pp.1499-1521.

表 2.6 养老金财富(SSW)对家庭总消费的影响

	FE		IV	
	职工	居民	职工	居民
养老金财富(SSW)	0.3764 (0.3769)	0.5502 (0.1064)	1.2631*** (0.3914)	0.9879*** (0.0848)
家庭总收入	0.3934** (0.0126)	0.2670 (0.0646)	0.3364*** (0.0472)	0.2567*** (0.0091)
地区人均GDP	1.0716* (0.1210)	1.1219* (0.1615)	0.7560 (6.2121)	1.1921 (1.1961)
家庭规模	−0.0740* (0.0093)	−0.1622 (0.1359)	−0.0616 (0.0733)	−0.1636*** (0.0150)
少儿抚养比	0.1757* (0.0168)	0.1074 (0.0614)	0.2119*** (0.0750)	0.1301*** (0.0178)
健康状况	−0.3102 (0.1028)	−0.0133 (0.0685)	−0.4647* (0.2447)	−0.0180 (0.0564)
家庭金融资产	0.0548 (0.0144)	0.0169 (0.0063)	0.0495** (0.0207)	0.0107 (0.0067)
婚姻状况	0.4786* (0.0559)	0.8550 (0.5188)	0.2823 (0.2808)	0.6404*** (0.0748)
户主受教育年限	0.0327 (0.0519)	−0.0026 (0.0203)	0.0069 (0.0579)	−0.0089 (0.0099)
东部地区	1.3836 (1.5645)	−0.4290 (0.9285)	5.2156** (2.2825)	−0.8112 (2.0995)
中部地区	0.0437 (0.4056)	−0.0687 (0.2523)	−0.0171 (8.8730)	−0.0382 (0.2641)
年份固定效应	是	是	否	否
省份固定效应	是	是	是	是
DWH检验			0.0124	0.0000
过度识别检验			0.8151	0.6007
弱工具变量检验			0.0000	0.0000

如表 2.6 所示,养老金财富(SSW)促进了职工和居民家庭总消费。当 SSW 增加 1%时,职工家庭总消费增加 1.26%,居民家庭总消费增长 1%,即 SSW 每增加 100 元,职工家庭总消费增加 126 元,居民家庭总消费增加 100 元;

表 2.7　养老金财富（SSW）对其他六类消费的影响

	Ln(clo) FE 职工	Ln(clo) FE 居民	Ln(clo) IV 职工	Ln(clo) IV 居民	Ln(tra) FE 职工	Ln(tra) FE 居民	Ln(tra) IV 职工	Ln(tra) IV 居民	Ln(dur) FE 职工	Ln(dur) FE 居民	Ln(dur) IV 职工	Ln(dur) IV 居民
养老金财富（SSW）	0.5229 (0.3390)	0.7970 (0.2036)	2.7447*** (0.5889)	2.0678*** (0.1373)	0.3310 (0.2343)	0.1158*** (0.0009)	1.1258** (0.5121)	0.1965*** (0.0697)	-0.1305 (0.0701)	0.2571** (0.0120)	-0.0776 (0.5390)	0.6875*** (0.1408)
总收入	0.2140* (0.0334)	0.1684* (0.0243)	0.0723 (0.0709)	0.1384*** (0.0147)	0.0441 (0.0253)	0.0224 (0.0052)	-0.0066 (0.0616)	0.0205*** (0.0075)	0.1289** (0.0096)	0.1177 (0.0103)	0.1255* (0.0651)	0.1075*** (0.0151)
人均GDP	-0.0938 (0.0854)	-4.0560 (0.7464)	-0.6503 (9.3167)	-3.8520** (1.9361)	-0.4591 (1.6167)	-2.6647** (0.0535)	-0.6581 (8.1022)	-2.6518*** (0.9833)	-4.0280** (0.1199)	-0.0236 (0.6098)	-4.0432 (8.5306)	0.0454 (1.9854)
家庭规模	0.0844 (0.0970)	0.0519 (0.1480)	0.1273 (0.1103)	0.0476* (0.0243)	-0.0844 (0.0808)	0.0194 (0.0045)	-0.0691 (0.0959)	0.0192 (0.0123)	0.0612*** (0.0002)	0.0231 (0.0451)	0.0619 (0.1008)	0.0216 (0.0249)
少年人口抚养比	0.0834 (0.0875)	0.0107 (0.1903)	0.1835 (0.1133)	0.0002 (0.0288)	-0.0042 (0.0151)	-0.0031 (0.0006)	0.0316 (0.0985)	0.0011 (0.0146)	0.1392 (0.0593)	-0.0452 (0.0174)	0.1414 (0.1033)	-0.0229 (0.0295)
健康状况	-0.0836 (0.0759)	-0.0657 (0.0568)	-0.5317 (0.3723)	-0.0029 (0.0913)	0.8530 (0.4307)	0.1153 (0.0301)	0.6927** (0.3237)	0.1144** (0.0464)	0.4925 (0.3797)	0.1779 (0.0629)	0.4832 (0.3372)	0.1733* (0.0937)
家庭金融资产	0.0947 (0.0225)	0.0472** (0.0016)	0.0851*** (0.0310)	0.0292*** (0.0109)	0.1053 (0.0211)	0.0281* (0.0028)	0.1018*** (0.0270)	0.0270*** (0.0055)	0.0793 (0.0265)	0.0474*** (0.0021)	0.0789*** (0.0285)	0.0413*** (0.0112)

续表

	Ln(clo)				Ln(tra)				Ln(dur)			
	FE		IV		FE		IV		FE		IV	
	职工	居民	职工	居民	职工	居民	职工	居民	职工	居民	职工	居民
婚姻状况	0.8788	0.3314	0.4060	-0.2915**	-0.2595	0.0403	-0.4287	0.0007	-0.1815	0.2173	-0.1934	0.0063
	(0.2189)	(0.1817)	(0.4179)	(0.1211)	(0.1318)	(0.0162)	(0.3634)	(0.0615)	(0.2129)	(0.0384)	(0.3860)	(0.1242)
户主受教育年限	0.0711	0.0558	-0.0212	0.0374**	0.0353	0.0155	0.0023	0.0143*	-0.0422	0.0027	-0.0437	-0.0035
	(0.0535)	(0.0108)	(0.0879)	(0.0161)	(0.1140)	(0.0042)	(0.0764)	(0.0082)	(0.0491)	(0.0008)	(0.0795)	(0.0165)
东部地区	4.0363	7.6759*	10.1984***	6.5662*	3.0870*	7.3942	5.2913**	7.3237***	-9.1074**	0.0024	-9.1060	0.0324
	(0.9471)	(1.0898)	(2.5402)	(3.3983)	(0.3612)	(3.6137)	(2.2090)	(1.7260)	(0.3445)	(0.6476)	(12.1870)	(0.4384)
中部地区	0.9378	-0.4717	1.1167	-0.3830	-3.5892	0.0501	-3.5252	0.0557	-8.8864**	-0.0282	-8.8873	-0.0214
	(0.3640)	(0.5867)	(13.3106)	(0.4275)	(2.5124)	(0.2438)	(11.5754)	(0.2171)	(0.6738)	(0.6436)	(12.2104)	(0.4376)
年份固定效应	YES	YES	NO	NO	YES	YES	NO	NO	YES	YES	NO	NO
省份固定效应	YES	YES	YES	YES	YES	YES	YES	YES	YES	YES	YES	YES
DWH检验			0.0000	0.0000			0.1151	0.4392			0.9830	0.0021
过度识别检验			0.5306	0.2123			0.6761	0.2590			0.7573	0.2928
弱工具变量检验			0.0000	0.0000			0.0000	0.0000			0.0000	0.0000

续表

	Ln(edu) FE 职工	Ln(edu) FE 居民	Ln(edu) IV 职工	Ln(edu) IV 居民	Ln(med) FE 职工	Ln(med) FE 居民	Ln(med) IV 职工	Ln(med) IV 居民	Ln(lei) FE 职工	Ln(lei) FE 居民	Ln(lei) IV 职工	Ln(lei) IV 居民
养老金财富(SSW)	0.3354	0.3293	1.0857**	0.6322***	0.1611	0.1550*	0.2332	0.1766	0.3589	0.2026	2.1137***	0.6037***
	(0.2463)	(0.1202)	(0.5154)	(0.1323)	(0.2435)	(0.0243)	(0.5199)	(0.1286)	(0.3115)	(0.0673)	(0.5820)	(0.0916)
家庭总收入	-0.0478	0.0948	-0.0956	0.0876***	0.2485*	0.1986	0.2439***	0.1980***	0.0577	0.0643*	-0.0543	0.0548***
	(0.0147)	(0.0214)	(0.0620)	(0.0142)	(0.0240)	(0.0598)	(0.0626)	(0.0138)	(0.0352)	(0.0071)	(0.0700)	(0.0098)
地区人均GDP	-2.8234	1.3386	-3.0571	1.3872	-6.6222*	-3.1334	-6.6403	-3.1300*	-2.2703	-3.3122**	-2.7098	-3.2478**
	(2.7548)	(1.2752)	(8.1798)	(1.8655)	(1.0228)	(1.0076)	(8.2254)	(1.8132)	(2.9157)	(0.0777)	(9.2071)	(1.2922)
家庭规模	0.7492	0.3530	0.7641***	0.3520***	-0.1268	-0.1103	-0.1254	-0.1103***	-0.0425	0.0284	-0.0086	0.0270*
	(0.1601)	(0.2720)	(0.0966)	(0.0234)	(0.0447)	(0.1493)	(0.0974)	(0.0228)	(0.1360)	(0.0290)	(0.1090)	(0.0162)
少儿抚养比	-0.1908	-0.1410	-0.1567	-0.1253***	0.2885*	0.2661	0.2917***	0.2672***	-0.0423	-0.0331	0.0368	-0.0123
	(0.1678)	(0.1069)	(0.0992)	(0.0278)	(0.0268)	(0.0720)	(0.1000)	(0.0270)	(0.0678)	(0.0103)	(0.1120)	(0.0192)
健康状况	0.3424	0.0383	0.1920	0.0351	-1.2221	-0.3806	-1.2367***	-0.3808***	0.9220	0.0484	0.5680	0.0441
	(0.3275)	(0.0480)	(0.3257)	(0.0880)	(0.6155)	(0.5155)	(0.3287)	(0.0855)	(0.2452)	(0.0591)	(0.3679)	(0.0610)
家庭金融资产	0.1001**	-0.0030	0.0969***	-0.0073	-0.0019	0.0137	-0.0022	0.0134	0.1163*	0.0254*	0.1088***	0.0197**
	(0.0040)	(0.0041)	(0.0272)	(0.0105)	(0.0341)	(0.0060)	(0.0274)	(0.0102)	(0.0147)	(0.0038)	(0.0307)	(0.0073)

续表

	Ln(edu) FE 职工	Ln(edu) FE 居民	Ln(edu) IV 职工	Ln(edu) IV 居民	Ln(med) FE 职工	Ln(med) FE 居民	Ln(med) IV 职工	Ln(med) IV 居民	Ln(lei) FE 职工	Ln(lei) FE 居民	Ln(lei) IV 职工	Ln(lei) IV 居民
婚姻状况	-0.2409	-0.2901	-0.3984	-0.4386***	0.8256	0.6791	0.8103**	0.6685***	-0.3768	0.0922	-0.7503*	-0.1044
	(0.1217)	(0.0984)	(0.3666)	(0.1167)	(0.2120)	(0.6006)	(0.3689)	(0.1134)	(0.0631)	(0.0584)	(0.4129)	(0.0808)
户主受教育年限	0.0383	-0.0018	0.0076	-0.0062	0.1554**	0.0043	0.1524**	0.0040	-0.0148	0.0142*	-0.0877	0.0084
	(0.0206)	(0.0035)	(0.0770)	(0.0155)	(0.0041)	(0.0134)	(0.0776)	(0.0151)	(0.1267)	(0.0013)	(0.0868)	(0.0107)
东部地区	-4.1030	-0.0076	-4.1070	0.0135	4.8599	5.1273	5.0599**	5.1085	2.6854	8.0325	7.5524***	7.6822***
	(3.7751)	(0.1100)	(11.6843)	(0.4119)	(0.8183)	(1.1046)	(2.2427)	(3.1827)	(0.5754)	(3.0309)	(2.5103)	(2.2682)
中部地区	-4.4051	-0.0253	-4.4121	-0.0155	-8.6544	0.3119	-8.6486	0.3134	-6.4998	-0.1112	-6.3586	-0.0832
	(4.2545)	(0.1245)	(11.4937)	(0.4127)	(1.6493)	(0.2773)	(11.7515)	(0.4004)	(4.3938)	(0.2275)	(13.1541)	(0.2853)
年份固定效应	YES	YES	NO	NO	YES	YES	NO	NO	YES	YES	NO	NO
省份固定效应	YES	YES	YES	YES	YES	YES	YES	YES	YES	YES	YES	YES
DWH检验			0.0672	0.0008			0.4289	0.0258			0.0008	0.0001
过度识别检验			0.5583	0.4388			0.3790	0.1593			0.5696	0.1572
弱工具变量检验			0.0000	0.0000			0.0000	0.0000			0.0000	0.0000

职工家庭收入的系数为 0.34,居民家庭收入的系数为 0.26,这意味着 SSW 对家庭总消费的促进作用大于家庭总收入的消费促进作用。此外,SSW 和家庭收入对职工消费的影响要大于对居民消费的影响。由于居民的 SSW 相对较少,收入更低,以及居民为不确定性进行储蓄的动机,使得 SSW 对居民消费的促进作用有限。此外,少儿抚养比提高和家庭金融资产增加会促进家庭消费。

如表 2.7 所示,企业职工的养老金财富(SSW)可以显著提升家庭服装消费、旅游消费、教育消费和休闲消费。职工的 SSW 每增加 1%,其服装消费、旅游消费、教育消费和休闲消费将分别增加 2.74%、1.13%、1.09%、2.11%,这意味着 SSW 每增加 100 元,将促进上述各类消费分别增加 274 元、113 元、109元和 211 元。当 SSW 增加时,企业职工更有可能提高服装和休闲消费,但不会提高耐用品消费量。

养老金财富(SSW)对企业职工医疗消费的影响并不显著,这可能是由于职工获得了基本医疗保险,即使 SSW 增加,职工在基本医疗保险的覆盖下也不会花更多的医疗费用。另外,SSW 的边际消费倾向大于家庭收入的边际消费倾向。研究还表明,家庭人均金融资产也可以大幅度提升家庭消费,东部地区的职工比中西部地区的职工消费水平更高。

对于居民而言,养老金财富(SSW)可以显著增加其服装、旅游、教育和休闲消费。与职工相比,SSW 也可以促进居民的耐用品消费,对医疗消费的影响仍然不明显。具体地说,SSW 每增加 1%,可以分别促进其他五类消费增长2.07%、0.20%、0.69%、0.63% 和 0.60%。这意味着当 SSW 增加 100 元时,上述五类消费也将分别增加 207 元、20 元、69 元、63 元、60 元。与企业职工相比,SSW 对居民的旅游、教育和休闲消费的促进作用较小。由于居民收入水平低于职工的收入水平,许多居民无法承担旅游、教育和休闲消费的额外支出。在促进家庭总消费和其他五类消费方面,居民养老金财富(SSW)的边际消费倾向大于人均家庭收入的边际消费倾向。而且,家庭人均金融资产会大幅度提升家庭消费,东部地区居民的消费高于中西部地区。

与 FE 的结果相比,工具变量法估计的养老金财富(SSW)和收入对消费的促进作用更大且更加显著。与职工相比,养老金财富(SSW)对居民消费的促进作用较小。此外,在职工与居民两个群体内部,养老金财富(SSW)对消费的促进作用也存在差异。

(二) 分位数回归估计组内的差异

前述研究表明,养老保险对企业职工和城乡居民消费的影响存在差异性,本节主要讨论企业职工和城乡居民两个样本内部不同群体的差异。当职工和居民的收入水平不同时,假定其边际消费倾向会发生变化,与高收入群体相比,养老金财富(SSW)对低收入群体消费的促进作用更大。基于这一假设,我们采用分位数回归分析法对高、中、低不同收入群体进行分析,研究养老金财富(SSW)的消费刺激效应是否存在差异。分位数回归模型也采用工具变量方法进行估计。

职工三个分位点的家庭收入分别为 21900 元、30760 元、46752 元,居民三个分位点的家庭收入分别为 970 元、5460 元、21800 元。表 2.8 显示了职工和居民四个分位点家庭的养老金财富(SSW)对家庭总消费影响的结果,表 2.9 显示了四个分位点家庭的养老金财富(SSW)对其他六类消费的影响。

表 2.8　四个分位点家庭的养老金财富(SSW)对家庭总消费的影响

	一分位		二分位		三分位		四分位	
	职工	居民	职工	居民	职工	居民	职工	居民
养老金财富(SSW)	1.8827 ***	2.4004 ***	0.7598	0.6217 ***	0.7170	0.4768 ***	−0.8359	0.6060 ***
	(0.5327)	(0.1965)	(0.6968)	(0.1447)	(1.5063)	(0.1409)	(1.6567)	(0.1411)
家庭总收入	0.3020 ***	0.4688 ***	1.2994	0.1121	0.7287	0.2003 ***	−0.0553	0.3999 ***
	(0.0620)	(0.0279)	(1.4361)	(0.0692)	(0.8508)	(0.0667)	(0.3746)	(0.0482)

表 2.9　四个分位点家庭的养老金财富(SSW)对其他六类消费的影响

	Ln(*clo*)		Ln(*tra*)		Ln(*dur*)	
	职工	居民	职工	居民	职工	居民
一分位	1.8844***	2.6052***	0.3571	0.1930**	−0.4154	0.6890***
	(0.6351)	(0.2348)	(0.5633)	(0.0930)	(0.5848)	(0.1942)
二分位	1.7068*	1.4502***	2.5939***	0.0624	−0.2036	0.1829
	(0.9850)	(0.3043)	(0.8855)	(0.1293)	(1.0045)	(0.2826)
三分位	8.2048*	2.1359***	−0.6543	0.2848*	−4.2696	0.7702**
	(4.2246)	(0.3402)	(2.5084)	(0.1703)	(3.0716)	(0.3682)
四分位	3.0268	1.5430***	−1.9403	0.0957	−2.5102	0.6337
	(4.2332)	(0.3185)	(4.1750)	(0.2260)	(3.2393)	(0.4190)
	Ln(*edu*)		Ln(*med*)		Ln(*lei*)	
	职工	居民	职工	居民	职工	居民
一分位	1.9318***	1.4168***	1.2263*	1.4876***	1.1217*	0.3212***
	(0.7041)	(0.2075)	(0.6671)	(0.2395)	(0.6320)	(0.1232)
二分位	−0.9412	1.4932***	−0.0741	−0.3783	3.5372***	0.4062**
	(0.7828)	(0.2638)	(0.9935)	(0.2687)	(0.9477)	(0.1726)
三分位	6.7822*	0.1855	0.0247	0.0883	0.7712	0.9455***
	(3.4690)	(0.3097)	(2.4966)	(0.2819)	(2.6374)	(0.2280)
四分位	−1.8635	−1.3424***	−3.0666	0.1012	1.4839	0.7439**
	(4.0746)	(0.4035)	(4.7072)	(0.3278)	(4.0473)	(0.2920)

　　从表 2.8 和表 2.9 可以看出,养老金财富(SSW)可以显著提升一分位点职工的家庭总消费水平,促进中、低收入群体职工的其他五类消费,但对职工耐用品消费无影响;与其他几类商品和服务相比,服装的边际消费倾向更大;对高收入群体而言,SSW 对其家庭消费没有显著影响,这意味着养老金财富(SSW)对低收入职工消费的促进作用更大。

就城乡居民和企业职工而言,养老金财富(SSW)对消费的刺激效应在两类群体内部存在一定差异。第一,养老金财富(SSW)的增加能够促进所有居民的总消费及服装消费和休闲消费;就总消费和服装消费而言,消费的刺激效应对最低收入的居民影响最明显。第二,当 SSW 增加时,与最高收入居民相比,中、低收入居民愿意在旅游、耐用品和教育方面花更多的钱。第三,SSW 对家庭医疗消费的刺激作用仅对低收入群体显著。然而,家庭收入的消费刺激效应较 SSW 更弱,但更显著。

对于收入最低的群体,SSW 对居民总消费的刺激作用大于对职工总消费的刺激作用。比较表 2.8 和表 2.9 可知,SSW 的增加将导致中低收入人群消费增长得更快。这主要有三个原因:第一,边际消费倾向随收入而变化,高收入群体的边际消费倾向低于低收入群体;第二,根据永久收入假设,SSW 的增加表明预期收益会增加,这将促进家庭消费;第三,增加 SSW 可以减轻人们对未来不确定性的担忧。这与赵青等的研究结论一致[1]。

（三）稳健性检验

通过改变 g 值来进行稳健性检验。养老金财富(SSW)值的计算基于平均工资和基本养老金的固定增长率(g 取 0.06),该增长率与国民经济增长速度保持一致。养老金财富(SSW)值的计算方法表明,当 g 值变大时,人们将获得更多的养老金财富。在本节中,参考相关研究[2],我们另外选择两个固定增长率(0.1 和 0.02)来估算 SSW 值,并检验其是否会促进家庭消费。其中,g 取值为 0.1,接近中国几十年来平均名义工资的增长率。结果表明,当 g 等于 0.02 和 0.1 时,SSW 也可以显著提升企业职工和城乡居民家庭消费,证明前

---

[1] Zhao, Q. et al., "The Impact of Public Pension on Household Consumption: Evidence from China's Survey Data", *Sustainability*, vol.8, no.9, 2016, p.890.

[2] 张继海:《社会保障对中国城镇居民消费和储蓄行为影响研究》,博士学位论文,山东大学产业经济学系,2008 年,第 73 页。

述研究结果具有稳健性。另外,SSW 的边际消费倾向大于家庭收入的边际消费倾向。

五、结论

采用中国健康与养老追踪调查(CHARLS)2011 年和 2013 年的入户调查数据,通过计算养老金财富值,我们实证分析了养老保险对居民消费的影响。从描述性统计结果可以看出,企业职工的养老金财富和家庭总收入明显高于城乡居民的养老金财富和家庭总收入。企业职工的人均家庭总消费的均值几乎是城乡居民人均家庭总消费均值的两倍,职工养老金财富的均值是居民均值的 26 倍。考虑时间价值并通过贴现预期现金流,我们运用保险精算方法计算了职工和居民的养老金财富。为了控制个体特征和家庭特征,采用双向固定效应模型估计养老金财富对家庭总消费和其他六类消费的影响。为了避免由遗漏变量和反向因果带来的内生性问题,我们使用年龄与年份的交互项作为工具变量进行估计。通过更改精算模型中养老金收入的预期增长率计算得出养老金财富的三种取值,作为一种稳健性检验手段。此外,我们还使用分位数模型估计不同收入层次人群的养老金财富的边际消费倾向,此部分的面板数据固定效应分位数模型同样采用工具变量法进行估计,以便更好地控制内生性问题。用工具变量法估计固定效应模型的回归结果表明,养老金财富1% 的增长将分别提高职工和居民家庭的总消费 1.26% 和 1.00%。此外,养老金财富的边际消费倾向大于家庭收入的边际消费倾向,养老金财富可以促进家庭总消费以及改善家庭消费结构。

研究表明,养老保险对职工和居民消费的影响存在异质性。养老金财富的增加会显著刺激职工和居民更多地进行旅游、教育以及其他休闲消费,且对职工的刺激作用更强;职工和居民的医疗消费都不会因为养老金财富的增加而显著上升,服装消费的增长在两组中没有太大差别。

我们采用工具变量法估计了固定效应下的面板分位数回归模型,结果显示,养老金财富的增加促进了四个收入分位点的居民的总消费和最低收入的职工的总消费。对于拥有最高收入(位于第四个收入分位点以上)的职工,养老金财富的增长不会对家庭消费产生显著影响。就消费结构而言,养老金财富的增加会刺激四个收入分位点上的居民家庭增加衣着和休闲消费,并且收入最低的家庭增加总消费和衣着消费的幅度最大。对于拥有最低收入的群体,养老金财富对居民的总消费、衣物消费、旅行消费、耐用品消费、医疗消费的刺激作用强于对职工的消费刺激作用。

第三章 养老金制度的再分配效应

第一节 研究综述

现收现付制与基金积累度优劣性的争论主要集中在资本回报率、劳动力供给效应、制度运行成本、储蓄效应以及收入再分配效应等方面。国内外学者主要借助 OLG 模型或者通过计算给付缴费比、内部收益率、回收期等方法来定量分析再分配效应。所谓养老社会保险制度的再分配效应,是指养老保险促使财富在同一代人不同收入人群之间或代际之间转移的效应。一般来说,收入再分配效应可以分为代际间(Intergeneration)的再分配效应和代内(Intra-generation)的再分配效应。

一、现收现付制再分配效应

现收现付制(Pay As You Go,PAYG)是指通过在同一个时期内正在工作的一代人的缴费来支付已经退休的一代人的养老金的制度安排。在现收现付制养老社会保险计划下,参保人一生中获得给付的精算现值与其缴费的精算现值不一定相等,两者之差既反映了参保人所获取的净收益,又体现了通过制度运行所进行的收入转移。

（一）现收现付制代内再分配效应

代内再分配效应是指大致出生在同一时期的人之间,特别是不同收入阶层之间终身预期收入的转移。现收现付制养老保险计划的代内收入再分配效应可以通过计算给付缴费比、内部收益率等来进行度量。

给付缴费比(Benefit/Tax Ratio)即员工获得的终身养老金给付与养老金缴费的比值,用公式可以表示为:$n = B/C$,其中 n 为给付缴费比,B 为终身养老金给付现值,C 为终身缴费现值。对同一代人中的某一群体而言,若 $n \geqslant 1$,则该群体因为参保而获益;若 $n \leqslant 1$,则该群体因为参保而受损,也称为精算不平衡。以个人收入、家庭收入和潜在收入(Earnings Potential)作为划分收入阶层的依据,古斯曼(Gustman)和施泰因迈尔(Steinmeier)测算了美国养老社会保障(OASDI)计划所具有的再分配效应。他们发现,当以个人为单位进行测算时,养老金给付公式具有累进性,且男性和女性之间存在收入再分配现象;当以家庭终身收入为基础进行测算时,若将配偶给付和遗属给付纳入计算范围,则养老保险计划的再分配效应就减弱 50%;若以家庭潜在收入为测算论据,则只存在微弱的由高收入家庭向低收入家庭的再分配效应。[①]

内部收益率(Internal Rate of Return, IRR)、终身净转移(Net Transfer)和终身净税率(Lifetime Net Tax Rate)。内部收益率是指雇主和雇员缴费的贴现值等于养老金未来给付贴现值时的收益率;终身净转移即为参保者终身缴费贴现值和终身给付贴现值的差额;终身净税率即终身净转移除以终身收入贴现值。利布曼(Liebman)选取 1925—1929 年出生的群体为样本,对当时的美

---

① Gustman, A.L.& Steinmeier, T.L., "How Effective is Redistribution under the Social Security Benefit Formula?", *Journal of Public Economics*, vol.82, no.1, 2001, pp.1–28.

国养老社会保险计划的再分配效应进行了模拟分析。① Liebman 的研究表明，在 2001 年总给付水平下，若以 1.29% 作为贴现率，与年收入相关联的养老保险计划向低收入阶层发生的转移支付只达到养老保险总给付的 5%—9%；若选择更高的贴现率，通过对不同指标（内部收益率、终身净转移、终身净税率）的测算得到的收入再分配效应也不尽一致，并且不同群体寿命的不同、家庭次要劳动者收入水平的变动、婚姻状况以及其他一些因素都会影响测算结果。此外，还有学者通过计算终身净转移以及终身净税率对养老保险制度的收入再分配效应进行了测算②。

（二）现收现付制代际再分配效应

一般认为，现收现付养老社会保险计划都具有代际收入再分配的功能，特别是当人口结构发生显著变化或养老保险计划的规模急剧膨胀时，会产生巨大的代际收入再分配。

分析代际再分配效应最常见的方法是由阿莱（Allais）、萨缪尔森（Samuelson）以及戴蒙德（Diamond）等建立和发展的代际迭代模型（Overlapping Generation Model，OLG）③。OLG 模型一般假设，在任何时候都生活着不同的两代人（年轻人和老年人），在 t 时期年轻人的数量为 L_y，老年人的数量为 L_o。每一代人在生命的不同时期和不同代的人进行交易，这些人在年轻工作期内进行消费和储蓄，而在老年期则仅仅进行消费。人口的增长率为

①　Liebman, J. B., "Redistribution in the Current US Social Security System", in *The Distributional Aspects of Social Security and Social Security Reform*, University of Chicago Press, 2002, pp.11−48.

②　Hong, B.E., *Income Redistributive Effects of Proposals for Social Security Reform*, Diss., Washington University in St.Louis, 2001, pp.145−158.

③　Samuelson, P.A., "An Exact Consumption-loan Model of Interest with or without the Social Contrivance of Money", *Journal of political economy*, vol.66, no.6, 1958, pp.467−482.

Diamond, P.A., "National Debt in A Neoclassical Growth Model", *The American Economic Review*, vol.55, no.5, 1965, pp.1126−1150.

n，即在某一时期 $L_y = (1 + n)L_o$。设工人的工资为 w_t，工资和劳动生产率的增长率为 g，则有 $w_t = (1 + g)w_t$。资本市场的投资回报率为市场利率 r。

假设在 t 时期引入现收现付制养老保险计划，年轻人将工资的 β 部分作为养老保险缴费，缴纳给养老保险计划。年轻人在 t 时期的缴费为 $T_t = \beta L_t w_t$，在这个时期老年人获得的养老保险给付为 $B_t = T_t$。

这个时期的老年人并没有向养老保险计划缴费，但获得了 B_t 的养老保险给付。而 t 时期的年轻人在老年期（$t + 1$ 期）获得的养老保险给付 $B_{t+1} = \beta L_{t+1} w_{t+1}$，$t$ 时期年轻人在现收现付制养老保险计划中缴费的收益率为：

$$B_{t+1}/T_t = \beta L_{t+1} w_{t+1}/\beta L_t w_t = (1 + n)(1 + g) \approx n + g。$$

也就是说，现收现付制养老保险计划的收益率等于人口和实际工资增长率之和。Aaron（1966）指出，在人口增长率与实际工资增长率之和大于市场利率的前提下，现收现付制能够在代际之间实现帕累托改进，并且基金制的运行模式将造成未来各代的生命周期效应出现递减的情况。这一论断随后引发了关于现收现付制和基金制两种模式福利效应的一场持久的讨论。事实上，在 Aaron 的分析框架中，实际工资增长率和市场利率都视为外生给定变量，因而所讨论的也是"小型开放经济"的情形，而现收现付达到帕累托有效的这个外生的前提，也被称作"艾伦条件"（Aaron condition）。

布兰查德（Blanchard）和费希尔（Fischer）利用 OLG 模型分析了养老社会保险计划对资本积累和福利的影响。他们认为，如果引入养老社会保险计划（OASDI 计划）前的利率小于人口增长率，养老社会保险计划可以通过减低或消除动态无效而实现帕累托改进；若引入养老社会保险以前利率大于人口增长率，那么这种安排会使第一代老年人获益（得到正的收入转移），而第一代老年人所获得的意外收入正好相当于其后各代人的福利损失。[1] 这一结论支

---

① Blanchard, O.J.& Fischer, S., *Lectures on Macroeconomics*, MIT press, 1989, pp.275-308.

持了 Samuelson(1958)和 Feldstein(2002)的观点。

除 OLG 模型外,内部收益率等方法也可以用来测算养老社会保险的代际再分配效应。莱默尔(Leimer)通过测算各代内部收益率,模拟分析了美国 1875 年到 2050 年之间各代人的代际再分配效应。[①] 根据 Leimer 的测算,养老社会保险的内部收益率将由 1875 年的 37%下降至 2050 年的 1%左右。而在 1900 年与 1925 年两年,代际净转移分别达到了 112 亿美元和 99.6 亿美元,在此期间,美国处于大萧条时期,养老社会保险制度正是通过它的代际再分配机制来缓解老年人的贫困。

二、完全基金积累制再分配效应

所谓基金积累制(Full-Funded Scheme),是指劳动者在工作期间以固定的缴费率在养老金账户上积累资金,由基金管理机构对私人账户进行统一投资管理,劳动者退休后根据个人账户积累的基金数量从个人账户上领取养老金。严格意义上的完全基金积累制计划不存在任何代内收入再分配效应。因为参保者老年期获得的给付完全依赖于年轻时期的缴费及其投资收益,不存在横向的高低收入者之间的转移支付。[②]

如果作出一些特定的制度安排,比如对高退休金给付者的给付进行征税并对低退休金给付者进行补贴,那么,完全基金积累制计划也会具有一定的代内再分配功能,其收入再分配程度则依赖于征税税率及补贴幅度。运用改进的 OLG 模型,封进(2004)描述了完全基金积累制下老年一代和年轻一代的状况。在完全基金积累制下,参保人年轻时期的缴费将投资于股票和债券市场,他们老年时将以市场利率获得养老金给付,老年期获得的养老金来自于年轻

---

① Leimer,D.R.,"Cohort-specific Measures of Lifetime Net Social Security Transfers",US Department of Health and Human Resources,Social Security Administration,Office of Research and Statistics Working Paper Series,no.59,1994,pp.15−31.

② 封进:《公平与效率的交替和协调——中国养老保险制度的再分配效应》,《世界经济文汇》2004 年第 1 期,第 25 页。

时期的储蓄,可以视作个人储蓄的一部分,养老保险计划不具有代际再分配功能。

巴尔(Barr)的研究表明,完全基金制养老保险计划的代际再分配效应取决于宏观经济波动情况。如果发生了非预期的通货膨胀,物价水平上涨导致实际利率降低,则会导致一部分收入由前一代参保者向后一代参保者转移。因此,如果经济发生非预期的通货膨胀,会造成从老年人向年轻人的收入再分配;反之,若发生非预期的通货紧缩时,则会发生从年轻人向老年人的收入再分配,若通货膨胀与通货紧缩是可预期的,则不存在收入的代际再分配。[①]

三、其他相关研究

1997年7月,国务院颁布了《关于建立统一的企业职工基本养老保险制度的决定》,标志着我国养老社会保险制度完成了由企业负担向社会负担、由企业缴费向个人与社会共同缴费、由单纯的现收现付制向部分基金积累制的转变,建立了一个由社会统筹(现收现付)与个人账户(基金积累)相结合的制度。在总结东北三省完善城镇社会保障体系试点经验的基础上,2005年,国务院又颁布了《关于完善企业职工养老保险制度的决定》,进一步扩大了基本养老保险覆盖范围,适时调整了个人账户规模并逐步做实个人账户,并就改革基本养老金计发办法、加强基本养老保险基金征缴和监管等问题作出了明确规定。近年来,国内部分学者对1997年和2005年两次改革前后养老社会保险制度的再分配效应进行了研究。

郑伟等运用A-K模型分析了我国养老保险制度变迁的经济效应。他们通过对收入再分配净值的计算来衡量养老保险制度的收入再分配效应。他们认为,中国养老社会保险制度由现收现付制转向基金积累制后,劳动者的收入差距有所减

---

① Barr, N., "Reforming Pensions: Myths, Truths and Policy Choices", *International Social Security Review*, vol.55, no.2, 2000, pp.5-8.

小，即改革前的现收现付制收入再分配效应不如改革后的部分积累制。[1]

通过对高低收入者给付净现值和缴费净现值的比较，彭浩然等模拟分析了我国养老社会保险制度运行的再分配效应，并对我国 1997 年和 2005 年改革前后的收入再分配效应进行了比较研究。[2] 如果高收入者未来的养老金给付现值小于其缴费现值，且低收入者未来的养老金给付现值大于其缴费现值，就表明养老社会保险制度运行引起财富从高收入者向低收入者转移，即存在正向的代内再分配效应；反之亦然。通过模拟分析，他们认为，2005 年的改革虽然强化了缴费的激励约束机制，但其代内再分配效应已经明显减弱。而且，如果高工资增长率、低利率水平的宏观经济环境不发生改变，现行养老社会保险制度还会造成严重的代际不公平，下一代的平均负担要重于当前一代，进而影响养老社会保险制度的长期有效运行。

利用中国国家统计局 2002 年的城市住户调查数据，何立新分别估计了城镇参保职工在 1997 年和 2005 年改革方案下的养老金纯受益额，并比较分析了广东、四川、辽宁三个省份不同群体的终身净转移率（即终身养老保险纯受益额除以终身工资收入额）。他认为，2005 年改革方案虽然提高了隔代人的代内不平衡，缩小了高、低年龄组之间的代际不平衡，但加大了高年龄组的代内不平衡，加深了逆向收入转移的程度。[3]

利用中国社会科学院经济研究所收入分配课题组 2002 年城镇住户调查数据，杨震林等估算了企业职工家庭的养老金财产对家庭其他财产分布的影响，从而考察了中国养老社会保险制度的再分配效应。[4] 养老金财产是指人

---

[1]　郑伟、孙祁祥：《中国养老保险制度变迁的经济效应》，《经济研究》2003 年第 10 期，第 84 页。

[2]　彭浩然、申曙光：《改革前后我国养老保险制度的收入再分配效应比较研究》，《统计研究》2007 年第 2 期，第 37 页。

[3]　何立新：《中国城镇养老保险制度改革的收入分配效应》，《经济研究》2007 年第 3 期，第 79、80 页。

[4]　杨震林、王亚柯：《中国企业养老保险制度再分配效应的实证分析》，《中国软科学》2007 年第 4 期，第 48 页。

们未来养老金给付扣除未来缴费后的折现净值。他们采用了基尼系数、十等分组法以及基尼系数分解三种方法来分析现有养老金财产及其分项对家庭财产分布的再分配效应。他们的研究表明,养老金财产对中国城镇地区职工家庭的财产分布产生了再分配效应,它使得家庭财产分布的基尼系数下降了8个百分点,使得家庭财产分布的不平等程度下降了20%。

四、简要评述

纵观国内外学者的已有研究,养老社会保险制度运行的再分配效应受到诸多因素的影响。不同的贴现率、不同的测算方法、不同的数据处理方法以及收入阶层划分根据的不同都有可能影响到最后的分析结果。

计算累积缴费的贴现值时,是否考虑雇主缴费会直接影响分析结论。就大部分养老社会保险计划而言,雇员(employer)和雇主(employee)通常会按照一定比例共同缴费。因此,在考虑个人缴费(contribution)时,有学者认为应该将雇主的缴费部分一并计入个人缴费中,因为雇主缴费最终还是通过低工资增长率以及较高的商品、服务价格转嫁到劳动者的身上。麦尔斯(Myers)则认为,将雇主所缴纳的部分一并计入个人缴费是错误的,因为雇主缴费是用来给付给所有被计划覆盖的群体的。[1] 由此可见,若通过给付缴费比、回收期、内部收益率等涉及计算缴费现值的测量方法来分析再分配效应时,缴费部分界定的不同会导致所得出的结果有所不同。

贴现率赋值的不同会影响到再分配效应的测算结果。一般而言,贴现率越高,则制度运行具有较高的累进性,存在较高的正向收入再分配效应。[2]

不同群体期望寿命的差异性会影响实证分析的结论。收入水平、受教育程度、种族、性别、职业类型、婚姻状况以及社会经济状况的不同会对寿命期望

---

[1] Myers,R.J.,*Social Security*,Pension Research Council and University of Pennsylvania Press, 1993,pp.219-224.

[2] Fullerton,D.& Mast,B.D.,*Income Redistribution from Social Security*,AEI Press,2005.

产生影响。工资水平高的群体比工资水平低的群体寿命长,其领取养老金给付的期限也相应较长,制度运行会导致相对贫穷群体向富裕群体的逆向再分配,削弱现收现付计划的正向再分配功能,美国一些学者的研究证实了这一结论。就美国的养老社会保险制度而言,低收入者获得较高的替代率,较高收入者获得较低的替代水平,由于高收入者相比低收入者有更长的寿命,因而其能获得更多的养老给付,这样就部分地削弱了由高收入者向低收入者的收入再分配效应。[①]

此外,养老社会保险费税(费)率、退休年龄、特征群体的分类方法等都会对养老社会保险制度运行所导致的收入再分配效应产生直接的影响。

第二节　工资增长和个体异质性对养老保险再分配效应的影响[②]

一、引言

城镇企业职工养老保险是中国基本养老保险项目中最重要的组成部分。2013 年数据显示:中国大概有 3 亿多人参加了城镇职工养老保险,但有累计3800 万人中断缴保险。这或是主动的理性选择,或是被动的倒逼无奈;或是表达对社保低效的用脚投票,或是因为制度罅漏的驱逐效应。[③]

什么特征的参保者更容易选择"断保"呢? 李连友等在分析"断保"根源的另一种表现形式"退保"时发现,"退保"群体的主要特征是 25 岁以前或 40

---

①　Gustman, A.L. & Steinmeier T.L., "How Effective is Redistribution under the Social Security Benefit Formula?", *Journal of Public Economics*, vol.82, no.1, pp.1-28.

②　李连友等:《工资增长和个体异质性对养老保险再分配效应的影响——兼论"断保者"受损了吗?》,《数量经济技术经济研究》2015 年第 5 期,第 88—99 页。

③　参见《3800 万人中断缴社保　加大个人账户空账压力》,新华网,2013 年 11 月 28 日,见http://news.xinhuanet.com/finance/2013-11/28/c_125775579.html。

岁以后、外地或外籍人口、短期合同、低收入等。参保者对自身缴费收益的权衡是造成"断保"的主要原因之一。[①] 基于目前的城镇企业职工养老保险的制度,"断保者"是最终的受益者,还是受损者? 这是我们需要回答的问题。

"断保者"的收益与受损取决于养老保险的收入再分配功能。收入再分配功能分为代际再分配和代内再分配。[②] 部分研究发现,目前城镇职工养老保险制度纵向和横向再分配因素的消失,减弱了代内再分配效应,扩大了收入差距。[③] 如果"断保者"没有在目前制度的再分配功能中受益,"断保"则是主动的理性选择。

养老保险再分配功能受到很多因素影响,其中筹资模式[④]、社会平均工资增长率[⑤]和个体异质性[⑥]影响最为显著。此外,性别、劳动合同属性、行业、户

① 李连友等:《城镇职工基本养老保险退保群体特征研究》,《统计研究》2014 年第 5 期,第 64—65 页。

② Diamond,P.A.,"A Framework for Social Security Analysis",*Journal of Public Economics*,vol.8,no.3,1977,pp.275-298.

③ 彭浩然、申曙光:《改革前后我国养老保险制度的收入再分配效应比较研究》,《统计研究》2007 年第 2 期。

张世伟、李学:《养老保险制度改革的财政效应和收入分配效应——基于微观模拟的研究途径》,《人口与经济》2008 年第 5 期。

郑秉文:《欧债危机下的养老金制度改革——从福利国家到高债国家的教训》,《中国人口科学》2011 年第 5 期。

④ Kotlikoff,L.J.,"Simulating the Privatization of Social Security in General Equilibrium",In *Privatizing Social Security*,University of Chicago Press,1998a,pp.265-311.

Kotlikoff,L.J.et al.,"Social Security:Privatization and Progressivity",*American Economic Review*,vol.88,no.2,1998b,pp.137-41.

Kotlikoff,L.J.et al.,"Distributional Effects in A General Equilibrium Analysis of Social Security",in *The Distributional Aspects of Social Security and Social Security Reform*,2002,pp.327-370.

Feldstein,M.,"Structural Reform of Social Security",*The Journal of Economic Perspectives*,vol.19,no.2,2005,pp.33-55.

Pries,M.J.,"Social Security Reform and Intertemporal Smoothing",*Journal of Economic Dynamics and Control*,vol.31,no.1,2007,pp.25-54.

⑤ Liebman,J.B.,"Redistribution in the Current US Social Security System",in The Distributional Aspects of Social Security and Social Security Reform,University of Chicago Press,2002,pp.11-48.

⑥ Casarico,A.& Devillanova,C.,"Capital-Skill Complementarity and the Redistributive Effects of Social Security Reform",*Journal of Public Economics*,vol.92,no.3,2008,pp.672-683.

籍等异质性特征直接造成个体工资水平和工资增长率的差异,从而影响个体通过养老保险再分配效应获得损益。

本节基于深圳市代表性样本数据,分析工资增长和个体异质性对城镇职工养老保险再分配效应的影响,研究"断保者"在现行制度下的损益。其余内容安排如下:第二部分简要介绍了本节的数据来源及描述性统计;第三部分阐述了本节的模型设定及评价方法;第四部分是估计结果和讨论;最后是结论和政策建议。

二、数据

本节采集了深圳社会经济追踪调查中 2005—2011 年养老保险参保信息,通过随机抽样,共取得 25589 个人的样本信息,包括月工资收入、年龄、性别、户口类型、就业信息以及缴纳的养老保险费等内容。根据目前中国的法定退休年龄,我们选取了基期 2005 年职工的年龄为 20—59 岁的样本,最终得到 24403 个有效样本数。基期样本的基本统计特征如表 3.1 所示。

表 3.1 基期样本主要变量统计

变量名		样本数(个)	样本比例(%)	月均工资(元)
年龄	29 岁以下	9254	37.92	2951.87
	30—39 岁	9488	38.88	2488.24
	40—49 岁	4578	18.76	3199.76
	50 岁以上	1083	4.44	3214.91
性别	男性	15597	63.91	3047.13
	女性	8806	36.09	2783.13
户籍	深圳户籍	12241	50.16	3784.28
	非深圳户籍	12162	49.84	2114.04
劳动合同属性	长期合同	4894	20.05	4876.30
	短期合同(劳务派遣)	19509	79.95	2469.10
行业	农林牧渔业	1270	5.20	2211.88
	采掘业	32	0.13	2282.29
	制造业	1927	7.90	2068.51

续表

变量名		样本数（个）	样本比例（%）	月均工资（元）
行业	水电煤气	2717	11.13	4597.31
	建筑业	641	2.63	1999.74
	地质勘探、水利管理	440	1.80	2928.51
	交通运输、仓储和邮电	2387	9.78	2125.71
	批发零售和餐饮	4066	16.66	2176.53
	金融业	2811	11.52	5902.00
	房地产业	886	3.63	2909.33
	国家机关、教育卫生事业单位和社会服务业	7125	29.20	2359.92
	科研和综合技术服务业	101	0.42	1980.77
总计		24403	100.00	2951.87

从统计特征上看:月平均工资为2951.87元,最低月平均工资收入为610元,最高为7836.33元;在年龄分布中,20—40岁样本数占比76.80%,其中30—39岁的样本量最多;男性样本数为15597个,女性为8806个,男性样本数接近女性的两倍,且月平均工资要高于女性;非深圳户籍样本数为12162个,深圳户籍为12241个,原因在于深圳为经济特区,外来流动人口众多;在劳动合同属性方面,短期合同(劳务派遣)样本数为19509个,长期合同为4894个,且长期合同月平均工资显著高于短期合同(劳务派遣)。根据《2006年深圳市统计年鉴》的数据,深圳市2005年社会月平均工资为2706.33元;深圳户籍与非深圳户籍职工人数基本持平;在行业中,水电煤气和金融业的年人均工资明显高过其他行业,在从业的人数中,采掘业数量最少。因此,样本数据基本符合深圳总体特征,具有显著的代表性。

三、模型与计量方法

养老保险收益与个体终生工资收入紧密相关,因此分析养老保险收益,需要计算个体的终生工资收入。我们重点考察群体异质性对个体工资收入的影

响。根据 Mincer 工资方程,得到个人工资收入函数:

$$\ln w_i = \alpha + \beta_1 A_i + \beta_2 A_i^2 + \sum \theta_i \cdot DP_i + \mu_i \tag{3.1}$$

我们以个人月均工资收入与该地区的月社会平均工资之比的对数值为被解释变量,以个人的年龄、行业、户籍、性别等个人特征为解释变量来估计个人工资收入函数,其中 $\ln w_i$ 表示个人 i 的月平均工资与该地区的月社会平均工资之比的对数值。

A_i 表示第 i 个人的年龄,DP 是个人特征的虚拟变量(包括性别、户籍、劳动合同属性和行业),μ_i 是误差项。对被解释变量做比值的处理,主要在于消除通货膨胀和群体效应的影响[①]。

根据(3.1)式,我们可以预测个人在某一时点的工资收入值。但是由于本数据缺乏一个重要的解释变量,即个人的教育水平。并且在影响工资收入的变量中,不可观测的变量(如能力、努力程度等)很可能造成残差的偏误。因此,我们参考金(King)和迪克斯-米勒奥(Dicks-Mireaux)、何立新的处理方法[②]对偏差进行修正,并通过预测值和真实值之间的差来重新修正误差项,从而得到个人新的工资收入函数:

$$\ln w_i = \alpha + \beta_1 A_i + \beta_2 A_i^2 + \sum \theta_i \cdot DP_i + \varepsilon_i \tag{3.2}$$

根据(3.2)式,我们可以预测个人在一生中每个时点的月工资收入与该地区社会月均工资的比例,再通过该时点的社会月均工资,从而得到个人工资。根据《深圳统计年鉴 2012》,我们得到 1978—2011 年深圳社会年平均工资。对于 1978 年前的社会年平均工资,我们以 1978 年深圳社会年平均工资为基础,用 1978 年前中国历年经济增长率计算得到;对于 2011 年后的社会年

---

① 群体效应是指,社会生产率不断提高同时也促进了个人生产率提高,因此通过分享社会经济增长的成果,个人的工资也会相应提高。

② King, M. A. & Dicks-Mireaux, L., "Asset Holdings and the Life-Cycle", NBER Working Papers, vol.92, no.366, 1981, pp.247-267.

何立新:《中国城镇养老保险制度改革的收入分配效应》,《经济研究》2007 年第 3 期, 第 79、80 页。

平均工资,根据最近十年国家统计局公布的社会年平均工资收入,通过假定未来不同的经济状况即社会平均年工资增长率分别为 12%、9%、6% 和 4%。以此为基础,分析不同经济状态下基本养老保险对收入再分配效应的影响。

根据我国城镇职工基本养老金的计发办法,个人领取的养老金收益分别是基础养老金和个人账户养老金。假设个人 i 开始参加工作的时点为 k,u 表示退休的时点。基础养老金月标准为:

$$R_i = \frac{\bar{w}_{i(u-1)} + w_i}{2} \times nx \times 1\% \tag{3.3}$$

其中,$\bar{w}_{i(u-1)}$ 为在个人开始退休时该省上年度在岗职工的月均工资;w_i 为指数化月平均缴费工资,为上年度该市在岗职工月平均工资与本人平均缴费指数的乘积;nx 表示缴费年限。

个人账户养老金计发为个体首次领取基本养老金时个人账户储存额除以计发月数,计算公式如下:

$$B_i = \left(\sum_{t=k}^{u-1} (12v_{it}) (1+r)^{(u-1)} \right)/m_i \tag{3.4}$$

其中,v_{it} 为个人 i 每月存入个人账户的额度,r 为个人账户的年利率,m_i 为 i 个人账户的计发月数。对于个人账户的记账利率,我们根据《2012 中国统计年鉴》一年期储蓄利率,设定为 4%,对于计发月数,我们均设定男性职工在 60 岁退休,女性职工在 50 岁退休。因此按照 2005 年 12 月国务院颁布的《关于完善企业职工基本养老保险制度的决定》,个人账户养老金的计发月数:男性为 139 个月,女性为 195 个月。对于职工的生存年限,根据《2012 年中国统计年鉴》,我们设定男性为 74 岁,女性为 79 岁。

通过(3.2)式、(3.3)式和(3.4)式获得参保个体时点年均工资收入,以及退休后的月基础养老金和个人账户余额,并贴现到 2005 年。对于 2005 年前的贴现率,我们使用中国人民银行公布的一年期居民实际储蓄利率作为贴现率;对于 2005 年以后,根据 2005—2012 年居民消费价格指数,将其贴现率设为4%,在计算贴现率时,对于基础养老金和个人账户领取的月额度均以年为单位来计息,而不逐月计算。参保前的职工终生工资收入现值为:

$$pw_i = \sum_{t=k}^{u-1} \frac{w_{it}}{(1+r)^{t-t_0}} \quad\quad\quad (3.5)$$

其中,w_{it} 为个体 i 在 t 年的年均工资,r 为年贴现率,t_0 为贴现时点。

参保后的净转移额现值为:

$$ssw_i = \sum_{t=u}^{a} \frac{12R_i}{(1+r)^{t-t_0}} + \sum_{l=u}^{s} \frac{12B_i}{(1+r)^{l-t_0}} - \sum_{t=k}^{u-1} \frac{F_{it}}{(1+r)^{t-t_0}} \quad (3.6)$$

其中,a 为个体 i 的最大生存年龄,s 为个体 i 领取个人账户的最长时间,F_{it} 为个体 i 在 t 年的平均缴费额度。

参保后的个体的终生工资收入现值为:

$$bw_i = pw_i + ssw_i \quad\quad\quad (3.7)$$

四、实证分析

(一) 工资增长与再分配效应

我们首先对式(3.2)进行 OLS 回归,得到影响个体工资相关变量的回归系数,见表3.2。

表3.2　个体工资收入函数回归结果

变量	年龄	年龄^2	女性	非深圳户籍	短期合同
估计系数	0.0290*	−0.0004*	−0.0883*	−0.2601*	−0.3351*
标准误	(0.0025)	(0.00003)	(0.0059)	(0.0068)	(0.0083)
行业控制变量(以农林牧渔业为参照)					
变量	采掘业	制造业	水电煤气	建筑业	地质勘探、水利管理	交通运输、仓储、邮电	批发零售、餐饮
估计系数	0.1111	0.0482*	0.5752*	0.0126	0.1900*	0.0945*	0.0714*
标准误	(0.0760)	(0.0155)	(0.0145)	(0.0206)	(0.0235)	(0.0150)	(0.0138)

变量	金融业	房地产业	社会服务业、国家机关、教育卫生事业单位	科研和综合技术服务业	R^2
估计系数	0.8900*	0.2250*	0.1418*	0.1415*	0.4860
标准误	(0.0148)	(0.0186)	(0.0132)	(0.0442)	

注：* 表示 1%的显著性水平。

结果显示：R^2 为 0.4860，各个解释变量都在 1%水平上显著。从变量回归系数上看：其他因素保持不变，年龄与收入之间的关系呈倒 U 型，男性工资水平高于女性；具有深圳户籍个体的收入水平要高于非深圳户籍；长期合同制个体的工资水平高于短期合同制（劳务派遣）；在行业因素方面，采掘业、水电煤气、地质勘探业与水利管理业、金融业、房地产业、社会服务业以及科研和综合技术服务业对工资收入有显著正影响，尤其是金融业，而其他行业对工资收入的影响相对较小。

养老保险通过强制储蓄手段解决个体短视，同时通过代内再分配减小个体间收入差距。假定未来经济状况下（社会年平均工资增长率）分别为 4%、6%、9% 和 12%，我们计算参加城镇职工基本养老保险之前和之后的终生收入现值，得到参加前和参加后的基尼系数（见表 3.3），从而分析再分配效应的变化趋势。结果显示，未来社会年平均工资增长率为 6%、9%时，养老保险的代内收入再分配效应的变化趋势基本与 12%增长率相同，因此后文不再对此进行分析。后文用字母 A 表示未来较差的经济状况，即社会年平均工资增长率为 4%；用字母 B 表示未来较好的经济状况，即社会年平均工资增长率为 12%。

表 3.3　不同社会年平均工资增长率下的基尼系数

不同社会年平均工资增长率	参加养老保险前的基尼系数	参加养老保险后的基尼系数	基尼系数的相对减少量	养老保险对基尼系数的贡献率
12%	0.42225	0.36713	0.05512	13.05%
9%	0.39279	0.33738	0.05541	14.11%

续表

不同社会年平均 工资增长率	参加养老保险前 的基尼系数	参加养老保险 后的基尼系数	基尼系数的 相对减少量	养老保险对基尼 系数的贡献率
6%	0.37423	0.33166	0.04257	11.38%
4%	0.36681	0.33524	0.03157	8.61%

注:养老保险对基尼系数的贡献率为基尼系数的相对减少量与参加前的基尼系数之比,以上数据均由作者计算得来。

表 3.3 显示,养老保险通过代内再分配缩小了收入差距。如在未来经济状况较差的情况下,基尼系数参保前为 0.36681,参保后变为 0.33524,养老保险使样本基尼系数减小了 0.03157,贡献度为 8%。未来经济状况较好时,养老保险对基尼系数的影响更大。当工资增长率为 6% 时,基尼系数参保前为 0.37423,参保后变为 0.33166;当增长率为 12% 时,基尼系数参保前为 0.42225,参保后减小了 0.05512,约为参保前基尼系数的 13%。这结果也与封进(2004)结论一致,即当一国工资增长率和人口增长率之和大于投资报酬率,或者当收入差距较大时,养老保险制度(现收现付制)更有利于整个社会福利的改善。

表 3.4 显示未来不同经济增长率的条件下,不同年龄和收入组的代内分配流向。其中 a 表为十等分组的终生纯转移率,b 表为终生纯转移额现值。表 3.4(a)显示,对于收入 10 分位区间,在低增长率下,高龄组(55—59 岁)的终生纯转移率为 6.75%,低龄组(20—24 岁)为 18.56%;在高增长率下,高龄组(55—59 岁)为 11.67%,低龄组(20—24 岁)为 288.30%,终生纯转移额和高增长率的结果一致,这说明年龄越低的组群将越能得益于工资增长。对于 20—24 岁年龄组群,在低增长率下,低收入组(10 分位)的终生纯转移率为 18.56%,高收入组(100 分位)为 -3.11%,这说明存在一定程度的代内再分配,其他年龄组和高增长率的结果也支持了这一结论。

表 3.4（a） 终生工资收入现值十等分组的终生纯转移率

单位:%

收入组		20—24 岁	25—29 岁	30—34 岁	35—39 岁	40—44 岁	45—49 岁	50—54 岁	55—59 岁
低增长率 4%	10	18.56	22.92	24.08	24.88	25.96	25.30	6.61	6.75
	20	17.27	17.47	14.82	21.19	25.28	24.92	6.09	6.84
	30	16.33	2.28	3.32	4.71	10.13	8.15	5.79	6.90
	40	15.67	2.08	3.13	3.84	4.77	6.01	5.41	6.18
	50	7.06	1.38	2.77	3.44	4.13	5.09	3.34	3.59
	60	0.12	2.39	4.00	4.83	7.24	8.41	1.62	2.83
	70	-0.45	4.32	3.92	4.21	4.56	4.79	0.55	2.00
	80	-0.77	0.32	-0.76	0.29	0.65	1.83	-0.48	1.16
	90	1.05	-1.06	-0.99	-0.37	-0.66	-4.02	-0.71	0.79
	100	-3.11	-5.79	-5.16	-4.59	-3.77	-2.51	-1.34	0.55
高增长率 12%	10	288.30	288.06	240.77	184.30	130.06	83.23	19.18	11.67
	20	283.03	275.40	207.04	195.22	150.37	95.13	22.47	13.33
	30	280.75	126.37	80.63	75.92	77.93	41.49	24.36	15.32
	40	277.38	97.62	81.00	64.80	51.80	37.87	26.05	14.76
	50	213.63	93.75	82.64	71.31	57.61	39.85	17.23	9.19
	60	87.47	88.57	85.24	70.51	56.87	41.39	14.16	8.28
	70	82.26	96.35	87.70	73.89	51.64	33.30	12.83	6.81
	80	84.81	103.61	76.97	56.29	37.80	24.21	9.41	5.22
	90	81.19	64.74	42.80	36.79	25.07	18.08	6.23	3.60
	100	60.83	32.91	27.02	21.64	15.92	10.32	7.06	3.53

注:以上数据均由作者计算得来。

表 3.4(b) 终生工资收入现值十等分组的终生纯转移额现值

单位:人均万元

收入组		20—24岁	25—29岁	30—34岁	35—39岁	40—44岁	45—49岁	50—54岁	55—59岁
低增长率4%	10	13.20	14.98	13.73	11.85	9.97	7.56	2.68	2.25
	20	12.80	12.91	10.15	11.79	10.75	8.65	2.67	2.41
	30	12.41	1.99	2.58	3.21	5.68	3.99	2.65	2.55
	40	12.16	1.85	2.51	2.74	2.96	3.17	2.60	2.53
	50	6.22	1.26	2.29	2.53	2.66	2.84	2.09	2.17
	60	0.11	2.26	3.65	3.89	5.35	5.34	1.37	2.04
	70	−0.43	5.37	5.16	4.86	4.84	4.22	0.58	1.80
	80	−0.77	0.60	−1.56	0.50	1.00	2.28	−0.69	1.34
	90	1.13	−3.04	−3.02	−1.00	−1.53	−0.71	−1.40	1.20
	100	−7.28	−23.45	−20.52	−16.44	−11.87	−6.62	−3.08	0.97
高增长率12%	10	393.29	288.26	170.80	93.95	50.10	24.87	7.78	3.89
	20	429.19	344.07	200.81	122.15	65.04	33.01	9.90	4.70
	30	468.88	232.78	107.51	70.54	48.43	21.00	11.28	5.66
	40	502.28	201.08	117.65	67.15	38.80	21.21	12.78	6.04
	50	461.09	210.17	130.23	80.03	46.77	24.33	10.89	5.56
	60	243.92	214.01	145.61	85.22	50.43	27.99	12.08	5.96
	70	247.59	260.22	188.77	114.46	63.15	30.92	13.83	6.11
	80	275.47	400.15	250.86	131.61	68.03	31.94	13.61	6.02
	90	296.40	381.58	219.80	134.16	68.42	34.04	12.27	5.48
	100	397.76	324.76	201.67	118.71	63.27	29.46	16.45	6.28

注:以上数据均由作者计算得来。

(二)个体异质性与再分配效应

本节将从性别、户籍、劳动合同属性和行业异质性特征对参保者进行划分,分析收入再分配效应。同时,以异质性群体的平均终生工资收入现值为基础,将收入阶层划分为高收入者、中等收入者和低等收入者三类,其中中等收入者等于该群体终生平均工资收入现值,高收入者为中等收入者的 3 倍或以上(劳动合同属性分类为 2 倍或以上),低收入者为中等收入者的 0.6 倍或以下。在衡量收入再分配效应时,将采用绝对指标(净转移额)和相对指标(泰尔指数 T、泰尔指数 L、基尼系数)。

第一,性别。经计算,参保降低了性别间的基尼系数,男性群体为收入再分配的转出者,女性群体为转入者。① 男性中等收入群体的人均终生工资收入现值为 145.99 万元,比女性中等收入群体人均高 45.20 万元。在参保后,女性人均获得纯收益额 13.00 万元,净转入率为 12.89%;男性群体人均转出 3.34 万元,净转出率为 2.29%。在性别内,男性群体内存在显著代内收入再分配效应,低收入者人均获得净转入额 2.21 万元,中高收入者人均分别转出 3.34 万元和 27.44 万元,并且收入增长增加了净转出率;女性群体代内收入再分配效应相对较小,女性群体均获得正的转移额,低收入者获得的纯转入额为 11.54 万元,净转移率达到 24.35%。当社会年平均工资增长率为 12% 时,性别群体随着收入的增加所获得的净转移率将降低。

从表 3.5 相对指标来看,参保后对群体间和群体内均产生较好收入再分配效果。当社会年平均工资增长率为 4% 时,在参保后男女群体间泰尔指数 T 由原来 1.437 变为 0.555,泰尔指数 L 由原来 1.505 变为 0.570,参保后对群体间缩小收入差距的贡献率分别为 24.28% 和 26.05%。从群体内部来看,男性群体的收入再分配效应更强,参保对收入再分配的贡献率分别为 38.18% 和 38.51%,女性群体仅为 37.54% 和 35.44%。当社会年平均工资增长率为 12% 时,参保性别群体间的收入再分配效应最强,在泰尔指数 L 下计算的贡献率为 78.74%,反而群体内部的再分配效应减弱,泰尔指数 T 显示参保对男性组内收入再分配效应贡献率从 38.18% 下降为 34.69%;尤其对于女性群体,参保对其组内收入再分配效应贡献率从 37.54% 下降为 11.57%。

---

① 受制篇幅所限,此处省略了详细的表格。

表 3.5　不同性别群体的收入再分配效应

		泰尔指数 T				泰尔指数 L			
		男女组间	男性组内	女性组内	总体	男女组间	男性组内	女性组内	总体
低增长率4%	参保之前	1.437	14.411	7.121	22.969	1.505	13.516	6.575	21.596
	参保之后	0.555	13.024	5.757	19.336	0.570	12.134	5.303	18.007
	前后之差	0.882	1.387	1.364	3.633	0.935	1.382	1.272	3.589
	贡献率(%)	24.28	38.18	37.54	100	26.05	38.51	35.44	100
高增长率12%	参保之前	4.129	17.559	7.844	29.532	4.537	17.844	8.104	30.485
	参保之后	0.004	14.896	6.956	21.856	0.004	16.351	8.373	24.728
	前后之差	4.125	2.663	0.888	7.676	4.533	1.493	−0.269	5.757
	贡献率(%)	53.74	34.69	11.57	100	78.74	25.93	−4.67	100

注:贡献率为各前后之差与参保前后之差总和之比,以上数据均由作者计算得来。

第二,户籍。经计算,不论工资增长率如何,参保均降低了两类户籍群体的基尼系数。参保对户籍群体间的收入再分配影响有限,对户籍群体内的影响显著。随着户籍群体内的收入增加,净转移额现值将逐渐减少。在深圳户籍群体内,高收入者人均转出 31.05 万元,低收入者人均转入 7.87 万元,收入增加使得转移率从转入 12.51%降为 6.47%。在非深圳户籍群体内,高收入者人均转出 19.19 万元,低收入者人均转入 7.91 万元,收入增加使得转移率从转入 14.95%变为转出 5.27%。当社会年平均工资增长率为 12%时,户籍群体所获得的净转移率都降低。

从表 3.6 相对指标来看,参保的收入再分配效果更多体现在户籍群体内,而对群体间的收入分配影响十分有限。在 4%的工资增长水平下,对缩小群体间收入差距的贡献率分别为 5.49%和 5.43%。从群体内来看,参保对缩小深圳户籍群体收入差距的贡献率最大,分别占 54.68%和 63.34%,非深圳户籍群体仅为 39.83%和 31.23%。当工资增长率为 12%时,参保对深圳户籍群体更有利,显著缩小其群体内的收入差距,其泰尔指数 T 和泰尔指数 L 计算的贡献率分别为 61.34% 和 76.32%。在非深圳户籍组内,参保对其收入再分配效应的贡献率有所下降,泰尔指数 T 由 39.83% 下降为 33.92%,泰尔指数 L 下降更快,其贡献率从 31.23% 下降为 17.51%;户籍组间的城镇职工基本养老保险收入再分配效应的贡献率和 4% 工资增长率一致。

表 3.6　不同户籍群体的收入再分配效应

		泰尔指数 T				泰尔指数 L			
		户籍组间	深户组内	非深户组内	总体	户籍组间	深户组内	非深户组内	总体
低增长率4%	参保前	2.104	12.268	7.811	22.183	2.131	13.101	6.364	21.596
	参保后	1.914	10.376	6.433	18.723	1.936	10.827	5.243	18.006
	前后差	0.190	1.892	1.378	3.460	0.195	2.274	1.121	3.590
	贡献率(%)	5.49	54.68	39.83	100	5.43	63.34	31.23	100
高增长率12%	参保前	0.368	18.738	10.333	29.439	0.368	20.072	10.044	30.484
	参保后	0.013	14.144	7.793	21.950	0.013	15.679	9.036	24.728
	前后差	0.355	4.594	2.540	7.489	0.355	4.393	1.008	5.756
	贡献率(%)	4.74	61.34	33.92	100	6.17	76.32	17.51	100

注:以上数据均由作者计算得来。

　　第三,劳动合同属性。经计算,参保减小了不同劳动合同属性群体的基尼系数。在社会年平均工资增长率为 4% 时,长期合同的中等收入组人均终生工资收入现值为 195.63 万元,比短期合同(劳务派遣)高 81.43 万元。在参保后,短期合同(劳务派遣)群体人均转入纯收益额为 3.37 万元,净转入率为 2.95%;长期合同群体人均转出 1.48 万元,净转出率为 0.76%,长期合同群体为收入再分配的转出者,短期合同(劳务派遣)群体为转入者。长期合同群体内具有明显的代内收入再分配效应,低收入者人均获得净转入额 5.67 万元,高中收入者人均分别转出 23.60 万元和 1.48 万元,净转出率随着收入增加而增加;相比长期合同,短期合同(劳务派遣)群体的代内收入再分配效应相对较弱,其中低收入者均获得正转移额,人均纯转入额为 9.17 万元,净转移率为 16.78%。当社会年平均工资增长率为 12% 时,长期合同的人均转移额现值为 142.38 万元,低于短期合同(劳务派遣)的 198.79 万元;净转移率的变化受到社会年平均工资增长率的显著影响。

从表 3.7 相对指标来看,当社会平均工资增长率为 4% 时,群体间泰尔指数 T 仅减少了 0.391,泰尔指数 L 也只由原来的 2.517 变为 2.171。参保对群体间缩小收入差距的贡献率分别为 10.39% 和 9.64%。从群体内的数据结果来看,参保更有利于短期合同(劳务派遣),其泰尔指数 T 和泰尔指数 L 分别减少了 2.949 和 2.672,对缩小收入差距的贡献率最大,分别占 78.35% 和 74.45%;长期合同群体收入再分配相对较弱,贡献率分别为 11.26% 和 15.91%。因此,参保对劳动合同属性群体间的收入再分配较弱,群体内的收入再分配较强。当社会年平均工资增长率为 12% 时,短期合同(劳务派遣)群体的收入再分配效应最强,不同劳动合同属性间的收入再分配效应反而增强,长期合同的收入再分配效应最弱,并且长期合同群体内的收入再分配效应的贡献率下降较快,其泰尔指数 T、泰尔指数 L 均显示参保对收入再分配贡献率分别从 11.26% 下降为 4.97%、从 15.91% 下降为 6.06%。

表 3.7　不同合同性质群体的收入再分配效应

		泰尔指数 T				泰尔指数 L			
		不同合同性质组间	长期合同组内	短期合同组内	总体	不同合同性质组间	长期合同组内	短期合同组内	总体
低增长率 4%	参保前	2.761	3.596	17.039	23.396	2.517	4.296	14.783	21.596
	参保后	2.370	3.172	14.090	19.632	2.171	3.725	12.111	18.007
	前后差	0.391	0.424	2.949	3.764	0.346	0.571	2.672	3.589
	贡献率(%)	10.39	11.26	78.35	100	9.64	15.91	74.45	100

续表

		泰尔指数 T				泰尔指数 L			
		不同合同性质组间	长期合同组内	短期合同组内	总体	不同合同性质组间	长期合同组内	短期合同组内	总体
高增长率12%	参保前	0.962	6.125	22.925	30.012	0.905	7.076	22.503	30.484
	参保后	0.036	5.714	15.990	21.740	0.035	6.727	17.965	24.728
	前后差	0.926	0.411	6.935	8.272	0.870	0.349	4.538	5.756
	贡献率（%）	11.20	4.97	83.83	100	15.11	6.06	78.83	100

注:以上数据均由作者计算得来。

第四,行业。经计算,在社会年平均工资增长率为4%时,参保降低了行业间的基尼系数,行业间存在显著的收入再分配效应。其中水电煤气业和金融业为收入再分配的转出者,其他行业均为转入者。水电煤气业人均转出2.51万元,转出率为1.25%;金融业人均转出4.21万元,转出率为1.59%;其他行业中,农林牧渔业、制造业和建筑业所获得人均纯转入额较高,分别为4.72万元、4.84万元和4.13万元,转入率均在5%以上。当社会年平均工资增长率上升时,净转移率随着参保前该行业平均终生工资现值的增加而降低。

表3.8　不同行业群体的收入再分配效应

	行业类型	泰尔指数 T				泰尔指数 L			
		参保前不同行业组间	参保前行业组内	参保后不同行业组间	参保后行业组内	参保前不同行业组间	参保前行业组内	参保后不同行业组间	参保后行业组内
低增长率4%	农林牧渔业	-1.396	0.554	-1.325	0.424	2.136	0.507	1.958	0.385
	采掘业	-0.028	0.027	-0.027	0.021	0.038	0.024	0.035	0.018
	制造业	-1.978	0.924	-1.854	0.695	2.826	0.821	2.562	0.613
	水电煤气	7.356	2.355	6.617	2.355	-4.778	2.667	-4.433	2.305
	建筑业	-0.766	0.249	-0.738	0.195	1.219	0.230	1.139	0.180
	地质勘探、水利管理	-0.144	0.280	-0.156	0.236	0.157	0.271	0.172	0.227

续表

行业类型		泰尔指数 T				泰尔指数 L			
		参保前不同行业组间	参保前行业组内	参保后不同行业组间	参保后行业组内	参保前不同行业组间	参保前行业组内	参保后不同行业组间	参保后行业组内
低增长率4%	交通运输、仓储和邮电	−2.311	0.786	−2.229	0.647	3.192	0.715	3.027	0.590
	批发零售和餐饮	−3.847	1.490	−3.685	1.188	5.272	1.330	4.955	1.052
	金融业	16.687	1.024	15.336	0.853	−8.206	1.288	−7.806	1.052
	房地产业	−0.347	0.496	−0.321	0.408	0.385	0.471	0.354	0.384
	国家机关、教育卫生事业单位和社会服务业	−4.499	6.275	−4.015	5.090	5.415	5.488	4.719	4.411
	科研和综合技术服务业	−0.079	0.027	−0.075	0.019	0.101	0.024	0.093	0.016
	组间之和	8.648	—	7.528	—	7.757	—	6.775	—
	组内之和	—	14.487	—	12.131	—	13.836	—	11.233
	总体	23.135	19.659	21.593	18.008				
高增长率12%	农林牧渔业	−1.656	1.028	−1.618	1.006	3.030	1.003	2.863	1.059
	采掘业	−0.027	0.056	−0.024	0.043	0.036	0.053	0.031	0.047
	制造业	−1.914	1.588	−1.270	1.332	2.687	1.632	1.543	1.558
	水电煤气	6.627	3.366	2.938	2.515	−4.439	3.723	−2.372	2.843
	建筑业	−0.847	0.476	−0.819	0.502	1.500	0.497	1.394	0.571
	地质勘探、水利管理	−0.270	0.468	−0.372	0.446	0.323	0.467	0.488	0.476
	交通运输、仓储和邮电	−2.277	1.382	−2.066	1.416	3.124	1.458	2.720	1.605
	批发零售和餐饮	−3.838	2.356	−3.393	2.185	5.253	2.488	4.419	2.456
	金融业	15.693	1.926	10.618	1.337	−7.914	2.280	−6.207	1.584
	房地产业	−0.635	0.681	−0.649	0.567	0.789	0.683	0.811	0.619
	国家机关、教育卫生事业单位和社会服务业	−2.772	8.357	1.148	6.001	3.080	8.702	−1.106	7.395

续表

行业类型		泰尔指数 T				泰尔指数 L			
		参保前不同行业组间	参保前行业组内	参保后不同行业组间	参保后行业组内	参保前不同行业组间	参保前行业组内	参保后不同行业组间	参保后行业组内
高增长率12%	科研和综合技术服务业	0.019	0.043	0.136	0.028	-0.018	0.048	-0.106	0.037
	组间之和	8.103	—	4.629	—	7.451	—	4.478	—
	组内之和	—	21.727	—	17.378	—	23.034	—	20.250
	总体	29.830	22.007	30.485	24.728				

注:以上数据均由作者计算得来。

从表 3.8 相对指标来看,在社会年平均工资增长率为 4% 时,泰尔指数 T 和泰尔指数 L 显示在参保后,相对于行业间的收入再分配,行业内的收入再分配效应更明显,行业内泰尔指数 T 减少了 2.356,泰尔指数 L 减少了 2.603,参保对缩小行业内收入差距的贡献率分别为 67.78% 和 72.61%;当社会年平均工资增长率为 12% 时,参保显著增强了行业间收入再分配效应,泰尔指数 T 显示,参保对行业间收入再分配效应的贡献率为 44.41%,泰尔指数 L 为 51.64%,超过其对行业内收入再分配的影响程度。

五、结论与政策建议

基于代表性的城镇职工养老保险抽样调查数据,我们分析了工资增长和个体异质性对养老保险再分配效应的影响,研究"断保者"在现行制度下的损益。结果显示,现行城镇职工养老保险存在代内和代际再分配效应。当社会年平均工资增长率为 4% 时,参保使基尼系数减小了 3.157 个百分点,当增长率分别为 6%、9% 和 12% 时,参保使基尼系数分别减小了 4.257 个百分点、5.541 个百分点和 5.512 个百分点。这说明,在其他条件不变的情况下,当未来的社会年平均工资增长率提高时,养老保险对降低基尼系数作用显著。

通过十等分法发现与代际再分配效应相比,代内收入再分配效应更显著。

通过对性别、劳动合同属性和行业等异质性分析发现,组间具有明显的收入再分配,户籍群体组间收入再分配最为显著。在4%的低社会年平均工资增长率情况下,参保对男性群体、深圳户籍群体、短期合同(劳务派遣)群体收入再分配影响最大,在行业中农林牧渔业、制造业、建筑业为收入再分配的最大纯受益者,金融业和水电煤气业为收入的净转出者。

在未来经济状况较差时,参保对性别群体内的收入再分配效应高于群体间的收入再分配效应,而当未来经济状况较好时,情况却相反。随着工资增长,参保对深圳户籍群体的收入再分配效应逐渐增强,群体间和非深圳户籍群体逐渐减弱。社会年平均工资增长率的提高,将增强劳动合同属性群体间和短期合同(劳务派遣)群体内的再分配效应,并减弱长期合同群体内的效应。

养老保险制度是国民收入再分配中最重要的组成部分之一,在现有养老保险制度设计下,收入再分配功能是合理的。受益群体"断保"的原因在于,养老保险制度局部存在缺陷,使得参保者对于养老保险的公平性和持续性缺乏信心。因此,要使参保者从根本上无须断和不想断,需要针对性的政策措施。第一,逐步实现养老社会保险的全国统筹,合理化区域间养老基金收入和给付水平。提升统筹层次,完善接续转移,避免养老保险画地为牢,阻碍劳动力的自由流动,同时改善区域间养老基金收入苦乐不均,使得参保者无须"断保"。第二,累积缴费年限和待遇激励相结合。相对于目前以22岁起开始工作,60岁退休的情况,累计缴费年限满15年的规定过短,不利于从制度上要求参保者持续参保。结合待遇与缴费挂钩机制,实现多缴多得、长缴多得,提高职工参保缴费的积极性,使得参保者不想"断保"。

第四章 养老保险与企业全要素生产率

第一节 引 言

在人口老龄化与供给侧结构性改革的背景下,中国养老保险制度改革面临两大矛盾与冲突,一是减轻企业负担与基金可持续性矛盾,二是降低养老保险缴费比例与维持适度保障水平的矛盾,而提高企业生产率尤其是全要素生产率成为化解矛盾破解这一难题的重要出路。经济增长主要来源于要素积累和全要素增长率。中国所面临的现实情况是,人口红利正在逐渐消退,投资过度远偏离经济增长的黄金率水平,因而未来经济增长潜力更加倚重全要素生产率。[①]《中华人民共和国国民经济和社会发展第十四个五年规划和2035年远景目标纲要》指出,发展是解决我国一切问题的基础和关键,必须着力提升发展质量和效益,全员劳动生产率的增长要高于国内生产总值的增长。如果劳动生产率提高了,年轻人的产出将能够赡养老年人,养老保险制度的可持续性将不再依赖于降低养老金待遇水平、提高缴费率或增加政府的财政补贴。[②] 因此,厘清养老

[①] 陆铭:《诊断中国经济:结构转型下的增长与波动》,《国际经济评论》2020年第6期,第22—38页。

[②] 封进:《可持续的养老保险水平:全球化、城市化、老龄化的视角》,中信出版社2016年版,第213页。

保险缴费率与全要素生产率之间的关系,具有重要的现实意义和政策含义。

长期以来,中国企业税费负担较重,根据中国企业家调查系统发布的《2017年中国企业经营者问卷跟踪调查报告》,调查结果显示49.7%的样本企业认为养老保险等社会保险费用、税费负担过重是当前企业经营发展面临的最主要困难之一。我国社会保险缴费接近企业用工成本的30%[①],而基本养老保险缴费占企业应缴社会保险费约三分之二。2019年5月1日起,中国大部分地区基本养老保险用人单位政策缴费率由20%降至16%,仍高于绝大多数OECD国家,而同期美国养老保险企业政策缴费率为6.2%,日本为7.5%。根据《中国企业社保白皮书》的调查,2018年73%的企业社保缴费水平低于政策缴费标准,且有32%的企业按照最低缴费基数标准缴费。与此同时,中国各省市企业职工基本养老保险实际缴费水平在5.39%—11.60%之间,低于政策规定水平。这说明在当前较高的政策缴费标准下,企业并未按照制度要求如实缴纳养老保险费用,因而有必要区分养老保险政策缴费率与实际缴费率。

养老保险与生产率之间的关系一直备受学术界和政界的关注。一方面,人们担心养老保险计划会影响经济增长,许多研究发现,养老保险制度从现收现付制向基金积累制转变,将通过影响储蓄和资本存量进而影响经济增长和社会福利。[②] 另一方面,他们担心养老保险规制会影响劳动力市场,尤其是内

---

①　赵静等:《社会保险缴费率、参保概率与缴费水平——对职工和企业逃避费行为的经验研究》,《经济学(季刊)》2016年第1期,第341页。

②　Feldstein,M.,"Social Security,Induced Retirement,and Aggregate Capital Accumulation", *The Journal of Political Economy*,vol.82,no.5,1974,pp.905–926.

Feldstein,M.,"Social Security Pension Reform in China", *China Economic Review*,vol.10,no.2, 1999,pp.99–107.

Sinn,H.W.,"Why A Funded Pension System is Needed and Why It Is not Needed", *International Tax and Public Finance*,vol.7,no.4,2000,pp.389–410.

Kaganovich,M.& Zilcha,I.,"Pay-as-you-go or Funded Social Security? A General Equilibrium Comparison", *Journal of Economic Dynamics and Control*,vol.36,no.4,2012,pp.455–467.

Yang,H.,"The Choice of Pension and Retirement Systems When Post-1960s Baby Boomers Start to Retire in China", *China Finance and Economic Review*,vol.4,no.1,2016,pp.1–11.

部劳动力市场。[1] 较高的养老保险缴费或税收负担将对企业的生产活动和劳动力市场的供求产生扭曲影响,扭曲效应将随着负担的增加而增加,这将不利于提高企业生产效率。[2]

现有的相关研究大多聚焦于职业(企业)年金与生产率之间的关系,但从公共养老保险角度展开讨论的则相对较少。养老保险缴费的内生性或数据不

① Ehrenberg,R.G.& Milkovich,G.T.,"Compensation and Firm Performance",In Kleiner,M.et al.(eds.)*Human Resources and the Performance of the Firm*,Madison:Industrial Relations Research Association,1987,pp 87-122.

Gustman,A.L.et al.,"The Role of Pensions in the Labor Market:A Survey of the Literature",*ILR Review*,vol.47,no.3,1994,pp.417-438.

Dorsey,S.et al.,"*Pensions and Productivity*",Kalamazoo:W.E.Upjohn Institute for Employment Research,1998,pp.53-72.

Martin,A.S.& Marcos,V.S.,"Demographic Change and Pension Reform in Spain:An Assessment in a Two - Earner,OLG Model",*Fiscal Studies*,vol.31,no.3,2010,pp.405-452.

Kudrna,G.& Woodland,A.D.,"Implications of the 2009 Age Pension Reform in Australia:A Dynamic General Equilibrium Analysis",*Economic Record*,vol.87,no.277,2011,pp.183-201.

Bergolo,M.& Cruces G.,"Work and Tax Evasion Incentive Effects of Social Insurance Programs:Evidence from an Employment-Based Benefit Extension",*Journal of Public Economics*,vol.117,2014,pp.211-228.

Marinescu,I.,"The General Equilibrium Impacts of Unemployment Insurance:Evidence from a Large Online Job Board",*Journal of Public Economics*,vol.150,2017,pp.14-29.

刘子兰等:《养老保险对劳动供给和退休决策的影响》,《经济研究》2019 年第 6 期,第 151—167 页。

程煜等:《社会保险"阶段性降费"能否实现稳就业?——基于劳动供给的分析》,《财政研究》2021 年第 2 期,第 90—104 页。

宋弘等:《社保缴费率下降对企业社保缴费与劳动力雇佣的影响》,《经济研究》2021 年第 1 期,第 90—104 页。

② Burkhauser,R.& Turner,J.A.,"Is the Social Security Payroll Tax a Tax?",*Public Finance Review*,vol.13 no.3,1985,pp.253-267.

Kleven,H.J.& Waseem,M.,"Using Notches to Uncover Optimization Frictions Structural Elasticities:Theory and Evidence from Pakistan",*The Quarterly Journal of Economics*,vol.128,no.2,2013,pp.69-723.

Liu,Y.& Mao,J.,"How do Tax Incentives Affect Investment and Productivity? Firm-Level Evidence from China",*American Economic Journal:Economic Policy*,vol.11,no.3,2019,pp.261-291.

吴辉航等:《减税能否提高企业生产效率?——基于西部大开发准自然实验的研究》,《财经研究》2017 年第 4 期,第 55—67 页。

足,这些都是造成公共养老保险制度影响生产率的直接证据相对匮乏的原因。[①] 由于中国社会养老保险制度长期呈现高度碎片化,各地养老保险政策缴费率、征缴制度方面存在较大差异,即企业所面临的养老保险规制差异性较强,这为从企业层面识别企业养老保险缴费对全要素生产率的影响创造了有利条件。我们利用中国阶段性下调基本养老保险企业缴费率作为准自然实验,在双重差分框架下,分析养老保险缴费水平对企业生产率的影响,并控制企业、时间、行业和城市固定效应,以缓解不可能观测因素对实证研究结果的不利影响。

养老保险费用兼具劳动力成本和人力资本投资双重属性,其缴费比例的调整会同时影响企业和员工两方的行为决策,进而影响企业全要素生产率。企业为员工缴纳的养老保险费是劳动力成本的重要组成部分,提高养老保险缴费率会导致企业雇佣成本上升,企业可以通过减少雇佣规模,降低工资水平,将养老保险缴费成本转移给员工。[②] 另外,也有实证研究发现较高的养老保险缴费比例可能会导致企业通过减少雇佣规模来增加人均工资水平,或提

---

①　Dorsey,S.et al.,"Pensions and Productivity",Kalamoazoo:W.E.Upjohn Institute for Employment Research,1998,pp.53-72.

②　Ooghe,E.et al.,"The Incidence of Social Security Contributions:An Empirical Analysis",*Empirica*,vol.30,2003,pp.81-106.

Nielsen,I.& Smyth,R.,"Who Bear the Burden of Employer Compliance with Social Security Contribution? Evidence from Chinese Level Data",*China Economic Review*, vol. 19, no. 2, 2008, pp. 230-244.

Kugler,A.& Kugler,M.,"Labor Market Effects of Payroll Taxes in Developing Countries:Evidence from Colombia",NBER Working Papers,no.13855,2008,pp.335-258.

Iturbe-Ormaetxe,I.,"Salience of Social Security Contributions and employment",*Int Tax Public Finance*,vol.22,no.5,2014,pp.741-759.

Kodama,N.& Yokayama,I.,"How the 2003 Social Insurance Premiums reforms Affects Firm Behavior",*CIS Discussion paper series*,no.650,2015,pp.2-13.

陶纪坤、张鹏飞:《社会保险缴费对劳动力需求的"挤出效应"》,《中国人口科学》2016 年第 6 期,第78—87 页。

升高技能劳动力投入,实现对员工有效激励,从而提升企业的生产效率。[①] 当工资非黏性可以进行及时调整,或劳动供给弹性为 0 时,养老保险费用可以完全转嫁给员工,此时养老保险缴费比例不会对企业产生任何影响;当企业无法完全转嫁养老保险缴费成本时,其缴费水平主要通过企业研发投入、员工激励以及资源配置三种作用渠道影响企业全要素生产率。

从企业研发活动来看,养老保险缴费比例上升会减少企业内部现金流,挤占企业的研发投入,影响企业创新和技术进步,从而对企业全要素生产率的提高有抑制作用。[②] 一些学者研究发现,较低的养老保险缴费水平可以缓解融资约束对企业创新的负面影响,通过降低创新成本,鼓励企业加大研发投入与创新,从而提升企业全要素生产率。[③]

由于养老保险具有递延支付特征,有利于企业和员工之间形成长期稳定的雇佣关系,养老保险缴费同时可以稳定员工预期,激励员工的有效劳动供给,进而对企业全要素生产率的提升有促进作用。养老保险缴费比例对员工

---

① 刘苓玲、慕欣芸:《企业社会保险缴费的劳动力就业挤出效应研究——基于中国制造业上市公司数据的实证分析》,《保险研究》2015 年第 10 期,第 107—118 页。

于新亮等:《养老保险缴费率,资本—技能互补与企业全要素生产率》,《中国工业经济》2019 年第 12 期,第 96—114 页。

② Autor, D.H. et al., "Do Employment Protections Reduce Productivity? Evidence from U.S. States", *IZA Discussion Paper*, no.2571, 2007, pp.1-24.

Hsu, P.H. et al., "Financial Development and Innovation: Cross-Country Evidence", *Journal of Financial Economics*, vol.112, no.1, 2014, pp.116-135.

Dyreng S. & Maydew M.E., "Virtual Issue on Tax Research", *Journal of Accounting Research*, vol.56, no.2, 2018, pp.311-319.

赵健宇、陆正飞:《养老保险缴费比例会影响企业生产效率吗?》,《经济研究》2018 年第 10 期,第 99—114 页。

③ Krishnan, K. et al., "Does Financing Spur Small Business Productivity? Evidence from a Natural Experiment", *Duke I&E Research Paper*, no.15-11, 2014, pp.1-29.

Aghion, P. et al., "Industrial Policy and Competition", *American Economic Journal: Macroeconomics*, vol.7, no.4, 2015, pp.1-32.

王红建等:《实体企业跨行业套利的驱动因素及其对创新的影响》,《中国工业经济》2016 年第 11 期,第 73—89 页。

激励作用还取决于员工从企业缴纳保费获得的收益与其当期收入损失,当缴纳的养老保险费用与员工工资完全替代时,收益等价于损失,此时养老保险缴费率对员工没有影响;当二者不能完全替代,提高养老保险缴费率,若保费带来的未来预期收益大于员工当期收入损失时,员工的工作积极性和对企业满意度将有所上升,从而激励员工提高工作效率,反之亦然。

此外,许多研究发现养老保险缴费有助于企业甄别和鼓励高技能劳动力,缓解企业与员工之间委托代理问题,提升企业生产效率。① 于新亮等基于资本技能互补理论,研究发现养老保险缴费率与企业全要素生产率之间存在倒 U 型非单调关系,并利用企业微观数据估算出使全要素生产率最大的养老保险实际缴费率为 5.67%,企业主要通过提升高技能劳动力投入来促进劳动生产效率。② 程欣、邓大松利用中国企业—劳动力匹配调查(CEES)数据,研究显示企业人均社会保险投入每增加 10%,其劳动生产率将平均提高 3.5%,人力资本投资、创新精神与管理效率三种渠道共同促进企业生产率的提高。③

从资源配置机制来看,养老保险缴费比例上升会增加劳动力成本,改变要素投入的相对价格,相对于劳动力而言,设备变得更加"便宜",使得企业增加固定资产投资。④ 同时,养老保险缴费将减少企业现金流,进而导致企业投资

---

① Munnell, A.H.et al., "Job Tenure and Pension Coverage", Center for Retirement Research at Boston College Working Papers, no.wp2006-18,2006,pp.1-18.
　　阳义南:《养老金生产率理论:我国发展企业年金的供给边视角》,《社会保障研究》2012 年第 4 期,第 49—55 页。
　　于新亮等:《企业年金的"生产率效用"》,《中国工业经济》2017 年第 1 期,第 155—173 页。
② 于新亮等:《养老保险缴费率,资本—技能互补与企业全要素生产率》,《中国工业经济》2019 年第 12 期,第 96—114 页。
③ 程欣、邓大松:《社保投入有利于企业提高劳动生产率吗? ——基于"中国企业—劳动力匹配调查"数据的实证研究》,《管理世界》2020 第 3 期,第 90—101 页。
④ 唐珏、封进:《社会保险缴费对企业资本劳动比的影响——以 21 世纪初省级养老保险征收机构变更为例》,《经济研究》2021 年第 11 期,第 87—101 页。

下降。[①] 这种调整对企业生产效率的影响理论上存在两种情况,当企业资本劳动比较低时,增加设备使用量,优化了资源配置,"倒逼"企业进行要素结构调整改变增长方式,可能会提高企业生产效率;若企业资本劳动比较高时,继续扩大资本使用量,反而降低要素资源配置效率,进而导致企业全要素生产率下降。由此可见,资源配置机制比较复杂,同时也面临内生问题,这使得估算结果存在一定的误差。因此,已有文献往往从员工激励和企业研发两渠道来检验养老保险缴费率对生产率的影响机制。

综上所述,较高的养老保险缴费比例究竟会抑制企业全要素生产率的提升,还是会促进企业生产率的提高,有待借助严谨的实证研究进行判断。

本章的主要边际贡献在于:第一,全面系统地讨论了企业养老保险政策缴费率、实际缴费率以及企业全要素生产率三者之间的互动关系,现有文献仅考虑养老保险实际缴费率对全要素生产率的影响,本章为企业生产效率视角下的养老保险费率水平问题的研究作了重要的补充。第二,本章从资源配置、员工激励与企业研发三个渠道全通路地分析了养老保险实际缴费率影响全要素生产率的作用机制,拓展了已有文献的视角,同时也弥补了该领域实证研究的空白。第三,利用2008—2011年阶段性下调基本养老保险企业缴费比例作为准自然实验,并从企业实际缴费负担、缴费合规程度、生产效率三个方面评估政策效果,为我国供给侧结构性改革和未来大规模减税降费政策实施提供经验借鉴与政策指导。第四,采用了较为新颖的方式来求解养老保险企业最优政策缴费率,首先基于微观企业数据估计养老保险企业最优实际缴费率,并借助阶段性降费政策作为外生的政策冲击来识别实际缴费率的平均弹性系数,

---

① Phan,H.V.& Hegde,S.P.,"Pension Contributions and Firm Performance:Evidence from Frozen Defined Benefit Plans",*Financial Management*,Vol.42,No.2,2013,pp.373-411.

Sasaki T.,"The Effects of Liquidity Shocks On Corporate Investments and Cash Holdings:Evidence From Actuarial Pension Gains/Losses",*Financial Management*,Vol.44,No.3,2015,pp.685-707.

聂辉华等:《增值税转型对企业行为和绩效的影响———以东北地区为例》,《管理世界》2009年第5期,第17—24页。

最终得到养老保险企业最优政策缴费率区间估计。

接下来的结构安排为:第二部分介绍了数据来源、数据预处理与描述性统计,第三部分给出实证结果,第四部分是稳健型检验,第五部分是研究结论和政策建议。

第二节　数据、变量选取及描述性统计

一、数据介绍

本章所使用的微观企业数据主要来源于全国税收调查数据库,时间跨度从 2008 年至 2011 年,共计 4 年。关于全国税收调查数据预处理方面,由于我们关注的是企业层面的全要素生产率,且金融业与房地产业等第三产业不适用柯布—道格拉斯型生产函数计算企业生产率[1],因而首先剔除了非企业样本、属于金融和房地产行业的企业样本。接着,对全年计提的基本养老保险费、全年计提的工资及奖金总额、年平均职工总人数、固定资产净值、研发投入、资产负债率与企业所有制等重要变量缺失的样本予以剔除;然后进一步剔除违背基本会计原则的异常值样本,比如企业总资产小于零,资产负债率为负数或大于 1。最后为了避免离群值对估计结果的影响,我们对所有连续数值型变量两端进行了 1% 的缩尾处理。经过以上数据清洗工作后,最终得到414548 个有效观测值的非平衡面板数据,其中 2008 年有 75157 家样本企业,2009 年有 93075 家样本企业,2010 年、2011 年分别有 114580 家和 131736 家样本企业。

通过整理各地区政府规章、规范性文件、工作文件、行政许可批复以及人

---

[1]　Giannetti, M. et al. , "The Brain Gain of Corporate Boards: Evidence from China", *The Journal of Finance*, Vol.70, No.4, 2015, pp.1629-1682.

韩晓梅等:《薪酬抵税与企业薪酬安排》,《经济研究》2016 年第 10 期,第 140—154 页。

社部公布的相关资料,我们爬虫和手工收集了地级市层面企业职工基本养老保险单位政策缴费比例。考虑到不同地区的社保年度不同,企业养老保险政策缴费率调整时间也不同,我们将社保年度通过加权平均(以时间跨度为权重)统一调整为自然年度(每年1月1日至12月31日)。举例来说,例如山东省济南市的社保年度在2007—2011年为每年7月1日至次年6月1日,根据《关于降低企业职工基本养老保险单位缴费比例的通知》(鲁人社发〔2011〕84号)和《关于同意济南市调整城镇职工基本医疗保险单位缴费比例的批复》(鲁人社字〔2011〕794号),济南市2011年上半年的养老保险单位政策缴费比例为21%,下半年度其政策缴费比例下调至19%,所以2011自然年度的基本养老保险企业政策费率水平为20%(20% = 0.5×21%+0.5 ×19%)。

固定资产平减指数、产品价格出厂指数与人民币兑美元年平均汇率来自《中国统计年鉴》。另外,我们从中经网数据库收集了278个地级市宏观经济与人口指标,主要包括人均生产总值、外商直接投资(以美元计价)、地区人均专利数、财政支出和老年抚养比等数据。最后,我们将微观企业数据与城市面板数据进行匹配。

本节主要使用全要素生产率作为被解释变量。目前估测微观企业全要素生产率常用的方法有 OLS 法、固定效应法(FE)、OP 半参数法、LP 半参数法以及 ACF 非参数法等五种方法,前两种估计方法均存在同时性偏差与样本选择偏差问题。[1] 由于全国税收调查数据库包含了较为翔实的企业投资、企业退出、中间品投入等信息,具备使用上述方法的条件,为了避免估计系数之间存在严重共线性问题,且充分利用样本信息,本节主要采用 OP 方法下进行 ACF

---

① Levinsohn, J.& Petrin, A., "Estimating Production Functions Using Inputs to Control for Unobservables", *Review of Economic Studies*, Vol.70, No.2, 2003, pp.317-341.

Ackerberg, D.A.et al., "Identification Properties of Recent Production Function Estimators", *Econometrica*, Vol.83, No.6, 2015, pp.2411 2451.

Olley, G.S.& Pakes, A., "The Dynamics of Productivity in the Telecommunications Equipment Industry", *Econometrica*, Vol.64, No.6, 1996, pp.1263-1297.

修正方式计算企业层面全要素生产率(TFP),并以 OP 半参数法和 LP 半参数法作为稳健性检验。在测算样本企业全要素生产率过程中,我们将借鉴已有研究①的计算方法,产出指标选取企业主营业收入的自然对数,固定资产净值的自然对数与年均职工人数的自然对数分别代表资本投入与劳动投入,企业投资采用当年度生产经营用固定资产增量再加上当年在建工程购入的生产经营用设备的对数来衡量,企业中间品投入设定为购买商品、接受劳务支付的现金的自然对数。值得特别注意的是,考虑到价格因素的干扰,我们对产出、中间品投入以及资本投入进行平减处理,产出与中间品投入选取产品出厂价格指数进行平减,而对资本投入指标即固定资产净值采用固定资产投资价格指数进行平减。我们用 ACF 非参数法估算出企业全要素生产率的均值为 6.352。

关于核心解释变量的构建方法,基本养老保险企业实际缴费率为全年计提的基本养老保险费除以全年计提的工资及奖金总额。值得特别注意的是,按照上述定义计算的养老保险实际缴费率并不等于企业真实的实际缴费率,原因在于企业计提的金额并不完全等于实际缴纳的金额,但这种系统性误差并不会影响实证结果。由于我国不同地区的基本养老保险企业实际缴费比例和政策缴费比例均存在较大差异,为了方便进行比较并进一步衡量企业的参保程度,因而我们利用基本养老保险企业实际缴费率与政策缴费比例的比值构建企业养老保险的相对缴费水平指标,该指标数值越大说明企业相对缴费水平越高,即企业参保程度越高。

为了减少遗漏变量问题,我们控制了一系列可能影响企业全要素生产率

---

① 鲁晓东、连玉君:《中国工业企业全要素生产率估计:1999—2007》,《经济学(季刊)》2012 年第 1 期,第 541—558 页。

汪德华、毛捷:《增值税转型改革对企业投资的影响——基于中国税收调查数据的实证分析》,2012 年中国财政学会年会暨第十九次全国财政理论讨论会论文集。

于新亮等:《企业年金的"生产率效用"》,《中国工业经济》2017 年第 1 期,第 155—173 页。

Li Z. & Lv B., "Total Factor Productivity of Chinese Industrial Firms: Evidence from 2007 to 2017", *Applied Economics*, Vol.53, No.60, 2021, pp.6910-6926.

和企业养老保险缴费水平的变量。企业规模是解释不同企业之间生产率存在差异的重要原因,根据规模经济理论,相对于规模较小的企业,规模较大的企业全要素生产率更高,企业规模变量设定为企业年初总资产与年末总资产平均数的自然对数。我们用固定资产投资率来刻画微观企业的投资行为,设定为期末固定资产存量与期初固定资产存量之差相对于企业年初固定资产的百分比。由于盈利能力较强的企业更有可能按时且足额为职工缴纳养老保险费用,因此,我们需要控制企业盈利能力,使用资产收益率指标进行衡量。同时,我们引入了财务费用率指标作为企业融资成本的代理变量,具体设定为财务费用占企业营业收入的比例。另外,企业劳动力结构差异会影响企业养老保险缴费水平与全要素生产率之间的关系,我们定义样本企业平均工资与该地区同行业平均工资的差值再比上行业平均工资水平为工资溢价指标。

表 4.1 变量定义

变量名称	变量符号	构造方法
被解释变量		
全要素生产率(ACF非参数法)	TFP1	在 OP 方法下进行 ACF 修正得到的 TFP
全要素生产率(OP半参数法)	TFP2	OP 半参数法计算得到的 TFP
解释变量/工具变量		
养老保险企业实际缴费率	Arate	全年计提的基本养老保险费/全年计提的工资奖金
养老保险企业政策缴费率	Srate	企业所在地区基本养老保险用人单位法定缴纳比例
养老保险企业相对缴费率	Rrate	养老保险企业实际缴费率/养老保险企业政策缴费率
企业特征控制变量		
企业规模	Size	企业总资产平均余额取自然对数
企业经营年度	Age	观测年份—成立年份 + 1(存续不足 1 年,取 0)
雇佣规模	Employment	企业年平均职工人数

续表

变量名称	变量符号	构造方法
人均固定资产	K/L	企业固定资产净值/企业年平均职工人数
资产负债率	Asset-liability ratio	净利润/总资产平均余额
总资产净利润率	ROA	净利润/总资产平均余额
职工平均工资	Salary	全年计提的工资及奖金总额/年平均职工人数
工资溢价	Premium	(平均工资—同行业平均工资)/同行业平均工资
固定资产投资率	Fixed asset investment	固定资产净额增量/固定资产期初净额
人均研发投入	R&D investment	研发投入/年平均职工人数
财务费用率	Financial expense	财务费用/营业收入
补充保险企业实际缴费率	Supplementary insurance	全年计提的补充保险费/全年计提的工资及奖金总额
地区宏观控制变量		
地区人均总产出	GDP	地级市人均总产出取自然对数
外商直接投资占比	FDI	地级市外商直接投资(以人民币计价)/生产总值
地区人均专利数	Number of patents	地级市每万人平均拥有专利数(万人)
地方财政收入占比	Fiscal revenue	地级市预算内财政收入/生产总值
老年人口抚养比	Dependency ratio	各省份65岁以上人口占总人口的比例

表 4.2　全样本主要变量的描述性统计

变量符号	均值	标准差	最小值	最大值
TFP1	6.352	1.292	2.864	10.085
TFP2	6.929	1.303	3.343	10.561
Arate	12.145	14.278	0.266	32.545
Srate	17.996	3.253	10	22
Rrate	0.672	0.787	0.012	10.216
Size	10.043	1.901	5.242	14.501
Age	0.807	0.534	0.000	17.903

续表

变量符号	均值	标准差	最小值	最大值
Employment	215.961	385.300	3	2218
K/L	152.235	336.701	0.167	2265.656
Asset-liability ratio	0.735	0.443	0.014	3.396
ROA	0.070	0.126	0	0.901
Salary	27.793	20.464	1.5	129.508
Premium	0.065	6.201	−1	1723.520
Fixed asset investment	0.654	1.264	−0.889	10.250
R&D investment	1.570	5.839	0.000	33.623
Financial expense	0.015	0.039	0.000	1.000
Supplementary insurance	0.087	0.134	0.000	0.931
GDP	10.151	0.677	8.528	11.338
FDI	0.060	0.046	0.002	0.231
Number of patents	21.913	54.601	0.003	329.552
Fiscal revenue	0.064	0.020	0.025	0.118
Dependency ratio	12.840	1.786	8.280	16.420

表4.2给出了全样本主要变量的描述性统计。从表4.2可以看出,不同企业的养老保险实际缴费率和政策缴费率均存在较大差异,样本期间内养老保险企业实际缴费率的平均值为12.145%,最大值和最小值分别为32.545%、0.266%,而政策缴费率的平均值为17.996%,最大值为22%,最小值为10%。实际缴费水平与政策缴费率两者相差也较大,企业养老保险实际缴费负担平均低于政策缴费率约5.851个百分点。其相对缴费率均值为0.672,说明企业养老保险实际缴费水平仅占政策缴费比例的三分之二,由此可见企业不合规缴费养老保险情况比较严重。

本节通过测算地级市层面养老保险企业缴费水平可以比较直观地发现:首先,不同地区养老保险缴费水平存在较大差异。其次,政策缴费率较高的地区,实际缴费率往往也相对较高。数据还显示,样本期间内养老保险企业相对缴费率的均值为 0.672,这说明养老保险政策缴费率与实际缴费率之间存在明显差距,且养老保险实际缴费水平远低于政策缴费率,企业养老保险实际缴费水平仅占政策缴费比例的三分之二,由此可见企业缴费不实情况比较严重。最后,企业缴费合规程度、征缴强度以及人口结构与缴费水平密切相关。

第三节　实证分析

实证结果主要包含以下三个部分:采用工具变量法实证验证了企业全要素生产率随着基本养老保险企业实际缴费比例呈现先增加后减少的倒 U 型曲线,并估算了企业最优实际缴费比例;然后从所有制、劳动密集程度和工资水平三个方面展开异质性分析,同时较为详细地考察了实际缴费率影响企业全要素生产率的作用机制;最后,以 2008 年开始的阶段性降低基本养老保险缴费比例为准自然实验,通过构建渐进 DID(Difference-in-Difference,DID)模型,评价了降费政策的政策效果,同时,获得了实际缴费率关于政策缴费率的弹性系数,并基于此进一步得到最优政策缴费比例区间。

一、实际缴费率与全要素生产率

我们首先进行了回归方程设定误差检验(Regression Equation Specification Error Test,简称 Ramsey's RESET),其结果在 1% 的置信水平上拒绝"不存在遗漏变量"的原假设,说明需要加入养老保险缴费率的二次项。基于此,具体计量模型设定如下:

$$TFP_{it} = \alpha + \beta_1 \times rate_{it} + \beta_2 \times rate_{it}^2 + \gamma \times \sum X_{it} + \delta_i + \mu_t + \sigma_{ind} + \tau_{city} + \varepsilon_{it}$$

$$(4.1)$$

上式中,下标 i 代表企业,t 代表年份,ind 代表行业,TFP_{it} 表示样本企业

i 在第 t 年的全要素生产率,核心解释变量 $rate_{it}$ 表示企业 i 在 t 年养老保险实际缴费率。X_{it} 表示一系列随时间变化的企业层面和地级市层面的控制变量,其中企业特征控制变量包含企业规模、年龄、雇佣规模、人均固定资产、资产负债率、总资产净利润率、工资水平、固定资产投资率、财务费用率及人均研发投入等,城市层面宏观控制变量主要包括人均总产出、外商直接投资占比、每万人平均拥有专利数、财政收入情况以及老年人口抚养比。另外,δ_i 表示企业固定效应,可以消除企业管理者风格、企业文化等因素的影响,μ_t 为年份固定效应,σ_{ind}、τ_{city} 分别是行业固定效应与城市固定效应,用来控制无法观测与企业所处行业、地区相关因素对企业全要素生产率和养老保险缴费情况的影响,ε_{it} 为模型中的随机扰动项。

表 4.3 报告了基准回归结果。其中第 1 列没有控制企业固定效应,在 1% 的显著水平上,核心解释变量养老保险实际缴费率的回归系数显著为正,其二次项回归系数显著为负,与理论预期一致,养老保险实际缴费率与企业全要素生产率之间存在形如抛物线形态的倒 U 型关系,实际缴费率对全要素生产率的影响是递减的。第 2 列加入了企业固定效应,实际缴费率二次项系数大幅增加但依然显著为负,第 3—5 列逐步对时间固定效应、行业固定效应及城市固定效应加以控制,实际缴费率及其二次项的估计系数的大小、方向基本保持稳定,与前面回归结果较为相近。第 5 列回归结果表明,随着实际缴费率的增加,企业全要素生产率呈现先增加后减小的变化趋势,其转折点即最优实际缴费比例为 16.24%。另外,企业规模、盈利能力、财务杠杆以及企业研发投入对全要素生产率具有显著正向作用。企业为员工缴纳的补充保险缴费比例和工资水平在 1% 的显著水平上都显著为正,说明较高的福利待遇水平会激励员工,提高他们的工作积极性,进而提高员工的劳动生产率,这也是养老保险缴费率影响全要素生产率的作用路径之一,有待在后文机制分析中展开讨论。控制变量财务费用率前的回归系数为负,说明融资成本上升会抑制企业全要素生产率的增长。宏观层面控制变量方面,外商直接投资占比在 10% 水平上

显著为正,说明外商直接投资有利于企业生产率的提高,原因可能是外资企业在经营管理能力与技术水平等方面占据一定优势,通过水平溢出效应和垂直溢出效应,可以提升国内企业的生产率①。

表 4.3　养老保险实际缴费率与企业全要素生产率:OLS

解释变量	TFP1	TFP1	TFP1	TFP1	TFP1
	(1)	(2)	(3)	(4)	(5)
最优实际缴费率	0.1270	0.1623	0.1616	0.1639	0.1624
Arate	2.012***	0.660***	0.643***	0.583***	0.597***
	(0.035)	(0.071)	(0.071)	(0.038)	(0.041)
Arate 2	−7.921***	−2.033***	−1.990***	−1.779***	−1.838***
	(0.185)	(0.298)	(0.302)	(0.173)	(0.182)
Size	0.395***	0.305***	0.299***	0.312***	0.311***
	(0.002)	(0.020)	(0.020)	(0.026)	(0.026)
Age	−0.304***	−0.326***	−0.382***	−0.333***	−0.326***
	(0.005)	(0.078)	(0.059)	(0.051)	(0.048)
Asset−liability ratio	0.504***	0.213***	0.209***	0.203***	0.202***
	(0.005)	(0.043)	(0.043)	(0.035)	(0.034)
ROA	0.760***	0.906***	0.901***	0.930***	0.931***
	(0.017)	(0.051)	(0.049)	(0.047)	(0.046)
Salary	0.013***	0.007***	0.007***	0.007***	0.007***
	(0.000)	(0.000)	(0.000)	(0.000)	(0.000)
Fixed asset investment	−0.033***	−0.071***	−0.067***	−0.067***	−0.067***
	(0.002)	(0.002)	(0.002)	(0.002)	(0.002)
R&D investment	−0.010***	0.002***	0.002***	0.003***	0.003***
	(0.000)	(0.000)	(0.000)	(0.000)	(0.000)

---

①　綦建红、尹达:《外商直接投资提高中国工业企业生产率了吗?》,《上海经济研究》2017年第 11 期,第 55—67 页。

续表

解释变量	TFP1	TFP1	TFP1	TFP1	TFP1
	（1）	（2）	（3）	（4）	（5）
Financial expense	−0.006***	−0.003***	−0.003***	−0.003***	−0.003***
	（0.001）	（0.001）	（0.001）	（0.001）	（0.001）
Supplementary insurance	0.237***	0.090***	0.083***	0.089***	0.091***
	（0.018）	（0.016）	（0.015）	（0.013）	（0.013）
GDP	0.099***	0.424***	−0.035	−0.067	−0.012
	（0.004）	（0.043）	（0.064）	（0.062）	（0.045）
FDI	0.281***	0.508*	0.187	0.211	0.257*
	（0.045）	（0.296）	（0.214）	（0.152）	（0.152）
Fiscal revenue	3.841***	0.101	−0.507	−0.534*	−0.291
	（0.131）	（0.367）	（0.344）	（0.302）	（0.296）
Dependency ratio	−0.013***	−0.018***	−0.001	−0.001	−0.002
	（0.001）	（0.002）	（0.003）	（0.003）	（0.003）
企业固定效应	No	Yes	Yes	Yes	Yes
时间固定效应	No	No	Yes	Yes	Yes
行业固定效应	No	No	No	Yes	Yes
城市固定效应	No	No	No	No	Yes
观测值	309765	309765	309765	309764	309764
R−squared	0.358	0.240	0.245	0.277	0.278

注：*Arate* 2 代表养老保险企业实际缴费率二次项。估计系数下方的括号内为对应的稳健标准误值，*、**、*** 分别表示在 10%、5% 以及 1% 的显著水平上显著。下同。

　　企业全要素生产率可能会影响企业养老保险缴纳情况，拥有高生产率的企业更有可能为其职工足额缴纳养老保险费用，此外模型可能也遗漏一些非时变变量，例如企业所在省份养老保险费用征收方式、征缴强度等。因此，养老保险缴费率是内生变量，为了克服模型中存在的反向因果与遗漏变量等内生性问题，我们采用工具变量法进行两阶段最小二乘回归估计。选取企业所在地区基本养老保险政策缴费率与同一地区同行业企业职工基本养老保险平均实际缴费水平作为企业实际缴费比例的工具变量。一方面,无论是政策缴费率还是行业平均实际缴费率均与微观企业的实际缴费率密切相关,满足工具变量相关性的条件,下文我们将进一步讨论基本养老企业政策缴费率对养老保险实际缴费率的影响,其实证分析结果可以作为工具变量相关性的旁证。另一方面,同地区同行业平均实际缴费率不会直接影响单个企业的全要素生产率,而政策缴费比例是由地级市或省级人民政府根据地区基本养老保险基金收支情况、地区宏观经济等因素确定,并不取决于单个企业的生产情况,因此工具变量外生性的要求得到满足。我们接着对工具变量进行了识别不足、过度识别约束以及弱工具变量检验,相关检验的统计量如表 4.4 所示,检验结果显示模型不存在识别不足与弱工具变量等问题,说明工具变量是比较有效的。

值得特别注意的是,为了避免禁忌回归(forbidden regression)问题,在使用工具变量法进行回归估计时,我们使用工具变量一次项和二次项分别对养老保险实际缴费率及其二次项进行一阶段估计,而非一阶段拟合值的平方项。

表 4.4 报告了工具变量法第二阶段回归结果。表中第 4 列加入了企业、年份与行业固定效用,第 5 列进一步控制了城市固定效用,两列回归结果中实际缴费率及其二次项的估计系数显著为负,大小高度一致,一定程度上说明了工具变量具有较好的外生性。表 4.4 所有回归的 Wald F 统计量均大于 Stock-Yogo 临界值(10%水平下),说明工具变量满足相关性要求。第 5 列结果显示,养老保险企业实际缴费率的估计系数为 2.319,实际缴费率二次项的系数为 −10.188,两者均在 1%的显著水平上显著,说明养老保险企业缴费实际比例与全要素生产率存在非单调倒 U 型关系,其最优实际缴费比例为 11.38%($-\beta_1 / 2\beta_2$)。养老保险缴费具有劳动力成本和人力资本投资双重属性,当企业养老保险实际缴费水平低于 11.38%时,实际缴费率的提高对于企业全要素生产率的提升存在显著促进作用,此时养老保险缴费具有生产率效应,企业养老保险缴费

的人力资本投资效应大于成本效应;当实际缴费水平高于 11.38% 时,劳动力成本效应大于人力资本投资效应,实际缴费比例继续提高可能会抑制全要素生产率的增长。

表 4.4　养老保险实际缴费率与企业全要素生产率:工具变量法

解释变量	TFP1	TFP1	TFP1	TFP1	TFP1
	（1）	（2）	（3）	（4）	（5）
最优实际缴费率	0.1102	0.0954	0.1064	0.1138	0.1138
Arate	10.083***	5.644***	2.766***	2.319***	2.319***
	(0.194)	(0.738)	(0.698)	(0.676)	(0.773)
Arate 2	−45.768***	−29.589***	−12.993***	−10.188**	−10.188**
	(2.132)	(4.514)	(4.160)	(4.039)	(4.689)
企业特征控制变量	Yes	Yes	Yes	Yes	Yes
地区宏观控制变量	Yes	Yes	Yes	Yes	Yes
企业固定效应	No	Yes	Yes	Yes	Yes
时间固定效应	No	No	Yes	Yes	Yes
行业固定效应	No	No	No	Yes	Yes
城市固定效应	No	No	No	No	Yes
观测值	299977	173657	173657	173657	173657
Wald F Stat	381.403	30.071	28.596	29.368	29.368
LM Stat	190.966	120.166	114.284	117.382	42.385
Stock-Yogo 临界值	16.87(10%)				

借鉴林德(Lind)、梅尔姆(Mehlum)以及哈安斯(Haans)等研究[1]中的处

---

① Haans,R.F.J.et al.,"Thinking about U:Theorizing and Testing U-and Inverted U-shaped Relationships in Strategy Research",*Strategic Management Journal*,vol.37,no.7,2015,pp.1177-1195.

Lind,J. T. & Mehlum, H., " With or Without U? The appropriate Test for A U-shaped Relationship",*Oxford Bulletin of Economics and Statistics*, vol.72,no.1,2010,pp.109-118.

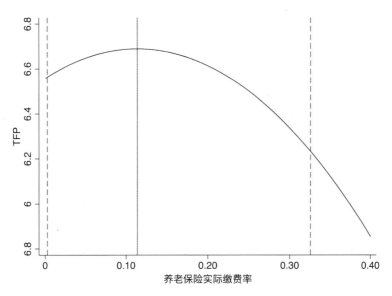

图 4.1　养老保险企业实际缴费率与全要素生产率关系图

理方法,我们讨论了企业实际缴费率取最值处全要素生产率关于实际缴费率的导数,即 U 型在解释变量实际缴费率左右端点处的斜率。样本期间企业养老保险实际缴费率取值介于 0.266% 和 32.545% 之间(见表 4.2),在最小值处的斜率为 2.26,在最大值处的斜率为 −4.31,斜率足够陡峭,可以排除了对数关系或指数函数关系,同时 U 型的拐点 95% 的置信区间也在实际缴费率取值范围内,拐点两侧均有充足的样本。为了进一步验证实际缴费率与全要素生产率存在稳健的倒 U 型关系,在其他控制变量取值设定为均值的条件下,我们首先绘制了两者的关系图(见图 4.1),虚线标注了实际缴费率的最大值与最小值,实线所示的位置为转折点,即最优实际缴费率,可以看出样本区间覆盖转折点的左右两侧。然后在模型中加入三次性进行回归。表 4.5 汇报了相应的估计结果,所有回归结果的养老保险单位实际缴费率三次项都在统计上不显著,可以排除三次函数即 S 型关系。

表 4.5　养老保险实际缴费率与企业全要素生产率：加入三次项

解释变量	TFP1	TFP1	TFP1	TFP1
	（1）	（2）	（3）	（4）
Arate	0.526***	0.517***	0.519***	0.519***
	（0.034）	（0.034）	（0.034）	（0.034）
Arate 2	−1.423***	−1.396***	−1.403***	−1.403***
	（0.156）	（0.153）	（0.153）	（0.153）
Arate 3	0.346	0.331	0.487	0.487
	（0.276）	（0.272）	（0.307）	（0.307）
企业特征控制变量	Yes	Yes	Yes	Yes
地区宏观控制变量	Yes	Yes	Yes	Yes
企业固定效应	No	Yes	Yes	Yes
时间固定效应	No	No	Yes	Yes
行业固定效应	No	No	No	Yes
城市固定效应	No	No	No	No

注：*Arate* 3 代表养老保险企业实际缴费率三次项。

二、影响机制与异质性分析

考虑到企业为员工缴纳的养老保险费用与员工工资具有一定替代作用以及劳动力技能异质性，我们将从企业研发投入、资源配置、员工工资水平、养老保险缴费和总待遇（包含养老保险缴费等福利与工资）、劳动力结构等角度，较为全面地讨论养老保险缴费率影响企业全要素生产率的作用机制。

（一）机制检验

养老保险缴费率通过企业研发投入渠道与员工薪酬影响其全要素生产率的结果如表 4.6 所示。第 1 列和第 2 列是对人均研发投入进行回归，两列养老保险实际缴费率的回归系数显著为负，表明提高养老保险缴费比例将会挤

表 4.6　养老保险实际缴费率影响企业全要素生产机制检验:研发投入和员工激励

解释变量	R&D investment	R&D investment	Salary	Insurance	Remuneration
	（1）	（2）	（3）	（4）	（5）
Arate	−0.032 ***	−0.036 ***	−0.028 ***	0.004 **	−0.021 ***
	（0.011）	（0.013）	（0.001）	（0.002）	（0.001）
Arate × Asset − liability ratio		0.008			
		（0.009）			
Asset−liability ratio	0.152 ***	0.152 ***	0.025 ***	0.008	0.022 ***
	（0.047）	（0.047）	（0.006）	（0.009）	（0.006）
其他控制变量	Yes	Yes	Yes	Yes	Yes
企业固定效应	Yes	Yes	Yes	Yes	Yes
时间固定效应	Yes	Yes	Yes	Yes	Yes
行业固定效应	Yes	Yes	Yes	Yes	Yes
城市固定效应	Yes	Yes	Yes	Yes	Yes
观测值	173657	173657	173657	173650	173650
R−squared	0.011	0.011	0.364	0.327	0.19
F−Stat	30.994	29.044	820.495	778.908	640.848

注:许多样本企业人均研发投入为 0,如果对该变量取自然对数会损失较多观测值,因而这里没有进行取对数处理直接使用水平值,人均工资、人均保费和人均总待遇利等变量均取对数。另外,有一些企业研发投入信息缺失,为了最大程度充分利用样本信息,没有删除那些样本,导致研发投入渠道和资源配置渠道的样本不完全相同,但这并不会影响我们的基本结论。

出企业研发投入,阻碍企业技术创新,从而不利于企业全要素生产率的提升。原因可能是随着养老保险缴费率的上升,企业研发活动的机会成本上升,通过研发新产品、技术创新等带来预期回报将会下降。我们关注企业面临的融资约束是否会影响养老保险缴费率对研发投入的负向效应。一般而言,资产负债率越高,企业的财务风险越大,企业所面临的融资约束程度越紧。因此,在第 2 列中去中心化处理后加入养老保险实际缴费率和资产负债率的交叉项,其回归系数虽然为正数,但结果并不显著,说明融资约束对企业研发投入并没有调节效应。第3列、第4列分别汇报了养老保险缴费率对员工工资水平和人均福利水平的影响,估计结果显示,养老保险实际缴费率每增加1%,员工的平均工资将平均下降0.028%,而人均福利平均增加0.004%,在5%的显著水平上均显著,表明企业通过降低员工薪酬等方式将上升的养老保险缴费成本部分转移给员工。同时,第5列显示提高养老保险缴费率会显著降低员工平均总待遇,这意味着养老保险缴费率上升引致的员工当期收入损失要大于养老保险未来预期收益,从而使得员工对企业的满意度以及自身努力程度有所下降。企业研发投入减少与员工积极性降低,这两方面因素共同叠加导致企业全要素生产率下降。另外,研究发现第5列养老保险实际缴费率的系数略微大于第3列的系数,一定程度上说明企业为员工缴纳的养老保险费与员工工资之间具有一定替代性。

为检验养老保险缴费率通过资源配置渠道影响企业全要素生产率的具体路径,表4.7分别使用固定资产投资率、人均固定资产、工资溢价作为被解释变量进行回归。第1列与第2列报告了养老保险实际缴费率对企业投资行为的影响,结果表明,养老保险实际缴费率的上升可能会促使企业增加投资。具体而言,在控制企业固定效应、时间固定效应、行业固定效应与城市固定效应的条件下,养老保险实际缴费率每提高1个百分点,企业固定资产投资率将平均提升1.5%(参见第1列回归结果)。与前面分析的思路类似,进一步考察养老保险缴费率上升进而引致企业增加固定资产投资的行为决策是否受限于企业的融资约束,我们在第2列将实际缴费率与资产负债率的交乘项(进行去中心化处理)纳入到模型中,其交乘项的估计系数为-0.012,并在1%的显著水平上显著,验证了前文模型1的假设,说明企业面临的融资约束对养老保险实际缴费率与固定资产投资率之间关系具有负向调节效应,即随着实际缴费率的提高,企业面临的融资约束越严重,企业增加投资将会越少,会削弱养老保险缴费率对投资的促进作用。这两列养老保险实际缴费率前估计系数均

表 4.7 养老保险实际缴费率影响企业全要素生产机制检验：资源配置

解释变量	全样本				高工资企业	低工资企业
	Fixed asset	Fixed asset	Ln（K/L）	Premium	Premium	Premium
	（1）	（2）	（3）	（4）	（5）	（6）
Arate	0.015 ***	0.023 ***	0.007 ***	−0.017 **	0.101	−0.009 ***
	（0.003）	（0.004）	（0.002）	（0.008）	（0.095）	（0.001）
Arate × Asset-liability ratio		−0.012 ***				
		（0.003）				
Asset−liability ratio	0.320 ***	0.471 ***	0.145 ***	−0.027	−0.193	0.010 ***
	（0.018）	（0.046）	（0.009）	（0.042）	（0.138）	（0.003）
其他控制变量	Yes	Yes	Yes	Yes	Yes	Yes
企业固定效应	Yes	Yes	Yes	Yes	Yes	Yes
时间固定效应	Yes	Yes	Yes	Yes	Yes	Yes
行业固定效应	Yes	Yes	Yes	Yes	Yes	Yes
城市固定效应	Yes	Yes	Yes	Yes	Yes	Yes
观测值	256672	256672	256978	260551	82141	132941
R−squared	0.098	0.097	0.045	0.381	0.209	0.152
F−Stat	863.868	837.828	144.208	1253.608	1451.065	15.719

注：控制变量与前面一致。不同工资水平的企业分组依据为，高于行业平均工资水平视为高工资公司，反之视为低工资公司。

显著为正且大小相近，意味着融资约束的调节效应较小。同时第 3 列结果显示，养老保险缴费比例平均每增加 1%，人均固定资产增加 0.007%，主要原因是养老保险缴费率上升给企业带来的劳动力成本压力，可能促使企业采取要素替代决策，即减少劳动力要素投入，增加机器设备等固定资产投入，从而导致人均固定资产增加。上述结论与部分其他学者的研究结果①基本一致。结合前3列的回归结果,我们发现养老保险实际缴费率的提高会使企业增加固定资产投资,使用相对便宜的机器设备要素投入代替劳动力要素投入,这种"倒逼"企业改变增长方式,调整要素投入结构,最终可能促进企业全要素生产率的提高。此外,养老保险缴费比例也会对企业的劳动力结构产生显著影响,第4列显示企业工资溢价会显著下降1.7%,企业与该地区同行业平均工资的差异主要来源于劳动力结构的异质性,企业高技能劳动力占比越高,其工资水平也相应越高。养老保险缴费率上升会降低工资溢价,换言之,实际缴费率会影响企业劳动力结构,究竟是促使企业雇佣更多的高技能劳动力,还是减少高技能劳动力投入,还需要分情况进一步讨论。我们将样本企业平均工资高于同地区同行业平均工资视为高工资企业,将工资水平低于同地区同行业平均工资视为低工资企业,然后进行分组回归。对于低工资企业而言,养老保险缴费率平均每上升1个百分点,工资溢价会显著下降0.9%,说明养老保险缴费水平会驱动低工资企业增加高技能劳动力投入,进而提升企业全要素生产率。养老保险缴费比例上升对高工资企业的工资溢价没有显著影响,原因在于相较于低工资企业,高工资企业的高技能劳动力占比更高,对劳动成本上升更加敏感。

基于机制检验分析结果,可以发现,提高养老保险实际缴费率,一方面会通过挤出企业研发投入和降低员工平均总待遇水平等路径对全要素生产率产生负向影响;另一方面,缴费率会使得企业增加固定资产投资和雇佣更多的高技能劳动力,进而对企业全要素生产率产生正向影响,最终净影响取决于两者相对大小,也正是这两种方向相反的影响效应合力导致了实际缴费率和全要素生产率之间的倒U型关系。

养老保险缴费率较高时,养老保险缴费所带来的劳动力成本上升压力会

---

① 唐珏、封进:《社会保险缴费对企业资本劳动比的影响——以21世纪初省级养老保险征收机构变更为例》,《经济研究》2021年第11期,第87—101页。

减少企业自由现金流,挤占研发投入和人力资本投入,也不利于企业更新厂房设备等,进而抑制了企业全要素生产率的提升。养老保险缴费率较低时,企业可能并不会积极对要素投入结构进行调整,也无法实现对员工绩效的有效激励,此时也不利于全要素生产率的提升。适当的养老保险缴费水平下,既能充分调动企业主观能动性促使其增加技术和机器设备的投入,也有一定现金流用于研发投入和人力资本投资,此时资源配置渠道、研发投入渠道、员工激励渠道三者相互配合形成良性互动,共同促进企业全要素生产率的提高。

(二) 异质性分析

表 4.8　养老保险企业实际缴费率与企业全要素生产率:异质性分析

解释变量	企业所有制		劳动密集程度		工资水平	
	非国有企业	国有企业	劳动密集程度低	劳动密集程度高	高工资企业	低工资企业
	(1)	(2)	(3)	(4)	(5)	(6)
最优实际缴费率	0.1332	0.1092	0.1494	0.1061	0.0652	0.1437
Arate	1.706***	3.241*	4.060***	3.234***	4.338***	4.822***
	(0.621)	(1.689)	(0.759)	(0.753)	(1.080)	(0.772)
Arate 2	−6.404*	−14.846*	−13.586***	−15.237***	−33.278**	−16.773***
	(3.826)	(8.493)	(3.709)	(4.425)	(12.940)	(4.208)
企业特征控制变量	Yes	Yes	Yes	Yes	Yes	Yes
地区宏观控制变量	Yes	Yes	Yes	Yes	Yes	Yes
企业固定效应	Yes	Yes	Yes	Yes	Yes	Yes
时间固定效应	Yes	Yes	Yes	Yes	Yes	Yes
行业固定效应	Yes	Yes	Yes	Yes	Yes	Yes
城市固定效应	Yes	Yes	Yes	Yes	Yes	Yes
观测值	130993	38754	53013	180807	53103	91863
F-Stat	465.742	153.164	132.736	690.15	69.841	212.236

注:估计系数下方的括号内为对应的稳健标准误值,*、**、***分别表示在10%、5%以及1%的显著水平上显著。

1. 企业所有制

不同所有制企业养老保险缴费水平不同,那么不同所有制企业的养老保险实际缴费率与全要素生产率之间的关系以及最优实际缴费率是否存在差异。由于一些地区外资企业养老保险缴费标准与其他类型企业有所不同,为了使结果具有可比性,剔除外资企业样本,非国有企业组别仅包含私营企业、集体企业与港澳台企业。我们分别对国有企业与非国有企业进行分组回归,表4.8第1、2列显示,无论是非国有企业还是国有企业,养老保险实际缴费率与全要素生产率之间存在倒U型关系,但两者转折点位置(最优缴费率)和曲线的形状存在明显差异。其中,非国有企业的最优实际缴费率为13.32%,国有企业的最优缴费率为10.92%,相对较于非国有企业,国有企业的U型曲线凸度更大,更加陡峭,说明随着缴费率的提高,资源配置渠道对全要素生产率的正向影响较小,研发投入挤出效应产生的负向影响较大,原因可能是相较于非国有企业而言,各级政府往往对国有企业的行为决策施加较为严重的干预,国有企业的投资决策受到诸多限制,还需要承担就业等社会性责任,因此无法及时灵活地对要素投入进行结构调整,也无法灵活地调整工资水平或雇佣更多的高技能劳动力等。此时,企业为员工缴纳的养老保险费用的成本属性凸显出来,人力资本投资属性被极大地削弱。

2. 劳动密集程度

我们根据人均总资产将企业等分成十份,前三等份划分为劳动密集程度高企业,后三等份则划分为劳动密集程度低企业。分样本回归结果显示(见表4.8第3、4列),两类企业养老保险缴费率与企业生产率之间均具有形如抛物线的倒U型曲线关系,劳动密集程度较低的企业,其最优实际缴费率为14.94%,要明显高于劳动密集程度较高的企业,原因是缴费率上升所引致的企业用工成本大幅增加对劳动密集度低的企业产生负向影响较小,其曲线相对变得比较平滑,而转折点位置右移。

3. 工资水平

表 4.8 第 5 列和第 6 列汇报了养老保险缴费率对企业全要素生产率的影响在不同工资水平的企业具有异质性。低工资企业和高工资企业的最优实际缴费率分别为 14.37%、6.52%。两者最优实际缴费率存在较大差异,原因在于相对于低工资企业,高工资企业对用工成本变动更加敏感。

结合以上分析,不难看出,不同类型的企业其基本养老保险最优实际缴费率会有所不同,对于其他特征维度的企业,养老保险实际缴费比例与企业全要素生产率之间均呈现先增加后减少非线性变化趋势,进一步验证倒 U 型关系的稳健性。对于国有企业、劳动密集程度较高的企业与高工资企业而言,由于它们对劳动力成本上升更加敏感、无法灵活调整投入要素或难以实现对员工的有效激励等原因,进而使得其养老保险费用的劳动力成本效应大于人力资本投资效应,反馈到它们对应的倒 U 型曲线上形状会更加陡峭,转折点位置会相对靠近左侧,即这类型企业相应的养老保险最优实际缴费水平较低;反之,非国有企业、劳动密集程度较低的企业以及低工资企业,它们的养老保险最优缴费率则较高。

(三) 政策缴费率与企业行为

1. 政策背景与识别策略

2008 年国际金融危机波及中国,对我国经济发展造成了严重冲击,我国出口大幅下降,实体经济遭受较大损失,同时大量中小型企业倒闭,失业率大幅上升,为了应对金融危机冲击,人力资源和社会保障部联合其他两个部门发布了《关于采取积极措施减轻企业负担稳定就业局势有关问题的通知》(人社部发〔2008〕117 号),该项政策出台后,各地推出一系列减轻企业负担措施,浙江省、江苏省、广东省和山东省也先后开始阶段性降低养老保险缴费费率。

2008 年 11 月 12 日,浙江省公布了《浙江省人民政府关于调整用人单位基本养老保险缴费比例有关工作的通知》(浙政发〔2008〕70 号),其中第一条明确指出将逐步推进各地区用人单位基本养老保险缴费比例调整工作,根据当地基本养老保险基金运行情况,逐步下调缴费比例至12%—16%区间之内。

2010年7月26日,江苏省发布了《省政府关于统一全省企业缴纳基本养老保险费比例的通知》(苏政发〔2010〕85号),要求基本养老保险企业缴费比例为22%的地区下调至21%,企业缴费比例为21%的地区下降0.5个百分点,其他地区继续按20%缴费标准不变。

同年,山东省人社部印发了《关于降低山东省企业职工基本养老保险单位缴费比例的通知》(鲁人社发〔2010〕39号),其中明确规定基本养老保险用人单位缴费比例不低于20%的地区可以降低1个百分点。2011年,山东省人社部和财政部联合公布了《关于降低企业职工基本养老保险单位缴费比例的通知》(鲁人社发〔2011〕84号),规定将企业职工基本养老保险单位缴费比例统一调整为19%。

广东省各地级市调整企业职工基本养老保险单位缴费比例的具体方案存在较大差异。汕头市2008年8月1日开始执行的《关于汕头市2008至2009年度企业职工社会保险费缴费基数、缴费比例和申报等有关问题的通知》(汕劳社〔2008〕109号),明确规定基本养老保险单位缴费比例下降1%,按15%标准进行缴费。从2008年11月1日起,惠州市将基本养老保险单位缴费费率降低2个百分点,其中私营企业和外资企业的缴费标准下调至8%,国有企业与集体企业下调至16%。紧接着,2009年4月1日,根据《肇庆市人民政府办公厅关于调整我市企业职工基本缴费比例的通知》(肇府办〔2009〕31号)、肇地税函〔2010〕140号等相关政策文件,肇庆市基本养老保险单位缴费比例从20%调整至17%,次年继续下调了0.5%。2009年,梅州市和茂名市分别下调1%、2%。2010年9月1日,江门市基本养老保险单位缴费标准降低1个百分点。2011年,云浮市与汕尾市的单位缴费比例调整为15%,分别下调了1%、3%。

本节基于全国税收调查微观企业数据,利用2008—2011年浙江省、江苏省、广东省及山东省四个省份各地级市实施阶段性降低养老保险缴费比例这一准自然实验,采用渐近双重差分法克服内生性问题,识别了养老保险企业政策缴费比例下降对企业实际缴费水平、相对缴费水平与全要素生产率的影响,并据此估计养老保险实际缴费率关于政策缴费率的平均弹性系数。另外,我们还进一步考察了税务部门全责征收、税务部门代征与社保经办机构征收三种养老保险费用征收方式对降费政策效果的影响。这对于供给侧结构性改革政策背景下落地的全国性减税降费政策的实施具有重要的现实意义和参考价值。

根据相关政策文件梳理,表4.9具体总结了江苏、浙江、山东以及广东省各地级市基本养老保险单位缴费比例下调的时间节点与文件依据,养老保险阶段性降费政策规模较大,且具有分批逐步推进的特点,这有利于我们的识别。

表4.9　江苏、浙江、山东及广东各地级市基本养老保险缴费比例下调时点

降费政策实施时间	实施地级市	文件依据
2009 年	浙江:杭州市、宁波市、温州市、湖州市、绍兴市、金华市、舟山市、台州市、丽水市	浙政发〔2008〕70 号;肇府办〔2009〕31 号;汕劳社〔2008〕109 号
	山东:泰安市	
	广东:茂名市、肇庆市、惠州市、梅州市、汕头市	
2010 年	山东:枣庄市、烟台市、潍坊市、济宁市、临沂市、德州市、聊城市、滨州市、菏泽市	鲁人社发〔2010〕39 号;肇地税函〔2010〕140 号;惠市人社〔2010〕34 号
	广东:江门市	
2011 年	江苏:徐州市、扬州市、镇江市、泰州市	苏政发〔2010〕85 号;鲁人社发〔2011〕84 号;鲁人社字〔2011〕794 号;汕劳社〔2010〕109 号
	浙江:嘉兴市	
	山东:济南市、东营市	
	广东:汕尾市、浮云市	

资料来源:通过整理相关政策文件而得。

阶段性下调基本养老保险用人单位缴费费率政策是由省或地级市政府决定的,对于微观企业来说属于外生政策冲击。此外,可以看到,2008—2011年浙江等四省份各地级市实施阶段性降低养老保险企业缴费比例政策,降费力度和规模较大,且具有分批逐步推进的特点,这有利于我们的实证识别。与此同时,2009—2011年期间,北京市、天津市、河北省等27个省、市、自治区各地市企业职工基本养老保险用人单位政策缴费比例维持在20%—22%保持不变。我们使用浙江、江苏、山东和广东省作为实验组,其他省份作为对照组,通过构建双重差分模型考察了基本养老保险政策缴费比例变化对企业实际缴费水平和全要素生产率的影响,并对2008—2011年阶段性降费政策进行政策评估。为使结果更具可比性,剔除了那些在研究时间范围内基本养老保险用人单位缴费比例回调或提高的样本,例如东莞市①于2011年将缴费比例上调1个百分点。由于阶段性降费政策实施的地区与时间不尽相同,所以我们采用渐进DID(Time-Varying DID),具体的计量模型设定如下所示:

$$Y_{ist} = \alpha + \beta \times Treat_{it} + \gamma \times \sum X_{ist} + \lambda \times \sum Z_{st} + \delta_i + \mu_t + \sigma_{ind} +$$

$$Provincetrend + \varepsilon_{ist} \tag{4.2}$$

其中,Y_{ist}表示s城市的i企业在t时期基本养老保险企业缴费水平或企业全要素生产率,缴费水平从实际缴费率和相对缴费率两个维度进行度量。$Treat_{it}$表示企业i所在地区是否实施减税降费政策,它是随时间和企业个体变化的处理变量,代替了传统倍分法模型中的交叉项,若企业i所在城市降费政策正式执行时间为t年7月份之前,则t年及之后所有时间$Treat$取值为1,t年之前取值为0;若在t年7月份后才开始实施,则$t+1$及之后所有年份取值为1,t年和t年以前取值为0。X_{ist}表示一系列反映企业特征的控制变量,主要包括企业规模、企业经营年度、雇佣规模、人均固定资产、资产负债

① 参见《关于调整我市社会养老保险单位费率的通知》(东府〔2010〕107号)。

率、总资产净利润率、平均工资、固定资产投资率、财务费用率及补充保险实际缴费率等。Z_{st} 表示随时间变化的宏观控制变量,包含地区人均总产出、外商直接投资占比、每万人人均专利数、地方财政收入占比以及反映人口结构的老年人口抚养比。这些宏观变量会影响企业养老保险缴费情况或企业全要素生产率,控制这些宏观变量可以有效缓解遗漏变量问题。δ_i、μ_t、σ_{ind} 分别为企业固定效应、时间固定效应和行业固定效应,ε_{ist} 为随机扰动项。由于同一地区的不同企业之间存在相关性,我们使用地级市层面聚类稳健标准误。

此外,考虑到不同地区可能存在不同的变动趋势,DID 模型中如果同时加入年份虚拟变量与时间趋势项,这样仍然可以对政策冲击产生的效果进行有效识别。年份虚拟变量可以解决在时间维度上可能受到的共同冲击问题,时间趋势项则可以解决各地区趋势可能不一致,所以我们在模型中纳入了各省份时间趋势项 $Provincetrend$。

2. 降费政策的影响

表 4.10　阶段性下调基本养老保险企业缴费比例政策对企业的影响

解释变量	*Arate*	*Rrate*	**TFP1**
	(1)	(2)	(3)
Treat	−0.878 ***	0.336 ***	0.069 ***
	(0.129)	(0.010)	(0.006)
企业特征控制变量	Yes	Yes	Yes
地区宏观控制变量	Yes	Yes	Yes
企业固定效应	Yes	Yes	Yes
时间固定效应	Yes	Yes	Yes
行业固定效应	Yes	Yes	Yes
城市固定效应	Yes	Yes	Yes

续表

解释变量	*Arate*	*Rrate*	**TFP1**
	（1）	（2）	（3）
观测值	252755	250578	401370
R-squared	0. 714	0. 819	0. 516
F-Stat	619. 949	396. 252	3117. 756

我们首先关注阶段性下调基本养老保险企业缴费比例政策对企业实际缴费负担的影响,对养老保险企业实际缴费率进行回归,表 4. 10 第 1 列显示,在下调养老保险缴费比例后,实验组的企业其实际缴费率显著下降了 0. 878%,表明降费政策降低了企业养老保险实际缴费负担,具有积极作用。为进一步考察企业养老保险实际缴费水平下降是受到养老保险降费政策影响所致,而不是企业规避缴费或转嫁缴费成本的结果,我们进一步对企业养老保险相对缴费率进行回归,结果如表 4. 10 第 2 列所示。阶段性降费政策显著地提高了企业相对缴费水平,即政策实施提高了企业养老保险缴费的合规程度,排除了企业通过规避缴费来实现减轻养老保险实际缴费负担。具体来说,降低基本养老保险政策缴费标准,企业相对缴费率平均提升了 0. 336%,结果在 1% 的显著水平上显著。养老保险企业实际缴费率和政策缴费率均下降时,相对缴费率上升,这意味着实际缴费率的下降幅度要小于政策缴费率。换言之,政策缴费比例的调整幅度没有完全传导至实际缴费水平,实际缴费率的弹性系数小于 1。接下来,讨论阶段性下调缴费比例政策的生产率效应,表 4. 10 第 3 列给出了降费政策对企业全要素生产率影响的回归分析结果,在控制企业固定效应、时间固定效应、行业固定效应与省份时间趋势效应条件下,*Treat* 前的估计系数为 0. 069,并在 1% 的显著水平上显著,这表明降费政策后,养老保险缴费比例下调对企业生产率具有正向影响。

3. 平行趋势检验

平行趋势假定是双重差分法(DID)最为关键的前提条件,其假定实验组和对照组在政策实施前,除了固有差异外,并不存在系统性差异,两组具有相同的变化趋势,即满足平行趋势假设。我们研究使用了 2008—2011 年四期全国税收调查数据,阶段性降费政策实施前仅有一年数据,所以无法通过画图等方法来验证政策冲击前的趋势问题。我们将借鉴部分现有研究前置政策实施时点的做法,具体而言,通过设定一个虚拟的政策实施年份来代替真实的政策发生年份,然后进行回归即可。[①] 如果按照上述方式构建虚拟处理变量 *Virtual Treat* 的回归结果并不显著,即对企业职工基本养老保险缴费水平与生产率均不产生显著影响,则可以说明在阶段性降费政策实施之前实验组与对照组趋势相同,满足平行趋势假定;反之亦然。根据以上检验思路,我们将各地区阶段性降费政策实施时间均提前 1 年,政策干预时长仍维持不变,然后考察这个虚拟的政策是否会影响企业养老保险缴费水平与全要素生产率。表 4.11 报告了相应的回归分析,结果显示 Virtual Treat 估计系数都不显著,表明虚拟政策对企业养老保险实际缴费率、相对缴费率与全要素生产率均未产生显著影响,一定程度上可以说明在降费政策实施之前,实验组与对照组两者之间具有相同的发展趋势,不存在任何结构性差异,验证了平行趋势假设。

---

① 许红梅、李春涛等:《社保费征管与企业避税——来自〈社会保险法〉实施的准自然实验证据》,《经济研究》2020 年第 6 期,第 122—137 页。

林毅夫等:《中国政府消费券政策的经济效应》,《经济研究》2020 年第 7 期,第 4—20 页。

张克中等:《缘何"减税难降负":信息技术、征税能力与企业逃税》,《经济研究》2020 年第 3 期,第 116—132 页。

刘诗源等:《税收激励提高企业创新水平了吗?——基于企业生命周期理论的检验》,《经济研究》2020 年第 6 期,第 105—121 页。

表 4.11　平行趋势检验:改变政策实施时点

解释变量	A		TFP1
	（1）	（2）	（3）
Virtual Treat	0.002	−0.014	0.007
	（0.099）	（0.060）	（0.005）
企业特征控制变量	Yes	Yes	Yes
地区宏观控制变量	Yes	Yes	Yes
企业固定效应	Yes	Yes	Yes
时间固定效应	Yes	Yes	Yes
行业固定效应	Yes	Yes	Yes
城市固定效应	Yes	Yes	Yes
观测值	252905	246877	251703
R-squared	0.715	0.686	0.939
F-Stat	245.451	61.957	625.738

4. 安慰剂检验

为了进一步增强双重差分估计结果的可靠性与稳健性,排除政策冲击后实验组与对照组之间存在的显著差异不是由阶段性降费政策导致的,而是由同时期其他政策引起(即排他性),我们设计了一组安慰剂检验。具体做法是,随机选取不受下调基本养老保险企业缴费比例政策影响的群组作为虚拟实验组进行回归,如果虚构实验组的双重差分估计量的回归结果不显著,即 *Placebo Treat* 的估计系数不显著,那么就验证了上文估计结果的稳健性。根据上述检验逻辑,表 4.12 显示虚构实验组的养老保险缴费水平和全要素生产率都没有受到影响,因此,我们研究结果是稳健的。

表 4.12　安慰剂检验:虚构实验组

解释变量	A		TFP1
	（1）	（2）	（3）
Placebo Treat	−0.254	0.182	0.008
	（0.246）	（0.155）	（0.010）
企业特征控制变量	Yes	Yes	Yes
地区宏观控制变量	Yes	Yes	Yes
企业固定效应	Yes	Yes	Yes
时间固定效应	Yes	Yes	Yes
行业固定效应	Yes	Yes	Yes
城市固定效应	Yes	Yes	Yes
观测值	252905	246877	251703
R-squared	0.715	0.686	0.939
F-Stat	1239.157	188.591	625.69

5. 估计实际缴费率平均弹性系数

上文分析结果仅能得到平均政策效果,但是各地区降费幅度并不一致,这样难以精确地分析基本养老保险企业政策费率与实际费率之间的数量关系,估计实际缴费率的平均弹性系数,此外,还有一些不随时间变化的因素可能会对政策效果产生影响,比如各地区养老保险费用的征收方式、征缴力度等会影响企业养老保险缴费情况。浙江省的基本养老保险费用由税务部门全责征收且样本期间政策缴费率平均下降 4 个百分点[①];江苏省其保费由社保机构核

---

① 参见《浙江省人民政府关于调整用人单位基本养老保险缴费比例有关工作的通知》(浙政发〔2008〕70 号)。

定税务部门进行代征,与此同时,养老保险政策费率下调 0.5 个百分点①;山东省则由社保经办机构进行征收,同期政策缴费比例下降 1%②。这为解决上述两个问题提供了良好的契机,我们另外做了三组 DID 回归分析,分别以税务全责的浙江省、税务代征的江苏省以及社保经办机构征收的山东省单独作为实验组构建双重差分模型。其相应的对照组为同一养老保险费用征收方式但没有实行降费政策的省份,例如浙江省的对照组为辽宁省和福建省,另外两组不再一一列举,具体可以参见表 4.13。另外,广东省各地市基本养老保险费率调整幅度存在较大差异,且一些地区针对不同类型企业使用了不同的养老保险缴费标准(例如惠州市),为确保得到更加干净的识别结果,因而删除了广东省企业样本。

表 4.13 各省(直辖市、自治区)基本养老保险费征收方式

征收方式	省份
税务部门全责征收	辽宁省(2000,大连:2019)、浙江省(1998,宁波市:2019)、福建省(2001,厦门市:2003)、广东省(2000)
社保机构核定,税务部门代征	河北省(2002)、内蒙古自治区(2001)、黑龙江省(2000)、江苏省(2000)、安徽省(2001)、河南省(2017)、湖北省(2001)、湖南省(2001)、海南省(2000)、重庆市(2000)、云南省(2004)、陕西省(2000)、甘肃省(2000)、青海省(2001)、宁夏回族自治区(2008)
社保经办机构征收	北京市、天津市、山西省、吉林省、上海市、江西省、山东省、广西壮族自治区、四川省、贵州省、西藏自治区、新疆维吾尔自治区

资料来源:通过整理相关政策文件而得。

我们参考克里利(Cleary)、连玉君等检验组间系数差异的方法,采用费舍尔组合检验法(Fisher's Permutation test)对表 4.14 与表 4.15 的三组回归结果

---

① 参见《省政府关于统一全省企业缴纳基本养老保险费比例的通知》(苏政发〔2010〕85 号)。

② 参见《关于降低山东省企业职工基本养老保险单位缴费比例的通知》(鲁人社发〔2010〕39 号)。山东省许多地级市政府发文明确表示,在国家和山东省政策框架下,积极主动作为,2010—2011 年实施阶段性降低社保缴费费率政策,企业养老保险单位缴费比例下降 1 个百分点。

系数两两进行检验,结果显示养老保险实际缴费率系数存在显著组间差异,而相对缴费水平与生产率系数的组间差异并不显著。[①]

表 4.14　不同征收方式对下调养老保险企业缴费比例政策效果的影响

解释变量	税务全责:以浙江省为实验组			税务代证:以江苏省为实验组		
	(1)	(2)	(3)	(4)	(5)	(6)
	实际缴费率	相对缴费率	TFP1	实际缴费率	相对缴费率	TFP1
Treat	-0.756***	0.619***	0.063***	-1.124***	-0.015	-0.015
	(0.159)	(0.015)	(0.008)	(0.371)	(0.021)	(0.013)
企业特征变量	Yes	Yes	Yes	Yes	Yes	Yes
地区宏观变量	Yes	Yes	Yes	Yes	Yes	Yes
企业固定效应	Yes	Yes	Yes	Yes	Yes	Yes
时间固定效应	Yes	Yes	Yes	Yes	Yes	Yes
行业固定效应	Yes	Yes	Yes	Yes	Yes	Yes
省份时间趋势效应	Yes	Yes	Yes	Yes	Yes	Yes
观测值	175146	172819	276071	161642	159315	160773

表 4.14 第 1—3 列汇报了以浙江省为实验组的估计结果,在对企业固定效应、时间固定效应、行业固定效应与省份时间趋势效应予以控制的条件下,基本养老保险政策缴费费率平均下调 4 个百分点,企业实际缴费率显著下降了 0.756%,相对缴费率提高了 0.619%,企业生产率提升了 0.063,结果均在 1% 的显著水平上显著。值得注意的是,税务部门全责征收时,实际缴费率调整幅度小于政策缴费率的调整幅度,表明降费政策没有完全传导到微观企业。此时,养老保险企业实际缴费率的平均弹性系数估计值为 0.189(0.189 =

①　Cleary,S.,"The Relationship between Firm Investment and Financial Status", *Journal of Finance*,Vol.54,No.2,1999,pp.673-692.

连玉君、廖俊平:《如何检验分组回归后的组间系数差异?》,《郑州航空工业管理学院学报》2017 年第 6 期,第 97—109 页。

0.756/4)。

表4.14第4—6列给出了单独以江苏省为实验组的相应结果,江苏省企业的养老保险费用是由税务部门进行代征,具体结果显示,养老保险政策缴费比例下降了0.5个百分点,企业实际缴费水平显著下降了1.124个百分点,相对缴费率和全要素生产率的估计系数均为−0.015,但统计上并不显著,说明江苏省阶段性降费政策降低了养老保险企业实际缴费率,但对相对缴费率和企业生产率均没有产生显著影响。采用税务代征方式征收保费时,养老保险政策缴费率下调具有杠杆效应,降费政策会"超额"完成减轻企业负担的目标,实际缴费率关于政策缴费率的平均弹性系数为2.248(2.248=1.124/0.5)。

表4.15 不同征收方式对下调养老保险企业缴费比例政策效果的影响

解释变量	社保经办征收:以山东省为实验组		
	(1)	(2)	(3)
	实际缴费率	相对缴费率	TFP1
Treat	−0.268	0.039**	0.014
	(0.331)	(0.019)	(0.013)
企业特征变量	Yes	Yes	Yes
地区宏观变量	Yes	Yes	Yes
企业固定效应	Yes	Yes	Yes
时间固定效应	Yes	Yes	Yes
行业固定效应	Yes	Yes	Yes
省份时间趋势效应	Yes	Yes	Yes
观测值	146730	144403	145870

表4.15呈现了以社保经办机构征收保费的山东省为实验组的结果,在控制企业固定效应、时间固定效应、行业固定效应与省份时间趋势效应条件下,养老保险政策缴费率下降1个百分点,实际缴费率下降了0.268个百分点,相对缴费率提高了0.039个百分点,同时,企业全要素生产率提升了0.014个百

分点,仅相对缴费率在5%的显著水平上显著,表明山东省阶段性下调基本养老保险用人单位缴费比例,提升了企业缴纳养老保险费用的合规程度,但对实际缴费率与全要素生产率并没有产生显著影响,此时实际缴费率的平均弹性系数估计值为0.268。

我们发现征缴方式在一定程度上会影响降费政策效果,不同基本养老保险费用征收方式对降低企业实际缴费水平存在明显差异。具体来说,税务全责征收方式下,此时实际缴费率下降幅度小于政策费率下降幅度,说明降费政策并不能完全传导至企业;在税务代征方式下,企业实际缴费负担下降幅度大于政策缴费费率,降费政策完全传导至企业层面。基于上述分析,养老保险实际缴费率的平均弹性系数区间为0.189—2.248,结合养老保险最优实际缴费率估计值为11.38%,因此养老保险最优政策缴费区间为11.95%—15.66%。

第四节　稳健性检验

一、替换相关变量的计算方式

为了避免使用特定的测算方法可能对我们的主要结论产生影响,在其他变量保持不变的条件下,我们首先替换被解释变量企业全要素生产率,重新改用 OP 法和 LP 法进行计算,然后对实证分析的基准回归和工具变量法部分再次进行回归分析。其次,我们使用研发投入比替换人均研发投入,研发投入比定义为企业研发投入比上营业收入总额。最后,使用融资成本替代财务费用率,通过每单位负债所需要花费的财务费用来构建该指标,即融资成本等于财务费用除以负债总额。所有估计结果显示,无论是采用哪种测算方法,养老保险实际缴费率及其二次项前回归系数的大小、符号与显著性均与我们的基本结论一致,说明养老保险实际缴费率与全要素生产率呈现先上升后逐渐下降的非线性关系,养老保险最优实际缴费率估计值也相近。

表 4.16　养老保险企业实际缴费率与企业全要素生产率:用 OP 法计算

解释变量	TFP2	TFP2	TFP2	TFP2	TFP2
	（1）	（2）	（3）	（4）	（5）
最优实际缴费率	0.1087	0.0952	0.1108	0.1216	0.1216
Arate	9.236***	5.454***	2.661***	2.272***	2.272***
	（0.184）	（0.655）	（0.597）	（0.578）	（0.654）
Arate 2	−42.495***	−28.634***	−11.781***	−9.339***	−9.339**
	（2.025）	（4.002）	（3.557）	（3.455）	（3.971）
企业特征控制变量	Yes	Yes	Yes	Yes	Yes
地区宏观控制变量	Yes	Yes	Yes	Yes	Yes
企业固定效应	No	Yes	Yes	Yes	Yes
时间固定效应	No	No	Yes	Yes	Yes
行业固定效应	No	No	No	Yes	Yes
城市固定效应	No	No	No	No	Yes
观测值	309765	180500	180500	180500	180500
Wald F Stat	1613.605	599.378	95.781	471.102	403.594

注:由于篇幅受限,仅列出使用 OP 法计算企业全要素生产率的实证结果。

二、使用平衡面板数据进行分析

为了最大限度地充分利用样本信息,在本章的回归分析过程中,使用非平衡面板数据进行实证研究。但存在一种担忧是样本企业的进入和退出可能会影响所得结论,因为企业进入和退出可能不完全是随机的,2008 年许多地级市推出减税降费政策,那么 2009 年新进入的企业所面临的养老保险政策缴费负担相对较轻,因而可能会影响估计结果的稳健性。因此,我们进一步使用平衡面板数据再次进行相应的回归分析,表 4.17 汇报了采用平衡面板数据分析养老保险实际缴费率与企业全要素生产率的估计结果。核心解释变量养老保险企业实际缴费率及其二次项的回归系数均仍与前文基本类似,表明养老保险实际缴费率与全要素生产率之间存在倒 U 型关系。另外,养老保险最优实际缴费率估计值为 9.29%，也与前文相近，验证了我们基本结论的稳健性。

表 4.17　养老保险企业实际缴费率与企业全要素生产率：平衡面板

解释变量	TFP2	TFP2	TFP2	TFP2	TFP2
	（1）	（2）	（3）	（4）	（5）
最优实际缴费率	0.1011	0.0862	0.0907	0.0929	0.0929
Arate	7.764***	8.980***	6.349***	5.654***	5.654***
	（0.375）	（2.177）	（1.864）	（1.743）	（1.628）
Arate 2	−38.382***	−52.065***	−35.017***	−30.445***	−30.445***
	（5.249）	（14.559）	（12.133）	（11.406）	（10.991）
企业特征控制变量	Yes	Yes	Yes	Yes	Yes
地区宏观控制变量	Yes	Yes	Yes	Yes	Yes
企业固定效应	No	Yes	Yes	Yes	Yes
时间固定效应	No	No	Yes	Yes	Yes
行业固定效应	No	No	No	Yes	Yes
城市固定效应	No	No	No	No	Yes
观测值	66736	66736	66736	66736	66736
Wald F Stat	1821.74	435.894	572.923	383.421	283.237

三、面板门限模型

表 4.18　研发、投资与劳动力结构对企业全要素生产率的双重面板门限估计

变量	系数估计值	稳健标准误	t 值	P 值
Size	0.257	0.028	9.11	0.000
Age	0.430	0.091	4.72	0.000
Employment	−0.001	0.000	−16	0.000
K/L	0.000	0.000	−0.42	0.674
Asset-liability ratio	0.099	0.028	3.55	0.000
ROA	1.055	0.076	13.81	0.000

续表

变量	系数估计值	稳健标准误	t 值	P 值
supplementary insurance	0.032	0.031	1.04	0.299
GDP	0.138	0.041	3.35	0.001
FDI	0.550	0.217	2.53	0.011
Number of patents	0.000	0.000	−0.02	0.988
Fiscal revenue	0.178	0.443	0.4	0.689
Dependency ratio	−0.027	0.004	−7.44	0.000
R&D investment				
$0 \leq Arate < 0.0385$	0.004	0.001	4.18	0.000
$0.0385 \leq Arate < 0.1251$	0.003	0.001	4.58	0.000
$0.1251 \leq Arate < 1$	0.003	0.001	4.11	0.000
Premium				
$0 \leq Arate < 0.0385$	−0.008	0.007	−1.13	0.257
$0.0385 \leq Arate < 0.1251$	0.036	0.013	2.7	0.007
$0.1251 \leq Arate < 1$	−0.029	0.015	−1.89	0.059
Remuneration				
$0 \leq Arate < 0.0385$	0.197	0.017	11.35	0.000
$0.0385 \leq Arate < 0.1251$	0.211	0.017	12.34	0.000
$0.1251 \leq Arate < 1$	0.227	0.018	12.79	0.000

注:设置随机数种子为6202,以上估计结果采用 bootstrap 法模拟300次后得到。

汉森(Hansen)提出的面板门限回归模型(Panel Threshold Regression)是研究非线性关系并寻找结构突变点的一种重要方法,我们运用双重面板门限模型,考察企业研发投入、人均总待遇及劳动力结构三者与企业全要素生产率之间存在非线性的养老保险缴费率门限效应,并以残差平方和最小化为约束条件确定养老保险实际缴费率的门限值,通过比较门限值与工具变量法中得到的最优养老保险实际缴费率从而进行检验。

以养老保险实际缴费率为门限变量,计量模型设定为:

$$TFP_{it} = \alpha + \beta_1 RD_{it} * I(rate_{it} < \gamma_1) + \beta_2 RD_{it} * I(\gamma_1 \leq rate_{it} < \gamma_2) +$$

$$\beta_3 RD_{it} * I(\gamma_2 \leq rate_{it}) + \beta_4 Premium_{it} * I(rate_{it} < \gamma_1) +$$

$$\beta_5 Premium_{it} * I(\gamma_1 \leq rate_{it} < \gamma_2) + \beta_6 Premium_{it} * I(\gamma_2 \leq rate_{it}) +$$

$$\beta_7 Income_{it} * I(rate_{it} < \gamma_1) + \beta_8 Income_{it} * I(\gamma_1 \leq rate_{it} < \gamma_2) +$$

$$\beta_9 Income_{it} * I(\gamma_2 \leq rate_{it}) + \lambda * \sum X_{ist} + \delta_i + \mu_t + \varepsilon_{it} \qquad (4.3)$$

首先,门限检验结果在1%置信水平上拒绝了"有且仅有单个门限值"的原假设,因此,我们选择使用双重门限模型,表4.18给出了面板门限模型的回归结果。结果显示,两个门限值分别是0.0385与0.1251,即养老保险实际缴费水平在3.8%、12.51%附近时,企业人均研发投入、工资溢价以及职工人均总待遇三个变量发生了结构性突变。门限值将样本区间划分为三个门限区间,具体来说,当养老保险企业实际缴费率低于第一个门限值时(0≤实际缴费率<0.0385),人均研发投入和人均总待遇对企业全要素生产率产生显著正向影响,而工资溢价变量的估计系数为负数,但该变量统计上不显著;当养老保险企业实际缴费率处于两个门限值之间时(0.0385≤实际缴费率<0.1251),人均研发投入、工资溢价与人均总待遇三者均对全要素生产率的提升产生了显著的正向影响;当企业养老保险实际缴费水平高于第二个门限值时(0.1251≤实际缴费率<1),人均研发投入和人均总待遇的估计系数分别是0.003、0.227,在1%的显著水平上显著,反映劳动力结构的工资溢价前的估计系数为−0.029,在1%的显著水平上显著,可以看到,劳动力结构对企业全要素生产率的影响呈现先负效应后正效应再转变为负效应。因而,养老保险实际缴费水平存在一个最优缴费区间,此时能够最大限度地实现对员工的有效激励,一方面,员工当期收入和养老保险带来的未来预期收益之和的总福利增加将提高员工工作积极性,企业同时可能雇佣更多高技能劳动力,提高劳动力整体的素质;另一方面,研发投入会使得企业产品和技术创新水平提高,进而对全要素生产率产生较为显著的促进作用。前文养老保险最优实际缴费率的

估计值为 11.38%,处在这两个门限值之间,进一步验证了我们结论的可靠性与稳健性。

第五节　结　论

本章结合微观企业数据和宏观统计数据,以养老保险缴费水平为切入点,讨论了养老保险与企业全要素生产率之间的关系。实证结果显示,养老保险实际缴费率与企业全要素生产率之间存在先增加后逐渐下降的倒 U 型关系,当养老保险缴费率过高或过低时,均不利于企业全要素生产率的提升,存在一个适当缴费区间,能够实现资源配置、企业研发活动以及员工激励三者的良性互动。养老保险企业最优实际缴费率为 11.38%,对应的最优政策缴费率区间在 11.95%—15.66%。不同类型企业的最优缴费率有所不同。对于国有企业、劳动密集程度较高的企业以及高工资企业而言,由于它们对劳动力成本上升更加敏感、无法灵活调整投入要素等原因,进而使得养老保险的劳动力成本效应大于人力资本投资效应,反馈到它们对应的倒 U 型曲线上形状会更加陡峭,转折点位置会相对靠近左侧,即这类型企业相应的养老保险最优实际缴费水平较低,反之亦然。

下调养老保险缴费比例政策会使企业实际缴费水平下降 0.878%,而相对缴费率提高 0.336%,企业全要素生产率水平也会提高 0.069。降费政策减轻了企业养老保险缴费负担,使得企业养老保险缴费合规程度也有所提高,有利于企业生产效率的提升。值得特别注意的是,养老保险的征收方式会显著影响减税降费政策传导至微观企业的效果,在养老保险缴费标准调整幅度相同的情况下,税务代征时,企业养老保险实际缴费水平的弹性系数最大,税务全责征收时,弹性系数最小。

我们的实证结果支持了养老保险降费的积极作用,其结果显示,降低企业养老保险缴费标准,一方面减轻了企业缴费负担,另一方面也提升了企业全要素生产率。我国企业职工基本养老保险还有一定的降费空间,可以择机进一步调整缴费标准,深化基本养老保险费率改革。

逐步实行全国统一的养老保险缴费标准,需要充分考虑实际情况,科学精准施策,避免简单化一刀切。对于低于统一缴费比例的地区,为避免给企业造成较大的经济负担,可采用逐步过渡的费率调整方式,例如广东省就采用该方案①;而现行养老保险企业缴费比例高于全国统一费率的地区,则可以一步到位调整至统一费率水平。另外,不同类型企业的养老保险生产率效应具有明显异质性,同时养老保险制度改革对其影响的程度也有所不同。在经济下行的背景下,劳动密集型企业和小微企业对劳动力成本变动更加敏感,且抗风险能力较弱,政府可以通过加大财政补贴、缓缴或减免养老保险费用等方式来帮助其渡过难关。

---

① 详情参见《关于印发广东省企业职工基本养老保险单位缴费比例过渡方案的通知》(粤人社发〔2022〕8号)。

第五章　养老保险对劳动供给和退休决策的影响[①]

第一节　引　言

按照国际标准,当一个国家60岁以上人口占比超过10%或65岁以上人口超过7%,则意味着该国进入老龄化社会,中国已于2000年进入老龄化社会。至2050年,中国60岁以上人口将超过三分之一,65岁以上人口将达25%,这是一个非常快速的老龄化趋势。[②] 中国的人口红利在2005年左右就已经消失了,劳动力总量从2015年开始下降。[③] 随着人口老龄化进程不断加快、人口预期寿命不断延长,政府应该对社会养老保险和退休政策进行相应调整。

中国的社会养老保险制度主要包括城镇企业职工基本养老保险、新型农村社会养老保险、城镇居民社会养老保险、机关事业单位社会养老保险。本章仅讨论前两类保险制度。截至2018年底,城镇企业职工养老保险制度参保人

---

①　刘子兰等:《养老保险对劳动供给和退休决策的影响》,《经济研究》2019年第6期,第151—165页。

②　参见世界银行2018年12月13日发布的《中国养老服务的政策选择:建设高效可持续的中国养老服务体系》报告。

③　参见吴敬琏于2016年4月19日在上海交大所作的供给侧结构性改革演讲内容。

数达 41848 万人,城乡居民基本养老保险参保人数达 52392 万人。①

养老保险对劳动供给产生两种方向相反的影响效应。一种是负向劳动供给的收入效应,养老保险计划将增加预期收入,减少不确定性,人们会增加闲暇时间而减少工作时间;另一种是正向劳动供给的替代效应。养老保险通过放松主体预算约束增加人力资本投资来提高劳动报酬,较高的劳动报酬意味着闲暇的机会成本较高,从而激励人们增加劳动供给水平。当收入效应大于替代效应时,劳动供给减少;当替代效应大于收入效应时,则劳动供给增加。

本章主要通过计算养老金财富来判断社会养老保险对劳动供给与退休决策的影响。养老金财富可从两个方面来定义,一是与养老金制度的"精算中性"(actuarial neutrality)评价标准相适应,此时养老金财富是指"养老金给付终生收入流的现值"②;二是与养老金制度的"精算公平"(actuarially fairness)评价标准相适应,此时养老金财富是指生命周期内养老金收入和缴费比较后的期望净现值,它也是一般文献所指的净养老金财富③。本章所指养老金财富即养老金给付终生收入流的现值。

接下来的内容结构如下:第二部分介绍养老保险与劳动供给相关文献;第三部分介绍使用的数据以及变量;第四部分进行实证研究;第五部分给出稳健性检验结果;最后是研究结论和政策建议。

---

①　数据来源:中华人民共和国人力资源和社会保障部动态统计数据。

②　OECD,*Pensions at a Glance* 2011:*Retirement-Income Systems in OECD and G*20 *Countries*,OECD Publishing,2011,pp.132–135.

③　刘万:《延迟退休一定有损退休利益吗?——基于对城镇职工不同退休年龄养老金财富的考察》,《经济评论》2013 年第 4 期,第 28、29 页。

Börsch-Supan A.,"Incentive Effects of Social Security on Labor Force Participation:Evidence in Germany and across Europe",*Journal of Public Economics*,vol.78,2000,pp.25–49.

OECD,"Increasing Employment:the Role of Later Retirement",*OECD Economic Outlook*,vol.72,2002,pp.146–167.

第二节 文献综述

自 20 世纪 50—60 年代起,老年人口的劳动参与率不断下降,与此同时,养老金给付水平在不断提高,许多学者便开始探讨养老保险对劳动供给的影响,试图用养老金制度来解释劳动参与率的变化趋势。国外学者就养老保险制度对劳动供给和退休决策的影响进行了深入研究,按研究方法大体可以划分为三类。

第一类文献利用新古典学派提出的生命周期模型和世代交叠模型(OLG Model),主要从养老金财富水平来考察社会养老保险与劳动供给之间的关系。Feldstein 将劳动供给内生化,建立了一个拓展的生命周期模型,定义了养老金财富的内涵,运用养老金财富现值模型研究了养老金计划对储蓄和退休决策的影响。[①] Feldstein 认为,养老保险对储蓄会产生两种方向相反的效应,分别是资产替代效应和引致退休效应。引致退休效应会诱使人们更多地消费闲暇,进而选择提早退休。克劳福德和利林(Crowford & Lilien)放松了完全资本市场、精算公平等假设条件,构建了更加复杂的跨期生命周期模型来分析公共养老保险计划的劳动供给效应。他们的研究表明,养老金计划对劳动供给的影响不确定。[②] 西山(Nishiyama)使用一般均衡的世代交叠模型来分析美国养老保险对夫妇共同的劳动供给决策的影响。研究发现,若取消配偶和遗属养老金,会显著增加女性的工作时间,增长幅度为 4.3%—4.9%。[③]

第二类文献则从养老金财富的变化入手,探讨养老金的财富激励对劳动

① Feldstein, M., "Social Security, Induced Retirement, and Aggregate Capital Accumulation", *The Journal of Political Economy*, vol.82, 1974, pp.905–926.

② Crawford, V.P.& Lilien, D.M., "Social Security and the Retirement Decision", *The Quarterly Journal of Economics*, vol.96, 1981, pp.505–529.

③ Nishiyama, S., "The Joint Labor Supply Decision of Married Couples and the Social Security Pension System", *Michigan Retirement Research Center Research Paper*, no.2010–229, 2010.

力的影响。格鲁伯和怀斯（Gruber & Wise）提出了养老保险给付激励模型
（Social Security Benefit Incentives Model），养老金计划通过开始领取养老金的
年龄和人们预计退休年龄来影响劳动参与。他们认为，人们通过比较现在退
休和下一年退休的养老金财富差异，进而作出退休决策。在跨国实证研究中，
他们发现推迟领取养老金的年龄会降低老年群体的劳动参与率。[1] 斯托克和
怀斯（Stock & Wise）运用期权价值模型（Option Value of Work Model）来分析
养老保险对退休决策的激励作用。他们的模拟研究表明，养老保险对离职率
产生显著影响，提高提前退休年龄将降低职工的离职率。[2] 博尔施·苏潘
（Börsch-Supan）使用期权价值模型，分析了欧洲国家的公共养老金制度对老
年劳动供给的影响。他发现，大多数欧洲养老金制度会激励人们提前退休，这
些激励措施的力度与老年劳动力参与度呈显著负相关。[3]

　　为了更好地进行因果推断，越来越多的学者以养老金制度改革为契机，尝
试利用准自然实验来进行研究。第三类文献采用准自然实验的研究方法，分
析了社会养老保险对劳动供给和个体退休决策的影响，有效地解决了内生性
问题。克鲁格和皮施克（Krueger & Pischke）采用群组分析法来研究养老金财
富在近似自然实验的外部冲击下对劳动供给的影响，结果表明养老金财富及
其增长并不会对老年劳动参与产生显著影响。[4] 塞尔达（Cerda）利用智利
CASEN 数据，研究了养老保险体系对退休和劳动供给决策的影响。他认为，
参保群体的养老金给付水平越高，其提早退休概率越大；个人账户基金的收益

　　[1]　Gruber, J. & Wise, D., "Social Security and Retirement: An International Comparison", *American Economic Association*, vol.88, 1998, pp.158−163.

　　[2]　Stock, J. H. & Wise, D. A., "The Pension Inducement to Retire: An Option Value Analysis", *NBER Working Papers from National Bureau of Economic Research*, no.2660, 1988, pp.2−34.

　　Stock, J. H. & Wise, D. A., "Pensions, the Option Value of Work, and Retirement", *Econometrica*, vol.58, 1990, pp.1151−1180.

　　[3]　Börsch-Supan, A., "Incentive Effects of Social Security on Labor Force Participation: Evidence in Germany and across Europe", *Journal of Public Economics*, vol.78, 2000, pp.25−49.

　　[4]　Krueger, A. B. & Pischke, J., "The Effect of Social Security on Labor Supply: A Cohort Analysis of the Notch Generation", *Journal of Labor Economics*, vol.10, 1992, pp.412−437.

波动越大,参保人越倾向于延迟退休。[1] 1983 年,美国开始逐步延长法定退休年龄,从 1938 年出生的这一代开始,每年延长两个月的法定退休年龄,马斯特罗博尼(Mastrobuoni)采用政策实验法研究发现,受改革影响的人群增加劳动供给[2]。运用 HRS 数据,维尔(Vere)采用政策实验法研究了养老保险制度对老年人劳动力的影响。结果显示,对于受改革影响的群体而言,养老保险待遇的高低会显著影响劳动供给水平。[3]

从经验研究结果来看,学术界关于养老保险对劳动供给和退休决策的影响存在争议。一方面,部分学者认为养老金计划对劳动供给和退休决策有显著影响[4];另一方面,还有部分学者则认为养老金计划对劳动者的劳动供给与退休行为的影响不确定[5]。

---

[1] Cerda, R.A., "Does Social Security Affect Retirement and Labor Supply? Evidence from Chile", *The Developing Economies*, vol.43, no.2, 2005, pp.235-264.

[2] Mastrobuoni, G., "Labor Supply Effects of the Recent Social Security Benefit Cuts: Empirical Estimates Using Cohort Discontinuities", *Journal of Public Economics*, vol.93, 2009, pp.1224-1233.

[3] Vere, J.P., "Social Security and Elderly Labor Supply: Evidence from the Health and Retirement Study", *Labour Economics*, vol.18, 2011, pp.676-686.

[4] Quinn, J.F., "Microeconomic Determinants of Early Retirement: A Cross-Sectional View of White Married Men", *The Journal of Human Resources*, vol.12, 1977, pp.329-346.

Boskin, M.J.& Hurd, M.D., "The Effect of Social Security on Early Retirement", *Journal of Public Economics*, vol.10, 1978, pp.361-377.

Aaron, H.J., "*Economic Effects of Social Security*", Washington DC: The Brookings Institution, 1882, pp.53-66.

Meghir, C., & Whitehouse, E., "Labour Market Transitions and Retirement of Men in the UK", *Journal of Econometrics*, vol.79, 1997, pp.327-354.

Rust, J.& Phelan, C., "How Social Security and Medicare Affect Retirement Behavior In a World of Incomplete Markets", *Econometrica*, vol.65, no.4, 1997, pp.781-831.

[5] Hausman, J.A.& Wise, D.A., "Social Security, Health Status, and Retirement", *NBER Chapters*, 1985, pp.159-192.

Ruhm, C.J., "Do Pensions Increase the Labor Supply of Older Men?", *Journal of Public Economics*, vol.59, 1996, pp.157-175.

Blake, D., "The Impact of Wealth on Consumption and Retirement Behaviour in the UK", *Applied Financial Economics*, vol.14, no.8, 2004, pp.555-576.

Blau, D.M.& Goodstein, R., "Can Social Security Explain Trends in Labor Force Participation of Older Men in the United States?", *The Journal of Human Resources*, vol.45, 2010, pp.328-363.

近年来,国内学者愈来愈关注社会养老保险制度对劳动供给的影响。封进等利用中国健康与营养调查数据(CHNS),分析了2000年以来中国城镇劳动力的提前退休行为,他们发现,工作的稳定性、个体的健康状况和子女的就业情况均会影响个人的退休决策。[①] 彭浩然发现,对于大部分行业而言,个体越晚退休,其所获得的养老金财富将越低,但是会有一个较高的替代率作为补偿。[②] 养老保险制度对退休行为存在负向激励,不同行业之间存在较大异质性,处在工资水平较低、增长缓慢的行业的职工提早退休概率更大。程杰比较了新农保、城镇职工养老保险、农民工综合保险以及失地农民养老保险对农村劳动力的影响,发现不同类型的养老保险的劳动供给效应具有显著异质性,新农保激励农民群体继续留在农村从事农业活动,失地农民养老保险往往更倾向于鼓励人们停止工作。[③] 张川川等基于2011年CHARLS数据采用断点回归和双重差分的识别策略,对"新农保"的政策效果进行了多维度评价,他们的研究发现,"新农保"减少老年人的劳动供给。[④]

纵观国内现有研究,多数文献以退休职工为研究对象,我们的研究则聚焦于临近法定退休年龄的在岗职工群体,并且使用了预计停止工作年龄作为被解释变量。[⑤] 国内鲜有文献关注到其他社会保险计划对养老保险制度的劳动供给效应的影响,我们试图探讨基本医疗保险与养老保险之间的联动性。国外研究表明,失业保险、医疗保险等将导致职工提早退休,即其他社会保险对

① 封进、胡岩:《中国城镇劳动力提前退休行为的研究》,《中国人口科学》2008年第4期,第88—94页。

② 彭浩然:《基本养老保险制度对个人退休行为的激励程度研究》,《统计研究》2012年第9期,第31—36页。

③ 程杰:《养老保障的劳动供给效应》,《经济研究》2014年第10期,第60—73页。

④ 张川川等:《新型农村社会养老保险政策效果评估——收入、贫困、消费、主观福利和劳动供给》,《经济学(季刊)》2014年第1期,第203—230页。

⑤ 廖少宏:《提前退休模式与行为及其影响因素——基于中国综合社会调查数据的分析》,《中国人口科学》2012年第3期,第96—105页。

李昂、申曙光:《社会养老保险与退休年龄选择——基于CFPS2010的微观经验证据》,《经济理论与经济管理》2017年第9期,第55—70页。

养老保险的引致退休效应可能具有叠加效应[1];而我们的研究发现,我国基本医疗保险会略微减弱养老保险制度的引致退休效应。

正如巴尔所言,选定不同的计量模型、给付和税收的差别对待、样本选取的不同等,都可能导致研究结果的不同。[2] 国内外学者的研究为我们的研究提供了很好的理论支持和方法论借鉴。

第三节　数据及描述性统计

一、数据介绍

我们使用的数据来自 2011 年中国健康与养老追踪调查(CHARLS)全国基线调查、2013 年的全国基线样本的第一次追踪访问以及 2015 年全国基线样本的第二次追踪访问。CHARLS 项目采用多阶段抽样方法,旨在全国范围内收集一套有关我国 45 岁以上中老年人健康与养老的高质量微观数据。CHALRS 样本调查范围覆盖全国 28 个省(自治区、直辖市)的 150 个县、450 个社区(村),2015 年受访者已达 21095 人。

本章主要研究城镇企业职工养老保险和"新农保"的劳动供给效应。由于开始领取养老金的企业职工基本退出劳动力市场,所以剔除那些正在领取养老金的观测样本,进一步剔除了现在没工作(但是以前工作过)且短期内不打算进入劳动力市场的样本[3]。而对于"新农保",无论是正在缴费的群体还是正在领取养老金的群体,都在我们的研究范围内。

---

① Börsch-Supan, A., "Incentive Effects of Social Security on Labor Force Participation:Evidence in Germany and Across Europe", Journal of Public Economics, Vol.78, 2000, pp.25-49.

② [英]尼古拉斯·巴尔:《福利国家经济学》(中译本),郑秉文、穆怀中译,中国劳动社会保障出版社 2003 年版,第 230 页。

③ 数据库显示,退休后继续工作的职工样本很少。

二、养老金财富的基本精算模型

（一）城镇企业职工养老保险制度下的养老金财富精算模型

1997 年,我国对城镇企业职工养老保险制度进行了改革,改革前退休的群体通常称为"老人",改革前参加工作改革后退休的群体称为"中人",改革后参加工作的群体即"新人"。同年,国务院颁布了《关于建立统一的企业职工基本养老保险制度的决定》(以下简称"1997 年的《决定》")。1997 年的《决定》针对不同群体采用不同的养老金计发办法。2005 年,国务院又颁布了《关于完善企业职工基本养老保险制度的决定》(以下简称"2005 年的《决定》")。2005 年的《决定》对养老金计法办法进行了调整。由于"老人"已经退出劳动力市场,我们只计算"新人"和"中人"的养老金财富值。

1. "新人"养老金财富

根据 2005 年的《决定》,"新人"基本养老金由基础养老金和个人账户养老金组成。基础养老金月标准以当地上年度在岗职工月平均缴费工资和本人指数化月平均缴费工资的平均值为基数,缴费每满一年发给 1%。个人账户养老金月标准为参保人个人账户储存额除以计发月数。则退休后第一年每月领取的基本养老金(B_1)和个人账户养老金(B_2)的计发公式如下:

$$B_1 = (\overline{W}_{N-1} + z)/2 \cdot N \cdot 0.01 \tag{5.1}$$

$$z = \overline{W}_{N-1} \cdot \theta \tag{5.2}$$

$$\theta = (w_N/\overline{W}_N + w_{N-1}/\overline{W}_{N-1} + \cdots + w_2/\overline{W}_2 + w_1/\overline{W}_1)/N \tag{5.3}$$

$$B_2 = 12 \cdot \sum_{i=1}^{N} c_i w_i \prod_{j=i+1}^{N} (1 + r_j)/f(re)$$

$$= 12 \cdot \sum_{i=1}^{N} c_i w_i (1 + g_w)^{i-t} (1 + r)^{N-i}/f(re) \tag{5.4}$$

假定参保人连续缴费,一直到退休为止。其中,N 表示缴费年限,$\overline{W}_i$ 为参

保人第 i 年缴费时当地在岗职工的月平均工资,那么 $\overline{W_{N-1}}$ 为企业职工退休时当地上一年的在岗职工月平均工资,w_i 表示本人第 i 年缴费时的月平均工资,z 为本人指数化月平均缴费工资,θ 为参保人月平均缴费指数,c_i 为第 i 年缴费时个人缴纳的养老保险缴费率,r_i 为第 i 年缴费时的利率,$f(re)$ 为个人账户的计发月数,它是法定退休年龄的函数,re 为现行法定退休年龄(男性法定退休年龄为 60 岁,女性普通职工的退休年龄为 50 岁,女性干部则为 55 岁),g_w 为本人工资增长率。

将(5.1)式加上(5.4)式再乘以 12,就得到 t 年 a 岁的"新人"退休时第一年领取的养老金为:

$$B_{a,t} = 12 \cdot (B_1 + B_2) \tag{5.5}$$

若企业职工养老保险的年养老金增长率为 g_e,贴现率为 ρ,i 岁的人在 j 岁仍活着的概率为 $S_{i,j}$,则 t 年 a 岁的职工"新人"的养老金财富为 $A_{a,t}$:

$$A_{a,t} = S_{a,re} \cdot \frac{1}{(1+\rho)^{re-a}} \cdot B_{a,t} \cdot \sum_{n \geqslant re} S_{re,n} \cdot \left[\frac{(1+g_e)}{(1+\rho)} \right]^{n-re} \tag{5.6}$$

2. "中人"养老金财富

根据现行的计发规则,"中人"的基本养老金由基础养老金、个人账户养老金和过渡性养老金三部分组成。前两部分与"新人"对应的精算模型相同。过渡性养老金等于指数化月平均缴费工资、计发系数和"中人"从参加工作到建立个人养老金账户前的缴费年限(或者视同缴费年限)之乘积,用公式表示为:

$$B_3 = N^* \cdot R \cdot z \tag{5.7}$$

N^* 为"中人"临界点之前的本人缴费年限,R 为计发系数,若临界点之前的缴费年限小于 25 年,其享受比例为缴费年限×1.3%;若临界点之前的缴费年限大于 25 年,其享受比例为 30%+(缴费年限−25)×1%。

将(5.1)式、(5.4)式、(5.7)式相加之和乘以 12,得到 t 年 a 岁"中人"职工退休后第一年领取的养老金:

$$B_{a,t} = 12 \cdot (B_1 + B_2 + B_3) \tag{5.8}$$

同理得到"中人"的养老金财富,表达式与(5.6)式相同。

(二)"新农保"制度下的养老金财富精算模型

2009 年,国务院分批次逐步开展新型农村社会养老保险的全国试点工作。"新农保"制度实施时,农村居民如果已年满 60 周岁、未享受城镇职工基本养老保险待遇,则不用缴费,可以按月领取基础养老金,但其符合参保条件的子女应当参保缴费;如果不满 60 周岁,则需要按时缴费。参保人领取的养老金待遇由社会统筹账户和个人账户组成。社会统筹账户由政府的财政资金支持,最初最低月标准为每人不低于 55 元,2014 年基础养老金标准提高至每月 70 元。个人账户养老金等于个人账户所有储存额除以计发月数 139。

还需缴费的未满 60 周岁参保群体的养老金财富:

$$B_5 = \begin{cases} 55 \cdot (1 + g_{B_5})^{re-a}, t = 2011,2013 \\ 70 \cdot (1 + g_{B_5})^{re-a}, t = 2015 \end{cases} \tag{5.9}$$

$$B_6 = 12 \cdot \sum_{i=1}^{N} p_i \prod_{j=i+1}^{N} (1 + r_j)/f(re) = 12 \cdot \sum_{i=1}^{N} p_t (1 + g)^{i-t} (1 + r)^{N-i}/f(re) \tag{5.10}$$

根据现行"新农保"计发规则,正在缴费的参保农民第一年领取月基础养老金(B_5)和个人账户养老金(B_6)。其中 g_{B_5} 表示基础养老金增长率, p_i 为缴费第 i 年平均月缴费额,年基本养老金增长率为 g_f ,其他字母含义与城镇企业职工的精算模型相同。同理可知, t 年 a 岁的缴费农民的养老金财富为 $A_{a,t}$:

$$B_{a,t} = 12 \cdot (B_5 + B_6) \tag{5.11}$$

$$A_{a,t} = S_{a,re} \cdot \frac{1}{(1 + \rho)^{re-a}} \cdot B_{a,t} \cdot \sum_{n \geq re} S_{re,n} \cdot \left[\frac{(1 + g_f)}{(1 + \rho)} \right]^{n-re} \tag{5.12}$$

正在领取养老金且年满 60 周岁群体的养老金财富:

$$B_{a,6} = 12 \cdot B_7 \tag{5.13}$$

$$A_{a,t} = B_{a,t} \cdot \sum_{n \geqslant a} S_{a,n} \cdot \left[\frac{(1 + g_f)}{(1 + \rho)} \right]^{n-a} \tag{5.14}$$

B_7 为调查时平均每月领取到的养老金，$S_{a,n}$ 为从调查时的 a 岁活到 n 岁的生存概率。

（三）参数设定

1. 城镇企业职工养老保险制度下的估测取值

第一，当地在岗职工月平均缴费工资：采用 2012—2016 年《中国统计年鉴》各省的在岗职工月平均工资。

第二，在岗职工平均工资增长率：根据《中国统计年鉴》、人力资源和社会保障部公布的 20 年数据（1998—2017 年），1998—2015 年的实际工资增长率的几何平均数大于 10%，考虑到近年来社会平均工资的增长率放缓，利用趋势性变化推测出在岗职工平均工资增长率为 7.35%。

第三，基本养老金增长率：2016 年的基本养老金增长率为 6.5%，2017 年为 6.0%，2018 年的增长率为 5.5%。通过时间序列预测法估计出基本养老金的增长率为 5.5%。与《中国养老金精算报告（2018—2022）》[①] 中预估的养老金调待增长率保持一致。

第四，无风险利率：采用中国人民银行 2012 年 7 月公布的 1 年期人民币存款利率 3%。

第五，主观贴现因子：Feldstein（1974）使用的主观贴现因子为 3%，对实证结果在 $\rho = 1\%$、1.5%、3% 之间进行敏感性测试，发现回归结果无显著差异，我们使用的主观贴现因子为 3%。

第六，生存概率：通过最新《中国人寿保险业经验生命表（2010—2013）》

---

① 郑秉文：《中国养老金精算报告（2018—2022）》，中国劳动社会保障出版社 2017 年版，第 24 页。

中养老金业务的生存人数计算出各年龄的生存概率。

2."新农保"制度下的估测取值

第一,基础养老金增长率:2009 年"新农保"基础养老金不低于每年 660 元,2014 年最低标准首次提高至每人每年 840 元,2018 年 1 月起最低标准又进一步提高到每人每年 1056 元。十年平均基础养老金增长率为 5.4%,这里假定每年增长率不变。

第二,个人账户年缴费额增长率:假定个体以一个固定增长率进行缴费,计算出所选样本的平均个体缴费额增长率为 6%。

第三,基本养老金增长率:根据全国各省、直辖市、自治区人社部公布的"新农保"人均养老金数据,使用趋势预测法推测平均基本养老金增长率为 8.5%。

第四,其他:无风险利率、主观贴现因子以及生存概率均与城镇企业职工制度的参数假设相同。

(四) 模型设定和变量选取

1. 计量模型设定

基于以上讨论,基础计量模型设定如下:

$$Y_{it} = \ln SSW_{it}'\beta + X_{it}'\gamma + Z_i'\delta + u_i + \varepsilon_{it}$$

其中, Y_{it} 是观测值 i 在 t 时反映劳动力的指标——平均周工作小时数或预计停止工作年龄。$\ln SSW_{it}$ 是核心解释变量,表示第 i 个样本 t 时的养老金财富的对数值,养老金财富的数量级较大,为了消除量纲和异方差的影响,这里对养老金财富取对数。我们需要控制其他影响劳动供给和退休决策的变量,主要包括健康状况、家庭金融资产、受教育程度、性别、隔代照料、是否依靠子女养老等。X_{it} 可以随个体及时间而变化,表示第 i 个样本 t 时的相关控制变量,Z_i 为不随时间而变的个体特征控制变量,u_i 为反映个体效应的不可观测的截距项,ε_{it} 为模型的干扰项。

2. 内生性问题

养老金财富(取对数)与劳动供给和个人退休决策之间相互影响,互为反向因果,所以养老金财富是一个内生性变量。通过引入工具变量来解决内生性问题,"新农保"制度下,我们考虑的工具变量是第一年领取养老金数与基础养老金最低标准的差值、缴费年限与最低缴费年限(最低缴费年限为15年)之差。养老保险制度包含许多条款和规定,比如最低缴费年限、基础养老金最低水平等等,这些规定与个人劳动供给水平和退休决策无关,那么,个人实际值与既有规定的差值也可以近似看成是外生的。同时,这些规定与养老金财富相关,根据相关的传递性,养老金财富值与这些差值也是相关的,所以,我们找到的工具变量较为合理。

城镇职工养老保险制度下,我们选取了距离法定退休年龄的年数、调查时点上一年度个体所在地区城镇在岗职工年平均工资这两个工具变量。年龄是养老金精算模型中的一个重要参数,但年龄可能通过偏好来影响劳动力供给,而偏好是无法控制的,所以年龄是内生但与养老金财富相关的变量。我们利用职工养老保险制度设计中法定退休年龄(男性法定退休年龄为60岁,女性普通职工为50岁,女性干部为55岁)与个体年龄之差构成的变量作为其中一个工具变量,制度设计的法定退休年龄是外生的,所以,它与个体实际年龄之差也是外生的。对于调查时点上一年度在岗职工年平均工资,一方面不会影响调查时点的劳动供给水平,另一方面个体不能影响地区的工资水平,所以它是外生的,同时它又影响养老金财富,于是我们把它作为职工养老金财富的另一个工具变量。

3. 因变量

养老保险对劳动力的影响主要分为两个方面:一方面是养老保险对退休决策的影响;另一方面是对退休前的劳动供给水平的影响。我们分别选择了以下代表性指标来衡量。

第一,退休决策。我们选取预计停止工作(劳动)时间这个指标。[①] 考虑到中国的实际情况,农村普遍存在无休止劳动的现象,分析"新农保"问题时,被解释变量增加无休止劳动意愿。对于"活到老干到老"或预计停止劳动年龄超过预期寿命的样本赋值为1,有明确预计停止劳动年龄且该年龄又不超过相应的预期寿命则赋值为0。[②]

第二,劳动供给。我们进一步计算了调查时点前一年的平均周工作小时数(包括加班)。[③]

(五) 变量描述性统计

城镇企业职工养老保险制度下的主要变量的描述性统计见表5.1。参保的在职职工的平均周工作时间的均值为45.1小时,最大值为112小时。职工预计停止工作的年龄均值为57.5岁,其最大值为80岁,这个数据表明城镇职工对于延长法定退休年龄具有一定的容忍度。

"新农保"制度下主要变量的描述性统计见表5.2。参保农民的平均周工作时间的平均值为31.0小时,最大值为112小时。预计停止劳动的年龄平均值为66.2岁,最大值为90岁。农民预计停止劳动的平均年龄大于目前"新农保"开始领取养老金的年龄6年左右,说明农民预期在领取养老金后很长一段时间还继续劳动。

简单地从总的周工作小时数(包括兼职)的均值和最大值来看,农民的劳

---

① "退休"一词主要适用于受雇型工作,尤其是城镇单位职工,农村并没有严格意义的退休,这里的"退休"是指不再进行以挣钱为目的的劳动。

② 如果个体的健康状况至少不低于平均水平,当微观个体的预计停止工作年龄超过相应的平均预计寿命,我们也认为该样本具有无休止劳动意愿;参考联合国人口司发布的《世界人口展望(2016)》,就我国2015年的预期寿命而言,将男性和女性的预期寿命分别赋值为74岁、77岁。

③ CHARLS数据库将工作分为自家农业生产活动、农业打工、受雇性非农活动以及从事个体和私营经济活动,分别公布了它们的年工作月数、周工作天数和天工作小时数,为了尽量充分利用所提供信息,我们计算出平均周工作小时(年工作月数×周工作天数×天工作小时数/52)。

动供给水平低于城镇企业职工的劳动供给水平,但是农民的预计停止工作年龄远大于职工,两者平均差距接近 8.7 岁。职工的受教育年限的均值为 10.4 年,而农民的均值为 4.7 年,城镇企业职工的整体文化程度要高于农民。从反映健康状况的 $ADL/IADL$ 指标来看,农民的平均值大于职工的平均值,表明职工的健康状况更好一些。

表 5.1　城镇企业职工养老保险制度下主要变量的描述性统计

变量名称	变量定义	均值	标准差	最小值	最大值
LnSSW	养老金财富的对数值	14.485	0.387	13.589	16.103
Stop	预计停止工作年龄	57.528	4.700	45	80
Hour	总周工作小时数(包括兼职)=全年所有劳动工作小时数/52	45.116	16.049	1	112
Fullhour	全职工作的周工作小时数	44.768	15.680	0	112
LnWage	年工资的对数值	10.103	0.921	0.693	12.612
New	"新人"("中人"=0,"新人"=1)	0.384	0.487	0	1
ADL/IADL	是否有 ADL/IADL 功能障碍(无障碍=0,有障碍=1)	0.300	0.459	0	1
Yedu	受教育年限	10.379	3.298	0	22
Married	是否已婚(未婚=0,已婚=1)	0.968	0.175	0	1
Caregrandchild	是否照看孙子女(没有=0,照看=1)	0.041	0.199	0	1
Financial_asset	家庭金融资产(万元)	66.603	552.484	0	5000
Female	女性(男性=0,女性=1)	0.276	0.448	0	1
Old cohort	是否属于 53 岁至 60 岁年长组	0.256	0.437	0	1
Yibao	是否参加城镇职工医疗保险(没有=0,参加=1)	0.951	0.216	0	1

表 5.2　"新农保"制度下主要变量的描述性统计

变量名称	变量定义	均值	标准差	最小值	最大值
LnSSW	养老金财富的对数值	158499	160140	49432	5554559
Stop	预计停止劳动年龄	66.243	7.341	45	90

续表

变量名称	变量定义	均值	标准差	最小值	最大值
Endless	是否进行无休止劳动	0.813	0.390	0	1
Hour	总周工作小时数(包括兼职)＝全年所有劳动工作小时数/52	31.021	24.347	1	112
Farmhour	自家农业生产活动周工作小时数	22.755	19.573	0	112
Emphour	受雇活动周工作小时数	31.135	24.398	0	112
Selfhour	个体和私营经济活动周工作小时数	40.813	29.214	0	112
Start	加入"新农保"的时间	2010.6	1.089	2009	2015
ADL/IADL	是否有 ADL/IADL 功能障碍(无障碍＝0,有障碍＝1)	0.666	0.472	0	1
Yedu	受教育年限	4.669	3.799	0	22
Married	是否已婚(未婚＝0,已婚＝1)	0.904	0.295	0	1
Caregrandchild	是否照看孙子女(没有＝0,照看＝1)	0.219	0.414	0	1
Financial_asset	家庭金融资产(万元)	13.774	255.320	0	5001
Female	女性(男性＝0,女性＝1)	0.477	0.500	0	1
Age	年龄	59.370	8.887	45	91
Xinnonghe	是否参加"新农合"(没有＝0,参加＝1)	0.827	0.378	0	1
Relychild	将来是否依靠子女养老(否＝0,依靠＝1)	0.780	0.414	0	1

表5.3 中比较了两种社会养老保险制度下的养老金财富,职工享受的养老金待遇水平更高,其养老金财富的平均值为 2119353 元,中位数为 1922230 元。"新农保"制度下的养老金财富的均值为 158499 元,中位数为 136747 元,远远低于企业职工的养老金财富水平。与城镇职工养老保险相比,目前"新农保"的养老金水平较低,参保农民积累的养老金财富较少,可能难以满足未来养老需求。

表5.3 两种养老保险制度下的养老金财富的描述性统计

分位数	城镇职工	农村劳动者
5%	1069260	88147
25%	1506147	108981
50%	1922230	136747
75%	2459940	153883
95%	3772358	264422

数据来源:由 CHARLS2011、2013、2015 三期混合截面样本整理而得。

第四节 回归分析

一、城镇企业职工养老保险对退休决策的影响

表5.4 给出了城镇企业职工养老保险影响职工退休决策的基本回归结果,工具变量法第一阶段回归的 F 值均大于10,说明可以排除弱工具变量的问题[1]。其中第 1—3 列是对全样本进行回归。第 1、2 列没有控制家庭金融资产状况或隔代照料变量,第 3 列我们控制了"*Financial_asset*"以及"*Care-grandchild*"虚拟变量。前 3 列逐步加入控制变量,它们养老金财富前的估计系数差异不大,一定程度上可以排除遗漏变量的问题。如果养老保险会激励职工提早退休,那么养老金财富前面的估计系数应为负数。第 3 列结果表明,平均而言,职工养老保险会激励职工提早退休,养老金财富每增加 1%,职工预计停止工作的时间平均提早约 0.10 年(0.10≈9.894/100,约 1.2 个月),其结果在 5% 的显著水平上显著。

表5.4 第 4—5 列是分别对男性、女性样本进行回归后得到的估计结果。

---

[1] Stock, J. H. et al., "A Survey of Weak Instruments and Weak Identification in Generalized Method of Moments", *Journal of Business & Economic Statistics*, vol.20, 2002, pp.518-529.

表 5.4　养老金财富与预计停止工作年龄:基础回归

解释变量	（1）Stop	（2）Stop	（3）Stop	（4）Stop	（5）Stop
LnSSW	−9.170**	−9.163**	−9.894**	−10.631**	11.147
	(4.323)	(4.382)	(4.331)	(4.531)	(42.193)
New	−6.485**	−6.475**	−6.847**	−6.310**	−8.779
	(2.745)	(2.754)	(2.741)	(2.941)	(9.062)
ADL/IADL	−0.267	−0.266	0.889	1.797	−1.814
	(1.689)	(1.698)	(1.768)	(1.909)	(5.081)
Yedu	−0.655	−0.654	−0.696	−0.824	−0.497
	(0.590)	(0.594)	(0.586)	(1.419)	(1.384)
Married	−1.389	−1.382	−0.167	1.711	−17.544
	(9.189)	(9.233)	(9.168)	(8.644)	(44.938)
Caregrandchild		0.121	0.195	0.725	−6.058
		(3.245)	(3.199)	(3.186)	(14.309)
Financial_asset			0.004*	0.005*	0.078
			(0.003)	(0.003)	(0.311)
观测值	630	630	630	415	215
F 统计量	25.735	25.193	108.058	75.947	11.236

注:估计系数下方的括号内为对应的稳健标准误值。*、**、*** 分别表示在 10%、5% 和 1% 显著水平下
显著。由于篇幅受限,部分控制变量没有列出。

结果显示,养老金财富对男性具有引致退休效应,具体而言,养老金财富每增加 1%,男性职工预计停止工作年龄将提早近 0.11 年($0.11 \approx 10.631/100$,约 1.3 个月)。职工养老金财富对女性的预计停止工作年龄的影响为正,但结果并不显著。

为了进一步考察养老保险对退休决策的影响是否存在性别差异,我们引入养老金财富对数与性别变量的交叉项"LnSSW×Female",估计结果见表 5.5 第 1 列。交叉项前的估计系数为正但统计意义上并不显著,表明企业职工养

老保险的引致退休效应并没有显著的性别差异。由于交叉项包含养老金财富这个内生性变量，所以交叉项也是内生的，故我们需要引入养老金财富的工具变量与性别之乘积作为交叉项的工具变量，本章所有包含交叉项的估计均按此法寻找工具变量，下文不再赘述。

虚拟变量"*New*"（"新人"）前的估计系数为负数，且在5%的显著水平上显著，这说明给定其他控制变量，"新人"与"中人"的"预计停止工作年龄"的差别是0.07岁左右（见表5.4第3列，$0.07 \approx 6.847/100$，约0.8个月）。这表明，城镇企业职工养老保险所产生的引致退休效应可能是不平衡的，相对于"中人"而言，"新人"的养老金财富值越大，他们预计退出劳动力市场的时间越会提前。我们研究的企业职工样本的年龄段在45—60岁之间，按年龄范围，可以将样本二等分为年轻组"*younger cohort*"（45—52岁）和年长组"*older cohort*"（53—60岁）。通过引入养老金财富的对数值与哑变量（是否属于年长组）的交叉项，可以检验养老保险是否更倾向于激励较年轻群体提前退出劳动力市场。交叉项系数（见表5.5第2列）为-0.297，在10%的显著水平上显著，这表明，与年轻群体相比，城镇企业职工养老保险对年长者的引致退休效应稍大一些。

在我国，祖父母照料孙子女现象比较普遍。许多研究发现，祖父辈为孙辈提供照料会影响祖父母的退休决策[①]，一般而言，需要照顾孙子女的祖辈往往倾向于提早退休，表5.5第3列控制了养老金财富与隔代照料的交叉项，结果显示，养老金财富的增加会对照料孙辈的祖父母的"预计停止工作年龄"产生更大影响，激励他们提早退休。

表5.5第4列控制了养老金财富与"是否参加城镇企业职工医疗保险"的交叉项，进而讨论城镇企业职工医疗保险与职工养老保险的联动性。交叉

---

① Van,B.& Winter,T.,"Becoming a Grandparent and Early Retirement in Europe",*European Sociological Review*,vol.29,2013,pp.1295-1308.

Hochman,O.& Lewinepstein,N.,"Determinants of Early Retirement Preferences in Europe: the Role of Grandparenthood",*International Journal of Comparative Sociology*,vol.54,2013,pp.29-47.

项前的回归系数若为正数,意味着医保与养老保险对退休行为产生互斥效应;反之,则对职工退休决策产生叠加效应。从估计结果来看,其交叉项为正数,表明参加职工医疗保险会轻微减弱养老保险的引致退休效应,相对于未参加职工基本医疗保险的群体,养老保险待遇增加时,参加医保群体会倾向于选择一个较晚时间退休。参加职工医疗保险是一种健康投资行为,有助于人力资本的积累,从而提高劳动者的收入,劳动报酬增加使得职工消费闲暇的机会成本增加,促使他们较晚退出劳动力市场。

表5.5　养老金财富与预计停止工作年龄:异质性

解释变量	（1）	（2）	（3）	（4）
	Stop	Stop	Stop	Stop
LnSSW	−10.962**	−8.244*	−9.469**	−9.229**
	(4.610)	(4.396)	(4.199)	(4.280)
LnSSW×Female	7.643			
	(8.141)			
LnSSW×Older_cohort		−0.297*		
		(0.175)		
LnSSW × Caregrand-child			−20.807***	
			(7.695)	
LnSSW×Yibao				0.376*
				(0.227)
观测值	630	630	630	630
F 统计量	50.724	101.263	106.750	108.824

二、"新农保"对"退休决策"的影响

中国农民的"退休问题"比较特殊,普遍存在"无休止劳动"现象,近83%的农村居民表示,只要健康状况允许,他们将一直劳动,仅17%的农村居民给出明确的预计停止劳动年龄。我们首先对那些有明确"退休"年龄的个体进行分析,表5.6显示的是养老保险对农民"退休决策"的影响结果。第1列的基础回归结果显示,"新农保"对农民预计停止劳动年龄产生微弱的负向影响,养老金财富每增加1%,农民预计停止劳动年龄提早约0.02年($0.02 \approx$ 2.372/100,约7天)。同时我们发现,随着年龄的增加,养老保险激励人们提早停止劳动的效应将有所减弱。

表5.6第2列、第3列分别加入养老金财富与性别($LnSSW \times Female$)、养老金财富与"是否参加新型农村合作医疗保险"($LnSSW \times Xinnonghe$)交叉项。交叉项"$LnSSW \times Female$"前的估计系数虽然为正数,但是无论从经济意义还是统计意义上看均不显著,说明"新农保"对农民退休决策的影响没有明显性别差异。"$LnSSW \times Xinnonghe$"交互项可以用来检验"新农合""新农保"对农民"预计停止劳动时间"的影响。交互项前估计系数为正数,这与城镇企业职工养老保险一致,相对于没有参加"新农合"的群体而言,养老金财富增加时,"新农合"参保群体通常倾向于延迟"退休"。在我国,许多农村居民一直秉承着"养儿防老"理念,这一观念对退休决策会产生怎样的影响?养老金财富的对数值与"将来是否预期依靠子女养老"的交互项("$LnSSW \times Relychild$")的回归系数为5.302,且在1%的显著水平上显著,这表明,依靠子女养老的农村居民会延迟"退休",这在一定程度上抑制了养老保险的引致退休效应,因为他们可能通过延长劳动年限来减轻后代负担。与企业职工养老保险相反,隔代照料对农村居民的退休行为并未产生显著影响(见表5.6第5列)。

表5.6　"新农保"制度下养老金财富与"退休决策"

解释变量	（1）	（2）	（3）	（4）	（5）
	Stop	Stop	Stop	Stop	Stop
LnSSW	−2.372*	−3.633**	−11.286**	−3.599**	−2.970*
	(1.442)	(1.749)	(5.710)	(1.719)	(1.788)
LnSSW×Female		0.066			
		(0.480)			
LnSSW×Xinnonghe			10.296**		
			(5.221)		
LnSSW×Relychild				5.302***	
				(1.792)	
LnSSW×Caregrandchild					−3.189
					(2.252)
Age	0.774***	0.389*	0.391*	0.390*	0.348*
	(0.244)	(0.212)	(0.221)	(0.210)	(0.211)
观测值	1825	1825	1825	1825	1825
F 统计量	229.535	251.576	36.859	259.932	238.239

接下来,我们使用 Probit 模型分析"新农保"对个体选择无休止劳动意愿的影响(见表5.7),前两列分别是使用 Probit 模型进行回归的系数和平均边际效应,后两列是使用工具变量法(ivProbit)两阶段估计的系数和平均边际效应。第2列和第4列的分析结果表明发现,内生性问题会略微低估养老金财富对农民无休止劳动意愿的影响,所以,我们重点分析工具变量法的回归结果。"新农保"会抑制农民无休止劳动的意愿,具体而言,养老金财富每增加10%,参保农民选择无休止劳动的概率会降低37个百分点。受教育程度较低、年纪越大以及依靠子女养老的群体会更倾向于无休止劳动。健康状况与婚姻状况均是影响无休止劳动的重要因素。

表 5.7　养老金财富与无休止劳动意愿

解释变量	（1）	（2）	（3）	（4）
	Probit	Probit	ivProbit	ivProbit
	Endless	AME	Endless	AME
LnSSW	−0. 155 ***	−0. 034 ***	−0. 166 ***	−0. 037 ***
	（0. 032）	（0. 007）	（0. 032）	（0. 007）
Age	0. 111 ***	0. 024 ***	0. 108 ***	0. 024 ***
	（0. 037）	（0. 008）	（0. 037）	（0. 008）
Relychild	0. 074 **	0. 016 **	0. 072 **	0. 016 **
	（0. 035）	（0. 008）	（0. 035）	（0. 008）
ADL/IADL	0. 148 ***	0. 033 ***	0. 147 ***	0. 032 ***
	（0. 033）	（0. 007）	（0. 033）	（0. 007）
Yedu	−0. 028 ***	−0. 006 ***	−0. 028 ***	−0. 006 ***
	（0. 004）	（0. 001）	（0. 004）	（0. 001）
Married	−0. 190 ***	−0. 042 ***	−0. 189 ***	−0. 042 ***
	（0. 049）	（0. 011）	（0. 049）	（0. 011）
Caregrandchild	−0. 098 ***	−0. 022 ***	−0. 098 ***	−0. 021 ***
	（0. 035）	（0. 008）	（0. 035）	（0. 008）
观测值	11237		11237	

三、城镇企业职工养老保险对劳动供给的影响

表 5.8 养老金财富与劳动供给

解释变量	（1）	（2）	（3）	（4）	（5）	（6）
	Fullhour	Fullhour	Fullhour	Hour	Hour	Hour
LnSSW	−17.290 **	−17.685 **	−17.953 **	−17.759 **	−18.340 **	−18.232 **
	(8.606)	(8.635)	(8.653)	(8.664)	(8.677)	(8.708)
Lnwage	14.279 ***	14.311 ***	14.375 ***	14.552 ***	14.542 ***	14.619 ***
	(2.641)	(2.658)	(2.656)	(2.659)	(2.671)	(2.673)
New	−11.286 **	−11.343 **	−11.735 **	−11.567 **	−11.524 **	−11.904 **
	(4.709)	(4.742)	(4.824)	(4.741)	(4.764)	(4.855)
ADL/IADL	−8.873 ***	−8.812 ***	−8.931 ***	−8.713 ***	−8.471 ***	−8.754 ***
	(3.065)	(3.103)	(3.084)	(3.086)	(3.117)	(3.104)
Yedu	−0.781	−0.801	−0.822	−0.876	−0.905	−0.906
	(0.979)	(0.984)	(0.986)	(0.986)	(0.988)	(0.992)
Married	−24.631	−24.428	−24.784	−24.757	−24.122	−24.876
	(15.282)	(15.385)	(15.388)	(15.386)	(15.459)	(15.486)
Caregrandchild	−5.202	−67.835	−4.864	−6.886	−195.903	−6.623
	(4.969)	(229.489)	(5.097)	(5.002)	(230.591)	(5.129)
Financial_asset	0.003	0.003	0.003	0.003	0.003	0.003
	(0.003)	(0.003)	(0.003)	(0.003)	(0.003)	(0.003)
LnSSW × Caregrandchild		4.356			13.141	
		(15.947)			(16.023)	
LnSSW×Yibao			−0.109			−0.086
			(0.364)			(0.366)
观测值	682	682	682	682	682	682
F 统计量	29.146	14.235	14.143	29.146	14.235	14.143

首先关注职工养老金财富对劳动时间的平均影响。表5.8反映的是城镇企业职工养老保险对周工作小时数的影响。其中前3列的被解释变量为全职工作的周工作小时数,即不将兼职时间计入,后三列是以总的平均周工作小时数为被解释变量,包括兼职的劳动时间。养老金财富的回归系数均为负数,这表明养老保险对劳动供给产生的收入效应大于替代效应,养老金给付水平的提高会激励人们减少劳动供给。同时,这种负向劳动供给效应对总周工作小时数的影响要略大于对全职工作的周工作小时数的影响,这在一定程度上意味着养老保险不仅会减少与养老金待遇相关的全职劳动供给,也会减少兼职的劳动供给。隔代照料与参加医保对城镇企业职工周工作时间并未产生显著影响,这意味着同一因素对劳动供给的退休行为与平均周工作小时数会产生不同影响,照顾孙子女和参加职工医疗保险会影响长期劳动供给,身体健康状况、工资水平等因素会显著影响短期劳动供给。

为了进一步讨论不同劳动供给水平下养老保险对周工作小时数的影响,我们使用不易受数据极端值以及异常值影响,也不要求残差满足正态分布的工具变量分位数法(IVQR)进行回归估计,下表5.9呈现了企业职工养老金财富与劳动供给的工具变量分位数估计结果。第2—4列分别是对劳动供给1/4分位数、中位数和3/4分位数的估计,第1列给出了面板数据固定效应模型回归估计,方便进行比较。养老金财富的回归系数均为负数,一方面表明养老金财富增加时,对不同劳动时间分位上的劳动供给均产生抑制作用。随着分位数的增加,估计系数绝对值呈现逐渐上升趋势,并且在10%的显著水平上显著。换言之,养老金财富增加时,养老保险对工作时间长的个体影响最大,对劳动时间短的个体影响较小。另一方面也说明分析的结果比较稳健。

表5.9 养老金财富与劳动供给工具变量分位数回归

解释变量	（1）	（2）	（3）	（4）
	IV	IVQR		
	Fe	P25	P50	P75
LnSSW	−17.759**	−4.482**	−4.514***	−6.919*
	(8.664)	(2.225)	(1.521)	(3.897)
Lnwage	14.552***	6.103***	3.617***	3.630***
	(2.659)	(0.743)	(0.500)	(1.183)
观测值	682	682	682	682

四、"新农保"对劳动供给的影响

通过分析样本散点图,我们发现"新农保"制度下养老金财富与劳动供给之间可能存在非线性关系,根据交叉验证法(Cross-validation Method)确定最优模型应为三次,因此,我们在模型中进一步引入养老金财富的二次项和三次项。表5.10给出了采用工具变量后"新农保"对农村居民劳动时间的回归结果,检验弱工具变量问题的F统计值大于10,表明不存在弱工具变量问题。回归结果显示,"新农保"制度下养老金财富对总的劳动供给并未产生显著影响。我们将劳动时间按照劳动类型进行细分,分为自家农业生产活动、受雇性活动以及从事个体和私营经济活动,第2—4列给出了分析结果。随着养老金财富增加,自家农业生产活动的劳动供给呈现先逐渐增加后减小的变化趋势,即倒U型变化趋势。换言之,养老金财富的增加,一方面会激励养老金财富水平较低和较高的人群减少劳动时间,另一方面会鼓励拥有中等养老金财富水平的劳动者增加劳动供给。但对受雇性非农活动以及私营经济活动并未产生显著影响。

表 5.10　养老金财富与劳动供给

解释变量	（1）	（2）	（3）	（4）
	Hour	Farmhour	Emphour	Selfhour
$\mathrm{Ln}SSW$	−2195.981	−4556.058*	3677.617	10773.88
	(2396.565)	(2508.126)	(3905.325)	(22172.41)
$\mathrm{Ln}SSW^2$	177.885	366.473*	−288.945	−844.158
	(190.025)	(198.897)	(310.141)	(1809.115)
$\mathrm{Ln}SSW^3$	−4.790	−9.799*	7.536	21.460
	(5.009)	(5.242)	(8.195)	(49.057)
观测值	8488	7282	1899	961
F 统计量	55.108	31.588	17.351	35.987

第五节　稳健性检验

　　缴费率或其增长率是精算养老金财富的重要参数,改变其设定会影响养老金财富值。为了检验上述结论的稳健性和可靠性,调整缴费率和缴费增长率,进行敏感性分析①。改变养老金财富的参数设定后得到的回归结果与上述回归结果并无明显差异,说明我们的结果具有稳健性。

　　接下来,尝试分析更多参数变化对预计停止工作年龄的影响。表 5.11 呈现了城镇企业职工的相关结果。结果表明,控制其他因素不变时,随着城镇企业职工养老保险缴费比例或在岗职工平均工资增长率降低,职工养老金财富的引致退休效应将逐渐减小,并且引致退休效应对两参数设定的敏感性基本相同。但基本养老金年增长率的变化并不会造成引致退休效应的变化。

---

　　①　由于篇幅受限,这里不再单独报告相应回归。

表 5.11　养老金财富与预计停止工作年龄的敏感性分析(城镇企业职工养老保险)

1. 其他养老金财富参数设定不变,职工缴费比例变化				
增长率	6.0%	6.5%	7.0%	7.5%	8.0%
预计停止工作年龄	-8.846**	-9.112**	-9.375**	-9.636**	-9.894**
2. 其他养老金财富参数设定不变,基本养老金年增长率变化				
增长率	3.5%	4.0%	4.5%	5.0%	5.5%
预计停止工作年龄	-9.894**	-9.894**	-9.894**	-9.894**	-9.894**
3. 其他养老金财富参数设定不变,在岗职工平均工资增长率变化				
增长率	5.35%	5.85%	6.35%	6.85%	7.35%
预计停止工作年龄	-8.858**	-9.120**	-9.381**	-9.640**	-9.894**

注:预计停止工作年龄作为被解释变量,"预计停止工作年龄"对应的是不同参数设定条件下对全样本
进行回归时养老金财富值前的估计系数,即预计停止工作年龄对养老金财富的半弹性值。下表同。

表 5.12　养老金财富与预计停止劳动年龄的敏感性分析("新农保")

1. 其他养老金财富参数设定不变,基础养老金年增长率变化				
增长率	5.4%	5.9%	5.4%	5.9%	6.4%
预计停止劳动年龄	-2.331*	-2.352*	-2.372*	-2.393*	-2.414*
2. 其他养老金财富参数设定不变,基本养老金年增长率变化				
增长率	6.5%	7.0%	7.5%	8.0%	8.5%
预计停止劳动年龄	-2.374*	-2.374*	-2.373*	-2.373*	-2.372*
3. 其他养老金财富参数设定不变,缴费增长率变化				
增长率	5.0%	5.5%	6.0%	6.5%	7%
预计停止劳动年龄	-2.404*	-2.388*	-2.372*	-2.356*	-2.341*

　　表 5.12 进一步给出了"新农保"的回归分析结果。随着基础养老金年增
长率增加,在控制其他因素不变情形下,养老金财富对预计停止劳动年龄的负
向影响小幅度增大。而基本养老金年增长率或缴费增长率逐渐增大时,"新

农保"的引致退休效应将有所减小,并且预计停止劳动年龄对缴费增长率的变化更加敏感一些。

第六节 结论和政策建议

本章使用中国健康与养老追踪调查(CHARLS)数据,分析了中国养老保险制度对劳动力供给和退休决策的影响。我们的实证结果显示,不同类型养老保险对劳动供给的影响具有异质性。对于所有参保农民而言,养老金财富的增加虽然对整体的劳动时间没有显著影响,但自家农业生产活动的劳动供给会呈现倒 U 型变化。"新农保"制度下,养老金财富的增加具有轻微诱使个体提前"退休"的效应,并且在一定程度上抑制农民无休止劳动的意愿;秉承"养儿防老"传统观念的劳动者更加倾向于延长劳动年限来减轻子女赡养负担。而对于参保职工而言,养老金财富是影响劳动时间和退休决策的关键因素,城镇企业职工养老保险会激励人们降低劳动供给水平,激励职工提早退休,随着养老金财富的增加,个体预计停止工作的年龄将提早,相对于农民而言,职工的引致退休效应较大。此外,研究还表明,城乡基本医疗保险会减弱引致退休效应。有学者指出,我国目前职工的"未老先退"问题特别突出,有的地区提前退休的人员占到当年退休人员的30%。[①] 我们的研究结果表明,养老金财富每增加 1%,职工预计退休年龄将平均提早 1.2 个月左右。

上述结论具有重要的政策启示。如果养老金年增长率降低,会导致参保群体推迟预计退休年龄,这可能为渐进式延长退休年龄提供了一定的政策空间[②]。

---

① 参见金维刚在中国养老金融50人论坛首届峰会上的讲话。

② 阶段性降低企业职工基本养老保险缴费比例,还能够显著降低企业成本,减轻企业负担,促进经济增长。根据人社部预计,按照 2016 年各地养老保险总费率降低 0.5% 到 1% 来测算,企业每年可以降低成本约 300 亿元至 600 亿元。参见《人社部:17 省已出台养老保险降低费率方案》,人民网,2016 年 7 月 22 日,http://politics.people.com.cn/n1/2016/0722/c1001-28577389.html。

2005—2015 年,我国基本养老金年涨幅均超过 10%,2016 年,基本养老金增长率下降到 6.5%,2017 年下降至 5.5% 左右,2018 年降到 5% 左右[①]。若待遇增长幅度降低,一定程度上会起到抑制职工提前退休的作用。为了实现养老金制度的可持续发展,政府应该采取有力措施,抑制不合理提前退休现象的发生。

推行延迟退休的障碍主要来自两个方面,一是担忧延迟退休会恶化就业问题,担心老年人就业可能会影响到年轻人的就业问题。没有证据显示,提高老年人退休年龄会降低年轻人的就业机会或提高年轻人的失业率。恰恰相反,已有研究表明,提高老年人的劳动参与率会增加年轻人就业机会和降低年轻人的失业率。[②] 同时,职工中普遍存在着退休后再就业现象,这表明退休政策并未置换出等量就业岗位,这将部分减弱延迟退休年龄对就业的影响。二是担心老年人的生产率较低,延迟退休会使中低收入的劳动者,尤其是受教育程度较低的农民工陷入较为困难的境地。目前整个社会的受教育程度持续提高,这为保持较高的生产率水平提供了可能。此外,我们可以在职业生涯期间为劳动者尤其是农民工群体提供不断学习的机会,进行在职培训和技能升级。[③]

此外,应该尽快建立科学合理的城乡居民全国基础养老金最低标准的动态调整机制,适时出台调整方案,鼓励各地区制定符合本地实际的具体实施办法。与此同时,探索建立和完善符合国情的居民基本养老保险基金投资运营

---

① 郑功成指出,前十几年的养老金增长速度较高,主要是为了对低工资、低养老金的老一代退休工人的补偿。在经历数十年的补偿性增长后,现在需要确立合理、可持续的待遇调整增长机制。参见《全国人大常委会委员郑功成:养老保险改革今年至关重要》,中国青年报,2017 年 3 月 14 日,http://news.youth.cn/jsxw/201703/t20170314_9286600.htm。

② Gruber,J.et al.,"Social Security Programs and Retirement Around the World:The Relationship to Youth Employment,Introduction and Summary",*Estuarine & Coastal Marine Science*,Vol.5,No.6,2009,pp.829–830.

③ 蔡昉:《中国人口与劳动问题报告 No.15》,社会科学文献出版社 2014 年版,第 33—45 页。
Giles,J.et al.,"The Labor Supply and Retirement Behavior of China's Older Workers and Elderly in Comparative Perspective",*World Bank Policy Research Working Paper*,vol.5853,2011,pp.1–38.

模式,实现养老基金保值增值,提高个人账户养老金水平。近年来,全国城乡居民的基础养老金最低标准不断提高,从最初的 55 元逐步提高至 70 元,2018年进一步提高至每人每月 88 元;城乡居民个人账户的缴费档次和标准也在不断提高。截至 2018 年底,城乡居民基本养老基金累计结存 7207 亿元,基金的保值增值问题日益凸显。随着基础养老金和个人账户积累额的增加,基本养老金待遇可望稳步提升,农村居民预期的养老金财富值增加,一定程度上会抑制农村居民的无休止劳动意愿,使其安度晚年,共享经济社会发展成果,不断增强农村参保居民的获得感、幸福感、安全感。

第六章 缴费确定型养老金
计划最优投资策略

第一节 引 言

资产配置问题,也被称为投资组合选择问题,是精算学中最关键的问题之一。在过去的几十年里,养老基金的投资组合优化问题引起了学界与业界的广泛关注。传统的养老金计划包括缴费确定(Defined Contribution,DC)养老金计划和给付确定(Defined Benefit,DB)养老金计划。对于 DC 养老金计划,参保者在退休前所缴纳的养老保险费是提前确定的,而参保者实际得到的养老金给付则与养老基金在其退休时刻的财富量有关,投资风险由参保者承担。参保者在退休时可以选择一次性提取养老金账户的所有财富或者转化为商业年金。而对于 DB 养老金计划,参保者在退休之后所领取的养老金给付是确定的,为了维持养老基金的平衡,参保者在退休前缴纳的养老保险费需要随时进行调整。在 DB 养老金计划中,投资风险主要由雇主(计划发起人)承担。由于 DC 养老金计划参保者所领取的给付由其退休时的账户中所积累养老金总额决定,受其退休前基金的投资表现影响(投资风险由参保者承担)。因此在积累阶段,合理的资产配置决策对于 DC 养老基金的风险管理至关重要。

在动态投资组合优化模型中,风险资产预期回报率对投资决策至关重要。

现有关于 DC 养老基金管理中的随机控制问题研究中,多假设受控过程的漂移项与扩散项是可观测的,即基金管理者可以获取关于金融市场的全部信息。然而,这一假设有些过于严格与理想化。事实上,风险资产价格的预期回报率是不可观测的,并且难以准确估计。这是由于:首先,风险资产预期回报率通常表现出随机特征,并非一个常数;其次,即使在理想模型中将其视为常数,那么估计这个参数需要一个时间范围比估计波动率更长的时间序列,这是难以实现的。决策者只能基于过去的可观测到的风险资产价格信息作出投资决策,这就是所谓的部分信息投资组合选择问题。热诺特(Gennotte)、多森(Dothan)和费尔德曼(Feldman)、德特普尔(Detemple)在决策者对经济增长率仅持有部分信息的情况下,采用动态规划原理和线性高斯滤波理论研究了最优消费与投资组合问题。[①] 拉克纳(Lakner)假设证券价格过程中的漂移项是不可观测的,构造了部分信息下的优化问题,在线性高斯模型的特殊情形下,利用鞅方法求得最优投资策略的显式表达式。[②] 实证研究如法玛(Fama)和弗伦奇(French)、坎贝尔(Campbell)和希勒(Shiller)、布杜赫(Boudoukh)展示了充分的证据表明风险资产的预期回报率是可预测的。[③] 那么即使决策者在进

[①] Gennotte, G., "Optimal Portfolio Choice Under Incomplete Information", *The Journal of Finance*, vol.41, no.3, 1986, pp.733-746.

Dothan, M.& Feldman, D., "Equilibrium Interest Rates and Multiperiod Bonds in A Partially Observable Economy", *The Journal of Finance*, vol.41, no.2, 1986, pp.369-382.

Detemple, J., "Asset Pricing in A Production Economy with Incomplete Information", *The Journal of Finance*, vol.41, no.2, 1986, pp.383-391.

[②] Lakner, P., "Utility Maximization with Partial Information", *Stochastic Processes and Their Applications*, vol.56, no.2, 1995, pp.247-273.

Lakner, P., "Optimal Trading Strategy for An Investor: The Case of Partial Information", *Stochastic Processes and their Applications*, vol.76, no.1, 1998, pp.77-97.

[③] Fama, E.& French, K., "Permanent and Temporary Components of Stock Prices", *Journal of political Economy*, vol.96, no.2, 1988, pp.246-273.

Campbell, L.& Shiller, R., "The Dividend-price Ratio and Expectations of Future Dividends and Discount Factors", *The Review of Financial Studies*, vol.1, no.3, 1988, pp.195-228.

Boudoukh, J.et al., "On the Importance of Measuring Payout Yield: Implications for Empirical Asset Pricing", *The Journal of Finance*, vol.62, no.2, 2007, pp.877-915.

行资产配置中无法掌握风险资产预期回报率的确切信息,但随着时间的推移与信息的积累,投资者将借助结合风险资产价格与其他可观测到的信息来"学习"回报率,这就是布伦南(Brennan)在投资者的动态决策过程中引入的"学习"(learning)概念[1]。当决策者所能观测到的信息并不足以解释风险资产回报率或其他参数的变动时,我们认为将学习机制纳入考量是非常重要的,通过将不可观测部分转换为可用信息,能更为全面地了解金融市场,从而作出更为稳妥可靠的资产配置决策。

学者们将风险资产预期回报率可预测的假设引入最优随机控制问题并展开研究,具体分为三个阶段:第一阶段考虑风险资产预期回报率,风险溢价或其他参数由完全可观测的变量刻画,如金东硕(Tong Suk Kim)和欧伯格(Omberg)、沃希特(Wachter)均假设风险资产回报率服从奥恩斯坦-乌伦贝克(Ornstein-Uhlenbeck)过程[2]。这种假设放松了风险资产预期回报率为常数或确定性函数的假设,然而这种决策者能够观测到所有信息的假设依然过于严格。因此第二阶段是考虑风险资产预期回报率,风险溢价或其他参数是不可观测的,这种问题也常被称之为部分信息问题或不完全信息问题。对不可观测因子建模包括两个典型的假设,一种是将其构造为线性扩散过程,运用卡尔曼(Kamlan)滤波理论处理;另一种是将其构造为有限状态马尔科夫链的函数,运用旺纳姆(Wonham)滤波理论处理。由于本章构造不可观测因子服从均值回复过程,并未涉及隐马氏链,故不对相关文献展开介绍。Brennan研究了风险资产预期回报的不确定性(不可观测)对长期资产配置决策的影响,有学者拓展了Brennan的模型,考虑风险资产预期回报率 是不可观测变量的线

---

① Brennan, M., "The Role of Learning in Dynamic Portfolio Decisions", *Review of Finance*, vol. 1, no.3, 1998, pp.295-306.

② Kim, T.& Omberg, E., "Dynamic Nonmyopic Portfolio Behavior", *The Review of Financial Studies*, vol.9, no.1, 1996, pp.141-161.

Wachter, J., "Portfolio and Consumption Decisions under Mean-reverting Returns: An Xact Solution for Complete Markets", *Journal of Financial and Quantitative Analysis*, vol.37, no.1, 2002, pp.63-91.

性函数(线性系数也不可观测)①。黄嘉(Huang)和陈峥(Chen)假设通胀增长率 不可观测,研究了具有损失厌恶偏好的商业银行最优资产配置问题。② 王佩等学者考虑风险资产预期回报率不可观测,在均值方差准则下求得了带有最低给付保障 的 DC 养老金计划的均衡投资策略。③ 第三阶段,用可观测因子与不可观测因子的组合来刻画风险资产预期回报率、风险溢价或其他参数,这种假设也最为真实合理。布兰格(Branger)等学者研究了模糊厌恶决策者的最优资产配置问题,其中风险资产超额预期回报率是可观测因子与不可观测因子的线性组合。④ 埃斯科瓦尔(Escobar)等假设风险溢价仅部分可观测,并引入瓦西塞克(Vasicek)随机利率模型,求得了最优投资策略。⑤ 王佩等学者将通胀风险纳入考量,假设风险资产预期收益率部分可观测,求得了 DC 养老基金的最优投资决策。此外,完全不可观测与仅部分可观测的问题也常被称为学习机制或可预测机制的问题。⑥

除此之外,为了保护在积累阶段死亡的参保者的权益,一些 DC 养老金计划设置了保费返还条款。在这种条款下,退休前死亡的参保者的指定受益人可以提取参保者工作期所缴纳的养老金。养老基金累积财富与被提取的养老金之间的差额由所有存活的参保者共享。何林和梁宗霞首次将保费返还的精算规则融入连续时间随机控制模型,在均值方差准则下研究了 DC 养老基金

① Xia,Y.,"Learning about Predictability:The Effects of Parameter Uncertainty on Dynamic Asset Allocation",*The Journal of Finance*,vol.56,no.1,2001,pp.205−246.

② Huang,J.& Chen,Z.,"Optimal Risk Asset Allocation of A Loss-averse Bank with Partial Information Under Inflation Risk",*Finance Research Letters*,vol.38,2021.

③ Wang,P.et al.,"Asset Allocation for a DC Pension Plan with Learning about Stock Return Predictability",*Journal of Industrial and Management Optimization*,2021.

④ Branger,N.et al.,"Robust Portfolio Choice with Ambiguity and Learning about Return Predictability",*Journal of Banking and Finance*,vol.37,no.5,2013,pp.1397−1411.

⑤ Escobar,M.et al.,"Portfolio Choice with Stochastic Interest Rates and Learning About Stock Return Predictability",*International Review of Economics and Finance*,vol.41,2016,pp.347−370.

⑥ Wang,P.et al.,"Equilibrium Investment Strategy for a DC Pension Plan with Learning about Stock Return Predictability",*Insurance:Mathematics and Economics*,vol.100,2021,pp.384−407.

最优资产配置问题。① 李丹萍等学者求得了均值方差框架下带有保费返还条款的 DC 养老基金的均衡投资策略,其中风险资产价格服从常弹性方差(Constant Elastic Variance,CEV)过程,金融市场除了包含无风险资产与风险资产外,还包含了可违约债券。② 也有学者在离散时间框架下求得了带有保费返还条款的 DC 养老基金最优预先承诺(pre-commitment)策略,其中风险资产的收益取决于由马尔可夫链刻画的市场状态。③ 还有学者研究了带有保费返还条款并嵌入了资产管理费用和缴费佣金的 DC 养老基金最优投资问题。④

在本章中,我们研究了带有保费返还条款的 DC 养老基金在积累阶段的最优资产配置问题。参保者在工作期缴纳养老保险费,积累的财富由基金管理者统一管理,投资于由无风险资产与风险资产构成的金融市场以期实现养老基金的保值增值。其中风险溢价受可观测因子和不可观测因子的共同影响。值得一提的是,怀特洛(Whitelaw)与哈维(Harvey)的实证研究表明,存在同时影响风险资产预期回报率与波动率的因素。⑤ 扎里福普卢(Zariphopoulou)将

① He,L.& Liang,Z.,"Optimal Investment Strategy for the DC Plan with the Return of Premiums Clauses in a Mean-variance Framework",*Insurance:Mathematics and Economics*,vol.53,no.3,2013,pp. 643-649.

② Li,D.et al.,"Equilibrium Investment Strategy for DC Pension Plan with Default Risk and Return of Premiums Clauses under CEV Model",*Insurance:Mathematics and Economics*,vol.72,2017,pp. 6-20.

③ Bian,L.et al.,"Pre-commitment and Equilibrium Investment Strategies for the DC Pension Plan with Regime Switching and a Return of Premiums Clause",*Insurance:Mathematics and Economics*, vol.81,2018,pp.78-94.

④ Lai,C.et al.,"Optimal Portfolio Selection for a Defined-contribution Plan under Two Administrative Fees and Return of Premium Clauses",*Journal of Computational and Applied Mathematics*,vol. 398,2021.

⑤ Whitelaw,R.,"Time Variations and Covariations in the Expectation and Volatility of Stock Market Returns",*The Journal of Finance*,vol.49,no.2,1994,pp.515-541.

Harvey,C.,"The Specification of Conditional Expectations",*Journal of Empirical Finance*,vol.8, no.5,2001,pp.573-637.

这一结论融入随机最优控制问题中,考虑存在同时影响风险资产预期回报率和波动率的随机因子,以终端财富常相对风险厌恶(Constant Relative Risk Aversion,CRRA)期望效用最大为优化目标求得了最优投资决策。[①] 在此我们也假设股票波动率受可观测因子的影响(关于可观测因子的函数),这意味着我们所考虑的带有学习机制的模型嵌套了随机波动率模型作为特例。借助风险资产价格和可观测因子提供的信息,决策者运用贝叶斯学习机制学习不可观测部分的信息。原理构造并求解优化问题对应的哈密顿-雅克比-贝尔曼方程(Hamilton-Jacobi-Bellman equation,HJB),得到了最优投资决策。此外,数值分析表明:第一,随着时间的推移,基金管理者更倾向于降低风险资产持有比例,且掌握更多市场信息的决策者会更为积极地配置风险资产;第二,带有保费返还条款的养老基金财富会由于养老金可提取设定而低于没有保费返还条款情形下的养老基金财富量,这一偏差也会随着时间的推移、参保者死亡概率的提高而逐渐扩大。

本章其余部分组织如下:第二节介绍了金融市场的模型和假设。第三节构造了拟研究的优化问题,并求得最优投资策略。第四节借助数值方法,分析理论结果背后的经济直觉。第五节总结了本章所得到的主要结论。此外,本章涉及的主要证明都在本章附录中给出。

第二节　模　型

在本节中,我们考虑一个具有如下假设的连续时间金融市场:养老基金经理可以在金融市场上连续地进行交易,没有额外的成本或税收。(Ω, F, P)为具有域流$\{F_t\}_{t \in [0,T]}$的完备的概率空间,其中$\{F_t\}_{t \in [0,T]}$表示到时刻t为

①　Zariphopoulou,T.,"A Solution Approach to Valuation with Unhedgeable Risks",*Finance and Stochastics*,vol.5,no.1,2001,pp.61-82.

止所有可用信息。$T > 0$ 表示时间范围，为一个有限的常数。我们假设所有的随机过程和随机变量都定义在上述概率空间。

一、金融市场

我们假设金融市场由无风险资产和风险资产组成。其中无风险资产的价格过程 $S_0(t)$ 由下式给出：

$$\frac{\mathrm{d}S_0(t)}{S_0(t)} = r\mathrm{d}t \tag{6.1}$$

这里 $r > 0$ 表示无风险利率。风险资产的价格过程 $S_1(t)$ 由如下随机微分方程刻画：

$$\frac{\mathrm{d}S_1(t)}{S_1(t)} = \mu_s(t)\mathrm{d}t + \sigma_s(t)\mathrm{d}W_s(t) \tag{6.2}$$

其中 $\mu_s(t)$ 为风险资产的预期回报率，$\sigma_s(t) > 0$ 为其波动率。$\frac{\mu_s(t) - r}{\sigma_s(t)}$ 表示风险资产的风险溢价，在此，我们引入学习机制，假设 $\frac{\mu_s(t) - r}{\sigma_s(t)} = \delta_m m(t) + \delta_n n(t) + \delta$，其中 $m(t)$ 与 $n(t)$ 为适应于域流 F_t 的两个随机因子，并服从下述随机过程：

$$\mathrm{d}m(t) = k_m[\bar{m} - m(t)]\mathrm{d}t + \sigma_m \mathrm{d}W_m(t), \tag{6.3}$$

$$\mathrm{d}n(t) = k_n[\bar{n} - n(t)]\mathrm{d}t + \sigma_n \mathrm{d}W_n(t)$$

其中随机因子 $m(t)$ 是可以被观测到的，而 $n(t)$ 不可以被观测到。δ_m、δ_n 分别表示 $m(t)$、$n(t)$ 对风险溢价的预测能力，衡量风险溢价中可观测部分与不可观测部分的占比。$W_s(t)$、$W_m(t)$ 与 $W_n(t)$ 是两两相关的一维标准布朗运动，$E[\mathrm{d}W_s(t)\,\mathrm{d}W_m(t)] = p_{sm}\mathrm{d}t, E[\mathrm{d}W_s(t)\,\mathrm{d}W_n(t)] = p_{sn}\mathrm{d}t, E[\mathrm{d}W_m(t)\,\mathrm{d}W_n(t)] = p_{nm}\mathrm{d}t$。除此之外，$\bar{m}$ 与 $\bar{n}$ 分别表示两个随机因子的长期均值，k_m 和 k_n 表示均值回归的速度，而 $\sigma_m > 0$ 与 $\sigma_n > 0$ 均表示波动率。此外，我们假

设股票波动率 $\sigma_s(t)$ 受可观测因子 $m(t)$ 的影响,即应记为 $\sigma_s(m(t))$。 那么,风险资产价格过程 $S_1(t)$ 可改写为:[①]

$$\frac{\mathrm{d}S_1(t)}{S_1(t)} = \left[r + \sigma_s(m(t))(\delta + \delta_m m(t) + \delta_n n(t)) \right] \mathrm{d}t + \sigma_s(m(t)) \, \mathrm{d}W_s(t)$$

(6.4)

决策者不能获取风险溢价 $\dfrac{\mu_s(t) - r}{\sigma_s(t)} = \delta_m m(t) + \delta_n n(t) + \delta$ 的全部信息 (因为 $n(t)$ 不可观测),但风险资产价格 $S_1(t)$ 与可观测因子 $m(t)$ 是可以被观测到的。换句话说,在 t 时刻,$F_t^{s_1,m} = \sigma\{S_1(u), m(u) \mid u \in [0,T]\}$ 是基金管理者可获得的全部信息,这种问题也被称之为部分信息问题或不完全信息问题。但即使决策者获得的信息不完全,也可以利用学习机制从现有的信息(股票价格信息和可观测因子)中学习不可观测的部分。

二、财富过程

我们考虑在积累阶段带有保费返还条款的 DC 养老金计划的最优投资问题。假设参保者在积累阶段每单位时间缴纳的养老金为 c,为一个固定的常量。养老金缴费从 ω_0 岁开始,直至 $\omega_0 + T$ 岁,持续了参保者的整个工作期。那么养老基金积累的时间跨度为 T。在这个阶段,养老基金管理者将这部分资产投资于无风险资产与风险资产中以期实现养老基金保值增值。记投资于风险资产的财富比例为 $\pi(t)$,则其余的 $(1 - \pi(t))$ 财富比例被投资于无风险资产中。事实上,参保者退休时所领取的养老金金额并非是确定的,而受死亡风险和投资表现的影响。记 $\frac{1}{n}q_{\omega_0+t}$ 表示 t 时刻存活的参保者在 $t + \dfrac{1}{n}$ 时刻死亡的概率,ct 表示 t 时刻所累积的养老金财富。那么返还给在 t 时刻到 $t + \dfrac{1}{n}$

---

① 由于我们假设股票波动受服从均值回归过程的可观测因子 $m(t)$ 的影响,因此,风险资产价格过程 $S_1(t)$ 可被归为随机波动丰模型类。

时刻死亡的参保者的养老金总额为 $ct_{\frac{1}{n}}q_{\omega_0+t}$。返还保费后,累积养老金财富与所返还养老金之间的差额(或正或负)都将由存活的参保者共享。值得强调的是,为了分析保费返还条款对 DC 养老基金的最优决策的影响,我们引入了参数 ξ。具体的,$\xi = 1$ 对应带有保费返还条款的 DC 养老金计划模型。而当 $\xi = 0$ 时,对应不带有保费返还条款的 DC 养老金计划模型,即若参保者在基金积累期死亡,无法返还所缴纳的养老金。综上,养老基金的财富过程可以写为:

$$X(t + \frac{1}{n}) = \left[X(t)\left(\pi(t) \frac{S_1(t + \frac{1}{n})}{S_1(t)} + (1 - \pi(t)) \frac{S_0(t + \frac{1}{n})}{S_0(t)} \right) \right.$$

$$\left. + c\frac{1}{n} - \xi\, ct_{\frac{1}{n}}q_{\omega_0+t} \right] \frac{1}{1 - _{\frac{1}{n}}q_{\omega_0+t}}$$

$$= \left[X(t)(1 + \Delta\varphi_t^{\frac{1}{n}}) + c\frac{1}{n} - \xi\, ct_{\frac{1}{n}}q_{\omega_0+t} \right] \left(1 + \frac{_{\frac{1}{n}}q_{\omega_0+t}}{1 - _{\frac{1}{n}}q_{\omega_0+t}} \right) \qquad (6.5)$$

其中,

$$\Delta\varphi_t^{\frac{1}{n}} = \pi(t) \frac{S_1(t + \frac{1}{n}) - S_1(t)}{S_1(t)} + (1 - \pi(t)) \frac{S_0(t + \frac{1}{n}) - S_0(t)}{S_0(t)}$$

由于 x 岁的人在 $x + t$ 岁死亡的概率 $_tq_x = 1 - e^{-\int_0^t \lambda(x+s)ds}$,其中 $\lambda(t)$ 为死亡力函数(the force function of mortality),那么我们有:

$$_{\frac{1}{n}}q_{\omega_0+t} = 1 - e^{-\int_0^{\frac{1}{n}} \lambda(\omega_0+t+s)ds} \approx \lambda(\omega_0 + t)\frac{1}{n} = O(\frac{1}{n})$$

同样的,

$$\frac{_{\frac{1}{n}}q_{\omega_0+t}}{1 - _{\frac{1}{n}}q_{\omega_0+t}} = e^{-\int_0^{\frac{1}{n}} \lambda(\omega_0+t+s)ds} - 1 \approx \lambda(\omega_0 + t)\frac{1}{n} = O(\frac{1}{n})$$

此外,有 $\Delta\varphi_t^{\frac{1}{n}} \cdot O(\frac{1}{n}) = o(\frac{1}{n})$, $_{\frac{1}{n}}q_{\omega_0+t} \cdot O(\frac{1}{n}) = o(\frac{1}{n})$。故财富过程 (6.5)可以进一步被改写为:

$$X(t + \frac{1}{n}) = X(t)(1 + \Delta\varphi_t^{\frac{1}{n}}) + X(t)\lambda(\omega_0 + t)\frac{1}{n} + c\frac{1}{n} -$$

$$\xi ct\lambda(\omega_0 + t)\frac{1}{n} + o(\frac{1}{n}) \tag{6.6}$$

即：

$$dX(t) = X(t)[r + \pi(t)\sigma_s(m(t))(\delta + \delta_m m(t) + \delta_n n(t))]dt + cdt -$$

$$\xi ct\lambda(\omega_0 + t)dt + X(t)\pi(t)\sigma_s(m(t))dW_s(t) \tag{6.7}$$

此外，我们参考何林和梁宗霞的做法，选用经典的 De Moivre 模型来刻画参保者的死亡情况[①]，死亡概率 $S(t) = 1 - \frac{t}{\omega}$，死亡力函数 $\lambda(t) = \frac{1}{\omega - t}$，其中 ω 表示寿命上限，那么 $\lambda(\omega_0 + t) = \frac{1}{\omega - \omega_0 - t}$，基于以上分析，根据精算规则，参保者所积累的养老金额由下述连续时间随机过程刻画：

$$dX(t) = X(t)[r + \pi(t)\sigma_s(m(t))(\delta + \delta_m m(t) + \delta_n n(t)) +$$

$$\frac{1}{\omega - \omega_0 - t}]dt + c\frac{\omega - \omega_0 - (1 + \xi)t}{\omega - \omega_0 - t}dt + X(t)\pi(t)\sigma_s(m(t))dW_s(t) \tag{6.8}$$

我们用 $F_t^{s_1,m} = \sigma\{S_1(u), m(u) \mid u \in [0, T]\}$ 来表示直至 t 时刻，决策者可获得的全部信息，也就是说，基金管理者必须基于域流 $F_t^{s_1,m}$ 作出投资决策。

定义 1：对于固定的 $t \in [0, T]$，记 $\mathcal{O} := \mathbb{R} \times \mathbb{R} \times \mathbb{R}$，$\mathcal{Q} := [0, T] \times \mathcal{O}$。投资决策 $\pi(t)$ 被称为可容许策略，若

（1）$\pi(t)$ 是 $F_t^{s_1,m}$ - 循序可测的，且 $E[\int_0^T \pi^2(t)dt] < +\infty$；

（2）$\forall(x, m, n)$，方程(6.8) 存在唯一强解 $X^\pi(t)$。

---

① He, L. & Liang, Z., "Optimal Investment Strategy for the DC Plan with the Return of Premiums Clauses in a Mean-variance Framework", *Insurance: Mathematics and Economics*, vol.53, no.3, 2013, pp.643-649.

第三节　最优投资策略

在本节中,我们运用 Kalman 滤波理论,借助可观测的股票价格 $S_1(t)$ 与可观测因子 $m(t)$ 来对不可观测因子 $n(t)$ 进行学习,将部分信息问题转化为完全信息问题,进而构造 HJB 方程并求得优化问题所对应的最优投资决策。

一、学习机制

站在直至退休年龄 $\omega_0 + T$ 依旧存活的参保者的角度来看,优化目标选用最大化养老基金财富的期望效用是合理且自然的。考虑连续时间最优控制问题,基金管理者旨在寻求最优资产配置决策,即分配在无风险资产与风险资产中的财富比例,以最大化 T 时刻养老基金财富的期望效用,由于养老基金集聚资本巨大,基金管理者的风险态度一般不会随着基金问题的变化而发生变化,基于这样的考量,本节选用 CRRA 效用函数,那么优化问题可以表述为:

$$\max_{\pi \in \Pi} E_t \left[U(X^\pi(T)) \right] = \max_{\pi \in \Pi} E_t \left[\frac{X^{1-\gamma}(T)}{1-\gamma} \right] \tag{6.9}$$

其中 $E_t[\cdot] = E[\cdot \mid X(t) = x, m(t) = m, n(t) = n]$, $X(t)$ 满足(6.8)式,Π 表示所有可容许策略所构成的集合,$\gamma > 1$ 代表基金管理者的相对风险厌恶系数。

正如引言所介绍的,决策者借助可观测股票价格 $S_1(t)$ 与可观测因子 $m(t)$ 对不可观测因子 $n(t)$ 进行学习,将其转化为可用信息 $\hat{n}(t)$。接下来,我们参考利普策尔(Liptser)和谢里亚耶夫(Shiryaev)书中的定理 12.7 来介绍不可观测因子的 Kalman 滤波[1]。

---

[1]　Liptser, R. & Shiryaev, A., *Statistics of Random Processes. Volume* 2: *Applications*, Springer, Heidelberg, 2001, pp. 32-52.

定理 1：对于 $0 \leq t \leq T$，$(m(t), n(t))$ 满足 (6.3)，则 $n(t)$ 的 $\mathcal{F}_t^{s,m}$ 适应滤波 $\hat{n}(t) = E(n(t) \mid \mathcal{F}_t^{s,m})$ 与相应的均方误差 $\sum(t) = E[(n(t) - \hat{n}(t))^2 \mid \mathcal{F}_t^{s,m}]$ 满足如下方程组：

$$d\hat{n}(t) = (k_n \bar{n} - k_n \hat{n}(t)) dt + (\sigma_n p_{ns} + \delta_n \sum(t)) d W_1(t) +$$

$$(\sigma_n \bar{p}_{nm} - \frac{\delta_n \sum(t) p_{ms}}{\bar{p}_m}) d W_2(t)$$

$$d\sum(t) = -2k_n \sum(t) + \sigma_n^2 - (\sigma_n p_{ns} + \frac{\delta_n \sum(t)}{\sigma_s(m(t))})^2 -$$

$$(\sigma_n \bar{p}_{nm} - \frac{\delta_n \sum(t) p_{ms}}{\bar{P}_m})^2$$

证明详见本章附录 A。

基于上述分析，财富过程 (6.8) 可被改写为：

$$dX(t) = X(t)[r + \pi(t) \sigma_s(m(t))(\delta + \delta_m m(t) + \delta_n \hat{n}(t)) +$$

$$\frac{1}{\omega - \omega_0 - t}]dt + c \frac{\omega - \omega_0 - (1+\xi)t}{\omega - \omega_0 - t}dt + X(t)\pi(t) \sigma_s(m(t)) d W_1(t)$$

$$(6.10)$$

其中 $W_1(t)$ 与 $W_2(t)$ 为相互独立的布朗运动，可观测因子 $m(t)$ 与不可观测因子 $n(t)$ 的预测 $\hat{n}(t)$ 分别为：

$$dm(t) = k_m(\bar{m} - m(t))dt + \sigma_m p_{ms}d W_1(t) + \sigma_m \bar{p}_m d W_2(t)$$

$$d\hat{n}(t) = k_n(\bar{n} - \hat{n}(t))dt + (\sigma_n p_{ns} + \delta_n \sum(t)) d W_1(t) +$$

$$(\sigma_n \bar{p}_{nm} - \frac{\delta_n \sum(t) p_{ms}}{\bar{p}_m}) d W_2(t)$$

那么，优化问题 (6.9) 可以改写为：

$$\max_{\pi \in \Pi} E_t \left[U(X^\pi(T)) \right] = \max_{\pi \in \Pi} E_t \left[\frac{X^{1-\gamma}(T)}{1-\gamma} \right] \tag{6.11}$$

其中 $E_t[\cdot] = E[\cdot \mid X(t) = x, m(t) = m, \hat{n}(t) = \hat{n}]$，$X(t)$ 满足(6.10)式，且优化问题(6.11)所包含的所有状态变量对于决策者来说都是可观测的。

二、HJB 方程

本节将运用动态规划原理前面构造的优化问题。对于可容许策略 $\pi \in \Pi$，定义值函数 V 为：

$$V(t,x,m,\hat{n}) = \sup_{\pi \in \Pi} E\left[U(X^\pi(T)) \mid X(t) = x, m(t) = m, \hat{n}(t) = \hat{n} \right] \tag{6.12}$$

其中边界条件为 $V(T,x,m,\hat{n}) = U(x)$。接下来，我们将定义无穷小算子 $\mathcal{A}$，并给出验证定理。对于，在$[0,T]$上一阶连续可微，在 $\circlearrowleft:\mathbb{R}\times\mathbb{R}\times\mathbb{R}$上二阶连续可微。在不导致混淆的前提下，我们简记：

$$\sigma_s(m(t)) = \sigma_s$$

$$\mathcal{A}\varphi(t,x,\hat{n}) = \varphi_t + \varphi_x \left\{ x\left[r + \pi\sigma_s(\delta + \delta_m m + \delta_n \hat{n}) + \frac{1}{\omega - \omega_0 - t} \right] + \right.$$

$$\left. c\frac{\omega - \omega_0 - (1+\xi)t}{\omega - \omega_0 - t} \right\} + \varphi_m[k_m(\bar{m} - m)] + \varphi_{\hat{n}}[k_n(\bar{n} - \hat{n})] + \frac{1}{2}\varphi_{xx}x^2\pi^2\sigma_s^2 +$$

$$\frac{1}{2}\varphi_{mm}\sigma_m^2 + \frac{1}{2}\varphi_{\hat{n}\hat{n}} \left[(\sigma_n p_{ns} + \delta_n \sum(t))^2 + (\sigma_n \bar{p}_{nm} - \frac{\delta_n \sum(t)p_{ms}}{\bar{p}_m})^2 \right] +$$

$$\varphi_{x\hat{n}}x\pi\sigma_s(\sigma_n\bar{p}_{ns} + \delta_n \sum(t)) + \varphi_{m\hat{n}}[\sigma_m p_{ms}(\sigma_n p_{ns} + \sigma_n \sum(t)) +$$

$$\sigma_m\bar{p}_m(\sigma_n\bar{p}_{nm} - \frac{\delta_n \sum(t)p_{ms}}{\bar{p}_m})] + \varphi_{xm}x\pi\sigma_s\sigma_m p_{ms} \tag{6.13}$$

其中 φ_t、φ_x、φ_m、$\varphi_{\hat{n}}$、φ_{xx}、φ_{mm}、$\varphi_{\hat{n}\hat{n}}$、$\varphi_{x\hat{n}}$、φ_{xm} 分别是 $\varphi(t,x,m,\hat{n})$ 关于

各变量的一阶、二阶偏导数,参考弗莱明(Fleming)和索洛(Soner)[1]知,值函数 V 满足如下 HJB 方程:

$$\sup_{\pi \in \Pi} eA^{\pi} V(t,x,m,\hat{n}) = 0 \tag{6.14}$$

接下来,我们需要借助验证定理,验证满足 HJB 方程(6.14)的光滑解即为最优投资问题(6.11)的值函数以及最优投资决策。

定理 2:(验证定理)若 $J(t,x,m,\hat{n}) \in C^{1,2,2,2}$ 满足 HJB 方程(6.14),则 $J(t,x,m,\hat{n}) \geqslant V(t,x,m,\hat{n})$,此外,若存在一个可容许策略 $\pi^*(t)$ 满足 $\pi^*(t) \in arg \sup_{\pi \in \Pi} eA^{\pi} J(t,x,m,\hat{n})$, $\forall t \in [0,T]$,那么 $J(t,x,m,\hat{n}) = V(t,x,m,\hat{n})$ 且 $\pi^*(t)$ 为最优投资策略。

我们简记 $V = V(t,x,m,\hat{n})$,将 HJB 方程改写为:

$$
\begin{aligned}
\sup_{\pi \in \Pi} \Big\{ & V_t + V_x \Big[x(r + \pi \sigma_s(\delta + \delta_m m + \delta_n \hat{n}) + \frac{1}{\omega - \omega_0 - t}) + \\
& c \frac{\omega - \omega_0 - (1+\xi)t}{\omega - \omega_0 - t} \Big] + V_m [k_m(\bar{m} - m)] + V_{\hat{n}}[k_n(\bar{n} - \hat{n})] + \frac{1}{2} V_{xx} x^2 \pi^2 \sigma_s^2 + \\
& \frac{1}{2} V_{mm} \sigma_m^2 + \frac{1}{2} V_{\hat{n}\hat{n}} \Big[(\sigma_n p_{ns} + \frac{\delta_n \sum(t)}{\sigma_s})^2 + (\sigma_n \bar{p}_{nm} - \frac{\delta_n \sum(t) p_m}{\bar{p}_m})^2 \Big] + \\
& V_{x\hat{n}} x \pi \sigma_s (\sigma_n p_{ns} + \delta_n \sum(t)) + V_{m\hat{n}} \Big[\sigma_m p_{ms}(\sigma_n p_{ns} + \\
& \delta_n \sum(t)) + \sigma_m \bar{p}_m (\sigma_n \bar{p}_{nm} - \frac{\delta_n \sum(t) p_{ns}}{\bar{p}_m}) \Big] + V_{xm} x \pi \sigma_s \sigma_m p_{ms} \Big\} = 0 \tag{6.15}
\end{aligned}
$$

其中边界条件为 $V(T,x,m,\hat{n}) = \dfrac{x^{1-\gamma}}{1-\gamma}$。

对上式关于 $\pi(t)$ 求导,可得:

---

① Fleming, W. & Soner, H., *Processes and Viscosity Solutions*, Springer Science and Business Media, 2006.

$$\pi^*(t) = -\frac{V_x(\delta + \delta_m m + \delta_n \hat{n}) + V_{x\hat{n}}(\sigma_n p_{ns} + \delta_n \sum(t)) + V_{xm}\sigma_m p_{ms}}{V_{xx}x\sigma_s}$$

不妨简记 $\nabla = V_x(\delta + \delta_m m + \delta_n \hat{n}) + V_{x\hat{n}}(\sigma_n p_{ns} + \delta_n \sum(t)) + V_{xm}\sigma_m p_{ms}$，则将 $\pi^*(t)$ 代回 HJB 方程，即有：

$$V_t + V_x\Big[-\frac{\nabla}{V_{xx}}(\delta + \delta_m m + \delta_n \hat{n}) + \frac{r(\omega - \omega_0 - t) + 1}{\omega - \omega_0 - t}x +$$

$$c\frac{\omega - \omega_0 - (1+\xi)t}{\omega - \omega_0 - t}\Big] + V_m[k_m(\bar{m} - m)] + V_n[k_n(\bar{n} - \hat{n})] + \frac{\nabla^2}{2V_{xx}} + \frac{1}{2}V_{mm}\sigma_m^2$$

$$+ \frac{1}{2}V_{\hat{n}\hat{n}}\Big[\sigma_n p_{ns} + \delta_n \sum(t)) + (\sigma_n \bar{p}_{nm} - \frac{\delta_n \sum(t) p_{ms}}{\bar{p}_m})^2\Big] - V_{x\hat{n}}\frac{\nabla}{V_{xx}}(\sigma_n$$

$$p_{ns} + \delta_n \sum(t)) + V_{m\hat{n}}\Big[\sigma_m p_{ms}(\sigma_n p_{ns} + \delta_n \sum(t)) + \sigma_m \bar{p}_m(\sigma_n \bar{p}_{nm} -$$

$$\frac{\delta_n \sum(t) p_{ms}}{\bar{p}_m})\Big] - V_{xm}\frac{\nabla}{V_{xx}}\sigma_m p_{ms} = 0 \tag{6.16}$$

求解上式，我们得到了优化问题(6.11)的最优投资策略和相应的值函数，由下述定理给出。

定理 3：对于我们所考虑的最优控制问题(6.11)所对应的最优风险资产投资比例 $\pi^*(t)$ 为：

$$\pi^*(t) = \frac{x - a(t)}{x\sigma_s}\Big[(\delta + \delta_m m + \delta_n \hat{n}) + (1 - \gamma)\sigma_m p_{ms}(2A_2(t)m +$$

$$A_3(t) + A_6(t)\hat{n}) + (1 - \gamma)(\sigma_n p_{ns} + \delta_n \sum(t))(2A_4(t)\hat{n} + A_5(t) + A_6(t)m)\Big]$$

对应的值函数为：

$$V(t,x,m,\hat{n}) = \frac{(x - a(t))^{1-\gamma}}{1 - \gamma}g^{1-\gamma}(t,m,\hat{n})$$

其中，

$$g(t,m,\hat{n}) = exp\{A_1(t) + A_2(t)m^2 + A_3(t)m + A_4(t)\hat{n}^2 + A_5(t)\hat{n} + A_6(t)m\hat{n}\}$$

$a(t)$、$A_1(t)$、$A_2(t)$、$A_3(t)$、$A_4(t)$、$A_5(t)$ 与 $A_6(t)$ 所满足的常微分方程及此定理的证明均在附录 B 中给出。

证明详见本章附录 B。

当 $\xi = 0$ 时,定理 3 的结果可以退化为不存在保费返还条款的情形,我们不加证明地给出最优风险资产投资比例 $\hat{\pi}^*(t)$ 满足:

$$\hat{\pi}^*(t) = \frac{x - \hat{a}(t)}{x\,\sigma_s}\big[\,(\delta + \delta_m m + \delta_n \hat{n}) + (1 - \gamma)\,\sigma_m\,p_{ms}(2A_2(t)m +$$

$$A_3(t) + A_6(t)\hat{n}) + (1 - \gamma)(\sigma_n p_{ns} + \delta_n \sum(t))(2A_4(t)\hat{n} + A_5(t) + A_6(t)m)\,\big]$$

$$(6.17)$$

其中 $\hat{a}(t) = \dfrac{c}{r(\omega - \omega_0 - t)}\big[\,(\omega - \omega_0 - T) - (\omega - \omega_0 - t)\,e^{r(T-t)}\,\big]$,$A_1(t)$、$A_2(t)$、$A_3(t)$、$A_4(t)$、$A_5(t)$ 与 $A_6(t)$ 的形式与定理 3 相同,在数值分析中,我们将借助蒙特卡洛模拟来分析保费返还条款的存在与否对 DC 养老基金最优投资决策的影响。

三、特殊例子

在本节中,我们将讨论两个特殊例子,从而对原问题进行拓展研究。为了避免引入过多符号导致混淆,在本节中除特殊说明外,我们依然沿用上一节的符号设定,养老基金财富过程用 $X(t)$ 表示,可观测因子与不可观测因子分别为 $m(t)$ 与 $n(t)$。首先我们要研究的是风险溢价的一种特殊情形——均值回归模型,即假设 $\delta = \delta_n = 0, \delta_m = 1$,即 $\dfrac{\mu_s(t) - r}{\sigma_s(t)} = m(t)$,其中 $m(t)$ 服从下述均值回归方程:

$$dm(t) = k_m[\bar{m} - m(t)]dt + \sigma_m dW_m(t) \tag{6.18}$$

尤其值得一提的是,诸多学者都曾经考虑过这种股票价格模型[1]。同样的,我们假设股票波动率 $\sigma_s(t)$ 受 $m(t)$ 的影响,即应记为 $\sigma_s(m(t))$,$W_s(t)$ 与 $W_m(t)$ 为两个一维标准布朗运动,满足 $E[dW_s(t)dW_m(t)] = p_{sm}dt$。此时养老基金的财富过程为:

$$dX(t) = X(t)\left[r + \bar{\pi}(t)\sigma_s(m(t))m(t) + \frac{1}{\omega - \omega_0 - t}\right]dt +$$

$$\qquad\qquad (6.19)$$

$$c\frac{\omega - \omega_0 - (1 + \xi)t}{\omega - \omega_0 - t}dt + X(t)\bar{\pi}(t)\sigma_s(m(t))dW_s(t)$$

这里 $\bar{\pi}(t)$ 表示风险资产投资比例,引入 $\bar{p}_m = \sqrt{1 - p_{ms}^2}$,则 $m(t)$ 可改写为:

$$dm(t) = k_m(\bar{m} - m(t))dt + \sigma_m p_{ms}dW_1(t) + \sigma_m \bar{p}_m dW_2(t) \qquad (6.20)$$

这里 $W_1(t)$ 与 $W_2(t)$ 为两个相互独立的一维标准布朗运动。接下来,我们定义这一特殊例子所对应的可容许策略集。

定义 2:对于固定的 $t \in [0,T]$,记 $\bar{\mathcal{O}} := \mathbb{R} \times \mathbb{R}$,$\bar{\mathcal{Q}} := [0,T] \times \bar{\mathcal{O}}$,投资决策 $\bar{\pi}(t)$ 被称为可容许策略,若

(1) $\bar{\pi}(t)$ 是 $\mathcal{F}_t$ - 循序可测的,且 $E\left[\int_0^T |\bar{\pi}(t)| dt\right] < +\infty$;

(2) $\forall (x,m)$,(6.19)式存在唯一解 $X^{\bar{\pi}}(t)$。

---

[1]　Kim,T.& Omberg,E.,"Dynamic Nonmyopic Portfolio Behavior",*The Review of Financial Studies*,vol.9,no.1,1996,pp.141–161.

Wachter,J.,"Portfolio and Consumption Decisions under Mean-reverting Returns:An Exact Solution for Complete Markets",*Journal of financial and quantitative analysis*,vol.37,no.1,2002,pp.63–91.

Pirvu,T.& Zhang,H.,"Optimal Investment,Consumption and Life Insurance under Mean-reverting Returns:The Complete Market Solution",*Insurance:Mathematics and Economics*,vol.51,no.2,2012,pp.303–309.

梁晓青、郭军义:《均值回归模型下最优人寿保险的购买和投资消费问题》,《中国科学:数学》2015 年第 5 期,第 623—638 页。

记 $\varPi_1$ 为所有可容许策略构成的集合。考虑与原问题相同的优化目标

$$\max_{\bar{\pi} \in \varPi_1} E_t [U(X^{\bar{\pi}}(T))] = \max_{\bar{\pi} \in \varPi_1} E_t \left[\frac{X^{1-\gamma}(T)}{1-\gamma} \right]$$

其中 $E_t[\cdot] = E[\cdot | X(t) = x, m(t) = m]$，$X(t)$ 满足(6.19)式，那么对于可容许策略 $\bar{\pi} \in \varPi_1$，定义值函数 $\bar{V}$ 为：

$$\bar{V}(t,x,m) = \sup_{\bar{\pi} \in \varPi_1} E[U(X^{\bar{\pi}}(T)) \mid X(t) = x, m(t) = m] \tag{6.21}$$

其中边界条件为 $\bar{V}(T,x,m) = U(x)$，接下来，我们将给出无穷小算子 $e\mathcal{A}_1$ 的形式。对于 $\bar{\varphi}(t,x,m) \in C^{1,2,2}$，在 $[0,T]$ 上一阶连续可微，在 $\mathbb{O}: \mathbb{R} \times \mathbb{R}$ 上二阶连续可微。

$$e\mathcal{A}_1 \bar{\varphi}(t,x,m) = \bar{\varphi}_t + \bar{\varphi}_x \left[x \left(r + \bar{\pi}\sigma_s m + \frac{1}{\omega - \omega_0 - t} \right) + c \frac{\omega - \omega_0 - (1+a)t}{\omega - \omega_0 - t} \right] +$$

$$\bar{\varphi}_m [k_m(\bar{m} - m)] + \frac{1}{2}\bar{\varphi}_{xx} x^2 \bar{\pi}^2 \sigma_s^2 + \frac{1}{2}\bar{\varphi}_{mm}\sigma_m^2 + \bar{\varphi}_{xm} x\bar{\pi}\sigma_s \sigma_m p_{ms}$$

其中 $\bar{\varphi}_t$、$\bar{\varphi}_x$、$\bar{\varphi}_m$ 与 $\bar{\varphi}_{xm}$ 分别是 $\bar{\varphi}(t,x,m)$ 关于各变量的一阶、二阶偏导数。那么值函数 $\bar{V}$ 满足下述 HJB 方程：

$$\sup_{\bar{\pi} \in \varPi_1} \left\{ \bar{V}_t + \bar{V}_x \left[x \left(r + \bar{\pi}\sigma_s m + \frac{1}{\omega - \omega_0 - t} \right) + c \frac{\omega - \omega_0 - (1+\xi)t}{\omega - \omega_0 - t} \right] + \bar{V}_m [k_m(\bar{m} - m)] \right.$$

$$\left. + \frac{1}{2}\bar{V}_{xx} x^2 \bar{\pi}^2 \sigma_s^2 + \frac{1}{2}\bar{V}_{mm}\sigma_m^2 + \bar{V}_{xm} x\bar{\pi}\sigma_s \sigma_m p_{ms} \right\} = 0$$

其中边界条件为 $\bar{V}(T,x,m) = \dfrac{x^{1-\gamma}}{1-\gamma}$。由于验证定理的内容及定理的证明与前文类似，我们在此略去，直接给出相应的最优决策与最优值函数。

定理 4：对于我们所考虑的最优控制问题(6.21)，最优风险资产投资比例 $\bar{\pi}^*(t)$ 由下式给出：

$$\bar{\pi}^*(t) = \frac{x - a(t)}{x\sigma_s} [m + (1-\gamma)\sigma_m p_{ms}(2\bar{A}_2(t)m + \bar{A}_3(t))]$$

除此之外，值函数

$$\bar{V}(t,x,m) = \frac{(x - a(t))^{1-\gamma}}{1 - \gamma} \bar{g}^{1-\gamma}(t,m)$$

其中 $\bar{g}(t,m) = \exp\{\bar{A}_1(t) + \bar{A}_2(t)m^2 + \bar{A}_3(t)m\}$，$a(t)$ 同定理3，$\bar{A}_1(t)$、$\bar{A}_2(t)$、$\bar{A}_3(t)$ 是下述常微分方程组的解：

$$\bar{A}_1'(t) + \frac{r(\omega - \omega_0 - t) + 1}{\omega - \omega_0 - t} + k_m \bar{m} \bar{A}_3(t) + \frac{1-\gamma}{2}\sigma_m^2 \bar{A}_3^2(t) +$$

$$\frac{(1-\gamma)^2}{2\gamma}\sigma_m^2 p_{ms}^2 \bar{A}_3^2(t) + \sigma_m^2 \bar{A}_2(t) = 0$$

$$\bar{A}_2'(t) - 2k_m \bar{A}_2(t) + \frac{1}{2\gamma} + 2\frac{(1-\gamma)^2}{\gamma}\sigma_m^2 p_{ms}^2 \bar{A}_2^2(t) + 2(1-\gamma)\sigma_m^2 \bar{A}_2^2(t) + 2$$

$$\frac{1-\gamma}{\gamma}\sigma_m p_{ms} \bar{A}_2(t) = 0$$

$$\bar{A}_3'(t) + 2k_m \bar{m} \bar{A}_2(t) - k_m \bar{A}_3(t) + 2\frac{(1-\gamma)^2}{\gamma}\sigma_m^2 p_{ms}^2 \bar{A}_2(t)\bar{A}_3(t) +$$

$$\frac{1-\gamma}{\gamma}\sigma_m p_{ms} \bar{A}_3(t) + 2(1-\gamma)\sigma_m^2 \bar{A}_2(t)\bar{A}_3(t) = 0 \qquad (6.22)$$

其中边界条件为 $\bar{A}_1(T) = \bar{A}_2(T) = \bar{A}_3(T) = 0$。

接下来，我们要研究的是学习机制的另一种特殊情形——部分信息。假设风险溢价完全不可观测，即假设 $\frac{\mu_s(t) - r}{\sigma_s(t)} = n(t)$，其中 $n(t)$ 服从下述微分方程：

$$dn(t) = k_n[\bar{n} - n(t)]dt + \sigma_n dW_n(t) \qquad (6.23)$$

这种情况下，我们假设股票波动率 $\sigma_s(t)$ 是可观测信息，$W_s(t)$ 与 $W_n(t)$ 为两个一维标准布朗运动，满足 $E[dW_s(t)dW_n(t)] = p_{sn}dt$。此时养老基金的财富过程为：

$$dX(t) = X(t)\left[r + \tilde{\pi}(t)\sigma_s(t)n(t) + \frac{1}{\omega - \omega_0 - t}\right]dt +$$

$$c\frac{\omega - \omega_0 - (1 + \xi)t}{\omega - \omega_0 - t}dt + X(t)\tilde{\pi}(t)\sigma_s(t)dW_1(t) \tag{6.24}$$

这里 $\tilde{\pi}(t)$ 表示风险资产投资比例。在此情况下,基金管理者可获得的信息仅有股票价格,那么我们用 $\mathcal{F}_t^{S_1} = \sigma\{S_1(u) \mid u \in [0,T]\}$ 来表示直至 t 时刻,决策者可获得的全部信息。因此,基金管理者必须基于域流 $\mathcal{F}_t^{S_1}$ 作决策。接下来,我们定义这一特殊例子对应的可容许策略集。

定义 3:对于固定的 $t \in [0,T]$,记 $\tilde{\mathcal{O}} := \mathbb{R} \times \mathbb{R}$,$\tilde{\mathcal{Q}} := [0,T] \times \tilde{\mathcal{O}}$,投资决策 $\tilde{\pi}(t)$ 被称为可容许策略,若

(1) $\tilde{\pi}(t)$ 是 $\mathcal{F}_t^{S_1}$ — 循序可测的,且 $E\left[\int_0^T \tilde{\pi}^2(t)dt\right] < +\infty$;

(2) $\forall (x, \hat{n})$,(6.23) 式存在唯一解 $X^{\tilde{\pi}}(t)$ 。

记 Π_2 为所有可容许策略构成的集合。值得强调的是,这种情况下,决策者借助可观测股票价格 $S_1(t)$ 来得到不可观测因子 $n(t)$ 的预测 $\hat{n}(t)$ 作为可用信息来考虑最优投资策略运用上一节所介绍的 Kalman 滤波理论,易知不可观测因子 $\hat{n}(t)$ 满足如下微分方程:

$$d\hat{n}(t) = (k_n\bar{n} - k_n\hat{n}(t))dt + \left(\sigma_n p_{ns} + \frac{\Sigma(t)}{\sigma_s(t)}\right)dW_1(t) \tag{6.25}$$

考虑与原问题相同的优化目标

$$\max_{\tilde{\pi} \in \Pi_2} E_t[U(X^{\tilde{\pi}}(T))] = \max_{\tilde{\pi} \in \Pi_2} E_t\left[\frac{X^{1-\gamma}(T)}{1-\gamma}\right] \tag{6.26}$$

其中 $E_t[\cdot] = E[\cdot \mid X(t) = x, \hat{n}(t) = \hat{n}]$,$X(t)$ 满足(6.23)式,那么对于可容许策略 $\tilde{\pi} \in \Pi_2$,定义值函数 $\tilde{V}$ 为:

$$\tilde{V}(t, x, \hat{n}) = \sup_{\tilde{\pi} \in \Pi_2} E[U(X^{\tilde{\pi}}(T)) \mid X(t) = x, \hat{n}(t) = \hat{n}]$$

其中边界条件为 $\tilde{V}(t,x,\hat{n}) = U(x)$，接下来，我们将定义无穷小算子 $\mathcal{A}_2$。对于 $\tilde{\varphi}(t,x,\tilde{n}) \in C^{1,2,2}$，在 $[0,T]$ 上一阶连续可微，在 $\tilde{\mathcal{O}}:\mathbb{R} \times \mathbb{R}$ 上二阶连续可微。

$$\mathcal{A}_2 \tilde{\varphi}(t,x,\hat{n}) = \tilde{\varphi}_t + $$

$$\tilde{\varphi}_x \left\{ x \left[r + \tilde{\pi}\sigma_s (\delta + \delta_m m + \delta_n \hat{n}) + \frac{1}{\omega - \omega_0 - t} \right] + c\, \frac{\omega - \omega_0 - (1 + \xi)t}{\omega - \omega_0 - t} \right\}$$

$$+ \tilde{\varphi}_{\hat{n}} [k_n(\bar{n} - \hat{n})] + \frac{1}{2}\tilde{\varphi}_{\hat{n}\hat{n}} \left[(\sigma_n p_{ns} + \delta_n \Sigma(t))^2 + \left(\sigma_n \bar{p}_{nm} - \frac{\delta_n \Sigma(t) p_{ms}}{\bar{p}_m} \right)^2 \right]$$

$$+ \frac{1}{2}\tilde{\varphi}_{xx} x^2 \pi^2 \sigma_s^2 + \tilde{\varphi}_{x\hat{n}} x\pi\sigma_s (\sigma_n p_{ns} + \delta_n \Sigma(t))$$

其中 $\tilde{\varphi}_t$、$\tilde{\varphi}_x$、$\tilde{\varphi}_{\hat{n}}$ 与 $\tilde{\varphi}_{x\hat{n}}$ 分别是 $\tilde{\varphi}(t,x,\hat{n})$ 关于各变量的一阶、二阶偏导数。

那么值函数 $\tilde{V}$ 满足如下 HJB 方程：

$$\sup_{\tilde{\pi} \in \Pi_1}\left\{ \tilde{V}_t + \tilde{V}_x \left[x\left(r + \tilde{\pi}\sigma_s \delta_n \hat{n} + \frac{1}{\omega - \omega_0 - t} \right) + c\, \frac{\omega - \omega_0 - (1 + a)t}{\omega - \omega_0 - t} \right] + \tilde{V}_{\hat{n}} [k_n(\bar{n} - \hat{n})] \right.$$

$$\left. + \frac{1}{2}\tilde{V}_{xx} x^2 \tilde{\pi}^2 \sigma_s^2 + \frac{1}{2}\tilde{V}_{\hat{n}\hat{n}} (\sigma_n p_{ns} + \Sigma(t))^2 + \tilde{V}_{x\hat{n}} x\tilde{\pi}\sigma_s (\sigma_n p_{ns} + \Sigma(t)) \right\} = 0$$

其中边界条件为 $\tilde{V}(T,x,\hat{n}) = \dfrac{x^{1-\gamma}}{1-\gamma}$。由于验证定理的内容及定理证明与前文类似，我们在此略去，直接给出相应的最优决策与最优值函数。

定理 5：对于最优资产配置问题（6.26），最优风险资产投资比例 $\tilde{\pi}^*(t)$ 为：

$$\tilde{\pi}^*(t) = \frac{x - a(t)}{x\sigma_s} [\hat{n} + (1 - \gamma)(\sigma_n p_{ns} + \Sigma(t))(2\tilde{A}_4(t)\hat{n} + \tilde{A}_5(t))]$$

除此之外，值函数

$$\tilde{V}(t,x,\hat{n}) = \frac{(x - a(t))^{1-\gamma}}{1-\gamma}\tilde{g}^{1-\gamma}(t,\hat{n})$$

其中 $g(t,\hat{n}) = \exp\{\tilde{A}_1(t) + \tilde{A}_4(t)\hat{n}^2 + \tilde{A}_5(t)\hat{n}\}$，$a(t)$ 同定理 3，$\tilde{A}_1(t)$、

$\tilde{A}_4(t)$、$\tilde{A}_5(t)$ 是下述常微分方程组的解：

$$\tilde{A}_1'(t) + \frac{r(\omega - \omega_0 - t) + 1}{\omega - \omega_0 - t} + k_n \bar{n} \tilde{A}_5(t) + \frac{(1 - \gamma)^2}{2\gamma} (\sigma_n p_{ns} + \Sigma(t))^2 \tilde{A}_5^2(t)$$

$$+ (\sigma_n p_{ns} + \Sigma(t))^2 \left(\frac{1 - \gamma}{2} \tilde{A}_5^2(t) + \tilde{A}_4(t) \right) = 0$$

$$\tilde{A}_4'(t) - 2k_n \tilde{A}_4(t) + \frac{1}{2\gamma} + 2 \frac{1 - \gamma}{\gamma} (\sigma_n p_{ns} + \Sigma(t))^2 \tilde{A}_4^2(t) + 2 \frac{1 - \gamma}{\gamma} \delta_n (\sigma_n p_{ns}$$

$$+ \delta_n \Sigma(t)) \tilde{A}_4(t) = 0 \qquad\qquad (6.27)$$

$$\tilde{A}_5'(t) + 2k_n \bar{n} \tilde{A}_4(t) - k_n \tilde{A}_5(t) + 2 \frac{1 - \gamma}{\gamma} (\sigma_n p_{ns} + \Sigma(t))^2 \tilde{A}_4(t) \tilde{A}_5(t)$$

$$+ 2(1 - \gamma) \tilde{A}_4(t) \tilde{A}_5(t) (\delta_n p_{ns} + \Sigma(t))^2 + \frac{1 - \gamma}{\gamma} (\sigma_n p_{ns} + \delta_n \Sigma(t)) \tilde{A}_5(t) = 0$$

其中边界条件为 $\tilde{A}_1(T) = \tilde{A}_4(T) = \tilde{A}_5(T) = 0$。

第四节　数值分析

在本小节中,我们将结合数值分析进一步探究不可观测因子,学习机制与保费返还条款对 DC 养老基金最优投资决策的影响。布兰格等学者选用净派息率作为可观测指标,预期股息增长率作为不可观测指标,采用极大似然估计法估得了无风险利率 r、预期超额收益 μ、风险资产波动率 σ、可观测因子(不可观测因子)的预测水平 $\delta_m (\delta_n)$ 等一系列参数值[①]。本章涉及的金融市场参数值均参考该文献。除此之外,我们还参考了何林和梁宗霞关于保费返还条

---

① Branger, N. et al., "Robust Portfolio Choice with Ambiguity and Learning about Return Predictability", *Journal of Banking and Finance*, vol.37, no.5, 2013, pp.1397-1411.

款参数的取值[①]。除非另有说明,参数均在表 6.1 中给出。

表 6.1 模型参数取值

ω	ω_0	c	γ	δ	δ_m	δ_n	r	k_m	k_n	$\bar{m}$
100	20	0.01	10	3.7816	1.6315	13.4035	0.5	0.2935	4.0942	−2.1493
$\bar{n}$	σ_s	σ_m	σ_n	p_{ms}	p_{ns}	p_{nm}	T	$X(0)$	$m(0)$	$n(0)$
0	0.8	0.1467	0.2620	−0.2186	−0.2164	−0.4913	10	10	1	0

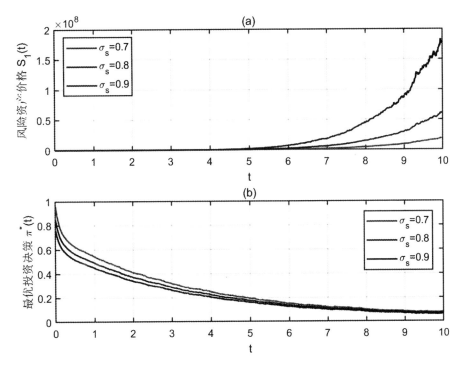

图 6.1:(a)风险资产波动率 σ_s 对风险资产价格 $S_1(t)$ 的影响

(b)风险资产波动率 σ_s 对最优投资决策 $\pi^*(t)$ 的影响

---

① He,L.& Liang,Z.,"Optimal Investment Strategy for the DC Plan with the Return of Premiums Clauses in a Mean-variance Framework",*Insurance:Mathematics and Economics*,vol.53,no.3,2013,pp. 643-649.

图 6.1 展示了风险资产波动率 σ_s 对最优投资决策 $\pi^*(t)$ 的影响。我们在图 6.1(a)中绘制了风险资产价格 $S_1(t)$ 的 1000 次模拟路径均值,可以看出 σ_s 越大,风险资产的波动越剧烈,这与我们的直觉是一致的。从图 6.1(b)可以看出,最优风险资产投资比例随着 σ_s 的增加而降低,当 σ_s 增大时,投资于风险资产需要承担更大的风险,基金管理者倾向于采取相对保守的投资决策,进而降低风险资产持有比例。此外我们发现,随着终端时刻(参保者开始领取养老金)的临近,基金管理者更愿意降低风险资产投资比例,尽可能降低投资风险。这也与养老基金安全稳定可持续的投资理念相符合。

图 6.2 揭示不可观测因子的均值回归速度 k_n 对最优投资决策 $\pi^*(t)$ 的影响。我们在图 6.2(a)中绘制了不可观测因子的 1000 次模拟路径均值。值得一提的是,当 $n(0) = \bar{n} = 0$(不可观测因子的初值与其长期均值相同)时,$n(t)$ 的均值回归现象在图中并不明显。为了直观的展示 $n(t)$ 的均值回归现象,揭示 $n(t)$ 与 k_n 之间的关系,我们在图 6.2(a)中假设 $n(0) = 0.01$。由于 k_n 刻画了不可观测因子 $n(t)$ 回归长期均值 $\bar{n} = 0$ 的速度,由图 6.2(a)不难看出,k_n 越大,$n(t)$ 回归其长期均值的速度越快。且由于预测误差 $\Sigma(t)$ 随着 k_n 的增加而降低,这意味着对不可观测因子的预测更为准确,可以获取更多关于风险溢价的信息。掌握更多市场信息的决策者会更为积极地进行风险资产配置,如图 6.2(b)所示,提高风险资产投资比例。

图 6.3 反映了不可观测因子参数 δ_n 与 σ_n 对最优投资决策 $\pi^*(t)$ 的影响。δ_n 刻画了风险溢价中不可观测部分所占权重,那么 δ_n 越大表示不可观测部分占比越多。虽然可以通过学习机制对不可观测部分进行预测,将其转化为可用信息,但这种"学习"是存在误差的,不可观测因子占比越高,决策者所掌握的市场信息不足,投资信心不强,那么正如图 6.3(a)所展示的,决策者会倾向于选择更为保守、谨慎的投资决策,降低风险资产投资比例。此外,由于风险溢价的波动性会随着 σ_n 的增加而增加,且预测误差 $\Sigma(t)$ 也会随着 σ_n 的增加而增加,那么如图 6.3(b)所示,当 σ_n 增大时,决策者会降低对风险资产

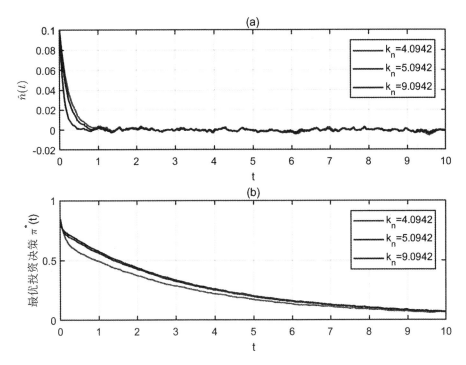

图 6.2：（a）参数 k_n 对不可观测因子滤波 $\hat{n}(t)$ 的影响

（b）参数 k_n 对最优投资决策 $\pi^*(t)$ 的影响

的持有。

为了分析保费返还条款对养老金财富量的影响,记 $X^*(t)$ 为考虑保费返还条款下养老基金的财富量,而 $\hat{X}^*(t)$ 表示没有保费返还条款下养老基金的财富量,$X^*(t) - \hat{X}^*(t)$ 则表示二者的偏差(wealth deviation)。观察图 6.4（a）不难看出带有保费返还条款下的养老基金的财富量低于不带保费返还条款的情形,我们认为这可能是带有保费返还条款的养老金计划中养老保险费的可提取机制导致的。养老基金中的部分财富被在基金积累阶段提前死亡的参保者的指定受益者领取,故而降低了财富水平。此外我们看到,这一偏差 $|X^*(t) - \hat{X}^*(t)|$ 会随着时间的推移而扩大,这是由于随着参保者年龄的增长,死亡概率提高,导致从养老基金中提取的财富量也在不断增加,因此这一

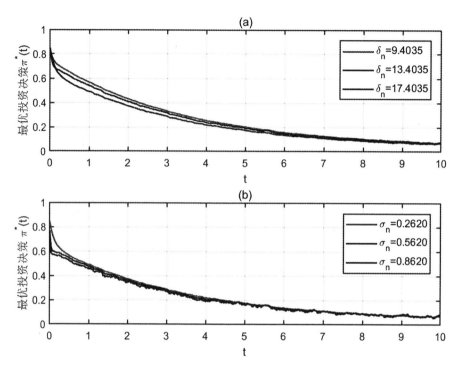

图 6.3：(a) 参数 δ_n 对最优投资决策 $\pi^*(t)$ 的影响

(b) 参数 σ_n 对最优投资决策 $\pi^*(t)$ 的影响

偏差与时间 t 呈正相关关系。除此之外，图 6.4 还展示了基金管理者的风险厌恶态度对养老基金财富量的影响。γ 越小，表示基金管理者越偏好风险，倾向于采取更为激进的投资决策，更为冒进的投资决策（$\gamma = 9$）可能招致更大的财富偏差。

由于参数的变化会导致随机过程发生很大变化，分析每个变量关于时间 t 的变化趋势是非常困难的，在不失一般性的情况下，为了简单起见，我们在图 6.4(b) 中分析了单位时刻养老金缴费 c 在初始时刻 0 对最优投资策略的影响。不难发现，最优风险资产投资比例 $\pi^*(t)$ 随单位时刻养老金缴费 c 的增加而提高。这是由于随着 c 的提高，养老基金总额也会随之增加。在计划初期基金管理者会提高回报率较高的风险资产配置比例，以期获得高收益。

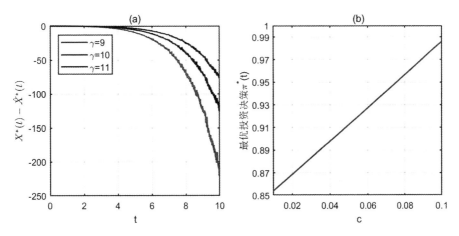

图 6.4:（a）风险厌恶系数 γ 对财富偏差 $X^*(t) - \hat{X}^*(t)$ 的影响
（b）养老金缴费 c 对最优投资决策 $\pi^*(t)$ 的影响

第五节 小 结

本章我们研究了学习机制下带有保费返还条款的 DC 养老基金的最优投资决策。我们考虑金融市场由无风险资产与风险资产构成,假设风险资产回报率仅部分可观测,其中不可观测部分可以通过贝叶斯学习机制从可观测信息中学习到。此外,我们引入了保费返还条款,允许在基金积累阶段死亡的参保者的指定受益人提取他们所缴纳积累的养老保险费。以最大化参保者退休时刻养老基金财富的期望幂效用为目标,构造连续时间随机最优控制问题并求得基金管理者的最优资产配置策略。

我们发现,随着时间的推移,基金管理者更倾向于降低风险资产持有比例,单位时刻养老金缴费与最优风险资产投资比例呈正相关关系。掌握更多市场信息的决策者会更为积极地配置风险资产。此外,带有保费返还条款的养老基金财富会由于养老金可提取设定而低于没有保费返还条款情形下的养老基金财富量,这一偏差也会随着时间的推移、参保者死亡概率的提高而逐渐扩大。

附 录 A

首先,正如前文所介绍的

$$
\begin{pmatrix} \dfrac{dS(t)}{S(t)} \\ dm(t) \\ dn(t) \end{pmatrix} = \begin{pmatrix} r + \sigma_s(m(t))(\delta + \delta_m m(t) + \delta_n n(t)) \\ k_m[\bar{m} - m(t)] \\ k_n[\bar{n} - n(t)] \end{pmatrix} dt +
$$

$$
\begin{pmatrix} \sigma_s(m(t)) & 0 & 0 \\ 0 & \sigma_m & 0 \\ 0 & 0 & \sigma_n \end{pmatrix} \begin{pmatrix} dW_s(t) \\ dW_m(t) \\ dW_n(t) \end{pmatrix} \tag{A.1}
$$

这里 $W_s(t)$、$W_m(t)$ 与 $W_n(t)$ 是两两相关的一维标准布朗运动,我们希望将其用相互独立的布朗运动 $W_1(t)$、$W_2(t)$ 与 $W_3(t)$ 表示。

若记 $\bar{p}_m = \sqrt{1 - p_{ms}^2}$,$\bar{p}_{nm} = \dfrac{p_{nm} - p_{ms}p_{ns}}{\sqrt{1 - p_{ms}^2}}$,$\bar{p}_n = \sqrt{1 - p_{ns}^2 - \bar{p}_{nm}^2}$,那么(A.1)可以改写为:

$$
\begin{pmatrix} \dfrac{dS(t)}{S(t)} \\ dm(t) \\ dn(t) \end{pmatrix} = \begin{pmatrix} r + \sigma_s(m(t))(\delta + \delta_m m(t) + \delta_n n(t)) \\ k_m[\bar{m} - m(t)] \\ k_n[\bar{n} - n(t)] \end{pmatrix} dt +
$$

$$
\begin{pmatrix} \sigma_s(m(t)) & 0 & 0 \\ \sigma_m p_{ms} & \sigma_m \bar{p}_m & 0 \\ \sigma_n p_{ns} & \sigma_n \bar{p}_{nm} & \sigma_n \bar{p}_n \end{pmatrix} \begin{pmatrix} dW_1(t) \\ dW_2(t) \\ dW_3(t) \end{pmatrix} \tag{A.2}
$$

将上式分解为可观测过程 $S_1(t)$ 与 $m(t)$ 和不可观测过程 $n(t)$,即

$$\begin{pmatrix} \dfrac{\mathrm{d}S(t)}{S(t)} \\ \mathrm{d}m(t) \end{pmatrix} = \left[\underbrace{\begin{pmatrix} r + \sigma_s(m(t))(\delta + \delta_m m(t)) \\ k_m[\bar{m} - m(t)] \end{pmatrix}}_{A_0} + \underbrace{\begin{pmatrix} \delta_n \\ 0 \end{pmatrix}}_{A_1} n(t) \right] \mathrm{d}t + \underbrace{\begin{pmatrix} 0 \\ 0 \end{pmatrix}}_{B_1} \mathrm{d}W_3(t)$$

$$+ \underbrace{\begin{pmatrix} \sigma_s(m(t)) & 0 \\ \sigma_m p_{ms} & \sigma_m \bar{p}_m \end{pmatrix}}_{B_2} \begin{pmatrix} \mathrm{d}W_1(t) \\ \mathrm{d}W_2(t) \end{pmatrix}$$

$$\mathrm{d}n(t) = \underbrace{k_n \bar{n}}_{a_0} - \underbrace{k_n n(t)}_{a_1} \mathrm{d}t + \underbrace{\sigma_n \bar{p}_n}_{b_1} \mathrm{d}W_3(t) + \underbrace{(\sigma_n p_{ns}, \sigma_n \bar{p}_{nm})}_{b_2} \begin{pmatrix} \mathrm{d}W_1(t) \\ \mathrm{d}W_2(t) \end{pmatrix}$$

依据 Kalman 滤波理论,我们首先给出 $\hat{n}(t) = \mathrm{E}[n(t) \mid F_t^{S_1,m}]$ 与预测的

均方误差 $\Sigma(t) = \mathrm{E}[(n(t) - \hat{n}(t))^2 \mid F_t^{S_1,m}]$ 所满足的方程:

$$\mathrm{d}\hat{n}(t) = (a_0 + a_1 \hat{n}(t))\,\mathrm{d}t$$

$$+ [b_1 B_1^\top + b_2 B_2^\top + \Sigma(t) A_1^\top][B_1 B_1^\top + B_2 B_2^\top]^{-1}$$

$$\left[\begin{pmatrix} \dfrac{\mathrm{d}S(t)}{S(t)} \\ \mathrm{d}m(t) \end{pmatrix} - (A_0 + A_1 \hat{n}(t))\,\mathrm{d}t \right] \tag{A.3}$$

$$\mathrm{d}\Sigma(t) = 2\,a_1 \Sigma(t) + [b_1 b_1^\top + b_2 b_2^\top]$$

$$- [b_1 B_1^\top + b_2 B_2^\top + \Sigma(t) A_1^\top][B_1 B_1^\top + B_2 B_2^\top]^{-1}$$

$$[b_1 B_1^\top + b_2 B_2^\top + \Sigma(t) A_1^\top]^\top \tag{A.4}$$

代入并化简,即得

$$\mathrm{d}\hat{n}(t) = (k_n \bar{n} - k_n \hat{n}(t))\,\mathrm{d}t + \left(\sigma_n p_{ns} + \frac{\delta_n \Sigma(t)}{\sigma_s(m(t))} \right) \mathrm{d}W_1(t)$$

$$+ \left(\sigma_n \bar{p}_{nm} - \frac{\delta_n \Sigma(t) p_{ms}}{\sigma_s(m(t)) \bar{p}_m} \right) \mathrm{d}W_2(t)$$

$$\mathrm{d}\Sigma(t) = -2k_n \Sigma(t) + \sigma_n^2 - \left(\sigma_n p_{ns} + \frac{\delta_n \Sigma(t)}{\sigma_s(m(t))} \right)^2 - \left(\sigma_n \bar{p}_{nm} - \frac{\delta_n \Sigma(t) p_{ms}}{\sigma_s(m(t)) \bar{p}_m} \right)^2$$

定理 1 得证。

附　录　B

受边界条件结构的启发,我们构造(6.15)式的解的形式为:

$$V(t,x,m,\hat{n}) = \frac{(x-a(t))^{1-\gamma}}{1-\gamma}g^{1-\gamma}(t,m,\hat{n})$$

那么 V 关于各参数的各阶偏导分别为:

$$V_t = -a'(x-a)^{-\gamma}g^{1-\gamma} + (x-a)^{1-\gamma}g^{-\gamma}g_t;$$

$$V_x = (x-a)^{-\gamma}g^{1-\gamma};$$

$$V_{xx} = -\gamma(x-a)^{-\gamma-1}g^{1-\gamma};$$

$$V_m = (x-a)^{1-\gamma}g^{-\gamma}g_m;$$

$$V_{mm} = -\gamma(x-a)^{1-\gamma}g^{-\gamma-1}g_m^2 + (x-a)^{1-\gamma}g^{-\gamma}g_{mm};$$

$$V_{\hat{n}} = (x-a)^{1-\gamma}g^{-\gamma}g_{\hat{n}};$$

$$V_{\hat{n}\hat{n}} = -\gamma(x-a)^{1-\gamma}g^{-\gamma-1}g_{\hat{n}}^2 + (x-a)^{1-\gamma}g^{-\gamma}g_{\hat{n}\hat{n}};$$

$$V_{xm} = (1-\gamma)(x-a)^{-\gamma}g^{-\gamma}g_m;$$

$$V_{x\hat{n}} = (1-\gamma)(x-a)^{-\gamma}g^{-\gamma}g_{\hat{n}};$$

$$V_{m\hat{n}} = -\gamma(x-a)^{1-\gamma}g^{-\gamma-1}g_m g_{\hat{n}} + (x-a)^{1-\gamma}g^{-\gamma}g_{m\hat{n}}$$

将上述偏导代入(6.15)式,并引入记号 $\Delta = (\delta + \delta_m m + \delta_n \hat{n}) + (1-\gamma)\sigma_s p_{ms}\dfrac{g_m}{g} + (1-\gamma)(\sigma_n p_{ns} + \dfrac{\delta_n \Sigma}{\sigma_s})\dfrac{g_{\hat{n}}}{g}$,经过化简,可得到:

$$\left[-a'(x-a)^{-\gamma} + (x-a)^{1-\gamma}\frac{g_t}{g} + \right.$$

$$\frac{1}{\gamma}(x-a)^{1-\gamma}\Delta(\delta + \delta_m m + \delta_n \hat{n}) + \frac{r(\omega - \omega_0 - t) + 1}{\omega - \omega_0 - t}(x-a)^{1-\gamma} +$$

$$\left(c\frac{\omega - \omega_0 - (1+\xi)t}{\omega - \omega_0 - t} + \frac{r(\omega - \omega_0 - t) + 1}{\omega - \omega_0 - t}a\right)(x-a)^{-\gamma} +$$

$$(x-a)^{1-\gamma} \cdot [k_m(\bar{m}-m)]\frac{g_m}{g} + (x-a)^{1-\gamma}[k_n(\bar{n}-\hat{n})]\frac{g_{\hat{n}}}{g} - \frac{1}{2\gamma}(x-a)^{1-\gamma}\Delta^2 +$$

$$\frac{1}{2}(x-a)^{1-\gamma}\sigma_m^2 \cdot \left[\frac{g_{mm}}{g} - \gamma\left(\frac{g_m}{g}\right)^2\right] +$$

$$\frac{1}{2}(x-a)^{1-\gamma}\left[\left(\sigma_n p_{ns} + \frac{\delta_n\Sigma(t)}{\sigma_s}\right)^2 + \left(\sigma_n\bar{p}_{nm} - \frac{\delta_n\Sigma(t)p_{ms}}{\sigma_s\bar{p}_m}\right)^2\right]\left[\frac{g_{\hat{n}\hat{n}}}{g} - \gamma\left(\frac{g_{\hat{n}}}{g}\right)^2\right] +$$

$$\frac{1-\gamma}{\gamma}(x-a)^{1-\gamma}\Delta\left[\sigma_m p_{ms}\frac{g_m}{g} + \left(\sigma_n p_{ns} + \frac{\delta_n\Sigma(t)}{\sigma_s}\right)\frac{g_{\hat{n}}}{g}\right] + (x-a)^{1-\gamma}[\sigma_m$$

$$\cdot p_{ms}\left(\sigma_n p_{ns} + \frac{\delta_n\Sigma(t)}{\sigma_s}\right) + \sigma_m\bar{p}_m\left(\sigma_n\bar{p}_{nm} - \frac{\delta_n\Sigma(t)p_{ms}}{\sigma_s\bar{p}_m}\right)\right]\left[\frac{g_{m\hat{n}}}{g} - \gamma\frac{g_m g_{\hat{n}}}{g^2}\right] = 0$$

$$(B.1)$$

值得一提的是,在上式的化简过程中,我们运用了下述幂变换:

$$\left[x\frac{r(\omega-\omega_0-t)+1}{\omega-\omega_0-t} + c\frac{\omega-\omega_0-(1+\xi)t}{\omega-\omega_0-t}\right](x-a)^{-\gamma}$$

$$= \frac{r(\omega-\omega_0-t)+1}{\omega-\omega_0-t}(x-a)^{1-\gamma} +$$

$$\left[c\frac{\omega-\omega_0-(1+\xi)t}{\omega-\omega_0-t} + \frac{r(\omega-\omega_0-t)+1}{\omega-\omega_0-t}a\right](x-a)^{-\gamma} \qquad (B.2)$$

对(B.1)式分离变量,即可得到关于$a(t)$与关于$g(t,m,\hat{n})$的微分方程:

$$a_t - \frac{r(\omega-\omega_0-t)+1}{\omega-\omega_0-t}a - c\frac{\omega-\omega_0-(1+\xi)t}{\omega-\omega_0-t} = 0, a(T) = 0 \qquad (B.3)$$

$$\frac{g_t}{g} + \frac{1}{\gamma}\Delta(\delta + \delta_m m + \delta_n\hat{n}) + \frac{r(\omega-\omega_0-t)+1}{\omega-\omega_0-t} + [k_m(\bar{m}-m)]\frac{g_m}{g} +$$

$$[k_n(\bar{n}-\hat{n})]\frac{g_{\hat{n}}}{g} + \frac{1}{2}\sigma_m^2\left[\frac{g_{mm}}{g} - \gamma\left(\frac{g_m}{g}\right)^2\right] +$$

$$\frac{1-\gamma}{\gamma}\Delta\left[\sigma_m p_{ms}\frac{g_m}{g} + \left(\sigma_n p_{ns} + \frac{\delta_n\Sigma(t)}{\sigma_s}\right)\frac{g_{\hat{n}}}{g}\right] - \frac{1}{2\gamma}\Delta^2 +$$

$$\frac{1}{2}\left[\left(\sigma_n p_{ns} + \frac{\delta_n \Sigma(t)}{\sigma_s}\right)^2 + \left(\sigma_n \bar{p}_{nm} - \frac{\delta_n \Sigma(t) p_{ms}}{\sigma_s \bar{p}_m}\right)^2\right]\left[\frac{g_{\hat{n}\hat{n}}}{g} - \gamma\left(\frac{g_{\hat{n}}}{g}\right)^2\right] +$$

$$\left[\sigma_m p_{ms}\left(\sigma_n p_{ns} + \frac{\delta_n \Sigma(t)}{\sigma_s}\right) + \sigma_m \bar{p}_m\left(\sigma_n \bar{p}_{nm} - \frac{\delta_n \Sigma(t) p_{ms}}{\sigma_s \bar{p}_m}\right)\right]\left[\frac{g_{m\hat{n}}}{g} - \gamma\frac{g_m g_{\hat{n}}}{g^2}\right] = 0$$

$$（B.4）$$

$$g(T, m, \hat{n}) = 1$$

借助边界条件,易知一阶线性非齐次常微分方程(B.3)的解为:

$$a(t) = \frac{c}{r(\omega - \omega_0 - t)}\left[\left(\omega - \omega_0 - (1-\xi)T - \frac{1-\xi}{r}\right) - \left(\omega - \omega_0 - (1-\xi)t - \frac{1-\xi}{r}\right)e^{r(T-t)}\right]$$

$$（B.5）$$

为了求解(B.4)式,我们构造其解的形式 $g(t, m, \hat{n}) = \exp\{A_1(t) + A_2(t)m^2 + A_3(t)m + A_4(t)\hat{n}^2 + A_5(t)\hat{n} + A_6(t)m\hat{n}\}$,其中,

$$\frac{g_t}{g} = A_1'(t) + A_2'(t)m^2 + A_3'(t)m + A_4'(t)\hat{n}^2 + A_5'(t)\hat{n} + A_6'(t)m\hat{n};$$

$$\frac{g_m}{g} = 2A_2(t)m + A_3(t) + A_6(t)\hat{n};$$

$$\frac{g_{\hat{n}}}{g} = 2A_4(t)\hat{n} + A_5(t) + A_6(t)m;$$

$$\frac{g_{mm}}{g} = (2A_2(t)m + A_3(t) + A_6(t)\hat{n})^2 + 2A_2(t);$$

$$\frac{g_{\hat{n}\hat{n}}}{g} = (2A_4(t)\hat{n} + A_5(t) + A_6(t)m)^2 + 2A_4(t);$$

$$\frac{g_{m\hat{n}}}{g} = (2A_2(t)m + A_3(t) + A_6(t)\hat{n})(2A_4(t)\hat{n} + A_5(t) + A_6(t)m) + A_6(t)$$

将上述结果代入(B.4)式,经过分离变量,即有 $A_1(t)$、$A_2(t)$、$A_3(t)$、$A_4(t)$、$A_5(t)$、$A_6(t)$ 是下述常微分方程组的解:

$$A_1'(t) + \frac{r(\omega - \omega_0 - t) + 1}{\omega - \omega_0 - t} + k_m \bar{m} A_3(t) + k_n \bar{n} A_5(t) + \frac{\delta^2}{2\gamma} +$$

$$\frac{1-\gamma}{2}\sigma_m^2 A_3^2(t) + \frac{(1-\gamma)^2}{2\gamma} \cdot \left[\sigma_m p_{ms} A_3(t) + \left(\sigma_n p_{ns} + \frac{\delta_n \Sigma(t)}{\sigma_s}\right) A_5(t)\right]^2 +$$

$$\sigma_m^2 A_2(t) + \left[\sigma_m p_{ms}\left(\sigma_n p_{ns} + \frac{\delta_n \Sigma(t)}{\sigma_s}\right) + \sigma_m \bar{p}_m\left(\sigma_n \bar{p}_{nm} - \frac{\delta_n \Sigma(t) p_{ms}}{\sigma_s \bar{p}_m}\right)\right]$$

$$\left[(1-\gamma)A_3(t)A_5(t) + A_6(t)\right] + \left[\left(\sigma_n p_{ns} + \frac{\delta_n \Sigma(t)}{\sigma_s}\right)^2 + \left(\sigma_n \bar{p}_{nm} - \frac{\delta_n \Sigma(t) p_{ms}}{\sigma_s \bar{p}_m}\right)^2\right]$$

$$\left(\frac{1-\gamma}{2}A_5^2(t) + A_4(t)\right) + \frac{1-\gamma}{\gamma}\delta\left(\sigma_n p_{ns} + \frac{\delta_n \Sigma(t)}{\sigma_s}\right) A_5(t) + \frac{1-\gamma}{\gamma}\delta\sigma_m p_{ms} A_3(t) = 0$$

$$\text{(B.6)}$$

$$A_2'(t) - 2k_m A_2(t) + \frac{\delta_m^2}{2\gamma} + \frac{(1-\gamma)^2}{2\gamma}\left(\sigma_n p_{ns} + \frac{\delta_n \Sigma(t)}{\sigma_s}\right)^2 A_6^2(t) +$$

$$2\frac{(1-\gamma)^2}{\gamma}\sigma_m^2 p_{ms}^2 A_2^2(t) + 2(1-\gamma)\left[\begin{array}{c}\sigma_m p_{ms}\left(\sigma_n p_{ns} + \dfrac{\delta_n \Sigma(t)}{\sigma_s}\right) + \\[2mm] \sigma_m \bar{p}_m\left(\sigma_n \bar{p}_{nm} - \dfrac{\delta_n \Sigma(t) p_{ms}}{\sigma_s \bar{p}_m}\right)\end{array}\right] A_2(t)A_6(t)$$

$$+ 2(1-\gamma)\sigma_m^2 A_2^2(t) + \frac{1-\gamma}{2}\left[\begin{array}{c}\left(\sigma_n p_{ns} + \dfrac{\delta_n \Sigma(t)}{\sigma_s}\right)^2 + \\[2mm] \left(\sigma_n \bar{p}_{nm} - \dfrac{\delta_n \Sigma(t) p_{ms}}{\sigma_s \bar{p}_m}\right)^2\end{array}\right] A_6^2(t) +$$

$$\frac{1-\gamma}{\gamma}\delta_m\left(\sigma_n \bar{p}_{nm} - \frac{\delta_n \Sigma(t) p_{ms}}{\sigma_s \bar{p}_m}\right) A_6(t) + 2\frac{1-\gamma}{\gamma}\delta_m \sigma_m p_{ms} A_2(t) +$$

$$2\frac{(1-\gamma)^2}{\gamma}\sigma_m \cdot ms\left(\sigma_n \bar{p}_{nm} - \frac{\delta_n \Sigma(t) p_{ms}}{\sigma_s \bar{p}_m}\right) A_2(t)A_6(t) = 0 \qquad \text{(B.7)}$$

$$A_3'(t) + 2k_m \bar{m}A_2(t) - k_m A_3(t) + k_n \bar{n}A_6(t) + \frac{\delta\delta_m}{\gamma} +$$

$$\frac{(1-\gamma)^2}{\gamma}\left(\sigma_n p_{ns} + \frac{\delta_n \Sigma(t)}{\sigma_s}\right)^2 A_5(t)A_6(t) + 2\frac{(1-\gamma)^2}{\gamma}\sigma_m p_{ms}^2 A_2(t)A_3(t) +$$

$$2(1 - \gamma)\, \sigma_m^2 A_2(t) A_3(t) + (1 - \gamma)\left[\sigma_m p_{ms}\left(\sigma_n p_{ns} + \frac{\delta_n \Sigma(t)}{\sigma_s}\right) + \right.$$

$$\left. \sigma_m \bar{p}_m\left(\sigma_n \bar{p}_{nm} - \frac{\delta_n \Sigma(t) p_{ms}}{\sigma_s \bar{p}_m}\right)\right](2A_2(t) A_5(t) + A_3(t) A_6(t)) +$$

$$(1 - \gamma)\left[\left(\sigma_n p_{ns} + \frac{\delta_n \Sigma(t)}{\sigma_s}\right)^2 + \left(\sigma_n \bar{p}_{nm} - \frac{\delta_n \Sigma(t) p_{ms}}{\sigma_s \bar{p}_m}\right)^2\right] A_5(t) A_6(t) +$$

$$\frac{1 - \gamma}{\gamma}\left(\sigma_n p_{ns} + \frac{\delta_n \Sigma(t)}{\sigma_s}\right)[\delta A_6(t) + \delta_m A_5(t)] +$$

$$\frac{(1 - \gamma)^2}{\gamma}\sigma_m p_{ms}\left(\sigma_n p_{ns} + \frac{\delta_n \Sigma(t)}{\sigma_s}\right)[2A_2(t) A_5(t)$$

$$+ A_3(t) A_6(t)] + \frac{1 - \gamma}{\gamma}\sigma_m p_{ms}[2\delta A_2(t) + \delta_m A_3(t)] = 0 \tag{B.8}$$

$$A_4'(t) - 2k_n A_4(t) + \frac{\delta_n^2}{2\gamma} +$$

$$\frac{(1 - \gamma)^2}{2\gamma}\left[2A_4(t)\left(\sigma_n p_{ns} + \frac{\delta_n \Sigma(t)}{\sigma_s}\right) + A_6(t)\sigma_m p_{ms}\right]^2 + \frac{1 - \gamma}{2}\sigma_m^2 A_6^2(t) +$$

$$2(1 - \gamma)\left[\sigma_m p_{ms}\left(\sigma_n p_{ns} + \frac{\delta_n \Sigma(t)}{\sigma_s}\right) + \sigma_m \bar{p}_m\left(\sigma_n \bar{p}_{nm} - \frac{\delta_n \Sigma(t) p_{ms}}{\sigma_s \bar{p}_m}\right)\right] A_4(t) A_6(t) +$$

$$2(1 - \gamma)\left[\left(\sigma_n p_{ns} + \frac{\delta_n \Sigma(t)}{\sigma_s}\right)^2 + \left(\sigma_n \bar{p}_{nm} - \frac{\delta_n \Sigma(t) p_{ms}}{\sigma_s \bar{p}_m}\right)^2\right] A_4^2(t) +$$

$$2\frac{1 - \gamma}{\gamma}\delta_n\left(\sigma_n p_{ns} + \frac{\delta_n \Sigma(t)}{\sigma_s}\right) A_4(t) + \frac{1 - \gamma}{\gamma}\delta_n \sigma_m p_{ms} A_6(t) = 0 \tag{B.9}$$

$$A_5'(t) + k_m \bar{m} A_6(t) + 2k_n \bar{n} A_4(t) - k_n A_5(t) + \frac{\delta \delta_n}{\gamma} +$$

$$2\frac{(1 - \gamma)^2}{\gamma}\left(\sigma_n p_{ns} + \frac{\delta_n \Sigma(t)}{\sigma_s}\right)^2 A_4(t) A_5(t) + \frac{(1 - \gamma)^2}{\gamma}\sigma_m^2 p_{ms}^2 A_3(t) A_6(t) +$$

$$(1 - \gamma)\sigma_m^2 A_3(t) A_6(t) + (1 - \gamma)\left[\sigma_m p_{ms}\left(\sigma_n p_{ns} + \frac{\delta_n \Sigma(t)}{\sigma_s}\right) + \right.$$

$$\sigma_m\bar{p}_m\bigg(\sigma_n\bar{p}_{nm} - \frac{\delta_n\Sigma(t)p_{ms}}{\sigma_s\bar{p}_m}\bigg)\bigg](2A_3(t)A_4(t) + A_5(t)A_6(t)) +$$

$$2(1-\gamma)\bigg[\bigg(\sigma_n p_{ns} + \frac{\delta_n\Sigma(t)}{\sigma_s}\bigg)^2 + \bigg(\sigma_n\bar{p}_{nm} - \frac{\delta_n\Sigma(t)p_{ms}}{\sigma_s\bar{p}_m}\bigg)^2\bigg]A_4(t)A_5(t) +$$

$$\frac{1-\gamma}{\gamma}\bigg(\sigma_n p_{ns} + \frac{\delta_n\Sigma(t)}{\sigma_s}\bigg)(2\delta A_4(t) + \delta_n A_5(t)) +$$

$$\frac{(1-\gamma)^2}{\gamma}\sigma_m p_{ms}\bigg(\sigma_n p_{ns} + \frac{\delta_n\Sigma(t)}{\sigma_s}\bigg)(2A_3(t)A_4(t) +$$

$$A_5(t)A_6(t))\frac{1-\gamma}{\gamma}\sigma_m p_{ms}(\delta A_6(t) + \delta_n A_3(t)) = 0 \qquad (\text{B}.10)$$

$$A_6'(t) - k_m A_6(t) - k_n A_6(t) + \frac{\delta_m\delta_n}{\gamma} + 2\frac{(1-\gamma)^2}{\gamma}\bigg(\sigma_n p_{ns} + \frac{\delta_n\Sigma(t)}{\sigma_s}\bigg)^2 A_4(t)A_6(t)$$

$$+ 2\frac{(1-\gamma)^2}{\gamma}\sigma_m^2 p_{ms}^2 A_2(t)A_6(t) + 2(1-\gamma)\sigma_m^2 A_2(t)A_6(t) +$$

$$(1-\gamma)[\sigma_m p_{ms}\cdot\bigg(\sigma_n p_{ns} + \frac{\delta_n\Sigma(t)}{\sigma_s}\bigg) + \sigma_m\bar{p}_m\bigg(\sigma_n\bar{p}_{nm} - \frac{\delta_n\Sigma(t)p_{ms}}{\sigma_s\bar{p}_m}\bigg)](4A_2(t)A_4(t) + A_6^2(t))$$

$$+ 2(1-\gamma)\bigg[\bigg(\sigma_n p_{ns} + \frac{\delta_n\Sigma(t)}{\sigma_s}\bigg)^2 + \bigg(\sigma_n\bar{p}_{nm} - \frac{\delta_n\Sigma(t)p_{ms}}{\sigma_s\bar{p}_m}\bigg)^2\bigg]A_4(t)A_6(t) +$$

$$\frac{1-\gamma}{\gamma}\bigg(\sigma_n p_{ns} + \frac{\delta_n\Sigma(t)}{\sigma_s}\bigg)(2\delta_m A_4(t) + \delta_n A_6(t)) +$$

$$\frac{(1-\gamma)^2}{\gamma}\sigma_m p_{ms}\bigg(\sigma_n p_{ns} + \frac{\delta_n\Sigma(t)}{\sigma_s}\bigg)(2A_2(t)A_4(t) + A_6^2(t)) +$$

$$\frac{1-\gamma}{\gamma}\sigma_m p_{ms}(\delta_m A_6(t) + 2\delta_n A_2(t)) = 0 \qquad (\text{B}.11)$$

其中边界条件为 $A_1(T) = A_2(T) = A_3(T) = A_4(T) = A_5(T) = A_6(T) = 0$。故定理 3 得证。

第七章　混合养老金计划的最优资产配置和给付调整策略

第一节　引　言

养老基金的保值增值及其在金融市场中的合理配置,既影响每一位参保者退休之后的生活水平和幸福程度,也关系到社会的安定与团结。传统的养老金计划包括给付确定型(Defined Benefit,DB)和缴费确定型(Defined Contribution,DC)两种类型。部分学者研究了 DC 养老金计划的最优投资问题。[①]

---

① Gerrard,R.et al.,"Optimal Investment Choices Post-retirement in a Defined Contribution Pension Scheme",*Insurance：Mathematics and Economics*,vol.35,no.2,2004,pp.321-342.

He,L.& Liang,Z.,"Optimal Dynamic Asset Allocation Strategy for ELA Scheme of DC Pension Plan during the Distribution Phase",*Insurance：Mathematics and Economics*,vol.52,no.2,2013,pp.404-410.

He,L.& Liang,Z.,"Optimal Assets Allocation and Benefit Outgo Policies of DC Pension Plan with Compulsory Conversion Claims",*Insurance：Mathematics and Economics*,vol.61,2015,pp.227-234.

Vigna,E.,"On Efficiency of Mean-variance Based Portfolio Selection in Defined Contribution Pension Schemes",*Quantitative Finance*,vol.14,no.2,2014,pp.237-258.

Zhao,H.& Rong,X.,"On the Constant Elasticity of Variance Model for the Utility Maximization Problem with Multiple Risky Assets",*IMA Journal of Management Mathematics*,vol.28,no2,2017,pp.299-320.

Zeng,Y.et al.,"Ambiguity Aversion and Optimal Derivative-based Pension Investment with Stochastic Income and Volatility",*Journal of Economic Dynamics and Control*,vol.88,2018,pp.70-103.

还有部分学者研究了 DB 养老金计划的最优投资策略和缴费策略,以期最大限度地降低偿付能力风险和缴费风险。[1] 此外,由于金融市场复杂多变,在人口老龄化背景下,混合养老金计划悄然而生。混合养老金计划兼具 DB 和 DC 养老金计划的特点,既可以在 DB 养老金计划基础上加入 DC 养老金计划的因素,增强灵活性;也可以在 DC 养老金计划中添加 DB 养老金计划的特征,增强保障性。具有代表性的混合养老金计划包括加拿大的目标给付(Target Benefit,TB)计划、英国的集体缴费确定(Collective Defined Contribution,CDC)计划、美国的现金余额计划(Cash Balance Plan,CBP)以及荷兰的指数化职业生涯平均计划(Indexed Career Average Plans,ICAP)等。根据目标给付水平,加拿大的 TB 养老金计划将雇主和雇员的缴费设置在固定水平或固定范围内,实际的养老金给付是由养老基金运营表现决定的,可能超过或不足目标给付,它们的运作模式就像一个集合(pooled)DC 计划,由参与者共同承担投资

(接上页注①)Chang,H.et al.,"Defined Contribution Pension Planning with a Stochastic Interest Rate and Mean-reverting Returns under the Hyperbolic Absolute Risk Aversion Preference",*IMA Journal of Management Mathematics*,vol.31,no.2,2020,pp.167-189.

Wang,P.et al.,"Asset Allocation for a DC Pension Plan with Learning about Stock Return Predictability",*Journal of Industrial and Management Optimization*,vol.18,no.6,2022,pp.3847-3877.

Yao,H.et al.,"Dynamic Discrete-time Portfolio Selection for Defined Contribution Pension Funds with Inflation Risk",*Journal of Industrial and Management Optimization*,vol.18,no1,2022,pp.511-540.

① Haberman,S. et al.," Risk Measurement and Management of Defined Benefit Pension Schemes:A Stochastic Approach",*IMA Journal of Management Mathematics*,vol.14,no.2,2003,pp.111-128.

Josa-Fombellida,R. & Rincon-Zapatero,J.," Optimal Risk Management in Defined Benefit Stochastic Pension Funds",*Insurance:Mathematics and Economics*,vol.34,no.3,2004,pp.489-503.

Josa-Fombellida,R.& Rincon-Zapatero,J.,"Funding and Investment Decisions in a Stochastic Defined Benefit Pension Plan with Several Levels of Labor-income Earnings",*Computers and Operations Research*,vol.35,no.1,2008,pp.47-63.

Josa-Fombellida,R. & Rincon-Zapatero,J.," Optimal Asset Allocation for Aggregated Defined Benefit Pension Funds with Stochastic Interest Rates",*European Journal of Operational Research*,vol.201,no.1,2010,pp.211-221.

风险和长寿风险。[1]

TB 计划的特征之一是不同代计划成员共同分担风险,在没有外部担保的情况下,该计划有助于成员之间的风险转移,因此各代人(包括尚未加入该计划的人)之间的临时补贴(temporary subsidies)可以有助于长期保持相对稳定的给付水平。[2] 与传统的 DB 养老金计划和 DC 养老金计划相比,具有有效代际风险分担的养老金计划可以改善福利。[3] 从代际风险分担的角度,王愫新(Wang)等首次展开研究,通过随机最优控制方法推导出了最优投资和给付调整策略的闭式解,发现 TB 计划能够有效地为参与者提供一个稳定和可持续的养老金账户。之后,他们又使用鞅方法,研究了 S 型效用函数条件下目标给付养老基金的最优投资和给付调整策略。[4] 还有学者将 ALM 技术与混合养老基金管理结合起来,并找到了最优资产配置以及缴费和给付调整策略,其优化目标是最大限度地减少计划成员的预期损失。[5] 王佩琪等研究了具有违约风险的 TB 养老基金的鲁棒最优投资和给付调整问题。[6] 赵慧和王愫新选用柯布-道格拉斯(Cobb-Douglas)效用函数与爱泼斯坦-津(Epstein-Zin)递归效用函数,以期望效用最大化为目标,研究了 TB 计划的最优投资和给付调

① Turner,J.A.& Center,P.P.,"Hybrid Pensions:Risk Sharing Arrangements for Pension Plan Sponsors and Participants",*Society of Actuaries*,2014,pp.4-33.

② Wang,S.et al.,"Optimal Investment Strategies and Intergenerational Risk Sharing for Target Benefit pension plans",*Insurance:Mathematics and Economics*,vol.80,2018,pp.1-14.

③ Cui,J.et al.,"Intergenerational Risk Sharing within Funded Pension Schemes",*Journal of Pension Economics and Finance*,vol.10,no.1,2011,pp.1-29.

Gollier,C.,"Intergenerational Risk-sharing and Risk-taking of a Pension Fund",*Journal of Public Economics*,vol.92,2008,pp.1463-1485.

④ Wang,S.et al.,"Optimal Investment and Benefit Payment Strategy under Loss Aversion for Target Benefit Pension Plans",*Applied Mathematics and Computation*,vol.346,2019,pp.205-218.

⑤ Wang, S. & Lu, Y., "Optimal Investment Strategies and Risk-sharing Arrangements for a Hybrid Pension Plan",*Insurance:Mathematics and Economics*,vol.89,2019,pp.46-62.

⑥ Wang,P.et al.,"Robust Optimal Investment and Benefit Payment Adjustment Strategy for Target Benefit Pension Plans under Default Risk",*Journal of Computational and Applied Mathematics*,vol.391,2021,113382.

整问题。① 这些研究假定生存函数是确定的,我们的研究则基于随机死亡力模型,这更符合现实。此外,由于总给付和总缴费均受到计划参与者的死亡率影响。因此,随机死亡力模型的引入有助于将长寿风险纳入 TB 养老金计划问题的分析框架。

从广义上说,长寿风险是指个人或总体人群未来的平均实际寿命高于预期寿命产生的风险。② 长寿风险可分为个体长寿风险和聚合长寿风险两类。国际上研究长寿风险通常指聚合长寿风险(系统性风险),本章研究的长寿风险亦指聚合长寿风险。长寿风险通常会导致年金提供者和养老金计划产生严重的偿付能力问题。由于是系统性风险,很难通过大数定律来分散。③ 长寿债券、生存互换、生存期货和生存期权等与死亡率相关的金融产品可以对冲长寿风险。2004 年,欧洲投资银行(European Investment Bank)首次发行长寿债券,为英国养老金计划提供了一种长寿风险对冲工具。梅农辛(Menoncin)研究了代理人(agent)终生期望效用最大化目标下,长寿债券在最优消费和投资策略中的作用。④ 恩盖(Ngai)和谢里夫(Sherris)研究了使用长寿债券和衍生品进行长寿风险管理的静态对冲策略的有效性。⑤ Menoncin 等分析了具有长寿风险的代理人在退休前的最优消费和投资组合选择,其研究发现,退休前将部分财富投资于与寿命相关的产品是最理想的,可以对冲退休后的长

① Zhao, H. & Wang, S., "Optimal Investment and Benefit Adjustment Problem for a Target Benefit Pension Plan with Cobb-Douglas Utility and Epstein-Zin Recursive Utility", *European Journal of Operational Research*, vol.301, no.3, 2022, pp.1166-1180.

② MacMinn, R. et al., "Longevity Risk and Capital Markets", *The Journal of Risk and Insurance*, vol.73, no.4, 2006, pp.551-557.

③ Chen, B. et al., "On the Robustness of Longevity Risk Pricing", *Insurance: Mathematics and Economics*, vol.47, no.3, 2010, pp.358-373.

④ Menoncin, F., "The Role of Longevity Bonds in Optimal Portfolios", *Insurance: Mathematics and Economics*, vol.42, no.1, 2008, pp.343-358.

⑤ Ngai, A. & Sherris M., "Longevity Risk Management for Life and Variable Annuities: The Effectiveness of Static Hedging Using Longevity Bonds and Derivatives", *Insurance: Mathematics and Economics*, vol.49, no.1, 2011, pp.100-114.

寿风险。① 之后其研究代理人在其一生中如何最优选择劳动供给、消费和投资组合，以期最大化跨期效用。② 因此，长寿风险是混合集体养老金计划的管理过程中应考虑的重要因素。

在本章中，我们研究了具有随机死亡力的目标给付养老基金的最优投资组合和给付调整策略。由于养老金计划中不断有新加入者和退休者，我们假设参保者的死亡力函数服从一个随机过程。同时预先设定目标给付，基于此构建养老基金的缴费过程和给付过程。我们考虑将养老基金投资于无风险资产、股票和长寿债券，以最小化实际给付与目标给付水平的差距和养老金计划的不连续性风险为目标。利用随机控制理论，求得当金融市场中有无长寿债券时的最优资产配置和给付调整策略的封闭解，同时通过数值模拟分析，长寿债券在资产配置中的作用。

我们的主要贡献如下：首先，引入随机死亡力模型，将长寿风险纳入 TB 养老金计划的资产配置和给付调整策略的研究框架，利用与随机死亡力相关的金融产品对冲长寿风险，探讨如何通过代际风险分担和金融市场投资来管理 TB 计划下的长寿风险。其次，我们分别推导了有长寿债券和没有长寿债券的最优控制问题解的表达式。最后，我们量化分析了长寿风险对 TB 计划投资组合的影响及长寿债券投资的对冲作用。此外，引入可以描述长寿风险的随机死亡力模型拓广了已有研究。

本章其余部分组织如下：第二节介绍了随机死亡力和金融市场假设，并给出随机最优控制问题。第三节，我们推导出具有长寿债券时的最优投资组合和给付调整决策的封闭解。第四节得出当市场中不含有长寿债券时的最优投资和给付调整决策的闭式表达式。第五节给出一些数值模拟算例，分析理论

---

① Menoncin, F.& Regis, L., "Longevity-linked Assets and Pre-retirement Consumption/Portfolio Decisions", *Insurance: Mathematics and Economics*, vol.76, 2017, pp.75-86.

② Menoncin, F.& Regis, L., "Optimal Life-cycle Labour Supply, Consumption, and Investment: The Role of Longevity-linked Assets", *Journal of Banking and Finance*, vol.120, 2020, 105935.

结果背后的经济含义。最后,给出本章的主要结论。

第二节　模　型

我们考虑一个完备且无摩擦的金融市场,金融市场所涉及的不确定性因素由独立且标准的布朗运动 $W(t) = (W_S(t), W_\lambda(t), W_Y(t))$ 来描述。假设 $(\Omega, \mathcal{F}, P)$ 是一个完备的概率空间。$\mathcal{F} = \{\mathcal{F}_t\}_{t \geqslant 0}$ 是一个由布朗运动生成的右连续的域流,并包含到时刻 t 为止的所有市场可用信息。P 表示 Ω 上的概率测度。我们假设所有的随机变量和随机过程均定义在该概率空间上。

一、死亡力

我们使用 $\lambda(t, T_r)$ 来表示年龄为 T_r 的个体在时间 t 的死亡力(Barbarin,2008)[①]。随机死亡力由奥恩斯坦-乌伦贝克(Ornstein-Uhlenbeck,OU)过程给出:

$$d\lambda(t, T_r) = \alpha(\beta_0 - \lambda(t, T_r))\, dt + \sigma dW_\lambda(t) \tag{7.1}$$

其中 $\beta_0 > 0$ 是衡量与非年龄因素相关的意外死亡的参数,α 是缩放参数,$\sigma > 0$ 是波动率,T_r 为退休年龄。我们着重刻画退休后死亡力的变化。受米索夫(Missov)等和达尔(Dahl)的启发[②],我们用 $\lambda(t, T_r + x)$ 表示在 t 时刻所有年龄成员的死亡力函数:

$$\lambda(t, T_r + x) = \lambda(t, T_r) A(x) \tag{7.2}$$

其中 $A(x)$ 描述参保者从 T_r 到 $T_r + x$ 的死亡力变化情况,并遵循贡培

---

① Barbarin, J., "Heath-Jarrow-Morton Modelling of Longevity Bonds and the Risk Minimization of Life Insurance Portfolios", *Insurance: Mathematics and Economics*, vol.43, no.1, 2008, pp.41–55.

② Missov, T., Lenart, A. & Nemeth, L. et al., "The Gompertz Force of Mortality in Terms of the Modal Age at Death". *Demographic Research*, vol.32, 2015, pp.1031–1048.

Dahl, M., "Stochastic Mortality in Life Insurance: Market Reserves and Mortality-linked Insurance Contracts", *Insurance: Mathematics and Economics*, vol.35, no.1, 2004, pp.113–136.

兹-梅卡姆(Gompertz-Makeham)定律。

因此,对于在 0 时刻年龄为 T_r 的个体在 t 时刻的死亡力可以表示为

$$\lambda(t, T_r + t) = \lambda(t, T_r) A(t) \tag{7.3}$$

从而,我们可以得到

$$d\lambda(t, T_r + t) = \alpha_\lambda(t)(\beta_\lambda(t) - \lambda(t, T_r + t)) dt + \sigma_\lambda(t)dW_\lambda(t) \tag{7.4}$$

其中

$$\alpha_\lambda(t) = \alpha - \frac{\dfrac{d}{dt}A(t)}{A(t)}, \quad \beta_\lambda(t) = \frac{\alpha\beta_0 A(t)}{\alpha - \dfrac{\dfrac{d}{dt}A(t)}{A(t)}}, \quad \sigma_\lambda(t) = \sigma A(t) \tag{7.5}$$

二、金融市场

我们假设金融市场由无风险资产、股票和长寿债券组成。

第一,无风险资产 $G(t)$ 的价格过程由下式给出:

$$dG(t) = rG(t)dt, \quad G(0) = 1 \tag{7.6}$$

其中 $r > 0$ 为无风险利率。

第二,风险资产(股票) S 的价格服从如下方程:

$$\begin{cases} \dfrac{dS(t)}{S(t)} = (r + \xi_S \sigma_S) dt + \sigma_S(\rho_{\lambda S}dW_\lambda(t) + \sqrt{1 - \rho_{\lambda S}^2}dW_S(t)) \\ S(0) = S_0 \end{cases} \tag{7.7}$$

其中 ξ_S 为风险溢价, σ_S 是波动率。股票市场和死亡率之间的相关性由系数 $\rho_{\lambda S} \in (-1, 1)$ 刻画。

第三,一些国家发行长寿债券来管理长寿风险。如欧洲投资银行于 2004 年发行了长寿债券,使用的是 2003 年威尔士 65 岁男性群体中测量的累积存活率(Menoncin,2008)。在我们的工作中假设根据 0 时刻退休的人(年龄为 T_r)的累积生存概率来发行长寿债券。令 $L(t, T_L, \lambda, r)$ 为在 t 时刻发行并在 T_L 时刻到

期的长寿债券的价格。那么,在等价鞅测度下以无风险利率贴现的息票,有

$$L(t,T_L,\lambda,r) = \mathbb{E}_t^{\mathbb{Q}} \left[e^{-\int_t^{T_L} \lambda(s,T_r+s)\,ds} e^{-r(T_L-t)} \right] \qquad (7.8)$$

其中 $\mathbb{Q}$ 是鞅等价测度,$\mathbb{E}_t$ 是在 F_t 下计算的期望算子。ξ_λ 表示长寿债券的市场价格。因此,长寿债券的价格如下(Chen 等,2010)[①]:

$$\frac{dL(t,T_L,\lambda,r)}{L(t,T_L,\lambda,r)} = (r + \lambda(t,T_r+t) + \nabla_\lambda(t)\sigma_\lambda(t)\xi_\lambda)\,dt + \nabla_\lambda(t)\sigma_\lambda(t)\,dW_\lambda(t)$$

其中,

$$\nabla_\lambda(t) = - e^{-\int_t^{T_L}\alpha_\lambda(s)\,ds} \int_t^{T_L} e^{\int_u^{T_L}\alpha_\lambda(s)\,ds}\,du$$

我们遵循无套利原则可得在时间 $k \in [t,T_L]$ 发行时间 t 的长寿债券的美元价值为 $e^{-\int_t^k \lambda(s,T_r+s)\,ds} L(t,T_L,\lambda,r)$ [②]。那么,对于在 0 时刻发行并在 T_L 时刻支付的长寿债券,在 t 时的价格为 $\tilde{L}(t,T_L,\lambda,r) = e^{-\int_0^t \lambda(s,T_r+s)\,ds} L(t,T_L,\lambda,r)$。因此,$\tilde{L}(t,T_L,\lambda,r)$ 满足

$$\frac{d\tilde{L}(t,T_L,\lambda,r)}{\tilde{L}(t,T_L,\lambda,r)} = (r + \nabla_\lambda(t)\sigma_\lambda(t)\xi_\lambda)\,dt + \nabla_\lambda(t)\sigma_\lambda(t)\,dW_\lambda(t) \qquad (7.9)$$

三、年龄结构、养老金的缴费与给付

由于参保者在工作期缴费并存入养老基金的集体账户,退休后从养老基金账户中得到养老金给付。因此基金财富依赖于年龄结构,而年龄结构依赖于死亡力函数。我们假设在加入该计划时所有成员的年龄为 a,所有成员的

---

① Chen,B.et al.,"On the Robustness of Longevity Risk Pricing",*Insurance:Mathematics and Economics*,vol.47,no.3,2010,pp.358−373.

② Wong,T.et al.,"Managing Mortality Risk with Longevity Bonds when Mortality Rates are Cointegrated",*Journal of Risk and Insurance*,vol.84,no.3,2017,pp.987−1023.

He,L.& Tian,S.,"Optimal Post-retirement Consumption and Portfolio Choices with Idiosyncratic Individual Mortality Force and Awareness of Mortality Risk",*Communications in Statistics-Theory and Methods*,2021,pp.1−17.

退休年龄为 T_r，所有成员的最高生存年龄为 T_m。在我们的模型中，我们假设所有的参保者均能存活到领取养老金给付阶段。该假设基于这样一个事实，即人类死亡率数据[①]表明，在许多国家/地区，65 岁之前的个体的生存概率接近于 1。我们用 $n(t)$ 表示在 t 时刻年龄为 a 的新加入该计划的成员密度。那么，在 t 时年龄 q 的计划成员密度是 $n(t-(q-a))$。在 $t-(q-T_r)$ 时刻，T_r 岁的成员生存到 t 时刻 q 岁的生存概率是：

$$p(T_r,q,t) = \mathbb{E}\left[e^{-\int_{t-(q-T_r)}^{t} \lambda(u,T_r+u)\mathrm{d}u} \mid F_{t-(q-T_r)} \right]$$

$$= e^{B_1(T_r,q)\lambda(t-(q-T_r),T_r)+B_2(T_r,q)} \tag{7.10}$$

其中，

$$B_1(T_r,q) = e^{\int_0^{q-T_r}\alpha_\lambda(s)\mathrm{d}s} \int_0^{q-T_r} e^{-\int_0^u \alpha_\lambda(s)\mathrm{d}s}\mathrm{d}u$$

$$B_2(T_r,q) = \int_0^{q-T_r} \alpha_\lambda(u)\beta_\lambda(u)B_1(T_r,u) + \frac{1}{2}\sigma_\lambda^2(u)B_1^2(T_r,u)\,\mathrm{d}u$$

需要注意的是，当 $t \geq 0$ 时，$t-(q-T_r)$ 的值可能是负数；不过这仅意味着在时间 t，年龄为 q 岁的成员在 $(q-T_r)$ 年之前的年龄是 T_r，此时对应的时间为 $t-(q-T_r)$。我们仍需要假设一个新的量 $\tilde{\lambda}(t-(q-T_r),T_r)$，它表示在时间 $t-(q-T_r)$ 年龄为 T_r 的成员的死亡力函数。由方程(7.1)，容易得到以下关系：

$$\lambda(t,T_r) = \lambda(s,T_r)\,e^{-\alpha(t-s)} + \int_s^t e^{-\alpha(t-u)}\alpha\beta_0\mathrm{d}u + \int_s^t e^{-\alpha(t-u)}\sigma\mathrm{d}W_\lambda(u) \tag{7.11}$$

我们参考王傱新等(2018)中使用的近似方法，基于(7.1)式的确定性部分，定义 $\tilde{\lambda}(t-(q-T_r),T_r)$ 为：

$$\tilde{\lambda}(t-(q-T_r),T_r) = \left[\lambda(t,T_r) - \int_{t-(q-T_r)}^t e^{-\alpha(t-u)}\alpha\beta_0\mathrm{d}u\right] e^{\alpha(q-T_r)} \tag{7.12}$$

上式以 t 时刻，年龄为 T_r 的计划成员的死亡力为起点，近似地向后估计死

[①] The Human Mortality Database，https://www.mortality.org/.

亡力的变化情况。由于学者们根据实际数据估计的 σ 的值很小（Babbs & Nowman,1999）[1]，且 $Var[\lambda(t,T_r)]=\int_{t-(q-T_r)}^{t}e^{-2\alpha(t-u)}\sigma^2du$ 非常小。因此,此近似处理对我们结果的影响不大。此外,我们在附录 A 中提供了图 A.1,更直观地说明此近似处理对生存概率的影响不大。但非常重要的是,该近似处理使得我们能够求解下一节中提出的最优控制问题。因此,在 $t-(q-T_r)$ 时刻,年龄为 T_r 的成员在 t 时刻存活到 q 岁时的近似生存概率为:

$$\tilde{p}(T_r,q,t)=e^{B_1(T_r,q)\tilde{\lambda}(t-(q-T_r),T_r)+B_2(T_r,q)} \tag{7.13}$$

令 $Y(t)$ 表示 t 时刻退休的成员的工资。我们假设 $Y(t)$ 服从以下随机微分方程:

$$dY(t)=Y(t)\left(\alpha_Y dt+\sigma_Y\left(\rho_{\lambda Y}dW_\lambda(t)+\sqrt{1-\rho_{\lambda Y}^2}dW_Y(t)\right)\right) \tag{7.14}$$

其中 $\alpha_Y>0$ 是瞬时工资增长率, $\sigma_Y>0$ 是工资的波动率。工资和死亡力之间的相关性由系数 $\rho_{\lambda Y}\in(-1,1)$ 刻画。

此外,我们还需要以时间 t 退休的成员工资为起点,近似向后估计在 $t-(q-T_r)$ 时刻退休的计划成员的工资,假设工资以确定性指数增长率 α_Y 增长,因此年龄为 $q(q\geq T_r)$ 的参保者在 t 时刻的工资为 $Y(t)e^{-\alpha_Y(q-T_r)}$。 假设该计划以瞬时养老金替代率 $\gamma(t)$ 和退休时的工资的一定比例的乘积作为养老金给付额,那么该养老金计划受托人（Plan Trustees）是可以调整 $\gamma(t)$ 的（是一个控制变量）。我们还假设养老金给付随着生活成本的增加以固定年利率 ζ 增加,那么在 t 时刻退休成员(已退休了 $q-T_r$ 年)的年养老金给付额可以表示为:

$$\tilde{B}(t,q)=\gamma(t)Y(t)e^{-(\alpha_Y-\zeta)(q-T_r)},q\geq T_r \tag{7.15}$$

为了简单起见,我们令 $\lambda(t)=\lambda(t,T_r)$。 那么,总给付 $B(t,\lambda(t,T_r))$ 可

① Babbs,S.& Nowman,K.,"Kalman Filtering of Generalized Vasicek Term Structure Models", *Journal of Financial and Quantitative Analysis*,vol.34,no.1,1999,pp.115-130.

以写成：

$$B(t,\lambda(t)) = \int_{T_r}^{T_m} n(t-(q-a))\tilde{p}(T_r,q,t)\tilde{B}(t,q)\mathrm{d}q$$

$$= \int_{T_r}^{T_m} n(t-(q-a))\tilde{p}(T_r,q,t)\gamma(t)Y(t)\mathrm{e}^{-(\alpha_Y-\zeta)(q-T_r)}\mathrm{d}q \qquad (7.16)$$

$$= \gamma(t)Y(t)\mathscr{B}(t,\lambda(t))$$

其中，

$$\mathscr{B}(t,\lambda(t)) = \int_{T_r}^{T_m} n(t-(q-a))\tilde{p}(T_r,q,t)\mathrm{e}^{-(\alpha_Y-\zeta)(q-T_r)}\mathrm{d}q$$

$$= \int_{T_r}^{T_m} n(t-(q-a))\mathrm{e}^{B_1(T_r,q)}\left[\lambda(t,T_r) - \int_0^{q-T_r}\mathrm{e}^{-\alpha u}\alpha\beta_0\mathrm{d}u\right]\mathrm{e}^{\alpha t} +$$

$$B_2(T_r,q)\,\mathrm{e}^{-(\alpha_Y-\zeta)\,(q-T_r)}\mathrm{d}q \qquad (7.17)$$

从(7.17)式可以看出，$B(t,\lambda(t))$ 与 $\lambda(t,T_r)$ 有关。$B(t,\lambda(t))$ 是关于年龄 q 的积分，而不是关于时间 t 的积分，这就意味着积分与 $\lambda(t)$ 无关。因此，(7.16)式中的 $B(t,\lambda(t))$ 是一个马尔可夫过程。

我们假设缴费以指数增长率 α_Y 增加，令 C_0 表示初始缴费，则年龄 a 和 T_r 之间的所有年龄组成员的总缴费可以表示为：

$$C(t) = \int_a^{T_r} n(t-(q-a))C_0\mathrm{e}^{\alpha_Y t}\mathrm{d}q = C_0\mathrm{e}^{\alpha_Y t}\mathscr{A}(t) \qquad (7.18)$$

其中，

$$\mathscr{A}(t) = \int_a^{T_r} n(t-(q-a))\mathrm{d}q$$

第三节 最优决策——市场中有长寿债券

令 F_0 表示养老基金的初始价值，$\pi_0(t)$、$\pi_S(t)$、$\pi_L(t)$ 分别为投资于无风险资产、股票和长寿债券的养老基金财富的比例，并且 $\pi_0(t) + \pi_S(t) + \pi_L(t) = 1$。$F(t)$ 是采用 $(\pi_0(t),\pi_S(t),\pi_L(t))$ 的投资策略后 t 时刻的养老基

金财富水平。具体的,财富过程可以表示为:

$$\mathrm{d}F(t) = F(t)\left[(1 - \pi_S(t) - \pi_L(t))\frac{\mathrm{d}G(t)}{G(t)} + \pi_S(t)\frac{\mathrm{d}S(t)}{S(t)} + \pi_L(t)\frac{\mathrm{d}\tilde{L}(t,T_L,\lambda,r)}{\tilde{L}(t,T_L,\lambda,r)}\right] +$$
$$[C(t) - \gamma(t)Y(t)B(t,\lambda(t))]\mathrm{d}t \tag{7.19}$$

将(7.6)式、(7.7)式和(7.9)式代入(7.19)式,我们可以得到:

$$\begin{cases} \mathrm{d}F(t) = \{F(t)[r + \pi_S(t)\xi_S\sigma_S + \pi_L(t)\,\nabla_\lambda(t)\sigma_\lambda(t)\xi_\lambda] + C(t) \\ \quad - \gamma(t)Y(t)B(t,\lambda(t))\}\mathrm{d}t + F(t)[\pi_S(t)\sigma_S\sqrt{1 - \rho_{\lambda S}^2}\mathrm{d}W_S(t) \\ \quad + (\pi_S(t)\rho_{\lambda S}\sigma_S + \pi_L(t)\,\nabla_\lambda(t)\sigma_\lambda(t))\,\mathrm{d}W_\lambda(t)] \\ F(0) = F_0 \end{cases} \tag{7.20}$$

定义 1(可容许策略):若 $\forall t \in [0,T]$,策略 $u(t)$ 满足以下条件,则策略 $u(t) := \{\gamma(t),\pi_L(t),\pi_S(t)\}$ 是可容许策略。

(1) $\gamma(t)$、$\pi_L(t)$、$\pi_S(t)$ 是 $\mathcal{T}_{t}$- 循序可测过程。

(2) $\forall (t,f,\lambda,y) \in [0,T] \times R^3$,方程(7.20)有唯一解 $\{F^u(t),t \in [0,T]\}$。

(3) $\forall s \in [t,T]$,$\mathbb{E}\left[\int_t^T [(\pi_L(s))^2 + (\pi_S(s))^2]\,\mathrm{d}s\right] < +\infty$ 和 $\gamma(s) \geqslant 0$。

用 $\mathfrak{U}$ 表示所有可容许策略的集合。T 是终端时刻。在我们的模型中,我们同时兼顾了养老金计划的两个目标:一是最小化贴现总给付 $B(t,\lambda(t))$ 和总目标给付 $B^{'}\mathrm{e}^{\beta t}$ 之间的偏差,其中 $B^{'}$ 是由受托人设定初始的目标养老金给付,$\beta > 0$ 是目标给付的增长率;二是最小化养老金计划的不连续风险,我们用以平方函数来衡量基金贴现后的实际终端财富 $F(T)$ 与目标终端财富 $F_0\mathrm{e}^{gT}$ 之间的偏差,其中 g 是基金的增长率。为了实现这些目标,计划发起者需要选择最优的给付调整和投资策略。令 $J(t,f,\lambda,y)$ 表示 t 时刻的目标函数,t 时刻的基金价值、死亡力和工资分别为 f、λ 和 y。然后,

$$
\begin{cases}
J(t,f,\lambda,y) = E_u\left\{\int_t^T [(\gamma(s)Y(s)B(s,\lambda(s)) - B'e^{\beta s})^2\right. \\
\quad - \omega_1(\gamma(s)Y(s)B(s,\lambda(s)) - B'e^{\beta s})]\, e^{-rs}\,ds + \omega_2 (F(T) - F_0 e^{gT})^2 e^{-rT}\Big\} \\
J(T,f,\lambda,y) = \omega_2 (F(T) - F_0 e^{gT})^2 e^{-rT}
\end{cases}
$$

$$(7.21)$$

其中 ω_1 和 ω_2 是非负常数,是养老金计划的两个目标的权重。权重的选择反映了给付稳定性、给付充足性和代际公平方面的平衡。因此,我们的优化问题为:

$$
\min_{u \in \mathfrak{U}} J(t,f,\lambda,y)
$$

$$(7.22)$$

定义价值函数如下:

$$
H(t,f,\lambda,y) = \min_{u \in \mathfrak{U}} J(t,f,\lambda,y)
$$

$$(7.23)$$

接下来,我们依据随机控制理论推导出 HJB 方程[①],优化问题(7.22)对应的 HJB 方程由以下等式给出:

$$
\begin{cases}
\min_{u(t) \in \mathfrak{U}} \mathcal{L}^u H(t,f,\lambda,y) + M^u(t,f,\lambda,y) = 0 \\
H(T,f,\lambda,y) = \omega_2 (F(T) - F_0 e^{gT})^2 e^{-rT}
\end{cases}
$$

$$(7.24)$$

其中,

$$
\mathcal{L}^u H(t,f,\lambda,y) = H_t(t,f,\lambda,y) + \alpha_\lambda(t)(\beta_\lambda(t) - \lambda) H_\lambda(t,f,\lambda,y)
$$

$$
+ y\alpha_Y H_y(t,f,\lambda,y) + y\rho_{\lambda Y}\sigma_Y\sigma_\lambda(t) H_{\lambda y}(t,f,\lambda,y) + \frac{1}{2}y^2\sigma_Y^2 H_{yy}(t,f,\lambda,y)
$$

$$
+ \frac{1}{2}\sigma_\lambda^2(t) H_{\lambda\lambda}(t,f,\lambda,y) + [f(r + \pi_S(t)\xi_S\sigma_S + \pi_L(t)\nabla_\lambda(t)\sigma_\lambda(t)\xi_\lambda)
$$

$$
+ C(t) - \gamma(t)yB(t,\lambda)] H_f(t,f,\lambda,y) + (\pi_L(t)\nabla_\lambda(t)\sigma_\lambda(t)
$$

$$
+ \pi_S(t)\rho_{\lambda S}\sigma_S)\sigma_\lambda(t)f H_{f\lambda}(t,f,\lambda,y) + \sigma_Y\rho_{\lambda Y}y(\pi_S(t)\rho_{\lambda S}\sigma_S
$$

---

① W.Fleming & Soner, H., *Controlled Markov Processes and Viscosity Solutions*, 2nd edition, Springer Science and Business Media, 2006, pp.119-148.

$$+ \pi_L(t) \nabla_\lambda(t) \sigma_\lambda(t)) f H_{fy}(t,f,\lambda,y) + \frac{1}{2} [(\pi_S(t) \rho_{\lambda S} \sigma_S$$

$$+ \pi_L(t) \nabla_\lambda(t) \sigma_\lambda(t))^2 + \pi_S(t)^2 (1 - \rho_{\lambda S}^2) \sigma_S^2] f^2 H_{ff}(t,f,\lambda,y)$$

$$M^u(t,f,\lambda,y) = [(\gamma(t)y\mathcal{B}(t,\lambda) - B'e^{\beta t})^2 - \omega_1(\gamma(t)y\mathcal{B}(t,\lambda) - B'e^{\beta t})]e^{-rt}$$

$$(7.25)$$

定理 1: 最优控制问题(7.22)的最优投资策略和给付调整策略如下：

$$\pi_S^*(t) = -\frac{(\xi_S - \rho_{\lambda S}\xi_\lambda)(2f + Q(t))}{2(1 - \rho_{\lambda S}^2)\sigma_S f} \tag{7.26}$$

$$\pi_L^*(t) = -\frac{(\xi_\lambda - \rho_{\lambda S}\xi_S)(2f + Q(t))}{2(1 - \rho_{\lambda S}^2)\nabla_\lambda(t)\sigma_\lambda(t)f} \tag{7.27}$$

$$\gamma^*(t) = \frac{\omega_2 P(t)(2f + Q(t)) + 2B'e^{\beta t} + \omega_1}{2y\mathcal{B}(t,\lambda)} \tag{7.28}$$

相应的价值函数由下式给出：

$$H(t,f,\lambda,y) = \omega_2 P(t)e^{-rt}[f^2 + Q(t)f] + L(t) \tag{7.29}$$

其中，

$$P(t) = \begin{cases} \dfrac{1}{\omega_2(T-t) + 1}, & r - \Delta_1 = 0 \\[2ex] \dfrac{r - \Delta_1}{\omega_2 + (r - \Delta_1 - \omega_2)e^{-(r-\Delta_1)(T-t)}}, & r - \Delta_1 \neq 0 \end{cases}$$

$$Q(t) = \int_t^T [2(C(s) - B'e^{\beta s}) - \omega_1]e^{-r(s-t)}ds - 2F_0 e^{(g-r)T+rt} L(t)$$

$$= \int_t^T \left[-\frac{\Delta_1}{4}\omega_2 e^{-rs}P(s)Q^2(s) + \frac{1}{2}(2(C(s) - B'e^{\beta s}) - \omega_1)\omega_2 e^{-rs}P(s)Q(s) \right.$$

$$\left. -\frac{1}{4}\omega_2^2 e^{-rs}P^2(s)Q^2(s) - \frac{1}{4}\omega_1^2 e^{rs} \right]ds + \omega_2 F_0^2 e^{(2g-r)T}$$

$$\Delta_1 = \frac{\xi_\lambda^2 + \xi_S^2 - 2\rho_{\lambda S}\xi_\lambda\xi_S}{1 - \rho_{\lambda S}^2}$$

证明详细过程参见本章附录 B。

注1：我们从(7.26)式可以发现投资于股票的最优比例不受权重 ω_2 的影响。当 $t = 0$ 时，我们观察到 $\dfrac{\partial \pi_S^*(t)}{\partial \omega_2} = 0$，这与王愫新(2018)的结论一致。我们还发现最优投资策略 $\pi_S^*(t)$ 和参数 σ 是独立的。当 $t = 0$ 时，我们可以得到 $\dfrac{\partial \pi_S^*(t)}{\partial \sigma} = 0$，这表示投资股票的最优比例不受长寿债券市场波动的影响。

接下来，我们将验证HJB方程的光滑解即为最优投资问题(7.22)的值函数以及最优投资决策。

定理2（验证定理）：若对于 $\forall (t,f,\lambda,y) \in [0,T] \times [0,+\infty)^3, I(t,f,\lambda,y)$ 满足以下条件，则 $I(t,f,\lambda,y) \in C^{1,2,2,2}$ 是问题(7.22)的经典解。

(1) $I(t,f,\lambda,y) \leqslant J(t,f,\lambda,y), \forall u \in \mathfrak{U}$。

(2) 如果存在一个 $u^*(t) = (\pi_S^*(t), \pi_L^*(t), \gamma^*(t))$ 使得 $L^{u^*}I(t,f,\lambda,y) + M^{u^*}(t,f,\lambda,y) = 0, \forall (f,\lambda,y) \in [0,+\infty)^3$。那么，$I(t,f,\lambda,y) = J(t, f,\lambda,y)$。

证明的详细过程参见本章附录C。

第四节　最优决策——市场中没有长寿债券

为了说明长寿债券的重要作用，我们将推导出当市场中没有长寿债券的最优投资决策和给付调整决策。虽然长寿债券被认为是管理长寿风险的重要工具，但它只在少数几个国家发行。如果市场中没有长寿债券，养老基金的财富过程为：

$$
\begin{cases}
\mathrm{d}F(t) = \{F(t)[r + \bar{\pi}_S \xi_S \sigma_S] + C(t) - \bar{\gamma}(t)Y(t)\mathcal{B}(t,\lambda(t))\}\mathrm{d}t \\
\qquad + F(t)[\bar{\pi}_S \sigma_S \sqrt{1 - \rho_{\lambda S}^2}\,\mathrm{d}W_1(t) + \bar{\pi}_S \rho_{\lambda S} \sigma_S \mathrm{d}W_\lambda(t)] \\
F(0) = F_0
\end{cases}
\tag{7.30}
$$

其中 $\bar{u}(t) = (\bar{\pi}_S(t), \bar{\gamma}(t))$ 是一个可容许策略。

优化问题为：

$$\min_{\bar{u}} J^{\bar{u}}(t, f, \lambda, y) \tag{7.31}$$

定义值函数如下：

$$\bar{H}(t, f, z) = \min_{\bar{u}} J^{\bar{u}}(t, f, \lambda, y) \tag{7.32}$$

上述问题对应的 HJB 方程由以下等式给出：

$$\begin{cases} \min_{\bar{u}} \mathcal{L}^{\bar{u}} \bar{H}(t, f, \lambda, y) + M^{\bar{u}}(t, f, \lambda, y) = 0 \\ \bar{H}(T, f, \lambda, y) = \omega_2 (F(T) - F_0 e^{gT})^2 e^{-rT} \end{cases} \tag{7.33}$$

其中，

$$\mathcal{L}^{\bar{u}} \bar{H}(t, f, \lambda, y) = \bar{H}_t(t, f, \lambda, y) + \alpha_\lambda(t)(\beta_\lambda(t) - \lambda) \bar{H}_\lambda(t, f, \lambda, y)$$

$$+ \frac{1}{2} \sigma_\lambda^2(t) \bar{H}_{\lambda\lambda}(t, f, \lambda, y) + y\alpha_Y \bar{H}_y(t, f, \lambda, y) + \frac{1}{2} y^2 \sigma_Y^2 \bar{H}_{yy}(t, f, \lambda, y)$$

$$+ [f(r + \bar{\pi}_S \xi_S \sigma_S) + C(t) - \bar{\gamma} y \mathcal{B}(t, \lambda)] \bar{H}_f(t, f, \lambda, y)$$

$$+ \bar{\pi}_S \rho_{\lambda S} \sigma_S \sigma_\lambda(t) f \bar{H}_{f\lambda}(t, f, \lambda, y) + \rho_{\lambda Y} \sigma_\lambda(t) \sigma_Y y \bar{H}_{\lambda y}(t, f, \lambda, y)$$

$$+ \frac{1}{2} \bar{\pi}_S^2 \sigma_S^2 f^2 \bar{H}_{ff}(t, f, \lambda, y) + \bar{\pi}_S \rho_{\lambda S} \rho_{\lambda Y} \sigma_S \sigma_Y y \bar{H}_{fy}(t, f, \lambda, y) \tag{7.34}$$

$$M^{\bar{u}}(t, f, \lambda, y) = [(\bar{\gamma} y \mathcal{B}(t, \lambda) - B' e^{\beta t})^2 - \omega_1 (\bar{\gamma} y \mathcal{B}(t, \lambda) - B' e^{\beta t})] e^{-rt} \tag{7.35}$$

定理 3：最优控制问题（7.31）的最优投资策略和给付调整策略如下：

$$\bar{\pi}_S^*(t) = -\frac{\xi_S(2f + \bar{Q}(t))}{2\sigma_S f} \tag{7.36}$$

$$\bar{\gamma}^*(t) = \frac{\omega_2 \bar{P}(t)(2f + \bar{Q}(t)) + 2B' e^{\beta t} + \omega_1}{2y \mathcal{B}(t, \lambda)} \tag{7.37}$$

对应的值函数为：

$$\bar{H}(t,f,\lambda,y) = \omega_2 \bar{P}(t)\,\mathrm{e}^{-rt}[f^2 + \bar{Q}(t)f] + \bar{L}(t) \tag{7.38}$$

其中，

$$\bar{P}(t) = \begin{cases} \dfrac{1}{\omega_2(T-t)+1}, & r-\xi_S^2 = 0 \\[2mm] \dfrac{r-\xi_S^2}{\omega_2 + [r-\xi_S^2-\omega_2]\,\mathrm{e}^{-[r-\xi_S^2](T-t)}}, & r-\xi_S^2 \neq 0 \end{cases}$$

$$\bar{Q}(t) = \int_t^T [2(C(s) - B'\mathrm{e}^{\beta s}) - \omega_1]\,\mathrm{e}^{-r(s-t)}\,\mathrm{d}s - 2F_0\mathrm{e}^{(g-r)T+rt}$$

$$\bar{L}(t) = \int_t^T \left[-\frac{\xi_S^2}{4}\omega_2\mathrm{e}^{-rs}\bar{P}(s)\bar{Q}^2(s) + \frac{1}{2}(2(C(s) - B'\mathrm{e}^{\beta s}) - \omega_1)\,\omega_2\mathrm{e}^{-rs}\bar{P}(s)\bar{Q}(s) \right.$$

$$\left. -\frac{1}{4}\omega_2^2\mathrm{e}^{-rs}\bar{P}^2(s)\bar{Q}^2(s) - \frac{1}{4}\omega_1^2\mathrm{e}^{rs} \right]\mathrm{d}s + \omega_2 F_0^2 \mathrm{e}^{(2g-r)T}$$

定理 3 的证明过程与定理 1 的证明过程类似，此处略去。

第五节　数值分析

此前，我们分别推导出了有长寿债券和没有长寿债券时的最优投资和给付调整策略的封闭表达式。在本节中，我们将提供数值示例来解释这些最优策略的经济含义。我们比较了有或没有长寿债券时的最优策略的区别，并研究了有长寿债券时的最优策略对特定参数值变化的敏感性。

一、参数假设

在之前的介绍中，我们提到 $A(x)$ 遵循贡培兹—梅卡姆定律。因此，参考静态死亡率模型，根据（7.1）式我们假设 $A(x) = \mathrm{e}^{-\alpha x}$。除非另有说明，基本参数参考 Menoncin 和 Wang 等的研究[①]。具体参数值如表7.1所示。

表 7.1　模型中的参数

a	T_r	T_m	T	$n(t)$	B'	ζ	β	g
30	65	100	20	20	100	0.02	0.02	0.03
ω_1	ω_2	α_Y	σ_Y	C_0	F_0	$Y(0)$	t	r
15	0.2	0.03	0.01	0.1	1000	1	0	0.05
p_{AS}	σ_S	ξ_S	T_L	α	β_0	σ	ξ_λ	$\lambda(0,T_r)$
0.18	0.18	0.4	20	-0.095	0.001	0.001	0	0.0115

二、长寿风险的影响

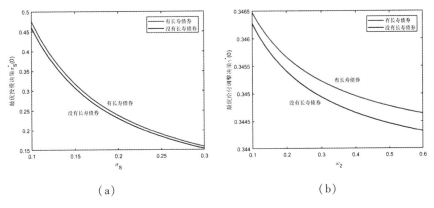

（a）　　　　　　　　　　　　（b）

图 7.1：（a）参数 σ_S 对 $\pi_S^*(0)$ 的影响
（b）参数 ω_2 对 $\gamma^*(0)$ 的影响

从图7.1（a）中，我们发现，当市场中有长寿债券时的股票投资比例高于没有长寿债券时。这或许是因为长寿债券对冲了部分长寿风险，基金经理增

①　Menoncin, F., "The Role of Longevity Bonds in Optimal Portfolios", *Insurance: Mathematics and Economics*, vol.42, no.1, 2008, pp.343-358.

Wang, S. et al., "Optimal Investment Strategies and Intergenerational Risk Sharing for Target Benefit Pension Plans", *Insurance: Mathematics and Economics*, vol.80, 2018, pp.1-14.

加对股票投资以期获得更好的回报。因此,市场上是否存在长寿债券对股票
的投资比例存在一定的影响。而且随着参数 σ_S 的增加,股票的投资比例下
降。这可以解释为较高的 σ_S 意味着股票的风险增加,因而基金经理倾向于降
低投资于股票的财富比例来规避风险。图 7.1(b)说明金融市场包含长寿债
券时的初始养老金替代率较高。这可能是因为当市场上有长寿债券时股票的
最优投资比例更高,基金经理获得了更多的收益,因而提高了初始养老金替代
率。此外,$\gamma^*(0)$ 随着 ω_2 的增加而减少。ω_2 代表给付不连续风险的权重。越
高的 ω_2 值意味着成员越不想从其他世代借(或借出)更多资金。因而初始养
老金替代率 $\gamma^*(0)$ 随着 ω_2 的增加而减少。

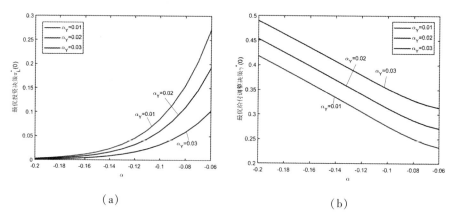

图 7.2:(a)参数 α 和 α_γ 对 $\pi_L^*(0)$ 的影响
(b)参数 α 和 α_Y 对 $\gamma^*(0)$ 的影响

从图 7.2(a)中,我们观察到长寿债券的投资比例随着参数 α 的增加而增
加。我们知道,α 的值越高,死亡力变化的速度就越慢,这使得长寿风险变得
更大。基金经理需要采取更激进的投资策略来对冲长寿风险。此外,我们观
察到工资增长率 α_Y 越大投资于长寿债券的比例 $\pi_L^*(0)$ 越低。这种现象可以
解释为工资增长率越大将导致更高的缴费,资金流入增加,基金经理有更多的
资金,所以他们不需要采取激进的投资策略。从图 7.2(b)可以看出,当 α 增

加时，$\gamma^*(0)$ 的值会减小。这可能是因为随着长寿风险的增加，投资于长寿债券的资产被用来对冲长寿风险，进而导致初始养老金替代率下降。同时我们发现工资增长率对 $\gamma^*(0)$ 有正向影响，这是因为随着工资增长率的增加，计划发起人从缴费中能够获得更多资金，进而愿意提高初始养老金替代率。

在图 7.3 中，我们发现随着参数 σ 的增加，长寿债券的最佳投资比例逐渐减小。较高的 σ 会导致长寿债券市场的波动性增加。因此，随着参数 σ 的增加，债券市场对基金经理的吸引力降低。基金经理倾向于采取相对保守的策略，降低投资长寿债券的比例。此外，我们发现风险溢价越高（ξ_λ 的值越低），长寿债券的投资比例就越高。这是因为当其他参数保持不变时，较低的 ξ_λ 会增加长寿债券的风险溢价，但不会增加长寿债券价值的不确定性。这使得长寿债券更具吸引力。因此，基金管理者将增加长寿债券的持有量。

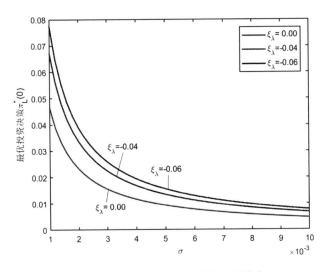

图 7.3　参数 σ 和 ξ_λ 对 $\pi_L^*(0)$ 的影响

三、养老金计划模型参数变化的影响

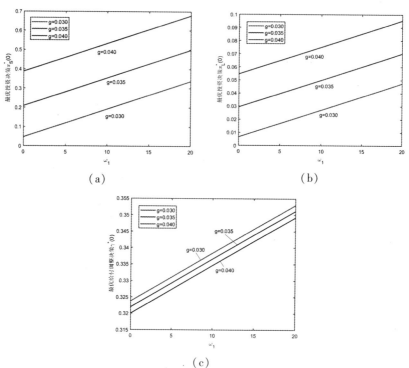

（a）

（b）

（c）

图 7.4 （**a**）参数 ω_1 和 g 对 $\pi_S^*(0)$ 的影响

（**b**）参数 ω_1 和 g 对 $\pi_L^*(0)$ 的影响

（**c**）参数 ω_1 和 g 对 $\gamma^*(0)$ 的影响

图 7.4(a)表明随着权重 ω_1 的增加,股票的投资比例增加。较高的 ω_1 值意味着计划成员更希望获得高于目标水平的给付。基金经理将增加股票中的投资比例以获得更多的回报。图 7.4(b)显示了最优投资策略 $\pi_L^*(0)$ 随 ω_1 变化的行为。如果计划成员想要获得更多的给付,基金经理必须采取更激进的策略来获得更高的回报。而且随着参数值 g 的增加,终端基金价值 $F_0 e^{gT}$ 也会增加,因此需要增加股票和债券的投资比例以获得更高的收益。图 7.4(c)中可以看出随着 ω_1 的增加,养老金初始替代率 $\gamma^*(0)$ 也在增加,这与前面基金管理者采取的基金的投资策略一致。

第六节　总结和展望

本章研究了带有随机死亡力的 TB 养老金计划的最优投资组合和给付调整策略。养老金给付取决于该计划的财务状况,并在不同世代之间共担风险。我们利用随机控制理论构建并求解 HJB 方程,得到了最优投资组合和给付调整策略的闭式解。数值分析结果表明,长寿债券在 TB 养老金计划风险管理中发挥着积极作用。而且我们发现,在相同条件下市场上有长寿债券时的最优养老金替代率高于市场上没有长寿债券的最优养老金替代率,而且市场上是否有长寿债券对股票的投资比例存在一定的影响。此外我们还观察到风险溢价越高,长寿债券的投资比例就越高。

在未来的研究中,我们将考虑随机利率纳入在 TB 养老基金最优投资问题的研究中。利率的波动是随机的,因此利率风险至关重要。但许多学者默认利率为固定值,这是因为在金融市场引入随机利率使得 HJB 方程不像固定价值的情况那样容易求解。因此,我们希望未来能够解决这些问题。

附　录　A

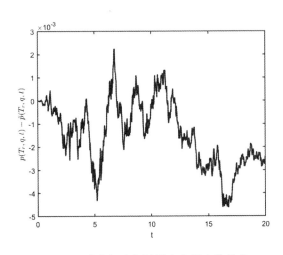

图 A.1　生存概率与近似生存概率的偏差

附　录　　B

最小化问题(7.24)可以拆分为两个分别关于 π 和 γ 独立的优化问题,具体如下:

$$\min_{\pi_S,\pi_L}\Big\{ H_t + \alpha_\lambda(t)(\beta_\lambda(t) - \lambda) H_\lambda + \frac{1}{2}\sigma_\lambda^2(t)H_{\lambda\lambda} + y\alpha_Y H_y(t,f,\lambda,y) + y\sigma_Y\rho_{\lambda Y}\sigma_\lambda(t)H_{\lambda y}$$

$$+ \frac{1}{2}y^2\sigma_Y^2 H_{yy} + [f(r + \pi_S\xi_S\sigma_S + \pi_L\nabla_\lambda(t)\sigma_\lambda(t)\xi_\lambda) + C(t)] H_f + (\pi_S\rho_{\lambda S}\sigma_S$$

$$+ \pi_L\nabla_\lambda(t)\sigma_\lambda(t))\sigma_\lambda(t)fH_{f\lambda} + \sigma_Y\rho_{\lambda Y}y(\pi_S\rho_{\lambda S}\sigma_S + \pi_L\nabla_\lambda(t)\sigma_\lambda(t))fH_{fy}$$

$$+ \frac{1}{2}[(\pi_S\rho_{\lambda S}\sigma_S + \pi_L\nabla_\lambda(t)\sigma_\lambda(t))^2 - \pi_S^2\rho_{\lambda S}^2\sigma_S^2 + \pi_S^2\sigma_S^2]f^2 H_{ff} = 0 \qquad (\text{B}.1)$$

$$\min_\gamma\{(\gamma y\mathcal{B}(t,\lambda) - B'e^{\beta t})^2 - \omega_1(\gamma y\mathcal{B}(t,\lambda) - B'e^{\beta t})e^{-rt} - \gamma y\mathcal{B}(t,\lambda)H_f\} = 0$$

$$(\text{B}.2)$$

分别关于 π_S、π_L 和 γ 对方程(B.1)和方程(B.2)求导,并令一阶导为0。求解可得到如下等式:

$$\pi_S^*(t) = -\frac{(\xi_S - \rho_{\lambda S}\xi_\lambda) H_f}{(1 - \rho_{\lambda S}^2)\sigma_S fH_{ff}} \qquad (\text{B}.3)$$

$$\pi_L^*(t) = -\frac{(\xi_\lambda - \rho_{\lambda S}\xi_S) H_f + (1 - \rho_{\lambda S}^2)[\sigma_\lambda(t)H_{f\lambda} + \rho_{\lambda Y}\sigma_Y yH_{fy}]}{(1 - \rho_{\lambda S}^2)\nabla_\lambda(t)\sigma_\lambda(t)fH_{ff}} \qquad (\text{B}.4)$$

$$\gamma^*(t) = \frac{H_f e^{rt} + 2B'e^{\beta t} + \omega_1}{2y\mathcal{B}(t,\lambda)} \qquad (\text{B}.5)$$

为了保证 $(\pi_S^*(t),\pi_L^*(t),\gamma^*(t))$ 最小的充分条件,我们需要验证 $H_{ff} > 0$。将 $u^*(t) = (\pi_S^*(t),\pi_L^*(t),\gamma^*(t))$ 代入方程(7.24),那么我们可以得到:

$$\mathcal{L}^u H(t,f,\lambda,y) + M^u(t,f,\lambda,y)$$

$$= H_t + \alpha_\lambda(t)(\beta_\lambda(t) - \lambda) H_\lambda + \frac{1}{2}\sigma_\lambda^2(t)H_{\lambda\lambda} + y\alpha_Y H_y + \frac{1}{2}y^2\sigma_Y^2 H_{yy} + frH_f$$

$$+ y\sigma_Y\rho_{\lambda Y}\sigma_\lambda(t)H_{\lambda y} - \frac{\Delta_1 H_f^2}{2H_{ff}} - \frac{\sigma_\lambda^2(t)H_{f\lambda}^2}{2H_{ff}} - \frac{\rho_{\lambda Y}^2\sigma_Y^2 y^2 H_{fy}^2}{2H_{ff}} - \frac{\sigma_\lambda(t)\xi_\lambda H_f H_{f\lambda}}{H_{ff}}$$

$$- \frac{\rho_{\lambda Y}\sigma_Y\xi_\lambda y H_f H_{fy}}{H_{ff}} - \frac{\rho_{\lambda Y}\sigma_\lambda(t)\sigma_Y H_{fy}H_{f\lambda}}{H_{ff}} + C(t)H_f - \frac{1}{4}\mathrm{e}^{rt}H_f^2 - \frac{1}{2}(2B'\mathrm{e}^{\beta t}$$

$$+ \omega_1)H_f - \frac{1}{4}\omega_1^2\mathrm{e}^{-rt}$$

$$= 0 \tag{B.6}$$

这里

$$\Delta_1 = \frac{\xi_\lambda^2 + \xi_S^2 - 2\rho_{\lambda S}\xi_\lambda\xi_S}{1 - \rho_{\lambda S}^2}$$

由最小化问题的边界条件,我们假设值函数的形式如下:

$$H(t,f,\lambda,y) = \omega_2 P(t)\mathrm{e}^{-rt}[f^2 + Q(t)f] + R(t)f\lambda + U(t)fy + N(t)y\lambda$$
$$+ V(t)\lambda^2 + K(t)y^2 + X(t)y + Z(t)\lambda + L(t) \tag{B.7}$$

根据(7.24)式的边界条件,我们能得到上面函数的边界条件:

$$P(T) = 1, \; Q(T) = -2F_0\mathrm{e}^{gT}, \; L(T) = \omega_2 F_0^2\mathrm{e}^{(2g-r)T},$$
$$U(T) = V(T) = K(T) = N(T) = X(T) = Z(T) = 0 \tag{B.8}$$

我们能得到下面的方程:

$$H_t = -r\omega_2 P(t)\mathrm{e}^{-rt}[f^2 + Q(t)f] + \omega_2 P_t\mathrm{e}^{-rt}[f^2 + Q(t)f] + R_t f\lambda$$
$$+ \omega_2 P(t)\mathrm{e}^{-rt}Q_t f + U_t fy + V_t\lambda^2 + K_t y^2 + N_t y\lambda + X_t y + Z_t\lambda + L_t \tag{B.9}$$

$$H_f = \omega_2 P(t)\mathrm{e}^{-rt}[2f + Q(t)] + R(t)\lambda + U(t)y \tag{B.10}$$

$$H_y = U(t)f + 2K(t)y + N(t)\lambda + X(t) \tag{B.11}$$

$$H_\lambda = R(t)f + 2V(t)\lambda + N(t)y + Z(t), \; H_{ff} = 2\omega_2\mathrm{e}^{-rt}P(t) \tag{B.12}$$

$$H_{fy} = U(t), \; H_{f\lambda} = R(t), \; H_{y\lambda} = N(t), \; H_{\lambda\lambda} = 2V(t), \; H_{yy} = 2K(t) \tag{B.13}$$

将方程(B.9)代入方程(B.6),有

$$\omega_2\mathrm{e}^{-rt}[P_t + (r - \Delta_1)P(t) - \omega_2 P^2(t)]f^2 + [R_t + (r - \alpha_\lambda(t) - \Delta_1$$

$$- \omega_2 P(t))R(t)]f\lambda + [U_t + (\alpha_Y + r - \Delta_1 - \omega_2 P(t) - \rho_{\lambda Y}\sigma_Y\xi_\lambda)U(t)]fy$$

$$+ \left[V_t - 2\alpha_\lambda(t)V(t) - \frac{\Delta_1 R^2(t)}{4\omega_2 e^{-rt}P(t)} - \frac{1}{4}e^{rt}R^2(t) \right]\lambda^2$$

$$+ \left[K_t + \sigma_Y^2 K(t) + 2\alpha_Y K(t) - \frac{\Delta_1 U^2(t)}{4\omega_2 e^{-rt}P(t)} - \frac{1}{4}e^{rt}U^2(t) - \frac{\rho_{\lambda Y}^2 \sigma_Y^2 U^2(t)}{4\omega_2 e^{-rt}P(t)} - \frac{\rho_{\lambda Y}\sigma_Y \xi_\lambda U^2(t)}{2\omega_2 e^{-rt}P(t)} \right]y^2$$

$$+ \left[N_t - \alpha_\lambda(t)N(t) + \alpha_Y N(t) - (\Delta_1 + \rho_{\lambda Y}\sigma_Y \xi_\lambda)\frac{R(t)U(t)}{2\omega_2 e^{-rt}P(t)} - \frac{1}{2}e^{rt}R(t)U(t) \right]\lambda y$$

$$+ \{\omega_2 e^{-rt}[P(t)Q_t + P_t Q(t) - \Delta_1 P(t)Q(t) - \omega_2 P^2(t)Q(t)$$

$$+ (2C(t) - 2B'e^{\beta t} - \omega_1)P(t)] - (\sigma_\lambda(t)\xi_\lambda - \alpha_\lambda(t)\beta_\lambda(t))R(t)\}f$$

$$+ \left[Z_t - \alpha_\lambda(t)Z(t) + 2\alpha_\lambda(t)\beta_\lambda(t)V(t) - \frac{\Delta_1}{2}R(t)Q(t) + C(t)R(t) \right.$$

$$- \frac{\sigma_\lambda(t)\xi_\lambda R^2(t)}{2\omega_2 e^{-rt}P(t)} - \frac{1}{2}\omega_2 P(t)Q(t)R(t) - \frac{1}{2}(2B'e^{\beta t} + \omega_1)R(t) \right]\lambda + \left[X_t \right.$$

$$+ \alpha_Y X(t) + \alpha_\lambda(t)\beta_\lambda(t)N(t) + \sigma_Y \rho_{\lambda Y}\sigma_\lambda(t)N(t) - \frac{\Delta_1}{2}U(t)Q(t)$$

$$- \frac{\sigma_\lambda(t)\xi_\lambda R(t)U(t)}{2\omega_2 e^{-rt}P(t)} - \frac{1}{2}\omega_2 P(t)Q(t)U(t) + C(t)U(t)$$

$$- \frac{1}{2}\rho_{\lambda Y}\sigma_Y \xi_\lambda U(t)Q(t) - \frac{\rho_{\lambda Y}\sigma_Y \sigma_\lambda(t)U(t)R(t)}{2\omega_2 P(t)e^{-rt}} - \frac{1}{2}(2B'e^{\beta t} + \omega_1)U(t) \right]y$$

$$+ L_t + \alpha_\lambda(t)\beta_\lambda(t)Z(t) + \sigma_\lambda^2(t)V(t) - \frac{\sigma_\lambda^2(t)R^2(t)}{4\omega_2 e^{-rt}P(t)}$$

$$- \frac{1}{2}\sigma_\lambda(t)\xi_\lambda R(t)Q(t) - \frac{\Delta_1}{4}\omega_2 e^{-rt}Q^2(t)P(t) + \omega_2 e^{-rt}C(t)P(t)Q(t)$$

$$- \frac{1}{4}\omega_2^2 e^{-rt}P^2(t)Q^2(t) - \frac{1}{2}(2B'e^{\beta t} + \omega_1)\omega_2 e^{-rt}P(t)Q(t) - \frac{1}{4}\omega_1^2 e^{rt}$$

$$= 0 \tag{B.14}$$

f^2、λ^2、y^2、$f\lambda$、fy、f、λ、y 和 1 的系数都等于 0,因此我们可以得到如下方程:

$$P_t + (r - \Delta_1)P(t) - \omega_2 P^2(t) = 0 \tag{B.15}$$

$$R_t + (r - \alpha_\lambda(t) - \Delta_1 - \omega_2 P(t)) R(t) = 0 \qquad (B.16)$$

$$U_t + (\alpha_Y + r - \Delta_1 - \omega_2 P(t) - \rho_{\lambda Y}\sigma_Y\xi_\lambda) U(t) = 0 \qquad (B.17)$$

$$V_t - 2\alpha_\lambda(t)V(t) - \frac{\Delta_1 R^2(t)}{4\omega_2 e^{-rt}P(t)} - \frac{1}{4}e^{rt}R^2(t) = 0 \qquad (B.18)$$

$$K_t + (2\alpha_Y + \sigma_Y^2) K(t) - \frac{\Delta_1 U^2(t)}{4\omega_2 e^{-rt}P(t)} - \frac{1}{4}e^{rt}U^2(t)$$

$$- \frac{\rho_{\lambda Y}^2\sigma_Y^2 U^2(t)}{4\omega_2 e^{-rt}P(t)} - \frac{\rho_{\lambda Y}\sigma_Y\xi_\lambda U^2(t)}{2\omega_2 e^{-rt}P(t)} = 0 \qquad (B.19)$$

$$N_t + (\alpha_Y - \alpha_\lambda(t)) N(t) - (\Delta_1 + \rho_{\lambda Y}\sigma_Y\xi_\lambda) \frac{R(t)U(t)}{2\omega_2 e^{-rt}P(t)} - \frac{1}{2}e^{rt}R(t)U(t) = 0$$

$$(B.20)$$

$$P(t)Q_t + P_tQ(t) - \Delta_1 P(t)Q(t) - \omega_2 P^2(t)Q(t)$$

$$+ (2(C(t) - B'e^{\beta t}) - \omega_1) P(t) - \frac{(\sigma_\lambda(t)\xi_\lambda - \alpha_\lambda(t)\beta_\lambda(t)) R(t)}{\omega_2 e^{-rt}} = 0 \quad (B.21)$$

$$Z_t - \alpha_\lambda(t)Z(t) + 2\alpha_\lambda(t)\beta_\lambda(t)V(t) - \frac{\Delta_1}{2}R(t)Q(t) + C(t)R(t)$$

$$- \frac{\sigma_\lambda(t)\xi_\lambda R^2(t)}{2\omega_2 e^{-rt}P(t)} - \frac{1}{2}\omega_2 P(t)Q(t)R(t) - \frac{1}{2}(2B'e^{\beta t} + \omega_1) R(t) = 0 \quad (B.22)$$

$$X_t + \alpha_Y X(t) + (\alpha_\lambda(t)\beta_\lambda(t) + \sigma_Y\rho_{\lambda Y}\sigma_\lambda(t)) N(t) - \frac{\Delta_1}{2}U(t)Q(t)$$

$$- \frac{\sigma_\lambda(t)\xi_\lambda R(t)U(t)}{2\omega_2 e^{-rt}P(t)} + C(t)U(t) - \frac{1}{2}\omega_2 P(t)Q(t)U(t)$$

$$- \frac{1}{2}\rho_{\lambda Y}\sigma_Y\xi_\lambda U(t)Q(t) - \frac{\rho_{\lambda Y}\sigma_Y\sigma_\lambda(t)\xi_\lambda U(t)R(t)}{2\omega_2 e^{-rt}P(t)} - \frac{1}{2}(2B'e^{\beta t} + \omega_1) U(t)$$

$$= 0 \qquad (B.23)$$

$$L_t + \alpha_\lambda(t)\beta_\lambda(t)Z(t) + \sigma_\lambda^2(t)V(t) - \frac{\sigma_\lambda^2(t)R^2(t)}{4\omega_2 e^{-rt}P(t)} - \frac{\Delta_1}{4}\omega_2 e^{-rt}Q^2(t)P(t)$$

$$- \frac{1}{2}\sigma_\lambda(t)\xi_\lambda R(t)Q(t) + \omega_2 e^{-rt}C(t)P(t)Q(t) - \frac{1}{4}\omega_2^2 e^{-rt}P^2(t)Q^2(t)$$

$$- \frac{1}{2}(2B'e^{\beta t} + \omega_1)\omega_2 e^{-rt}P(t)Q(t) - \frac{1}{4}\omega_1^2 e^{rt} = 0$$

$$(B.24)$$

边界条件为(B.8)式。解方程(B.16),有

$$P(t) = \begin{cases} \dfrac{1}{\omega_2(T-t)+1}, & r - \Delta_1 = 0 \\[4mm] \dfrac{r - \Delta_1}{\omega_2 + (r - \Delta_1 - \omega_2)e^{-(r-\Delta_1)(T-t)}}, & r - \Delta_1 \neq 0 \end{cases} \qquad (B.25)$$

求解方程(B.17)—(B.21)和(B.23)—(B.24)我们有 $R(t) = U(t) = V(t) = K(t) = N(t) = Z(t) = X(t) = 0, 0 \leqslant t \leqslant T$。将(B.16)式代入(B.22)式,那么(B.22)式可以重新写成如下形式:

$$Q_t - rQ(t) + 2(C(t) - B'e^{\beta t}) - \omega_1 = 0 \qquad (B.26)$$

求解,有

$$Q(t) = \int_t^T [2(C(s) - B'e^{\beta s}) - \omega_1]e^{-r(s-t)}ds - 2F_0 e^{(g-r)T+rt} \qquad (B.27)$$

因此,方程(B.25)变成

$$L_t - \frac{\Delta_1}{4}\omega_2 e^{-rt}Q^2(t)P(t) + C(t)\omega_2 e^{-rt}P(t)Q(t) - \frac{1}{4}\omega_2^2 e^{-rt}P^2(t)Q^2(t)$$

$$- \frac{1}{2}(2B'e^{\beta t} + \omega_1)\omega_2 e^{-rt}P(t)Q(t) - \frac{1}{4}\omega_1^2 e^{rt} = 0$$

$$(B.28)$$

求解得:

$$L(t) = \int_t^T \left[-\frac{\Delta_1}{4}\omega_2 e^{-rs}Q^2(s)P(s) + \frac{1}{2}(2(C(s)-B'e^{\beta s})-\omega_1)\omega_2 e^{-rs}P(s)Q(s) \right.$$

$$\left. -\frac{1}{4}\omega_2^2 e^{-rs}P^2(s)Q^2(s) - \frac{1}{4}\omega_1^2 e^{rs} \right] ds + \omega_2 F_0^2 e^{(2g-r)T} \tag{B.29}$$

最后，我们还需要验证 $H_{ff} > 0$，当 $r - \Delta_1 = 0, r - \Delta_1 < 0$ 和 $r - \Delta_1 > 0$ 时，易证 $P(t) > 0$，那么有 $H_{ff} = 2\omega_2 e^{-rt}P(t) > 0$。

因此，我们得到最优的投资策略和给付调整策略如下：

$$\pi_S^*(t) = -\frac{(\xi_S - \rho_{\lambda S}\xi_\lambda)(2f + Q(t))}{2(1-\rho_{\lambda S}^2)\sigma_S f} \tag{B.30}$$

$$\pi_L^*(t) = -\frac{(\xi_\lambda - \rho_{\lambda S}\xi_S)(2f + Q(t))}{2(1-\rho_{\lambda S}^2)\nabla_\lambda(t)\sigma_\lambda(t)f} \tag{B.31}$$

$$\gamma^*(t) = \frac{\omega_2 P(t)(2f + Q(t)) + 2B'e^{\beta t} + \omega_1}{2y\mathcal{B}(t,\lambda)} \tag{B.32}$$

附　录　C

记 $u(t)$ 为任意的控制系统，那么 $L^u I(t,f,\lambda,y) + M^u(t,f,\lambda,y) \geq 0$。

由邓金(Dynkin)公式(Fleming & Soner, 2006)可得：

$$I(t,f,\lambda,y) = E_t\left[\int_t^T -L^u I(s,f,\lambda,y)ds + \omega_2(F(T)-F_0 e^{gT})^2 e^{-rT}\right]$$

$$\leq E_t\left[\int_t^T M^u(s,f,\lambda,y)ds + \omega_2(F(T)-F_0 e^{gT})^2 e^{-rT}\right]$$

$$= J^u(t,f,\lambda,y)$$

对于(ii)，不等式变成了等式。

第八章　养老基金持股与公司绩效[①]

第一节　引　言

随着《全国社会保障基金条例》《基本养老保险基金投资管理办法》《企业年金基金管理办法》《职业年金基金管理暂行办法》相继出台,全国社保基金、基本养老保险基金、企业和职业年金基金(下文统称养老基金)已经并将继续成为中国资本市场重要的机构投资者。

截至2021年末,全国社保基金资产总额30198.10亿元[②]。社保基金会采取直接投资与委托投资相结合的方式开展投资运作。通过股权投资、国有股转持、股市直接或间接持股等形式,社保基金会拥有公司的股权,成为机构股东。

企业年金从2006年下半年开展市场化投资运作,截至2021年底,11.75万家已经建立企业年金,年金积累总额达26406.39亿元。[③] 继2014年10月

---

① 刘子兰等:《养老基金持股与公司绩效》,《社会科学》2018年第2期,第49—61页。

② 全国社会保障基金理事会:《全国社会保障基金理事会社保基金年度报告(2021年度)》,2022年8月18日,见 http://ssf. gov. cn/portal/xxgk/fdzdgknr/cwbg/sbjjndbg/webinfo/2022/08/1662381965418407. htm。

③ 人力资源社会保障部社会保险基金监管局:《2021年度全国企业年金基金业务数据摘要》,2022年3月11日,见 http://mohrss. gov. cn/shbxjjjds/SHBXJDSzhengcewenjian/202203/t20220311_437974. html。

开始实施《机关事业单位职业年金办法》之后,2016 年 9 月正式出台《职业年金基金管理暂行办法》。虽然目前基金规模较小,但由于职业年金具有强制性,且缴费比例较高,基金积累速度与规模将会远远超过企业年金。此外,2015 年 8 月颁布的《基本养老保险基金投资管理办法》从政策上明确了基本养老金可用于市场化运营投资。截至 2021 年底,基本养老保险基金累计结存 63970 亿元(其中,城镇职工基本养老保险基金累计结存 52574 亿元,城乡居民基本养老保险基金累计结存 11396 亿元)。

　　显然,养老基金面临巨大的保值增值压力,按一定比例进入股市投资后,必将成为影响中国资本市场发展和推动上市公司治理结构变革的重要机构投资者。德鲁克(Peter F.Drucker)曾经预言,一场"看不见的革命"将改变美国企业的所有权。20 世纪 70 年代初期,养老基金开始成为美国最重要的股权所有人,但此后的 15—20 年内,养老基金不愿意成为企业的"主人",只希望做一个短期、被动的投资者,一旦企业不具有投资价值,它们就抛售其股票。20 世纪 90 年代初期,美国 20 家大型养老基金持有上市公司约 10%的股票,而美国大型及很多中型企业 40%的股份主要由养老基金这样的机构投资者所持有。养老基金还持有美国大企业 40%左右的中短期债券,这些机构已经是美国企业最大的股东和债权人。①

　　养老基金数额巨大,投资股市一旦出现亏损,希望通过抛售止损会变得很困难,因为大量抛售养老基金持有的股票会打压股价,造成股市激剧动荡,用脚投票的"华尔街规则"将失效。虽然不一定直接参与企业的经营管理,但养老基金毕竟是企业的所有者,拥有企业的所有权,应该承担相应责任,以确保持股公司取得良好的绩效。

　　公共养老金或国家社保基金进入股市需要考虑的一个重要问题是,这些基金如何行使股东权利。它们是否应当在一个公司内有足够的地位,使它能够向

---

① 　[美]彼得·F.德鲁克:《养老金革命》,刘伟译,东方出版社 2009 年版,第 2、77 页。

公司董事会派出代表,或者,即使不能派出,也可以对公司战略产生巨大影响?[①]

由于全国社保基金和企业年金是否参与以及如何参与公司治理的具体信息尚未披露,本章主要研究全国社保基金和企业年金持股行为对公司绩效产生的影响,判断其是否具有价值发现和价值创造功能。本章主要从以下三个方面改进了现有相关研究:第一,对比分析了社保基金和企业年金持股行为产生的不同影响,同时兼顾了基金的持股行为反映在财务指标上的滞后效应;第二,研究养老基金持股比例变动和目标公司绩效、绩效改善幅度的关系,更好地体现养老基金持股的动态变化和持股偏好;第三,重点考察养老基金持股行为的异质性对公司绩效和绩效改善幅度的影响。

本章其余部分的结构安排如下:第二部分对相关文献进行回顾;第三部分介绍实证数据和思路;第四部分给出固定效应模型和工具变量法的实证结果并进行稳健性检验;第五部分进行总结。

第二节　文献回顾

部分学者认为,奉行积极主义投资理念的养老基金能够改善目标公司治理结构,提高经营绩效和股东价值。[②] 普里(Puri)研究发现,加拿大养老基金

---

① 王梦奎:《中国社会保障体制改革》,中国发展出版社2001年版,第461页。

② 1984年,美国最大的公共养老基金——加州公共雇员养老基金(CalPERS)反对Texaco公司管理层溢价回购公司股份,领导了一场声势浩大的股东权利运动,与此同时,还创建了机构投资者委员会(the Council of Institutional Investors,CII)。这场以追求股东平等、股东参与决策和进行必要的规则修改为宗旨的股东权利运动,得到了众多投资者尤其是机构投资者的积极响应,最终形成了"资本革命"的"股东积极主义"(shareholder activism)。在美国,以养老基金为代表的机构投资者一直在积极努力,推动着股东权利运动发展,并对资本市场产生了深远的影响。这种带有股东革命性质的现象,被学者习惯称为"养老金积极主义"。CalPERS通过公布"关注名单"、规范高管薪酬制度和董事提名规则、征集代理投票权和进行代理投票、提交股东议案(如限制高管薪酬、提名董事等)、发表非正式声明、建议或者解释函等方式,积极倡导并参与公司治理。参见Tito Boeri,Lans Bovenberg,Benoit Coeure,Andrew Roberts,2006,*Dealing with the New Giants:Rethinking the Role of Pension Funds*,Center for Economic Policy Research,CalPERS。

奉行积极主义投资理念,越来越多地参与公司治理,适合成为负责任的机构投资者,尤其是在董事会选举和增强企业责任感方面,养老基金主要通过四种方式参与公司治理:进入公司董事会(或高管团队)、代理投票、提起诉讼以及提交股东议案。[①] 奥普勒(Opler)和索科宾(Sokobin)指出,受到美国机构投资者(CII)关注的公司,其长期股票收益率高于市场平均收益水平。其研究表明,公共养老基金积极推动上市公司治理结构的改革,提高了公司的长期绩效。[②]基于2001—2006年数据进行的研究表明,美国对冲基金就目标公司发展战略与运营等方面提出建议,多数情况下(三分之二的比例)会被全部或部分采纳,不会导致对抗或冲突,一年内因参与治理而使目标公司获得的超额收益大约为7%。[③] 利用瑞典养老金改革这种近似自然实验的方法来克服内生性问题,詹内蒂(Giannetti)和莱文(Laeven)考察了养老基金持股对公司治理和公司绩效的影响。他们认为,机构投资对公司绩效的影响取决于养老基金的属性。与小型养老基金和企业集团(或金融机构)所属的养老基金相反,大型、独立的公共和私人养老基金持股比例的增加,会提升目标公司价值。[④] 选取1987—1993年的样本数据,通过分析五支最大的养老基金呈交的股东提案,盖尔西奥(Guercio)和霍金斯(Hawkins)试图发现养老金积极主义的行为动机和影响力。他们认为,由于使用不同的投资策略,养老金积极主义在行为目标、策略等方面存在显著差异(必须注意,不同的养老基金之间存在异质性,如投资策略是采用积极方式还是被动方式,基金的投资是否外包给基金管理

① Puri Poonam, "Canadian Pension Funds: Investments and Role in the Capital Markets and Corporate Governance", *Banking & Finance Law Review*, vol.2, 2010, pp.247-294.

② Opler Tim C.& Sokobin Jonathan, "Does Coordinated Institutional Activism Work? An Analysis of the Activities of the Council of Institutional Investors", Ohio State University Working Paper, 1995, pp.16-17.

③ Brav, A.et al., "Hedge Fund Activism, Corporate Governance, and Firm Performance", *The Journal of Finance*, vol.4, 2008, pp.1729-1775.

④ Giannetti, M. & Laeven, L., "Pension Reform, Ownership Structure, and Corporate Governance: Evidence from a Natural Experiment", *The Review of Financial Studies*, vol.10, 2009, pp.4091-4127.

人等)。盖尔西奥(Guercio)和霍金斯(Hawkins)认为,养老基金在公司治理中能够较为成功地发挥积极作用,积极行为也可能会付出一些代价。首先是利益冲突,任何公司同它决定要监督的客户及潜在的客户之间都存在着明显的矛盾;其次,很难期待指数化证券基金的经理们会在有效监管有价证券上花钱。① 指数化的企业客户很有可能对花在积极行为上的经费表示不满,他们也有可能去寻找其他的不参与类似行为的较便宜的基金。积极行为所要付出的其他代价还包括各种形式的潜在或真正的报复行为,也包括监管本身所需的直接费用。②

也有部分学者认为,养老基金并不能改善公司治理和提高公司绩效。奥巴尔(O'Barr)和康利(Conley)认为,养老基金不能在公司治理方面发挥积极作用。他们研究了九支大型养老基金,发现其基金经理在投资策略上相对保守,倾向于选择那些避免个人责任的投资决策,比如参考某类指数进行投资。③ 瓦哈尔(Wahal)认为,养老基金参与治理不一定提高公司绩效。通过对1987—1993年九支大型养老基金重点关注的目标公司进行研究,他发现养老基金在一定程度上改变了公司的治理结构,但并未给目标公司带来超额收益。④ 吉兰(Gillan)和斯塔克斯(Starks)认为,在某一段时期内,随着养老基金介入公司治理,目标公司的绩效会显著改善。但是,从统计结果来看,在一个较长的时期内,没有发现显著的正效应。⑤ 基于1987—1993年美国加利福尼

① Guercio, D.D.& Hawkins, J., "The Motivation and Impact of Pension Fund Activism", *Journal of Financial Economics*, vol.3, 1999, pp.293–340.

② 约翰·H.比格斯:《公司治理结构评估:教师保险及年金协会的首创》,载梁能主编《公司治理结构:中国的实践与美国的经验》,中国人民大学出版社2000年版,第212—219页。

③ O'Barr, W. M. & Conley, J. M., "Managing Relationships: The Culture of Institutional Investing", *Financial Analysts Journal*, vol.5, 1992, pp.21–27.

④ Wahal, S., "Public Pension Fund Activism and Firm Performance", *Journal of Financial & Quantitative Analysis*, vol.1, 1996, pp.1–23.

⑤ Gillan, S.L.& Starks, L.T., "Relationship Investing and Shareholder Activism by Institutional Investors:The Wealth Effects of Corporate Governance Related Proposals", *University of Texas Working Paper*, 1995, pp.2–22.

亚州公共雇员退休基金(以下简称 CalPERS)持股公司的数据,史密斯(Smith)的实证研究表明,若目标公司接受 CalPERS 的提案,改善治理结构,则公司股价会显著上升,否则股价会显著下跌。虽然养老基金参与公司治理能有效改善治理结构,但是对公司的经营绩效影响不大,至少在统计结果上没有显著性。[1] 安迪亚斯(Andreas)和阿克斯(Arx)认为,由于持股较分散,若介入公司治理,养老基金须结成联盟。结盟干预公司治理会产生一定的成本,养老金持股比例和协调成本的增加,会降低成功结盟的概率。当结盟收益等于协调成本时可实现博弈均衡。养老基金的持股比例、协调成本等因素会影响养老基金改善公司治理的效果。[2] 总体而言,养老基金改善治理结构的概率较低;养老基金的治理行为产生的结果错综复杂,即使能成功提交并通过股东大会议案,也未必能够提高目标公司的绩效。养老基金参与治理存在一定的局限性。首先,由于实施分散投资策略,任何一家公司的持股份额有限;其次,可能存在利益冲突。[3]

国内部分学者探讨了养老基金持股对改善公司治理结构和提升公司绩效的影响。王信认为,以养老基金为代表的机构投资者持有股权分散或国有股权较集中的公司股份,有利于加强对公司管理者的监督,缓解委托代理问题。[4] 但养老基金对公司治理的作用甚微,需要多管齐下优化公司治理结构。采用超额收益法和多元回归分析法,刘永泽等分析了我国社保基金持股对上市公司治理的影响。结果表明,资本市场对社保基金持股信息具有强烈的市场反应,社保基金持股比例越高,越有利于约束大股东和管理层的盈余管理行

① Smith,M.P.,"Shareholder Activism by Institutional Investors:Evidence from CalPERS",*The Journal of Finance*,vol.1,1996,pp.227-252.

② Andreas,S.& Arx,U.V.,"The Influence of Pension Funds on Corporate Governance",*Applied Economics*,vol.19,2014,pp.2316-2329.

③ Boeri,T.et al.,"Dealing with New Giants:Rethinking the Role of Pension Funds",*Journal of Pension Economics & Finance*,vol.4,2008,pp.983-988.

④ 王信:《养老基金在公司治理结构中的作用》,《经济社会体制比较》2002 年第 2 期,第 59 页。

为,被持股的公司盈余管理水平改善程度越大,且目标公司的股价超额收益非常显著。① 通过对 2003—2012 年 A 股上市公司的研究,何丹等考察了社保基金持股偏好及其对公司治理的影响。研究发现,社保基金偏好于高现金股利和股权集中较低的公司,社保基金持股与目标公司的经营业绩正相关,它有效改善了公司治理结构。② 张先治等认为,社保基金持股总体上能够强化监督,弱化信息不对称问题,从而提升公司价值,但基金管理者不同持股特征(如持股比例和持股时长)对公司价值的影响存在明显差异。③ 刘子兰等阐述了股东积极主义的新特征,并对公共养老基金与私人养老基金参与公司治理的异质性进行了比较,公共养老基金受到较多政治影响,而私人养老金由于受制于目标公司而影响其介入公司治理的积极性。④

现有研究主要考察的是短期内公司股价的变化和波动情况。如果养老基金能够促使公司的责任意识增强、透明度增加、社会和环境标准提高,在一个较长的时期内,公司价值能否显著提高呢? 国内外已有研究表明,机构投资者和养老基金持股将给公司绩效和治理结构带来一定影响,但在影响绩效变化的显著性、有效性问题上还没有形成共识。国内多以上市公司与证券投资基金类的机构投资者之间的关系为研究主题,针对全国社保基金和企业年金持股行为进行比较研究的文献较少。已有研究侧重于机构投资者和全国社保基金与上市公司绩效的相关关系,大多直接将机构投资者持股比例之和以及全国社保基金持股比例与上市公司绩效数据进行回归分析,以此判断其是否具有价值投资和价值创造能力。但这实际上混淆了价值投资和价值创造的差

① 刘永泽等:《社保基金持股对上市公司盈余管理的治理效应》,《财政研究》2011 年第 11 期,第 67 页。

② 何丹等:《社保基金持股偏好与治理效果的实证分析——基于股东积极主义的视角》,《中国会计评论》2014 年第 12 期,第 295 页。

③ 张先治等:《社保基金持股对公司价值的影响研究——基于持股特征异质性的视角》,《财经问题研究》2014 年第 5 期,第 45 页。

④ 刘子兰等:《养老金积极主义与公司治理》,《湖南师范大学社会科学学报》2005 年第 6 期,第 512 页。

异,即便机构投资者和全国社保基金持股比例与公司绩效正相关,也不能得出其既具有价值投资又具有价值创造能力的结论。为了探究全国社保基金和企业年金持股与公司绩效之间的关系,有效区分价值投资和价值创造功能,本章分别选取了2008—2016年中国上市公司的数据,进一步研究全国社保基金和企业年金持股变动对持股公司绩效和公司绩效改善的影响。

第三节　数据与实证方法

一、研究数据

本章选用2008—2016年在上交所和深交所上市的企业作为研究样本,构建面板数据。全国社保基金和企业年金的持股数据根据 Wind 资讯中国金融数据库整理得出,其余数据均来源于国泰安 CSMAR 数据库。我们对数据做了如下处理:

第一,由于持股行为在财务数据上反映出来存在一定时滞,同时,借鉴相关研究①,采用滞后一期的绩效数据,解决了互为因果产生的内生性问题。

第二,将养老基金的持股行为划分为短期持股和长期持股,持续持股超过一年为长期持股②。

第三,依据养老基金持股比例是否超出平均持股比例、养老金是否增加对目标公司的持股、养老金是否是目标公司前十大股东,分别研究了养老金重仓持股、养老金增持、养老金为前十大股东时持股行为的异质性。

---

① 刘京军等:《机构投资者:长期投资者还是短期机会主义者?》,《金融研究》2012年第9期,第144页。

史永东等:《中国机构投资者真的稳定市场了吗?》,《经济研究》2014年第12期,第105页。

李蕾等:《价值投资还是价值创造?——基于境内外机构投资者比较的经验研究》,《经济学(季刊)》2014年第1期,第357页。

② Chen Xia et al., "Monitoring: Which Institutions Matter", *The Journal of Financial Economics*, vol.2, 2007, pp.279-305.

第四,对数据极端值进行缩尾处理,将落于(1%、99%)之外的观察值分别替换为1%和99%分位数上的数值。由于金融类公司资产负债率高,财务数据与普通企业有明显区别,不适合作为以财务指标为重要变量的模型样本,故予以剔除。

养老基金持股数据截至2016年四季度,因当季度滞后一期的绩效数据无法获得,因此,最后的样本包含2008年一季度至2016年三季度共35个季度的数据。最后,全国社保基金短期持股数据共有12312个观测值,企业年金短期持股数据共有848个观测值。

二、研究变量

(一)被解释变量

本章借鉴唐跃军等的研究,将公司绩效改善能力定义为公司$t+1$期绩效与t期绩效之差。[1] 现有相关研究主要采用以下四个指标来衡量公司绩效:净资产收益率(ROE)、资产净利润(ROA)、每股收益(EPS)、托宾Q值(Tobin's Q)。[2]

ROE反映由股东投入资金所产生的利润率,ROA反映股东和债权人共同的资金所产生的利润率。如果没有负债运营,则企业的ROE和ROA相同,而如果企业大量运用财务杠杆提高ROE水平,投资者很可能被ROE的虚高所蒙蔽。因此,本节选取ROA作为衡量公司绩效的指标之一;每股收益(EPS)是税后利润与股本总数的比率,是每一股普通股股东所能享有的企业净利润

---

① 唐跃军等:《价值选择VS.价值创造——来自中国市场机构投资者的证据》,《经济学(季刊)》2010年第2期,第614、615页。

② 袁萍等:《关于中国上市公司董事会、监事会与公司业绩的研究》,《金融研究》2006年第6期,第25、26页。

陈德萍等:《股权集中度、股权制衡度与公司绩效关系研究——2007~2009年中小企业板块的实证检验》,《会计研究》2011年第1期,第40页。

John A.,"Corporate Investment and Stock Market Listing: A Puzzle", *The Review of Financial Studies*, vol.2, 2015, pp.342-390.

刘青松等:《败也业绩,成也业绩?——国企高管变更的实证研究》,《管理世界》2015年第3期,第155页。

或需承担的企业净亏损,每股收益通常反映企业的经营效益,衡量普通股的获利水平及投资风险;托宾 Q 值是反映公司成长性的重要指标,托宾 Q 值越高,公司成长性越好,公司倾向于通过增发股票进行融资,我们保留托宾 Q 值;市净率(P/B)是每股股价与每股净资产的比率,市价高于账面价值时,企业资产的质量较好,有发展潜力,反之亦然。本章引入市净率作为衡量公司绩效的指标;投入资本回报率(ROIC)通常用来直观地评估一个公司的价值创造能力,本章选择投入资本回报率为衡量指标。①

本章采用市净率(P/B)、托宾 Q 值(Q)作为衡量公司绩效的指标,并选取资产净利润(ROA)、投入资本回报率(ROIC)两个指标用作稳健性检验。

(二) 解释变量

解释变量为养老基金持股比例变动,即养老基金 t 期持股比例与 $t-1$ 期持股比例之差。持股比例变动为非负数时,表明全国社保基金和企业年金没有改变或增加了公司持股;持股比例变动为负数时,表明全国社保基金和企业年金减少了公司持股比例。通过持股比例的变动来体现全国社保基金和企业年金持股的动态变化和持股偏好。

(三) 控制变量

本章设置了养老金增持、重仓持股、长期持股、养老金为前十大股东四个虚拟变量,以考察养老金持股行为的异质性。基于相关研究,并考虑到中国市场的实际情况,本章从公司管理、公司治理、公司经营三个方面选取如下指标作为控制变量:

---

①　汪辉:《上市公司债务融资、公司治理与市场价值》,《经济研究》2003 年第 8 期,第 30 页。

王跃堂等:《董事会的独立性是否影响公司绩效?》,《经济研究》2006 年第 5 期,第 65、66 页。

杨典:《公司治理与企业绩效——基于中国经验的社会学分析》,《中国社会科学》2013 年第 1 期,第 83、84 页。

杨合力等:《公司治理、机构投资者与企业绩效——来自中国上市公司的经验证据》,《财政研究》2012 年第 8 期,第 68 页。

一是从公司管理角度选取公司规模、董事长总经理是否两职合一、行业虚拟变量三个指标。用总资产的自然对数来表示公司规模,设置两职合一虚拟变量和行业虚拟变量。① 在公司的发展阶段,随着公司规模的不断扩大,各种机制建立健全,内外部环境成熟,公司规模越大越有利于公司绩效的增长。但规模超过一定临界值以后,机构的膨胀将形成更加复杂的委托代理关系,交易成本上升,这会造成公司绩效的下滑。② 企业是否两职合一对绩效的影响具有不确定性。当董事长和总经理两职合一时,董事会难以完成相关职能,效率低下,相反也有可能有利于提高经营者和所有者信息沟通的效率,加快经营决策的组织和实施。③

二是从公司治理角度选取独立董事比例、股权制衡度、股权集中度三个指标。一般来说,独立董事的存在意味着公司股权结构的优化,独立董事代表的是中小股东的利益,而二级市场上公司的中小股东是不确定的,因而独立董事的重要职责是把握公司的长期发展方向,确保公司审慎经营,重视公司的长期价值。自 2001 年 8 月发布《关于在上市公司建立独立董事制度的指导意见》以来,独立董事的设置会对公司绩效产生正向的影响④;股权制衡度用第二大流通股股东到第十大流通股股东持股比例之和与第一大流通股股东持股比例之比来衡量,股权制衡度越高,对大股东的制衡作用越强,越有利于改善公司治理,减少股东之间关联交易的发生,提高公司价值⑤;股权集中度用前十大股东持股比

---

① 杨合力等:《公司治理、机构投资者与企业绩效——来自中国上市公司的经验证据》,《财政研究》2012 年第 8 期,第 68 页。

② 石美娟等:《机构投资者提升公司价值吗? ——来自后股改时期的经验证据》,《金融研究》2009 年第 10 期,第 154、155 页。

杨典:《公司治理与企业绩效——基于中国经验的社会学分析》,《中国社会科学》2013 年第 1 期,第 83、84 页。

③ 袁萍等:《关于中国上市公司董事会、监事会与公司业绩的研究》,《金融研究》2006 年第 6 期,第 25、26 页。

④ 李常青等:《董事会特征影响公司绩效吗?》,《金融研究》2004 年第 5 期,第 68—70 页。

⑤ 陈德萍等:《股权集中度、股权制衡度与公司绩效关系研究——2007~2009 年中小企业板块的实证检验》,《会计研究》2011 年第 1 期,第 40 页。

例衡量①。

三是从公司经营角度选取财务杠杆、有形资产比、外部融资需求三个指标。财务杠杆对公司绩效的影响较复杂。一方面,负债增加会推高财务费用、形成经营风险;另一方面,较高的财务杠杆说明拥有较多的银行信贷,享受到了更多的政策扶植,说明该企业有较强的资金实力作为发展的支撑②。有形资产比将影响公司的商业模式与周转速度等,对公司绩效的影响尚无定论。设置外部融资需求虚拟变量,若该公司在之后的三年内进行过配股或者增发,则该变量为 1,否则为 0。③ 表 8.1 列出了本章使用的研究变量。

表 8.1　研究变量一览表

类型	变量名称	变量定义
X	社保基金持股比例变动	上市公司全国社保基金持股比例的变动
	企业年金持股比例变动	上市公司企业年金持股比例的变动
Y	公司绩效	资产净利润(ROA)
		投入资本回报率(ROIC)
		市净率(P/B)
		托宾 Q 值(Q)
	公司绩效改善	资产净利润改善(CROA)
		投入资本回报率改善(CROIC)
		市净率改善(CP/B)
		托宾 Q 值改善(CQ)

---

　　① 徐莉萍等:《股权集中度和股权制衡及其对公司经营绩效的影响》,《经济研究》2006 年第 1 期,第 93 页。

　　② 唐跃军等:《价值选择 VS.价值创造——来自中国市场机构投资者的证据》,《经济学(季刊)》2010 年第 2 期,第 614、615 页。

　　③ 徐莉萍等:《股权集中度和股权制衡及其对公司经营绩效的影响》,《经济研究》2006 年第 1 期,第 93 页。

续表

类型	变量名称	变量定义
Z	养老基金增持	若养老基金本期持股比例大于上一期则为1,反之则为0
	养老基金重仓持股	若养老基金本期持股比例大于平均持股比例则为1,反之则为0
	养老基金为前十大股东	若养老基金为前十大股东则为1,反之则为0
	养老基金长期持股	若养老基金持续持股超过一年则为1,反之则为0
	公司规模	上市公司总资产的自然对数
	独立董事比例	独立董事人数与董事人数之比
	股权制衡度	第二至第十大股东持股比例之和与第一大股东持股比例之比
	股权集中度	前十大股东持股比例之和
	财务杠杆	上市公司财务杠杆
	有形资产比	上市公司有形资产比
	外部融资需求	近三年是否进行过增发、配股
	行业虚拟变量	房地产业、工业行业、公用事业行业、金融业、商业行业

三、实证方法

本章采用以下计量模型估计养老基金持股比例变动对公司绩效改善的影响:

$$Y_{it} = \beta_0 + \beta_1 SSF_{it-1} + \beta_2 C_{it} + \gamma_i + \mu_{it} \tag{8.1}$$

$$Y_{it} = \beta_0 + \beta_1 SUP_{it-1} + \beta_2 C_{it} + \gamma_i + \mu_{it} \tag{8.2}$$

Y_{it} 为因变量,衡量上市公司绩效和绩效改善,表示 t 季度($t = 1,2,3,4$)i 公司的绩效和绩效改善数据;SSF_{it-1}、SUP_{it-1} 分别为社保基金持股比例变化和企业年金持股比例变化,表示 $t-1$ 季度养老基金对 i 公司持股比例变化的数据;C_{it} 为控制变量,γ_i 为个体固定效应,μ_{it} 为随机扰动项。

本章选取资产净利润率、投入资本回报率、市净率、托宾 Q 值四个指标衡量上市公司绩效,选取了 12 个控制变量,尽可能减少由遗漏变量引起的内生性问题。养老基金持股比例的变化有可能是基于上市公司绩效作出的决策,而上市公司绩效的改善也有可能是由于养老基金持股的变动。因此,我们需要选择能够影响养老基金持股比例变动但不会直接影响上市公司绩效的变量作为工具变量。本章基于以下考虑选取了市盈率、主营业务利润占比、市值超过平均市值 3 个变量作为工具变量:

一是养老基金持股比例与上市公司市盈率存在显著的相关关系。养老基金出于其资金安全性和盈利性的考虑,在投资选股时可能更倾向于选取风险更低、市值更大的高成长性公司。价值投资理论认为,股票价格由其内在价值决定。市盈率作为股价和当期收益的比值,代表公司的成长性和收益性,是价值投资中应用最为广泛的分析指标之一。当个股市盈率偏高时,投资风险增大,但是公司的高成长性也会形成高市盈率。[①]

二是主营业务利润占比越高的上市公司,其成长性越好,养老基金持股比例也会越高。

三是养老基金出于安全投资的需要会倾向于股价波动更小的公司,而上市公司市值更大时股价波动会更小。养老基金出于其安全投资和增值的需要,目标公司的持股比例变动会受市盈率、市值大小、主营业务利润占比的影响,但是这 3 个变量不会直接影响公司滞后一期绩效的改善。工具变量进行一阶段估计的模型为:

$$SS\,F_{it-1} = \alpha_0 + \alpha_1 Z_{it-1} + x_{ij}\,C_{ij} + \mu_{it} \tag{8.3}$$

$$SU\,P_{it-1} = \alpha_0 + \alpha_1 Z_{it-1} + x_{ij}\,C_{ij} + \mu_{it} \tag{8.4}$$

方程(8.3)和方程(8.4)中,Z_{it} 表示 3 个工具变量,由 3 个工具变量估计得到新的自变量的值后再进行回归分析,两阶段最小二乘法可以很好地解决内生性问题。

---

① 陈共荣等:《市盈率能否成为投资决策分析的有效指标——来自中国 A 股的经验数据》,《会计研究》2011 年第 9 期,第 9—16 页。

四、实证结果

全国社保基金和企业年金在资金总量和投资运营方式上存在差异,其实际持股行为也存在差别。表8.2分别给出了全国社保基金和企业年金变量的描述性统计。

表8.2 变量描述性统计

	全国社保基金			企业年金		
	样本量	均值	占总样本的比例	样本量	均值	占总样本的比例
持股比例变动	12312	0.28		848	0.71	
本期持股比例	12312	1.86		848	1.16	
持续持股期数	12312	4.06		848	1.59	
市盈率	12312	82.30		848	154.20	
主营业务利润占比	12312	3.48		848	2.72	
市值超过样本平均市值	6295		0.51	445		0.52
增持	7551		0.61	726		0.86
重仓持股	4996		0.41	289		0.35
养老基金为前十大股东	6889		0.56	309		0.36

由表8.2可知,全国社保基金和企业年金的持股行为存在差异。全国社保基金持股比例变动的均值小于企业年金,全国社保基金当期持股比例的均值大于企业年金,全国社保基金平均持续持股期数为4个季度,而企业年金的平均持续持股期数没有超过2个季度。由此可见,企业年金多为短期持股,持股比例变化更大;与之相比,全国社保基金的投资更为集中,更注重长期投资。全国社保基金持股公司的市盈率低于企业年金,更倾向于稳健性投资。此外,全国社保基金重仓持股且成为目标公司前十大股东的比例更高。

（一）全国社保基金持股变动与公司绩效和绩效改善

本节分别采用固定效应模型（FE）和固定效应下的工具变量法（IV）考察全国社保基金持股比例变动与公司绩效、公司绩效改善的关系，托宾 Q 值和市净率为衡量公司绩效的指标，托宾 Q 值改善和市净率改善为衡量公司绩效改善的指标。工具变量法估计的结果是本章节主要关心的结果。考虑到公司财务数据存在时滞，若全国社保基金第 t 期增持上市公司股份后，目标公司 $t+1$ 期的绩效提高，则认为全国社保基金具有价值发现功能；若全国社保基金第 t 期增持上市公司股份后，目标公司 $t+1$ 期的绩效改善提高，则认为全国社保基金具有价值创造功能。

表 8.3　全国社保基金持股比例变动与公司绩效、绩效改善

	托宾 Q 值		市净率		托宾 Q 值改善		市净率改善	
	FE	IV	FE	IV	FE	IV	FE	IV
比例变动	−0.0104	7.6115**	−0.0202	13.5826**	−0.0377***	−5.0773**	−0.0532*	−7.2160**
	(0.0111)	(4.0641)	(0.0191)	(6.4531)	(0.0125)	(2.3757)	(0.0274)	(3.6339)
增持	−0.0086	−17.7090**	0.0397	−27.8679**	0.0635	10.4576**	0.0880	14.8640**
	(0.0349)	(8.3342)	(0.0658)	(13.2332)	(0.0496)	(4.9139)	(0.0981)	(7.5164)
重仓持股	0.1232***	−8.8265**	0.2327***	−13.8916**	0.0812***	5.4631**	0.1435*	7.7923**
	(0.0384)	(4.2291)	(0.0681)	(6.7151)	(0.0279)	(2.5392)	(0.0763)	(3.8840)
前十大股东	0.0886*	−0.6111	0.1605*	−0.9529	−0.0405	0.3598	−0.0730	0.4952
	(0.0465)	(0.4595)	(0.0823)	(0.7296)	(0.0249)	(0.2653)	(0.0605)	(0.4059)
长期持股	−0.2009***	−1.0014**	−0.3913***	−1.6487**	0.1525***	0.5930**	0.2768***	0.9078**
	(0.0414)	(0.4925)	(0.0676)	(0.7821)	(0.0429)	(0.2786)	(0.0997)	(0.4261)
公司规模	−0.3688***	−0.6057**	−0.6491***	−1.0566**	0.0153	0.1564	0.1538	0.3624
	(0.0538)	(0.2857)	(0.0996)	(0.4536)	(0.0351)	(0.1692)	(0.1409)	(0.2588)

续表

	托宾 Q 值		市净率		托宾 Q 值改善		市净率改善	
	FE	IV	FE	IV	FE	IV	FE	IV
股权集中度	−2.5263 ***	1.3655	−4.2363 ***	2.0003	0.2155	−1.4757	1.4208	−0.9903
	(0.5682)	(4.4061)	(1.3301)	(6.9961)	(0.3460)	(2.5195)	(1.6090)	(3.8538)
股权制衡度	−0.0017 *	−0.0063	−0.0026 *	−0.0097	−0.0003	0.0025	0.0010	0.0050
	(0.0009)	(0.0054)	(0.0016)	(0.0086)	(0.0006)	(0.0032)	(0.0017)	(0.0049)
独董比例	0.9905 *	−4.6736	1.9312	−6.7504	0.2138	3.9728	1.3471 **	6.6896
	(0.5512)	(5.0212)	(1.2155)	(7.9729)	(0.2692)	(3.1154)	(0.6671)	(4.7654)

由表8.3可知,全国社保基金持股比例变动与上市公司绩效成同方向变化,社保基金具有价值发现功能。社保基金每增持1%,目标公司的托宾Q值和市净率分别上升7.6115个百分点和13.5826个百分点。由增持、重仓持股、前十大股东、长期持股四个虚拟变量的回归结果可知,其他条件不变的情况下,全国社保基金增持股份的公司的绩效平均低于被其减持股份的公司的绩效;全国社保基金重仓持股的公司的绩效平均低于全国社保基金没有重仓持股的公司的绩效;全国社保基金长期持股的公司的绩效平均低于其短期持股的公司的绩效;而社保基金是否为目标公司的前十大股东对其价值发现功能没有显著影响。上市公司规模、股权集中度、股权制衡度、独董比例与绩效成反方向变化。

全国社保基金持股比例变动与公司绩效改善能力成反方向变化,全国社保基金每增持1%,目标公司的托宾Q值改善和市净率改善分别下降5.0773个百分点和7.2160个百分点,社保基金不具有价值创造功能。在其他条件不变的情况下,全国社保基金增持股份的公司的绩效改善平均高于被其减持股份的公司的绩效改善;全国社保基金重仓持股的公司的绩效改善平均高于全国社保基金没有重仓持股的公司的绩效改善;全国社保基金长期持股的公司的绩效改善平均高于其短期持股的公司的绩效改善;全国社保基金是否为目标公司的前十大股东对目标公司的绩效改善没有显著差异。此外,公司规模、股权集中度、股权制衡度与上市公司绩效改善能力成反方向变化,独董比例与绩效改善能力成同方向变化。这说明,社保基金虽然不能帮助上市公司创造价值,但是其持股公司的绩效改善能力更强,属于优质公司,表明社保基金具有很强的价值发现功能。我们认为,在全国社保基金持股后,全国社保基金持股比例变动与公司绩效改善呈现反向变动,也就是说,全国社保基金增持股份时,目标公司的绩效改善能力降低。

(二) 企业年金持股变动与公司绩效和绩效改善

表 8.4　企业年金持股比例变动与公司绩效、绩效改善

	托宾 Q 值		市净率		托宾 Q 值改善		市净率改善	
	FE	IV	FE	IV	FE	IV	FE	IV
比例变动	−0.0135	−2.3328	−0.0248	−4.5619	0.0271	0.6102	0.0179	−0.0568
	(0.0356)	(1.4495)	(0.0518)	(2.8028)	(0.0362)	(0.5780)	(0.0561)	(0.7649)
增持	0.1493*	3.6167*	0.3149*	7.0946*	−0.0687	−0.9477	−0.1276	−0.0693
	(0.0876)	(2.1816)	(0.1719)	(4.2184)	(0.1081)	(0.8694)	(0.2236)	(1.1505)
重仓持股	0.4158***	1.6226*	0.7414***	3.0532*	−0.3185*	−0.6091*	−0.5065	−0.6197
	(0.1358)	(0.9329)	(0.2481)	(1.8040)	(0.1709)	(0.3244)	(0.3258)	(0.4293)
前十大股东	−0.1837	0.9771	−0.0657	2.2391	0.1803	−0.0274	0.3562	0.3881
	(0.2022)	(0.8939)	(0.4396)	(1.7285)	(0.2127)	(0.3183)	(0.4183)	(0.4212)
长期持股	0.0462	−0.4042	0.0535	−0.8448	−0.1968	−0.4788	−0.1936	−0.1182
	(0.0738)	(0.4207)	(0.1213)	(0.8135)	(0.1371)	(0.3763)	(0.2871)	(0.4979)
公司规模	−0.4185**	−1.0177	−0.7686*	−1.9876	0.2298**	0.4238	0.2232	0.3413
	(0.1826)	(0.6905)	(0.4533)	(1.3352)	(0.1139)	(0.2785)	(0.2589)	(0.3686)
股权集中度	1.4783	8.6577	−2.9096	10.5834	1.3419	−2.1346	2.7025	1.1854
	(1.8407)	(10.1255)	(4.1360)	(19.5792)	(1.5441)	(3.9868)	(3.3849)	(5.2760)

续表

	托宾 Q 值		市净率		托宾 Q 值改善		市净率改善	
	FE	IV	FE	IV	FE	IV	FE	IV
股权制衡度	0.0018	−0.0058	−0.0034	−0.0195	−0.0026	−0.0006	−0.0054	−0.0066
	(0.0018)	(0.0089)	(0.0047)	(0.0172)	(0.0026)	(0.0041)	(0.0050)	(0.0054)
独董比例	−4.9186	18.4969	−2.3140	41.6003	1.1439	−1.6536	1.6673	4.3907
	(4.7857)	(16.9688)	(6.3217)	(32.8116)	(1.8950)	(5.6451)	(4.0784)	(7.4705)

由表 8.4 可知,企业年金持股比例变动与公司绩效成反方向变化,企业年金持股比例每增加 1%,托宾 Q 值和市净率平均下降 2.3328 个百分点和 4.5619 个百分点,但在统计上不具有显著性。在其他条件不变的情况下,企业年金增持股份的公司的托宾 Q 值和市净率比被减持股份的公司平均高 3.6167 个百分点和 7.0946 个百分点,企业年金重仓持股的公司的托宾 Q 值和市净率比没有被重仓持股的公司平均高 1.6226 个百分点和 3.0523 个百分点,这说明企业年金具有价值发现功能。

企业年金持股比例变化与目标公司绩效改善能力成反比,但是显著性不强,不具有价值创造功能。

（三）稳健性检验

考虑到绩效衡量指标的多样性,我们选取资产净利润（ROA）、投入资本回报率（ROIC）作为衡量公司绩效的指标进行稳健性检验。表 8.5 给出了全国社保基金稳健性检验的结果。

由表 8.5 结果可得,社保基金持股比例变动与公司绩效成正比,与改善能力成反比,其余系数显著性和符号没有发生大的变化,故本章的实证结果是稳健的,社保基金是价值的发现者,但是不具有价值创造功能。

表 8.5　全国社保基金与公司绩效稳健性检验结果

	总资产净利润率		投入资本回报率		总资产净利润率改善		投入资本回报率改善	
	FE	IV	FE	IV	FE	IV	FE	IV
比例变动	0.0001	0.0324*	0.0002	0.0381*	0.0000	−0.0249*	−0.0000	−0.0361*
	(0.0002)	(0.0169)	(0.0003)	(0.0207)	(0.0002)	(0.0150)	(0.0003)	(0.0208)
增持	−0.0027***	−0.0688**	−0.0039***	−0.0815*	−0.0015*	0.0500	−0.0020*	0.0726*
	(0.0008)	(0.0347)	(0.0011)	(0.0425)	(0.0008)	(0.0310)	(0.0011)	(0.0432)
重仓持股	0.0010	−0.0332*	0.0012	−0.0390*	0.0032***	0.0297*	0.0055***	0.0439**
	(0.0008)	(0.0178)	(0.0011)	(0.0218)	(0.0008)	(0.0161)	(0.0011)	(0.0223)
前十大股东	−0.0004	−0.0029	−0.0001	−0.0032	−0.0086***	−0.0068***	−0.0130***	−0.0105***
	(0.0010)	(0.0020)	(0.0012)	(0.0024)	(0.0007)	(0.0018)	(0.0009)	(0.0025)
长期持股	−0.0003	−0.0037*	−0.0009	−0.0047*	−0.0022***	−0.0000	−0.0032***	0.0001
	(0.0008)	(0.0022)	(0.0012)	(0.0027)	(0.0008)	(0.0019)	(0.0010)	(0.0026)
公司规模	−0.0020*	−0.0030**	−0.0016	−0.0030*	−0.0034***	−0.0026**	−0.0052***	−0.0041**
	(0.0010)	(0.0013)	(0.0014)	(0.0016)	(0.0007)	(0.0012)	(0.0010)	(0.0016)
股权集中度	0.0481***	0.0672***	0.0528***	0.0755***	−0.0307**	−0.0424**	−0.0412***	−0.0579**
	(0.0162)	(0.0205)	(0.0198)	(0.0252)	(0.0083)	(0.0183)	(0.0116)	(0.0254)
股权制衡度	0.0000**	0.0000	0.0000*	0.0000	−0.0000**	−0.0000	−0.0000**	−0.0000
	(0.0000)	(0.0000)	(0.0000)	(0.0000)	(0.0000)	(0.0000)	(0.0000)	(0.0000)
独董比例	−0.0022	−0.0185	−0.0101	−0.0287	1.1439	−1.6536	1.6673	4.3907
	(0.0129)	(0.0219)	(0.0175)	(0.0268)	(1.8950)	(5.6451)	(4.0784)	(7.4705)

第四节　研究结论与政策建议

基于全国社保基金和企业年金的季度持股数据,本章研究了养老基金持股比例变动对公司绩效和公司绩效改善的影响。

全国社保基金持股比例变动与公司绩效成同方向变化，与公司绩效改善成反方向变化。当全国社保基金增持股份时，公司绩效上升，而绩效改善幅度降低；当全国社保基金减持股份时，公司绩效下降，下降幅度提高。全国社保基金具有价值发现功能，但不具有价值创造功能。

企业年金持股比例变动与公司绩效和绩效改善成反方向变化，但是在统计上显著性不强。企业年金增持股份和重仓持股的公司绩效更高，企业年金也具有价值发现功能，不具有价值创造功能。

财政部、国资委、证监会、社保基金会联合下发的《关于印发〈境内证券市场转持部分国有股充实全国社会保障基金实施办法〉的通知》（财企〔2009〕94号）规定："由社保基金会持有的境内上市公司国有股，社保基金会承继原国有股东的禁售期义务。对股权分置改革新老划断至本办法颁布前首次公开发行股票并上市的股份有限公司转持的股份，社保基金会在承继原国有股东的法定和自愿承诺禁售期基础上，再将禁售期延长三年。"该办法第十四条规定："社保基金会转持国有股后，享有转持股份的收益权和处置权，不干预上市公司日常经营管理。"这表明，基于"不干预上市公司日常经营管理"的考虑，社保基金会尚未考虑参与持股公司的治理活动，这可能是社保基金和企业年金缺乏价值创新功能的重要原因。作为有重要影响的机构投资者，全国社保基金已经进入资本市场持有上市公司股票，成为机构股东后，包括全国社保基金、企业年金在内的养老基金应该积极探讨其参与公司治理的有效方式。应适时修改财企〔2009〕94号文件，在养老基金等机构投资者与公司管理层之间合理划分治理边界，构建符合我国国情的机构投资者参与公司治理的制度，追求"最大限度地提高企业创造财富的能力"[1]。与此同时，应修订《全国社会保障基金投资管理暂行办法》和《全国社会保障基金境外投资管理暂行规定》，以更好地适应资本市场发展和基金保值增值需要。及时修订《全国社会

---

[1] Drucker, P., "Reckoning with the Pension Fund Revolution", *Harvard Business Review*, vol.2, 1991, pp.106-113.

保障基金理事会章程》,对社保基金会的职责、组织架构、管理运营和议事规则等作进一步规范。①

如果能够获取养老基金参与公司治理的具体信息,包括参与治理的时间、方式等,可以进一步跟踪上市公司绩效的变化情况,准确判断养老基金参与公司治理的绩效影响,这是今后继续努力的方向。

---

① 谢旭人:《进一步加强社保基金管理运营》,《人民日报》2016 年 5 月 30 日。

第九章　基本养老保险的长寿风险估算①

第一节　引　言

随着中国经济快速发展,人民生活质量极大提高,但是与之而来的人口老龄化问题也日渐严重。《中国发展报告 2020:中国人口老龄化的发展趋势和政策》显示,到 2022 年左右我国将进入深度老龄化社会,届时我国 65 岁以上人口在总人口中的占比约为 14%,到 2050 年时 65 岁以上人口将达到 3.8 亿人,约占总人口的 27.9%。在巨大的老龄人口基数和人均寿命不断增长的双重影响下,我国现行基本养老保险制度面临的财务可持续性问题日益凸显。《中国人力资源和社会保障统计年鉴 2018》披露,截至 2017 年辽宁、吉林、黑龙江、山东、湖北和青海当年的城镇职工基本养老保险已收不抵支,其中黑龙江省累计赤字最高,为 -486.2 亿元。为此,2021 年《中华人民共和国国民经济和社会发展第十四个五年规划和 2035 年远景目标纲要(草案)》提出逐步延迟当前法定退休年龄。虽然延迟退休可以在一定程度上缓解养老保险的财务压力,但是可以在多大程度上降低未来基本养老保险的财务缺口,仍然有待深入讨论。作为基本养老保险制度财务运行的重要影响因素,人口寿命

---

① 贺磊等:《死亡率模型选择下职工基本养老保险的长寿风险估算》,《保险研究》2021 年第 6 期,第 99—112 页。

呈现出增长的趋势性和波动的不确定性。寿命的不确定性会导致个体或群体未来实际平均寿命超过预期平均寿命,未来实际寿命超出预期寿命所导致的财务损失,被认为是长寿风险。[①] 虽然不少学者直接测度了养老保险未来预期收支缺口,但是预期收支缺口仅能反映未来财务缺口的平均水平,无法反映未来寿命不确定性带来的养老保险财务风险水平。因此,本章的目的是在寿命不确定性下利用风险管理方法对基本养老保险面临的长寿风险进行量化分析。通过量化基本养老保险的长寿风险评估寿命不确定性导致的养老保险最大可能损失,进而有助于更加全面的评估养老保险未来面临的财务风险。

研究养老保险长寿风险的关键在于构建精准的人口死亡率模型。目前关于中国人口数据的动态死亡率模型研究主要集中于死亡率模型优化和死亡率模型比较。一方面,当前关于死亡率模型优化的研究大多以经典的 Lee-Carter 模型及其拓展模型为主[②]。另一方面,不同随机动态死亡率模型在不同方面具有各自的优势,没有在所有评价指标中都能表现最优的死亡率模型[③],因此死亡率模型的比较和选择需要依赖于多个标准下的综合评判,并且男性和女性的死亡率存在性别差异,适合我国男性和女性人口的最佳死亡率模型如何选择仍待商榷。目前关于人口死亡率模型选择评价的指标通常有贝叶斯信息准则、似然比检验、MAPE 值、残差分析、稳健性检验、总均方根误差和绝对预

---

① Stallard, E., "Demographic Issues in Longevity Risk Analysis", *The Journal of Risk and Insurance*, vol.73, no.4, 2006, pp.575-609.

② 李志生等:《Lee-Carter 死亡率模型的估计与应用——基于中国人口数据的分析》,《中国人口科学》2010 年第 3 期,第 50 页。

黄匡时:《Lee-Carter 模型在模型生命表拓展中的应用——以中国区域模型生命表为例》,《人口研究》2015 年第 5 期,第 42 页。

曾燕等:《创新的动态人口死亡率预测及其应用》,《系统工程理论与实践》2016 年第 6 期,第 1713 页。

赵明等:《中国人口死亡率变动趋势与长寿风险度量研究》,《中国人口科学》2019 年第 3 期,第 71 页。

③ Cairns, A.et al., "A Quantitative Comparison of Stochastic Mortality Models Using Data From England & Wales and the United States", *North American Actuarial Journal*, vol.13, 2009, pp.1-35.

测误差。① 以上研究证明不同年龄段数据以及不同指标评价体系下,选择适合中国人口数据的死亡率模型也会不同。

由于人口死亡率下降的趋势性和不确定性,我国基本养老保险制度未来将面临巨大的支付压力。已有部分学者对我国现行养老保险制度未来预期资金缺口和财政负担进行了估算②,均显示现行基本养老保险制度未来将面临巨大的财务可持续性问题。另外,在基本养老保险实行全国统筹前,基本养老保险制度的资金管理采取省级统筹,而各省人口和经济呈现出明显的区域差异性,进而使得不同省份基本养老保险的财务状况表现出区域异质性。为此少数学者对各省基本养老保险未来可能的资金缺口进行估算③,由于以上估算采用的是计算养老保险收支的数学期望,因而结果仅能反映未来养老保险收支缺口的平均水平。因此,部分学者尝试利用风险管理的方法对基本养老保险运行中死亡率下降和不确定性造成的财务风险进行量化,即养老保险长寿风险度量。④ 但是以上研究仅对养老保险支付进行风险度量,没有考虑人口规模和结构变化、经济发展水平等省域异质性对各省城镇企业职工基本养老保险面临的长寿风险的影响。

---

① 王晓军等:《中国人口死亡率随机预测模型的比较与选择》,《人口与经济》2011 年第 1 期,第 84 页。

樊毅等:《基于全人口死亡率数据的随机死亡率模型拟合效果比较》,《统计与决策》2018 年第 23 期,第 35 页。

② 王晓军等:《我国养老保险的财务可持续性研究》,《保险研究》2013 年第 4 期,第 122 页。

杨再贵等:《中国城镇企业职工统筹账户养老金的财政负担》,《经济科学》2016 年第 2 期,第 47 页。

谢琳:《基于长寿风险的城镇养老保险偿付能力评估》,《江西财经大学学报》2020 年第 1 期,第 74 页。

③ 金博轶等:《养老保险统筹账户收支缺口省际差异研究》,《保险研究》2015 年第 6 期,第 94 页。

④ 王晓军等:《长寿风险对城镇职工养老保险的冲击效应研究》,《统计研究》2016 年第 5 期,第 46 页。

赵明等:《中国人口死亡率变动趋势与长寿风险度量研究》,《中国人口科学》2019 年第 3 期,第 70 页。

综上所述,相比现有文献,本章的创新之处在于:第一,采用残差分布情况、生物合理性、预测稳健性、参数估计稳健性、模型简洁性和预测准确性六种评价指标对 Lee-Carter、RH、APC、CBD、M7、PLAT 六种经典随机动态死亡率模型进行综合评价,选择适合中国男性和女性人口的最佳随机动态死亡率模型;第二,不同于利用数学期望估算未来养老保险收支缺口的平均水平,本章考虑人口寿命不确定性,在随机死亡率模型下利用 VaR 和 CVaR 方法估算基本养老保险制度财务缺口上限和超过上限的尾部风险,量化各省城镇企业职工基本养老保险面临的长寿风险,并模拟分析了渐进式延迟退休对不同省份养老保险长寿风险的影响。

第二节 模型构建

一、随机动态死亡率模型

当前常用的随机动态死亡率模型主要由经典的 LC 模型和 CBD 模型扩展而来,详见表 9.1。

表 9.1 经典随机动态死亡率模型表

模型	表达式	参考文献
LC	$\ln m_{x,t} = \alpha_x + \beta_x k_t + \varepsilon_{x,t}$	Lee & Carter(1992)[1]
RH	$\ln m_{x,t} = \alpha_x + \beta_x^{(1)} k_t + \beta_x^{(2)} \gamma_{t-x} + \varepsilon_{x,t}$	Renshaw & Haberman (2006)[2]

[1] Lee, R. et al., "Modeling and Forecasting U.S. Mortality", *Journal of the American Statistical Association*, vol.87, no.419, 1992, pp.659-671.

[2] Renshaw, A. et al., "Lee-Carter Mortality Forecasting with Age-specific Enhancement", *Insurance: Mathematics and Economics*, vol.38, no.3, 2006, pp.556-570.

模型	表达式	参考文献
APC	$\ln m_{x,t} = \alpha_x + k_t + \gamma_{t-x} + \varepsilon_{x,t}$	Currieet et al.(2006)①
CBD	$logit[q(x,t)] = k_t^{(1)} + k_t^{(2)}(x - \bar{x}) + \varepsilon_{x,t}$	Cairns et al.(2006)②
M7	$logit[q(x,t)] = k_t^{(1)} + k_t^{(2)}(x - \bar{x}) + k_t^{(3)}((x - \bar{x})^2 - \hat{\sigma}_x^2) + \gamma_{t-x} + \varepsilon_{x,t}$	Cairns et al.(2009)③
PLAT	$ln\, m_{x,t} = \alpha_x + k_t^{(1)} + k_t^{(2)}(\bar{x} - x) + k_t^{(3)}(\bar{x} - x)^+ + \gamma_{t-x} + \varepsilon_{x,t}$	Plat(2009)④

二、人口发展模型

本章采用分省份离散人口发展模型对未来各省城镇人口进行预测,模型如下:

$$
\begin{cases}
N_{0,y}^k(t) = B_y(t) * r^k(t) * (1 - (t)) \\[2mm]
B_y(t) = TFR(t) * \sum_{i=15}^{49} h_i(t) * N_{i,y}^f(t) \\[2mm]
N_{1,y}^k(t+1) = N_{0,y}^k(t) * (1 - q_0^k(t)) + MIG_{0,y}^k(t) \\[2mm]
N_{i,y}^k(t+1) = N_{i-1,y}^k(t) * (1 - q_{i-1}^k(t)) + MIG_{i-1,y}^k(t) \\[2mm]
l_{i,y}^k(t) = N_{i,y}^k(t) * U_y(t)
\end{cases}
\tag{9.1}
$$

其中, $N_{i,y}^k(t)$ 表示 t 年 y 省份分性别 i 岁人口, $U_y(t)$ 表示 t 年 y 省份城

---

① Currie, I. et al., "Generalized Linear Array Models with Applications to Multidimensional Smoothing", *Journal of the Royal Statistical Society*, vol.68, no.2, 2006, pp.259–280.

② Cairns, A. et al., "A Two-factor Model for Stochastic Mortality with Parameter Uncertainty: Theory and Calibration", *Journal of Risk and Insurance*, vol.73, no.4, 2006, pp.687–718.

③ Cairns, A. et al., "A Quantitative Comparison of Stochastic Mortality Models Using Data From England & Wales and the United States", *North American Actuarial Journal*, vol.13, 2009, pp.1–35.

④ Plat, R., "On Stochastic Mortality Modeling", *Insurance: Mathematics and Economics*, vol.46, no.3, 2009, pp.383–404.

镇率，$l_{i,y}^{k}(t)$ 表示 t 年 y 省份分性别 i 岁城镇人口，$B_y(t)$ 表示 t 年 y 省份出生婴儿数，$\eta(t)$ 表示新生儿死亡率，$r^k(t)$ 表示 t 年出生婴儿性别比率，$TFR(t)$ 表示 t 年总和生育率，$h_i(t)$ 表示 t 年 i 岁妇女生育模式，$q_i^k(t)$ 表示 t 年分性别 i 岁人口死亡率，$MIG_{i,y}^{k}(t)$ 表示 t 年 y 省份分性别 i 岁在 t 年到 $t+1$ 年内的净迁入人口数。

三、城镇企业职工基本养老保险收支模型

（一）城镇企业职工基本养老保险收入模型

由国发〔1997〕26 号文件规定，我国基本养老保险由统筹账户养老保险和个人账户养老保险构成，统筹账户的收入 = t 年法定缴费基数×企业缴费率×t 年参保人数×实际征缴率，个人账户收入 = t 年法定缴费基数×个人缴费率×t 年参保人数×实际征缴率，具体公式如下：

$$TI(t) = q_1 * \sum_{i=c}^{r-1} l_i(t) \times \alpha_1 \times \lambda_1 \times \gamma \times Z \times \bar{S}(t) \tag{9.2}$$

$$GI(t) = q_2 * \sum_{i=c}^{r-1} l_i(t) \times \alpha_1 \times \lambda_1 \times \gamma \times Z \times \bar{S}(t) \tag{9.3}$$

其中 $TI(t)$ 表示 t 年统筹账户收入，$GI(t)$ 表示 t 年个人账户收入，q_1 表示企业法定缴费率，q_2 表示个人法定缴费率，α_1 表示城镇就业率，λ_1 表示城镇在职职工参保率，γ 表示企业参保职工占城镇参保职工比例，Z 表示实际征缴率，$\bar{S}(t)$ 表示 t 年法定缴费基数，c 表示参加工作初始年龄，r 表示法定退休年龄。

城镇企业职工基本养老保险总收入为：

$$AI(t) = TI(t) + GI(t) \tag{9.4}$$

（二）城镇企业职工基本养老保险支出模型

我国养老保险统筹账户支出 = "老人"基础养老金 + "中人"基础养老金和

过渡性养老金+"新人"基础养老金,个人账户支出="中人"个人账户养老金支出+"新人"个人账户养老金支出。具体公式如下。

1. "老人"支出模型

"老人"是指1997年前退休的人群,其养老金支出办法不变:

$$P_1(t) = \sum_{i=t-1997+r}^{w} l_i^{OM}(t)\, \alpha_2\, \lambda_2 \gamma\, B_i^{OM}(t) \tag{9.5}$$

其中:

$$B_i^{OM}(t) = (1+b)^{i-r}\, B_r^{OM}(t)$$

$$B_r^{OM}(t) = D_t\, s_{r-1}(t-1)$$

$$s_{r-1}(t-1) = s_c(t-1)(1+s)^{(r-c-1)}$$

$p_1(t)$ 表示"老人"基本养老金支出,α_2 表示退休人员在岗就业时的就业率,λ_2 表示城镇退休人员在岗就业时的参保率,$B_i^{OM}(t)$ 表示 t 年 i 岁的"老人"基础养老金支出,w 表示最大年龄,b 表示退休人员养老金增长率,s 表示工龄工资增长率,D_t 表示 t 年城镇企业职工养老金替代率,$s_i(t)$ 表示 t 年 i 岁参保人实际缴费工资。

2. "中人"支出模型

"中人"是指1997年前参加工作1997年后退休的人群,作为衔接"老人"和"新人"的群体,支出模型比较复杂,由个人账户支出和统筹账户支出组成,统筹账户支出又包含基础养老金支出和过渡性养老金支出。统筹账户支出具体表达式如下:

$$P_2(t) = \begin{cases} \sum_{i=r}^{t-1997+r-1} l_i^{RM}(t)\, \alpha_2\, \lambda_2 \gamma\, (B_i^{RM}(t) + T_i^{RM}(t)) \prod_{j=t-(i-r)}^{t} \dfrac{1+p_j}{1+p_r} \\ \qquad 当 \quad t \in [2018, 1997+r-c+1) \\[2ex] \sum_{i=c+t-1997}^{r+t-1997-1} l_i^{RM}(t)\, \alpha_2\, \lambda_2 \gamma\, (B_i^{RM}(t) + T_i^{RM}(t)) \prod_{j=t-(i-r)}^{t} \dfrac{1+p_j}{1+p_r} \\ \qquad 当 \quad t \geqslant 1997+r-c+1 \end{cases} \tag{9.6}$$

其中：

$$B_i^{RM}(t) = \bar{S}(t - (i - r) - 1)(1 + e) \times 0.5 \times (t - (i - r) - 1997) \times 1\%$$

$$T_i^{RM}(t) = \varepsilon \bar{S}(t - (i - r) - 1)f[i - (t - 1997) - c]$$

其中 $p_2(t)$ 表示"中人"基本养老金支出，$B_i^{RM}(t)$ 表示 t 年 i 岁"中人"基础养老金，$T_i^{RM}(t)$ 表示 t 年 i 岁"中人"过渡性养老金，e 表示本人平均缴费工资指数，f 表示视同缴费指数，g 表示实际平均缴费指数，p_t 表示 t 年养老金增长率，ε 表示过渡系数。

"中人"本人平均缴费工资指数 e =（视同缴费指数 f ×视同缴费年限+实际平均缴费指数 g ×实际缴费年限）/缴费年限。

$$e = \frac{f[i - (t - 1997) - c] + g[t - (i - r) - 1997]}{r - c}$$

由于全国多数地区缺乏视同缴费指数 f，采用实际平均缴费指数 g 来代替视同缴费指数即 $g = f$，将 $g = f$ 代入上式可得 $e = \dfrac{g(r - c)}{r - c} = g$，即 $e = g = f$，因此平均缴费工资指数 e 表达式为：

$$e = g = \frac{1}{t - (i - r) - 1997} \sum_{j=1}^{t - (i - r) - 1997} \frac{s_{r-j}(t - (i - r) - j)}{\bar{S}(t - (i - r) - j - 1)}$$

个人账户支出表达式如下：

$$PA_2(t) = \begin{cases} \sum_{i=r}^{t-1997+r-1} l_i^{RM}(t)\, \alpha_2\, \lambda_2 \gamma\, \dfrac{I_i(t)}{m^k} \times 12 \times \prod_{j=t-(i-r)}^{t} \dfrac{1 + p_j}{1 + p_r} \\ \qquad 当 \quad t \epsilon [2018, 1997 + r - c + 1) \\[2ex] \sum_{i=c+t-1997}^{r+t-1997-1} l_i^{RM}(t)\, \alpha_2\, \lambda_2 \gamma\, \dfrac{I_i(t)}{m^k} \times 12 \times \prod_{j=t-(i-r)}^{t} \dfrac{1 + p_j}{1 + p_r} \\ \qquad 当 \quad t \geqslant 1997 + r - c + 1 \end{cases} \tag{9.7}$$

其中：

$$I_i(t) = \sum_{i=c}^{r-1} \sum_{t=t_c}^{t_{r-1}} s_i(t) * q_2 * \prod_{t=t_c}^{t_{r-1}} [1 + r_p(t)]$$

$PA_2(t)$ 表示"中人"个人账户支出，$I_i(t)$ 表示个人账户储蓄额，m^k 表示分性别计发月数，$r_p(t)$ 表示 t 年个人账户记账利率，t_c 代表第一次参加工作时的年份，t_{r-1} 代表退休前一年年份。

3. "新人"支出模型

"新人"是指 1997 年以后参加工作的人，其基本养老金支出由个人账户支出和统筹账户支出组成，其中 $P_3(t)$ 表示"新人"基础养老金支出，$PA_3(t)$ 表示"新人"个人账户支出。统筹账户支出公式如下：

$$P_3(t) = \sum_{i=r}^{c+t-1997-1} l_i^{NM}(t) \, \alpha_2 \, \gamma_2 \, \lambda_2 \, B_i^{NM}(t) \prod_{j=t-(i-r)}^{t} \frac{1+p_j}{1+p_r} \qquad (9.8)$$

其中：

$$B_i^{NM}(t) = \bar{S}(t-(i-r)-1)(1+e) \times 0.5 \times (r-c) \times 1\%$$

$$e = \frac{1}{r-c} \sum_{j=1}^{r-c} \frac{s_{r-j}(t-(i-r)-j)}{\bar{S}(t-(i-r)-j-1)}$$

个人账户支出表达式如下：

$$PA_3(t) = \sum_{i=r}^{c+t-1997-1} l_i^{NM}(t) \, \alpha_2 \, \gamma_2 \, \lambda_2 \, \frac{I_i(t)}{m^k} \times 12 \times \prod_{j=t-(i-r)}^{t} \frac{1+p_j}{1+p_r} \qquad (9.9)$$

城镇企业职工基本养老金总支出为：

$$AP(t) = P_1(t) + P_2(t) + PA_2(t) + P_3(t) + PA_3(t) \qquad (9.10)$$

（三）基本养老保险基金结余模型

t 年当年结余＝t 年基本养老金收入－t 年基本养老金支出，t 年累计结余＝（$t-1$）年累计结余×（1+基本养老金投资利率）+t 年当年结余，具体表达式如下：

$$U(t) = AI(t) - AP(t) \qquad (9.11)$$

$$F(t) = F(t-1) * (1 + R(t)) + U(t) \qquad (9.12)$$

其中, $U(t)$ 表示 t 年当年结余, $F(t)$ 表示 t 年累计结余, $R(t)$ 表示 t 年基本养老金投资回报率。

四、长寿风险度量

本章在定义长寿风险时参考王晓军的做法,将长寿风险定义为:在置信水平 $\alpha = 95\%$ 下,基本养老保险结余的潜在损失 $VaR(\alpha)$ 或 $CVaR(\alpha)$ 和基本养老保险预测平均值的差额[①]。

$$\begin{cases} LRF^{VaR}(t) = F(t)^{VaR(0.95)} - F(t)^{VaR(0.5)} \\ LRF^{CVaR}(t) = F(t)^{CVaR(0.95)} - F(t)^{VaR(0.5)} \end{cases} \qquad (9.13)$$

其中 $LRF^{VaR}(t)$ 表示 t 年累计结余面临的最大潜在长寿风险, $LRF^{CVaR}(t)$ 表示考虑了尾部风险的 t 年累计结余面临的最大潜在长寿风险。

第三节 模型参数设定

一、随机动态死亡率模型选择

本章综合选用文献中常用的随机动态死亡率模型判断标准来比较不同死亡率模型对中国分性别人口的适用情况:第一,残差分布情况:若残差均匀分布在 0 轴两侧,则说明该模型拟合效果好,残差分布的足够随机。第二,生物合理性:同年度内年龄越高的人群死亡率越高以及随着时间的推移,全年龄段的人群死亡率会有一个下降的趋势。第三,预测稳健性:我们采用 1994—2014 年和 1998—2014 年 0—89 岁人口死亡率历史数据预测未来 50 年置信区间为 95% 的 65 岁、75 岁和 85 岁人口死亡率区间。如果两个不同时间段预测

---

① 王晓军等:《长寿风险对城镇职工养老保险的冲击效应研究》,《统计研究》2016 年第 5 期,第 45 页。

出来的人口死亡率区间大致相同,则说明模型预测结果具有稳健性。第四,参数估计稳健性:采用 1994—2014 年和 1998—2014 年 0—89 岁人口死亡率历史数据重新拟合各死亡率模型,再观察两个时间段下各模型参数的轨迹,若不同时间段下参数的轨迹大致相同,则说明该模型参数估计具有稳健性。第五,模型简洁性:模型选择时为了在模型复杂程度和模型对数据集描述能力间寻找一个最佳平衡,常用赤池信息准则(AIC)和贝叶斯信息准则(BIC)作为判断指。第六,预测准确性:使用 1994—2014 年 0—89 岁人口死亡率历史数据代入模型进行拟合,得到 2015—2017 年 3 年的人口死亡率预测值,再用真实的人口死亡率数据与预测的人口死亡率数据进行比较,计算平均绝对百分比误差标准值(MAPE)。

综合以上六个模型评判标准,对各模型的表现做出排名,数字越小代表该模型在该指标内排名越高,综合评分越小表示该模型综合表现越好,对于中国男女 0—89 岁人口死亡率拟合程度越高。综合评价的结果如下表所示。

表 9.2 男性各模型综合指标评价表

模型	LC	RH	APC	CBD	M7	PLAT
残差	5	4	3	6	1	2
生物合理性	2	5	1	4	6	3
预测稳健性	4	5	1	2	1	3
参数估计稳健性	2	5	2	1	4	3
模型简洁性(AIC,BIC)	4	1	3	6	5	2
预测准确性(MAPE)	5	1	4	3	6	2
综合评分	22	21	14	22	23	15

表 9.3 女性各模型综合指标评价表

模型	LC	RH	APC	CBD	M7	PLAT
残差	4	3	3	5	1	2
生物合理性	4	3	1	5	6	2

续表

模型	LC	RH	APC	CBD	M7	PLAT
预测稳健性	4	5	1	3	1	2
参数估计稳健性	2	5	2	1	4	3
模型简洁性（AIC,BIC）	4	1	3	6	5	2
预测准确性（MAPE）	4	1	2	5	6	3
综合评分	22	18	12	25	23	14

由上表可以看出,我国男性和女性综合评价表中排名最高的均为 APC 模型,该模型在生物合理性和预测稳健性上表现优异,在模型稳健性上表现良好,说明该模型稳定且具有生物合理性,但是在预测精度上表现稍差,不过尚在可接受的范围内。其次是 PLAT 模型,该模型在残差分布情况、预测准确性和简洁性上表现良好,但是在稳健性和生物合理性上较 APC 模型稍逊一筹。进一步使用 1994—2017 年死亡率历史数据（数据来源于《中国人口统计年鉴》和人口普查资料）,拟合 APC 死亡率模型得出各参数估计值,再使用 ARIMA 方法对 $k_t^{(i)}$ 和 γ_{t-x} 的趋势进行预测,然后使用蒙特卡洛模拟法进行随机模拟,得到未来分性别 0—89 岁死亡率预测均值,最后使用 CK 模型计算出 90—100 岁高龄人口死亡率,得到分性别 2018—2050 年 0—100 岁人口死亡率均值。

二、人口结构参数

出生婴儿性别比:参考刘万的相关研究[1],假定我国出生婴儿性别比逐年降低,由 111.9（2017 年）逐渐降低至 107（2030 年）,之后保持不变。

新生儿死亡率(t):参考韩国和日本的发展趋势,假定我国新生儿死亡率阶段式逐年降低。由 2017 年的 0.45%,到 2038 年时降至 0.15%,到 2048 年降至 0.1%,之后保持不变。

---

① 刘万:《延迟退休对城镇职工养老保险收支影响的净效应估计——基于 2025 年起渐进式延迟退休年龄的假设》,《保险研究》2020 年第 3 期,第 110 页。

总和生育率 $TFR(t)$:国家卫生健康委数据披露,2016 年我国住院分娩婴儿活产数为 1846 万人,二孩及以上占比超 45%,总和生育率为 1.7;而 2017 年我国住院分娩婴儿活产数为 1758 万人,同比下降 88 万人,二孩及以上占比超 50%,总和生育率约为 1.6。可以看出自 2015 年 10 月全面开放二胎政策落地以后,虽然二孩及以上生育意愿被激活,但是由于平均受教育年限提高,抚养成本上升等原因,我国总和生育率有下降的趋势。因此,假定 2017 年以后总和生育率保持在 1.5。

生育模式 $h_i(t)$:设 $FR_i(t)$ 为 t 年 i 岁妇女的平均生育率,$h_i(t) = \dfrac{FR_i(t)}{TFR(t)}$,其中孕龄妇女年龄区间 i 为 15—49 岁,取 2008—2017 年《中国人口和就业统计年鉴》10 年数据计算的平均值为未来生育模式 $h_i(t)$ 。

净迁移人口数 $MIG_{i,y}^k(t)$:参考孟向京等的相关研究[①],假定 2001—2011 年各省净迁移率平均值为 2011 年之后的各省净迁移率,并且每年比上一年降低 1%,再使用 2000 年和 2010 年城镇人口普查资料,采用封闭人口法计算分年龄分性别城镇迁移模式,并假设未来迁移模式保持不变,详见图 9.1。

城镇率 $U_y(t)$:截至 2017 年我国城镇化率为 58.52%,然而各省份之间城镇化率地区差异明显,本章假定城镇化率按每年 1% 增长,峰值为 80%,已超过 80% 的省份保持不变。

三、基本养老保险收支模型参数

法定缴费率 q_i :根据相关政策规定,本章设定 2018 年单位缴费率为 19%,个人缴费率为 8%;2019 年及以后单位缴费率为 16%,个人缴费率为 8%。

城镇就业率 α_i :参考王晓军等的相关研究,以《中国统计年鉴》数据计算

---

① 孟向京等:《城镇化和乡城转移对未来中国城乡人口年龄结构的影响》,《人口研究》2018 年第 2 期,第 45 页。

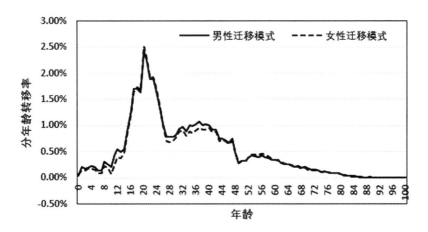

图 9.1　分性别分年龄城镇迁移模式

资料来源:根据上述方法计算而得。

得 2010—2017 年城镇在职人员就业率 α_1 平均值为 85.06%[①];参考马双等的研究[②],养老保险企业缴费率每减少 1%,企业雇佣人数增加 0.8%,因此假定 2018 年 α_1 上升 0.8%,2019 年 α_1 上升 2.4%,之后保持 88.26% 不变。对于退休人员 α_2 而言,由于政策规定基本养老保险至少参保 15 年才能领取养老金,缴费率变动的影响具有时滞性,因此假定 2033 年 α_2 增加 0.8%,2034 年增加 2.4%,之后保持不变。

城镇在职职工参保率 λ_i:参考郭瑜等的相关研究[③],基于《中国人力资源和社会保障年鉴(2018)》的数据[④],计算得 2010—2017 年城镇职工基本养老保险参保率平均每年增加 1.6%。参考陈曦的相关研究[⑤],养老保险缴费率每

①　王晓军等:《养老金支付缺口:口径、方法与测算分析》,《数量经济技术经济研究》2013年第 10 期,第 54 页。

②　马双等:《养老保险企业缴费对员工工资、就业的影响分析》,《经济学》2014 年第 3 期,第 975 页。

③　郭瑜等:《城镇职工基本养老保险基金收支平衡与财政负担分析——基于社保"双降"与征费体制的改革》,《社会保障研究》2019 年第 5 期,第 21 页。

④　《中国人力资源和社会保障年鉴(2018)》,中国劳动社会保障出版社 2018 年版,第 5 页。

⑤　陈曦:《养老保险降费率、基金收入与长期收支平衡》,《中国人口科学》2017 年第 3 期,第 63 页。

降低 1%,参保率会提高 1.2%,假定 2018 年 λ_1 增加 1.6%+1.2%,2019 年 λ_1 增加 1.6%+3.6%,之后每年保持增加 1.6% 不变。同理可得,退休人员参保率 λ_2 平均每年增加 0.9%,2033 年时增加 0.9%+1.2%,2034 年时增加 0.9%+3.6%,之后保持 0.9% 增速不变。

城镇企业参保职工占城镇参保职工比例 γ:由 2010—2017 年历史数据计算得 γ 平均比例为 92%,假设未来保持不变。

实际征缴率 Z:参考封进和曾益等的方法①,实际征缴率=实际征缴收入/法定征缴收入=实际缴费率/法定缴费率。计算可得 2017 年实际征缴率为 59.75%,2018 年实际征缴率为 62.64%,2019 年实施《降低社会保险费率综合方案》后实际征缴率为 88.69%,之后保持不变。

退休年龄 r:考虑到我国女干部和女工人退休年龄和人口比例不一致,女性退休年龄假定为 52 岁,男性退休年龄为 60 岁②。

工龄工资增长率 s 和退休人员养老金随年龄增长率 b:参考杨再贵等(2016)的方法,假定城镇企业在岗职工工资会随着年龄的增长按照固定的增速 s 增长,退休人员领取的养老金金额会随着年龄的增长按照固定的增速 b 增长,其中毕业生薪酬数据可由各省教育厅发布的普通高校毕业生就业质量年度报告和薪酬网毕业生薪酬调查报告获得。

GDP 增长率及工资增长率:参考王晓军、陆旸等的研究③,我们假设 2018—2020 年、2021—2025 年、2026—2030 年、2031—2035 年、2036—2040

① 封进:《中国城镇职工社会保险制度的参与激励》,《经济研究》2013 年第 7 期,第 110 页。

曾益等:《缴费率下调会增加养老保险的财政责任吗?》,《保险研究》2020 年第 6 期,第 100 页。

② 杨再贵等:《中国城镇企业职工统筹账户养老金的财政负担》,《经济科学》2016 年第 2 期,第 53 页。

③ 王晓军等:《我国养老保险的财务可持续性研究》,《保险研究》2013 年第 4 期,第 121 页。

陆旸等:《从人口红利到改革红利:基于中国潜在增长率的模拟》,《世界经济》2016 年第 1 期,第 8 页。

年、2041—2045 年以及 2046 年以后,GDP 增长率分别为 6.6%、5.6%、4.9%、4.5%、3.9%、3.1%、2.5%,并且工资增长率等于 GDP 增长率加 1%。参考陈曦的研究①,缴费率每降低 1%,工资增长率提高 0.25%,因此假定 2018 年工资增长率为 GDP 增长率加 1.25%,2019 年及以后工资增长率为 GDP 增长率加 1.75%。

其他参数:养老金增长率 p_t 假设为工资增长率的 60%。过渡系数 ε 通常为 1%—1.4%,本章取 1.2%。参加工作初始年龄 c 为 20 岁。极限年龄 w 为 100 岁。个人账户计发月数 m^k 参照个人账户计发月数表。未来个人账户记账利率 $r_p(t)$ 取 2016—2017 年个人账户记账利率的平均值 7.72%。未来基本养老保险投资回报率 $R(t)$ 为 2010—2017 年央行一年期利率的均值 2.69%。

第四节　实证结果

根据上文给出的模型以及相关参数假设,计算各省份城镇企业职工基本养老保险累计结余的长寿风险。

一、各省份城镇企业职工基本养老保险累计结余长寿风险预测

表 9.4　各省份城镇企业职工基本养老保险累计结余长寿风险预测

单位:亿元

地区	2030 年		2050 年	
	VaR95% 长寿风险	CVaR95% 长寿风险	VaR95% 长寿风险	CVaR95% 长寿风险
安徽	757.8	934.9	21462.3	26014.5
北京	1308.1	1614.5	25165.1	30590.6

---

① 陈曦:《养老保险降费率、基金收入与长期收支平衡》,《中国人口科学》2017 年第 3 期,第 60 页。

地区	2030 年		2050 年	
	VaR95% 长寿风险	CVaR95% 长寿风险	VaR95% 长寿风险	CVaR95% 长寿风险
福建	549.9	678.6	13847.1	16800.7
甘肃	295.3	364.3	8511.3	10310.9
广东	1968.4	2428.2	48730.9	59117.5
广西	587.4	724.8	16636.9	20164.4
贵州	354.6	437.6	11023.5	13351.5
海南	152.7	188.4	3776.6	4579.2
河北	1079.8	1332.4	28012.1	33971.0
河南	996.7	1230.3	27699.8	33603.1
黑龙江	720.4	888.4	14603.8	17726.3
湖北	1131.0	1395.2	24991.9	30322.1
湖南	858.8	1058.8	24628.8	29831.1
吉林	450.6	555.5	10115.4	12262.2
江苏	1991.9	2455.9	44400.6	53863.1
江西	605.3	747.0	15957.1	19349.3
辽宁	976.9	1204.4	18608.0	22591.0
内蒙古	532.9	657.2	11149.7	13530.3
宁夏	141.3	174.2	3259.8	3954.6
青海	127.2	157.0	2975.2	3610.6
山东	1603.0	1977.3	40948.5	49658.2
山西	509.9	629.1	13240.1	16058.6
陕西	588.9	726.2	15663.2	18986.0
上海	1271.2	1566.2	26709.7	32400.8
四川	1479.4	1823.8	35426.6	42930.3
天津	564.8	696.6	11173.2	13565.2
西藏	31.4	38.7	1176.9	1425.0
新疆	463.3	571.6	11017.8	13365.3

地区	2030 年		2050 年	
	VaR95% 长寿风险	CVaR95% 长寿风险	VaR95% 长寿风险	CVaR95% 长寿风险
云南	436.5	538.5	13909.6	16845.2
浙江	1725.5	2127.3	34309.1	41651.7
重庆	663.8	818.2	14021.9	17001.0

注:2017 年各省累计结余数据来源于《中国人力资源和社会保障年鉴 2018》,计算结余时不考虑政府
的财政补贴,长寿风险用绝对值表示,下同。

从表 9.4 结果来看,到 2030 年各省城镇企业职工基本养老保险累计结余
的长寿风险存在较大差异,其中江苏省累计结余长寿风险最高,为 1991.9 亿
元(VaR95%)或 2455.9 亿元(CVaR95%);广东省位居其次,为 1968.4 亿元
(VaR95%)或 2428.2 亿元(CVaR95%);累计结余长寿风险最低的是西藏自
治区,仅为 31.4 亿元(VaR95%)或 38.7 亿元(CVaR95%)。从区域特征来
看,在累计结余长寿风险大于 1000 亿元(VaR95%)的 9 个省份中有 7 个省份
位于经济发达的东部地区,其余的两个省份中,湖北省位于中部地区,四川省
位于西部地区,而东北地区则没有损失大于 1000 亿元(VaR95%)的省份。从
人口规模来看,在 2017 年全国人口排名前十的省份中,有 7 个省份养老保险
的长寿风险大于 1000 亿元(VaR95%),其余 3 个省份养老保险长寿风险分别
为:河南省 996.7 亿元(VaR95%)、湖南省 858.8 亿元(VaR95%)和安徽省
757.8 亿元(VaR95%)。从时间趋势来看,到 2050 年,各省份城镇企业职工基
本养老保险累计结余的长寿风险差距扩大。其中广东省长寿风险最高,为
48730.9 亿元(VaR95%)或 59117.5 亿元(CVaR95%);江苏省紧随其后,为
44400.6 亿元(VaR95%)或 53863.1 亿元(CVaR95%);西藏自治区仍然最低,
为 1176.9 亿元(VaR95%)或 1425.0 亿元(CVaR95%)。

由此可见,经济发达、人口密集的省份未来存在更大的长寿风险,未来基本
养老保险的缺口甚至可能会大于东北或西部地区的欠发达省份。虽然在当前

经济发展现状下经济发达的省份往往会吸引大量的青壮年劳动力涌入,较高的员工工资水平和众多的缴费人口带来了较高的养老保险收入,但是在人口平均寿命不断增长以及未来其他省份逐渐崛起造成人口迁入率下降的双重影响下,未来新增的缴费人口增长速度放缓,同时高额的工资水平和密集的人口规模又会逐渐转化为较高的养老保险支出水平和大量的退休人员。因此,对于经济发达、人口密集的省份而言,虽然目前在基本养老保险年度结余中收入较高,但其实较高的养老保险收入掩盖了巨大的长寿风险。随着人口老龄化的加剧,未来数十年后收支情况会恶化①,同时面临的长寿风险可能更大。而对于经济发展较慢、人口较少的省份而言,虽然目前在年度结余上收入较低甚至常常为亏损,但是面对人口老龄化的加剧,收支情况波动较小,未来面临的长寿风险可能相对较小。

　　图 9.2 和图 9.3 模拟了广东、湖北、黑龙江和新疆四个分别来自东部、中部、东北和西部地区的省份 2018—2050 年城镇企业职工基本养老保险收支和长寿风险。可以看出,城镇企业职工基本养老保险收支结余变化的趋势和长寿风险变化的趋势相反,越是经济发达、人口密集的省份长寿风险增加速度越快,未来可能面临更大的长寿风险。

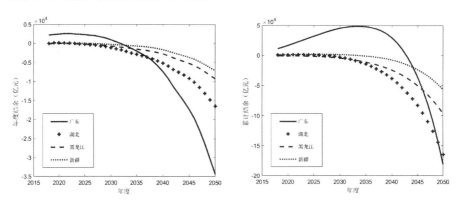

**图 9.2　2018—2050 年广东、湖北、黑龙江、新疆城镇企业
职工基本养老保险收支结余情况预测**

---

　　① 金博轶等:《养老保险统筹账户收支缺口省际差异研究》,《保险研究》2015 年第 6 期,第92 页。

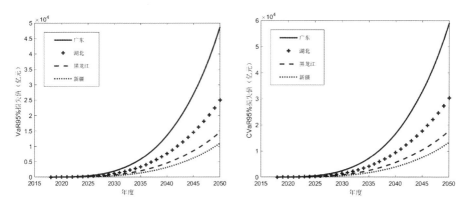

图 9.3　2018—2050 年广东、湖北、黑龙江、新疆累计结余长寿风险情况预测

二、政策模拟分析

根据上述模型和参数设定,本章进一步对实施渐进式延迟退休政策进行模拟分析,量化各省份城镇企业职工基本养老保险长寿风险变化。参考金刚等的研究①,本章延迟退休方案设定为从城镇劳动力人口出现负增长的 2021 年开始,女性退休年龄先统一到 55 岁之后每 3 年推迟 1 岁,男性每 6 年推迟 1 岁,直至 2051 年男女共同达到 65 岁(模拟结果见表 9.5)。从表 9.5 可以看出,延迟退休方案实施后,各省累计结余长寿风险呈下降趋势,且下降的速度先增加后减缓。到 2030 年时各省累计结余长寿风险平均降低 2.5%(VaR95%或 CVaR95%),到 2050 年时各省累计结余长寿风险平均降低 1.4%(VaR95%或 CVaR95%)。

---

①　金刚等:《延迟退休的方案设计及对城镇企业职工基本养老保险统筹基金收支影响研究》,《人口与发展》2016 年第 6 期,第 28 页。

表 9.5 各省份城镇企业职工基本养老保险累计结余长寿风险预测（延迟退休方案下）

单位:亿元

地区	2030 年				2050 年			
	VaR95% 长寿风险	VaR95% 长寿风险 变动幅度	CVaR95% 长寿风险	CVaR95% 长寿风险 变动幅度	VaR95% 长寿风险	VaR95% 长寿风险 变动幅度	CVaR95% 长寿风险	CVaR95% 长寿风险 变动幅度
安徽	738.2	2.6%	911.0	2.6%	21119.5	1.6%	25605.1	1.6%
北京	1280.9	2.1%	1581.3	2.1%	24956.4	0.8%	30339.4	0.8%
福建	534.0	2.9%	659.2	2.9%	13589.6	1.9%	16492.9	1.8%
甘肃	288.2	2.4%	355.6	2.4%	8428.6	1.0%	10211.8	1.0%
广东	1913.0	2.8%	2360.7	2.8%	47846.9	1.8%	58060.1	1.8%
广西	573.3	2.4%	707.6	2.4%	16418.3	1.3%	19903.0	1.3%
贵州	344.3	2.9%	425.1	2.9%	10836.1	1.7%	13127.9	1.7%
海南	148.9	2.5%	183.8	2.4%	3727.2	1.3%	4520.0	1.3%
河北	1054.2	2.4%	1301.1	2.3%	27616.3	1.4%	33497.7	1.4%
河南	971.9	2.5%	1200.1	2.5%	27277.5	1.5%	33099.0	1.5%
黑龙江	704.7	2.2%	869.2	2.2%	14441.4	1.1%	17531.5	1.1%
湖北	1104.9	2.3%	1363.4	2.3%	24653.5	1.4%	29916.8	1.3%
湖南	836.7	2.6%	1031.9	2.5%	24346.6	1.1%	29493.0	1.1%
吉林	439.4	2.5%	541.8	2.5%	10000.7	1.1%	12124.5	1.1%
江苏	1937.1	2.8%	2389.1	2.7%	43630.1	1.7%	52940.1	1.7%
江西	590.2	2.5%	728.6	2.5%	15717.5	1.5%	19063.1	1.5%
辽宁	953.4	2.4%	1175.9	2.4%	18360.3	1.3%	22294.1	1.3%
内蒙古	520.8	2.3%	642.5	2.2%	11001.2	1.3%	13352.4	1.3%
宁夏	137.8	2.5%	170.0	2.4%	3216.5	1.3%	3902.8	1.3%
青海	124.5	2.1%	153.6	2.1%	2936.0	1.3%	3563.8	1.3%
山东	1561.6	2.6%	1926.8	2.6%	40246.0	1.7%	48818.1	1.7%
山西	497.9	2.3%	614.6	2.3%	13068.8	1.3%	15853.8	1.3%
陕西	573.5	2.6%	707.5	2.6%	15436.9	1.4%	18715.1	1.4%
上海	1236.8	2.7%	1524.3	2.7%	26190.5	1.9%	31779.3	1.9%
四川	1440.9	2.6%	1776.9	2.6%	34978.9	1.3%	42393.8	1.2%
天津	551.8	2.3%	680.7	2.3%	11013.5	1.4%	13374.1	1.4%
西藏	30.4	3.1%	37.5	3.0%	1157.1	1.7%	1401.4	1.7%

续表

地区	2030 年				2050 年			
	VaR95% 长寿风险	VaR95% 长寿风险 变动幅度	CVaR95% 长寿风险	CVaR95% 长寿风险 变动幅度	VaR95% 长寿风险	VaR95% 长寿风险 变动幅度	CVaR95% 长寿风险	CVaR95% 长寿风险 变动幅度
新疆	452.5	2.3%	558.4	2.3%	10838.4	1.6%	13151.0	1.6%
云南	424.5	2.8%	523.8	2.7%	13660.4	1.8%	16547.6	1.8%
浙江	1682.7	2.5%	2075.1	2.5%	33735.0	1.7%	40964.1	1.7%
重庆	646.7	2.6%	797.4	2.5%	13853.3	1.2%	16798.6	1.2%

注:长寿风险变动幅度=［VaR95%（CVaR95%）长寿风险−VaR95%（CVaR95%）长寿风险（政策模拟
　　下）］/ VaR95%（CVaR95%）长寿风险,若变动幅度为正(负),则意味着政策模拟下损失减少(增
　　加)。

　　图 9.4 展示了广东、湖北、黑龙江和新疆四个省份养老保险的长寿风险变动幅度。可以看出虽然四个省份在经济发展程度、人口规模方面差异巨大,但是在延迟退休方案下长寿风险的变动趋势却大致相同,呈现倒 U 型,长寿风险的下降速度自 2035 年后逐渐放缓。这是因为延迟退休的政策效果并非简单地增加了城镇企业职工基本养老保险收入,而是其可能产生"缴费年限效应"、"领取年限效应"、"替代率效应"和"差异效应"四种效应①。延迟退休政策一方面延长了参保人的缴费年限(缴费年限效应),缩短了退休人员的领取养老金年限(领取年限效应),两者增加了基本养老金的收入;另一方面,退休年龄的延迟使得基本养老金替代率增加(替代率效应),参保人工资增长导致延迟退休后领取的养老金水平提高(差异效应),两者增加了基本养老金的支出。四种效应同时存在,此消彼长形成了延迟退休方案的总效应。在延迟退休初期以前两种正效应为主,使得养老保险收支情况改善,长寿风险降低,但是后期后两种负效应逐渐增加抵消掉部分正效应使得城镇企业职工基本养老保险长寿风险的下降速度逐渐放缓。

————————————

　　①　张熠:《延迟退休年龄与养老保险收支余额:作用机制及政策效应》,《财经研究》2011 年第 7 期,第 8 页。

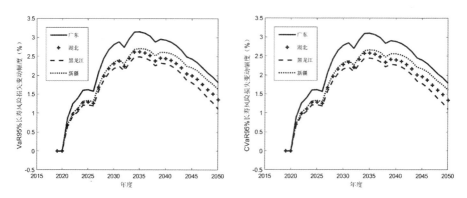

图 9.4 广东、湖北、黑龙江和新疆基本养老保险长寿风险变动幅度(延迟退休方案下)

第五节 研究结论及建议

本章从残差分布情况、生物合理性、预测稳健性、参数估计稳健性、模型简洁性和预测准确性六个方面挑选最适合中国 0—89 岁男性和女性的随机动态死亡率模型,再利用 VaR 和 CVaR 度量城镇企业职工基本养老保险面临的长寿风险,最后对延迟退休年龄进行政策模拟分析,得出以下结论:第一,最适合我国 0—89 岁男性和女性的随机动态死亡率模型均为 APC 模型。第二,经济发达、人口密集的省份目前基本养老金收入更高,但是未来面临的长寿风险可能更大;经济落后、人口稀疏的省份目前基本养老金收入较低甚至为负,但是未来面临的长寿风险可能相对较小。第三,渐进式延迟退休有助于改善城镇企业职工基本养老保险收支状况,减少养老保险长寿风险,但是长寿风险减少的速度会逐渐放缓,政策的效果逐渐减弱,各省份基本养老保险未来依然面临较大的长寿风险。

综上所述,本章提出以下建议:首先,尽快推进实现全国统筹。目前我国养老保险收支是以各省为单位的省级统筹,但是不同省份的人口规模、人口迁入迁出量、经济发展水平、城镇率等各不相同,造成了各省的养老保险收支结余差距巨大,早日实现全国统筹有助于解决各省基本养老保险收支不均衡的问题。其次,鼓励渐进式延迟退休。渐进式延迟退休可以有效地缓解人口老龄化对城镇企业职工基本养老保险带来的支付压力,减少长寿风险造成的财务损失。自国发〔1978〕104号文件实施以来,我国现行的法定退休年龄40多年间没有进行过调整,然而随着国民生活水平提高,人口平均寿命却在不断地上升,当前的退休年龄逐渐无法匹配日趋增长的人口平均寿命,现行的基本养老保险制度面临的财政压力不断增大,实行延迟退休,保持退休年龄和人均寿命增长的动态平衡势在必行。最后,建立应对长寿风险的资本积累准备。群体长寿风险具有系统性风险的特征,无法用大数法则化解,因此基于长寿风险可能造成的最大损失进行资本积累准备,有助于防范长寿风险造成的财政损失,维护社会整体稳定。

第十章　最低工资调整与企业参保行为[①]

第一节　引　言

我国于 2004 年颁布《最低工资规定》,开始在全国施行最低工资制度,由地方政府根据各地实际情况确定最低工资标准。此后,最低工资标准经过了多次调整,各地的最低工资水平不断上升,2019 年上海市的月最低工资标准已经达到 2480 元[②]。最低工资制度作为劳动力市场规制的手段,其对劳动者利益和企业行为决策的影响受到社会各界的广泛关注。

一方面,最低工资标准的提升对企业来说意味着用工成本的上升,企业会积极采取多种措施加以应对,其应对的策略性行为包括:通过资本替代劳动来降低雇佣规模和雇佣临时工等手段降低用工成本[③];雷蒙斯(Lemos)认为,企

---

①　刘子兰等:《最低工资制度对企业社会保险参保积极性的影响》,《经济学(季刊)》2020年第 4 期,第 1267—1290 页。

②　《关于调整本市最低工资标准的通知》(沪人社规〔2019〕5 号),见 http://www.12sh.gov.cn/201712333/xxgk/flfg/gfxwj/ldbc/01/201903/t20190326_1295454.shtml。

③　罗小兰等:《我国最低工资标准农民工就业效应分析——对全国、地区及行业的实证研究》,《财经研究》2007 年第 11 期,第 114—123 页。

田贵贤:《最低工资对就业的影响及其作用机制——基于建筑业面板数据的分析》,《财经论丛》2015 年第 5 期,第 16—23 页。

业通过提高产品价格将成本转移给消费者①;梅尼里斯(Mayneris)、田彬彬等认为,企业可通过降低管理层规模和增加在职培训提高劳动生产率通过财务手段逃税和避税②。有学者发现,企业针对最低工资标准调整的另一种策略性行为就是缩减员工的非工资性福利,如压缩员工的培训和社保福利支出。③事实上,迫于较为严格的最低工资监管,企业对最低工资制度的遵从度较高④,在社保监管力度较弱的情况下,企业有较强的动机通过瞒报员工人数和少报缴费基数等方式逃避缴费来实现成本转嫁。因此,虽然最低工资制度的本意是保护劳动者利益和缓解社会收入差距,但由于企业可能采取社保逃费等替代性行为(trade-off)来应对,可能会对劳动者的长期福利造成损害。

另一方面,我国城镇职工社会保险目前仍面临职工参保率较低和逃费严重的问题⑤。图10.1和图10.2显示了1997—2016年我国基本养老保险和医疗保险的职工参保情况,总体而言,职工参加基本养老保险和医疗保险的人数和比例均呈稳定上升趋势,但职工参保比例仍待提高。2016年,参加养老保险的在岗职工占城镇就业人员的比重约占70%,而城镇在岗职工参加医疗保险的人数占城镇就业人员的比例为50%左右,且近期增长趋于停滞,甚至有

①　Lemos,S.,"A Survy of the Effect of the Minimum Wage on Prices", *Journal of Economic Surveys*,vol.22,no.1,2010,pp.187−212.

②　Mayneris,F.S.et al.,"The Cleansing Effect of Minimum Wage:Minimum Wage Rules,Firm Dynamics and Aggregate Productivity in China",Discussion Papers(IRES-Institut de Recherches Economiques et Sociales),2014,pp.8−9.

田彬彬等:《最低工资标准与企业税收遵从——来自中国工业企业的经验证据》,《经济社会体制比较》2019年第1期,第41—51页。

③　Long,C.& Yang,J.,"How do Firms Respond to Minimum Wage Regulation in China? Evidence from Chinese Private Firms",*China Economic Review*,vol.38,2016,pp.267−284.

马双、甘犁:《最低工资对企业在职培训的影响分析》,《经济学(季刊)》2014年第1期,第1—26页。

④　叶林祥等:《中国企业对最低工资政策的遵守——基于中国六省市企业与员工匹配数据的经验研究》,《经济研究》2015年第6期,第19—32页。

⑤　封进:《中国城镇职工社会保险制度的参与激励》,《经济研究》2013年第7期,第104—117页。

下滑态势①。此外,企业社保逃费现象依然突出。2011 年,郑州市在社保稽查中发现,各险种应保未保 117743 人,少报缴费工资基数 217315.07 万元,少缴社会保险费 17582.19 万元,高达 92% 的用人单位存在违反社保法律法规的情况。② 2016 年,陕西省欠缴养老保险费的企业达 4700 多户,欠缴金额约 42 亿元。③ 根据《中国企业社保白皮书 2017》的调查结果,2017 年社保缴费基数完全合规的企业仅占 24.1%,且合规企业占比从 2015 年开始不断下滑。④ 在人口红利逐渐消失和老龄化日益加速的背景下,参保率偏低和较低的企业参保质量将会影响社会保险的偿付能力,不利于社会保险制度的平稳运行和功能发挥。

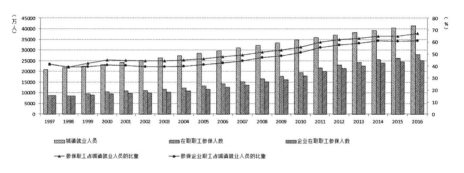

图 10.1　1997—2016 年我国基本养老保险及职工参保情况的变动

资料来源:城镇就业人员、参保人员情况数据均来源于国家统计局,由于国家统计局未给出参保职工的具体范围,在城镇就业的参加了新农保的农民工可能未纳入统计范围。

影响社会保险参保率的原因是多方面的,包括社会保险的制度设计、社会

---

① 由于我国城镇基本医疗保险包括城镇职工基本医疗保险和城镇居民基本医疗保险,城镇就业人员中有一部分可能参加的是新农合,因而图 10.2 中的职工医疗保险参保占城镇就业人员的比重可能偏低。

② 赵绍阳、杨豪:《我国企业社会保险逃费现象的实证检验》,《统计研究》2016 年第 1 期,第 78—86 页。

③ 肖严华等:《降低社会保险费率与社保基金收入的关系研究》,《上海经济研究》2017 年第 12 期,第 57—65 页。

④ 具体参见 https://www.51shebao.com/news/report/detail-34;http://economy.caijing.com. cn/20180815/4500723.shtml。

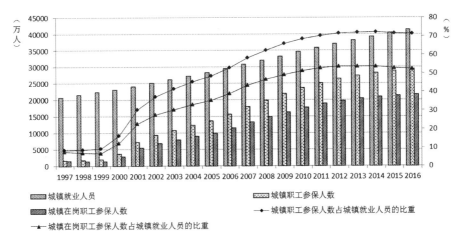

图 10.2　1997—2016 年我国基本医疗保险及职工参保情况的变动

资料来源:城镇就业人员、参保人员情况数据均来源于国家统计局,由于国家统计局未给出参保职工的
　　　　具体范围,在城镇就业的参加了农村基本医疗保险(新农合)的农民工可能未纳入统计范围。

保险的缴费率和缴费水平、政府监管和企业特征等。[①] 封进(2013)和赵静等
(2016)则利用企业和职工层面的数据发现,较高的社会保险缴费率会降低企
业和职工的参保概率和缴费水平,促使企业出现逃避社保缴费的行为。事实
上,我国社会保险缴费水平处于较高水平,企业承担的社会保险综合缴费率在
30%—36%之间,在企业劳动成本中占有相当大的比重。从有关企业社保参
保行为的文献来看,既有的研究多注重于观察社保政策本身对企业参保程度
的影响,而忽略了最低工资制度等外生劳动力成本冲击对企业参保行为的影
响。因此,在人口老龄化日益加速和社保缴费率偏高的大背景下,探讨最低工
资制度对企业社会保险参保积极性的影响将有助于我们更加全面地认识最低

---

　　① 赵耀辉、徐建国:《我国城镇养老保险体制改革中的激励机制问题》,《经济学(季刊)》
2001 年第 1 期,第 193—206 页。

　　赵静等:《社会保险缴费率、参保概率与缴费水平——对职工和企业逃避费行为的经验研
究》,《经济学(季刊)》2016 年第 1 期,第 341—372 页。

　　封进:《中国城镇职工社会保险制度的参与激励》,《经济研究》2013 年第 7 期,第 104—
117 页。

工资制度的多重效应,为政府更为精准地把握调整最低工资标准的时机和节奏提供借鉴。

从现有研究来看,韦塞尔斯(Wessels)、罗亚尔蒂(Royalty)、西蒙和凯斯特纳(Simon & Kaestner)基于美国等发达国家的数据考察了最低工资标准对员工附加福利的影响①。但是,基于我国大样本的企业数据的研究仍较为缺乏,且作为发展中国家,政府监管更为宽松,企业更加侧重于成本的考量,逃避社保缴费的现象更为普遍。Long 和 Yang(2016)利用 2004 年、2006 年和 2008 年的三期中国私营企业调查数据,考察了最低工资制度下企业的行为反应,其研究发现,面对最低工资的增长,企业会通过削减社会保险支出和解雇低技能劳动力和临时工的方式来降低用工成本,但对最低工资制度影响企业参保行为的机制仍缺乏探讨。相较于已有研究,我们的贡献在于如下几个方面:第一,系统搜集了 2003—2007 年地级市层面的最低工资标准和社保政策缴费率数据,并与中国工业企业数据库进行合并,形成了我们的独有数据库,从而为准确地衡量企业的社保逃费行为提供了依据,同时该数据库的建立对于劳动力流动等其他劳动经济学问题的研究也具有一定的学术价值;第二,我们借助最低工资标准的时间和地区差异分析最低工资制度对我国企业社会保险参保行为的影响,并采用工具变量法对最低工资和企业参保行为之间的内生性问题进行了讨论,从而弥补了已有文献的不足;第三,我们通过微观企业数据构建了城市层面的最低工资和社保制度监管指标,并从监管力度和违法成本差异、成本效应和替代效应等三个方面探讨了最低工资规制对企业参保行为的影响机制,有助于厘清最低工资影响企业参保行为的理论机制。

---

① Wessels, W.J., *Minimum Wages, Fringe Benefits, and Working Conditions*, American Enterprise Institute Press, vol.304, no.917571, 1987, pp.29-62.

Royalty, A., "Do Minimum Wage Increases Lower the Probability that Low-skilled Workers will Receive Fringe Benefits?", Joint Center for Poverty Research Working Paper, no.222, 2000, pp.3-32.

Simon, K.I.& Kaestner, R., "Do Minimum Wages Affect Non-Wage Job Attributes? Evidence on Fringe Benefits", *Industrial & Labor Relations Review*, vol.58, no.1, 2004, pp.52-70.

本章余下部分内容安排如下:第二部分是对现有文献的述评;第三部分对我国的最低工资制度和城镇职工社会保险制度进行了梳理,并就最低工资标准和社保政策缴费率的地区差异作了描述性统计,从而提出我们的研究假设;第四部分介绍本章的数据来源和模型设定,并进行相应的描述性统计;第五部分为实证分析部分;第六部分为稳健性检验;最后为结论与政策建议。

第二节　文献综述

现有相关文献主要讨论企业社保逃费行为及最低工资对员工附加福利的影响。

尼兰德(Nyland)等通过上海市劳动和社会保障局提供的 2200 家企业的调查数据发现,企业会通过瞒报雇员人数、隐瞒缴费基数或与员工合谋低报工资收入等方式逃避社保缴费,2002—2004 年上海有 81.8%的企业存在没有足额缴纳社保费用的现象,通过进一步的分析发现,企业规模、所有制特征等因素会影响企业的逃避缴费行为。[1] 贝利和特纳(Bailey & Turner)认为,企业社保逃费现象在亚洲、拉丁美洲和中东欧等发展中国家和地区十分普遍,企业会通过压低员工注册数量、雇佣临时工和拖欠社保费用等手段逃避社保缴费。[2]他们认为,可以通过降低社保缴费率和政府给予补贴等方式来减少企业的社保逃费。赵耀辉(2001)等认为,我国城镇职工养老保险制度侧重于再分配功能,缺乏对企业和职工的有效激励机制,导致企业和个人的缴费积极性不高。彭宅文认为,养老保险逃费不仅与逃费主体有关,而且与地方政策执行主体的

① Nyland,C.et al.,"What Determines the Extent to which Employers will Comply with their Social Security Obligations? Evidence from Chinese Firm-level Data",*Social Policy & Administration*,vol. 40,no.2,2006,pp.196-214.

② Bailey,C.& Turner,J.,"Strategies to Reduce Contribution Evasion in Social Security Financing",*World Development*,vol.29,no.2,2001,pp.385-393.

激励有关,在财政分权体制下,地方政府存在牺牲劳动者利益追求低劳动力成本的倾向,从而导致地方社保征缴机关激励扭曲,征缴动力不足。[①] 段亚伟通过构建企业、职工和政府的三方博弈模型发现,当社保缴费水平超出了企业的承受能力和职工从参保中所得的收益时,企业、职工和地方政府可能会合谋逃避社保缴费,而地方政府出于当地经济发展的需要也有可能放松监管。[②] 赵绍阳等利用2004—2007年的工业企业数据库比较了企业平均工资水平与实际缴纳社会保险费之间的关系,他们发现,高工资水平企业实际缴纳社会保险费相对较低,这表明高工资企业具有更强的动机逃避缴纳社会保险费。[③] 封进基于2004—2007年四个省份的制造业企业微观数据,考察了社会保险政策缴费率对企业实际缴费率的影响,她发现,过高的缴费率对企业参保积极性有负面影响。[④] 赵静等利用企业和家庭两个层面的数据探讨了社会保险缴费率对企业和职工逃避社会保险缴费的影响,结果表明,较高的社保缴费率会显著降低企业社保参保概率,但不会对职工参保行为产生影响,且这种影响存在较强的异质性。[⑤]

从目前有关最低工资的文献来看,绝大多数文献都集中讨论了最低工资对就业和工资水平的影响[⑥],少量文献分析了最低工资对企业社会保险缴费

① 彭宅文:《财政分权、转移支付与地方政府养老保险逃费治理的激励》,《社会保障研究》2010年第1期,第138—150页。

② 段亚伟:《企业、职工和政府合谋逃避参保的动机——基于三方博弈模型的分析》,《江西财经大学学报》2015年第2期,第59-68页。

③ 赵绍阳、杨豪:《我国企业社会保险逃费现象的实证检验》,《统计研究》2016年第1期,第78—86页。

④ 封进:《中国城镇职工社会保险制度的参与激励》,《经济研究》2004年第2期,第55—63页。

⑤ 赵静等:《社会保险缴费率、参保概率与缴费水平——对职工和企业逃避费行为的经验研究》,《经济学(季刊)》2016年第1期,第341—372页。

⑥ 杨娟、李实:《最低工资提高会增加农民工收入吗?》,《经济学(季刊)》2016年第4期,第1563—1580页。

丁守海:《最低工资管制的就业效应分析——兼论〈劳动合同法〉的交互影响》,《中国社会科学》2010年第1期,第85—102页。

和员工福利的影响①。Wessels(1980)就最低工资对员工附加福利的影响做
了开创性的工作,他发现,企业在面临最低工资上升所带来的成本压力时,会
通过压缩员工的劳动保护等附加福利来加以应对。Royalty(2000)利用美国
州一级层面的最低工资差异识别了最低工资的效应,考察了最低工资对于低
技能工人享受雇主提供的健康保险、退休福利和病休的可能性的影响。他们
发现,最低工资的增长降低了低技能工人获得养老和健康保险的概率。最低
工资标准从 1999 年的水平增加 0.5 美元会使得低技能工人获得养老保险的
概率降低 6.8%,获得健康保险的概率降低 3.9%。此外,最低工资标准大幅
上升,会使得总体工资水平下降。利用 1979—2000 年的美国 CPS(Current
Population Survey)数据,Simon 和 Kaestner(2004)对最低工资与职工附加福利
的影响进行了检验,他们发现,无论是使用联邦还是州一级的最低工资标准,
最低工资对低技能人群的健康保险等附加福利的负面影响都是一致的。利用
2004 年、2006 年和 2008 年的三期中国私营企业调查数据,Long 和 Yang
(2016)考察了最低工资制度下企业的行为反应,其研究发现,面对最低工资
的增长,企业会通过削减社会保险支出与解雇低技能劳动力和临时工的方式
来降低用工成本。此外,员工的在职培训也属于员工福利的一种,关于最低工
资对在职培训的文献相对更多一些,许多研究发现,最低工资会降低企业在职
员工培训方面的投入②;而格罗斯伯格和西西利亚诺(Grossberg & Sicilian)、

① 马双等:《最低工资与已婚女性劳动参与》,《经济研究》2017 年第 6 期,第 153—168 页。
马双等:《最低工资对中国就业和工资水平的影响》,《经济研究》2012 年第 5 期,第 132—
146 页。
张军等:《最低工资标准提高对就业正规化的影响》,《中国工业经济》2017 年第 1 期,第
81—97 页。
② Hashimoto, M., "Minimum Wage Effects on Training on the Job", *The American Economic Review*, vol.72, no.5, 1982, pp.1070-1087.
Neumark, D.& Wascher, W., "Minimum Wages and Training Revisited", *Journal of Labor Economics*, vol.19, no.3, 2001, pp.563-595.
马双、甘犁:《最低工资对企业在职培训的影响分析》,《经济学(季刊)》2014 年第 1 期,第
1—26 页。

皮施克和阿西莫格鲁（Pischke & Acemoglu）则发现,最低工资不会对员工在职培训产生负面影响[1]。

综合已有研究来看,基于大样本微观企业数据研究中国最低工资制度对企业参保行为的影响成果仍较为缺乏。已有的少数研究均是基于美国等发达国家的数据检验最低工资标准对员工附加福利的影响,而发达国家的最低工资制度和社会保障制度与我国存在显著差异。在发展中国家,企业对于劳动力成本的变化更为敏感,逃避社保缴费的现象更为普遍和突出,因此,国外的研究结论可能并不适用于我国。本章基于大样本的微观企业面板数据,在不同社保政策缴费率和最低工资标准的背景下,利用地级市层面最低工资标准的空间差异和时间差异来识别最低工资对企业参保行为的影响,为研究最低工资是否损害了企业的社会保险参保积极性这一重要问题提供了新的研究视角和经验证据。相对于已有研究,我们充分考虑了最低工资和社保政策的监管差异对企业参保行为的影响,并对这两项政策调整时企业的利益权衡机制和最低工资对企业参保行为的影响机制进行了刻画与检验。

第三节　制度背景与研究假设

一、我国城镇企业职工社会保险制度

我国城镇企业职工社会保险制度主要包括城镇企业职工养老保险、医疗保险、失业保险、工伤保险和生育保险等多项保险制度,由于养老保险和医疗保险的企业缴费率相对更高,本章主要关注城镇企业职工养老保险和医疗保

---

① Grossberg, A. J. & Sicilian, P., "Minimum Wages, On-the-Job Training, and Wage Growth", *Southern Economic Journal*, vol.65, no.3, 1999, pp.539-556.

Pischke, J. S. & Acemoglu, D., "Minimum Wages and On-the-Job Training", *Social Science Electronic Publishing*, vol.22, no.03, 2002, pp.159-202.

险制度①。

我国城镇企业职工养老和医疗社会保险制度采用社会统筹和个人账户相结合的模式,由企业和个人共同承担社会保险费用。根据《国务院关于建立统一的企业职工养老保险制度的决定》(国发〔1997〕26 号)和《国务院关于完善企业职工基本养老保险制度的决定》(国发〔2005〕38 号)等政策文件规定,企业缴纳基本养老保险费的比例,一般不得超过企业工资总额的 20%,具体比例由省、自治区、直辖市人民政府确定,个人缴纳基本养老保险费不得低于本人缴费工资的 4%,1998 年起每两年提高 1 个百分点,最终达到本人缴费工资的 8%。在缴费基数方面,企业以本单位上年度职工平均工资作为缴费基数,职工以上年度月平均工资作为缴费基数,月平均工资超过当地职工平均工资 300%以上的部分,不计入个人缴费工资基数;低于当地职工平均工资 60%的,按 60%计入。在资金的使用上,将企业缴费的 3%和个人缴费的 8%划入职工个人账户,个人账户储存额归职工所有,但只用于职工养老,不得提前支取,并以银行同期存款利率计算利息。此后,国务院规定,自 2006 年 1 月 1 日起,个人账户的规模统一由本人缴费工资的 11%调整为 8%,全部由个人缴费形成,单位缴费不再划入个人账户。在统筹层次上,在城镇企业职工基本养老保险制度建立初期以县级或市级统筹为主,为了提高职工养老保险统筹层次,国务院、财政部、劳动和社会保障部等陆续发文,要求实现城镇职工基本养老保险的省级统筹②。2009 年底,人社部宣布,我国 31 个省份和新疆生产建设兵

---

　　① 根据现有的法律法规和政策文件,城镇企业职工基本养老保险和医疗保险的企业缴费率在 26%左右,而失业保险、工伤保险与生育保险三项社会保险的企业与职工缴费比例之和在 5%左右,由此可见,养老保险和医疗保险费用是企业社保费用支出的主要部分。

　　② 相关政策文件:国务院 1998 年发布《关于实行企业职工基本养老保险省级统筹和行业统筹移交地方管理有关问题的通知》(国发〔1998〕28 号);劳动和社会保障部、财政部 1999 年发布《关于建立基本养老保险省级统筹制度有关问题的通知》(劳社部发〔1999〕37 号);劳动和社会保障部 2007 年发布《关于推进企业职工基本养老保险省级统筹有关问题的通知》(劳社部发〔2007〕3 号);人社部、财政部 2017 年发布《关于进一步完善企业职工基本养老保险省级统筹制度的通知》(人社部发〔2017〕72 号)。

团全面建成养老保险省级统筹制度,但一些省份并未实现养老保险的统收统支,而只是在省级政府建立养老金调剂金账户,统筹层次仍然较低。[①] 2016 年 3 月 17 日,国家"十三五"规划纲要提出,要进一步完善统账结合的城镇职工基本养老保险制度,并适当降低社会保险费率,构建包括职业年金、企业年金和商业保险的多层次养老保险体系,持续扩大覆盖面,实现职工基础养老金全国统筹。

根据《国务院关于建立城镇职工基本医疗保险制度的决定》(国发〔1998〕44 号)的政策规定,基本医疗保险费由用人单位和职工双方共同负担。用人单位缴费一般为上年度职工工资总额的 6%左右,个人缴费占本人工资的 2%左右,个人缴费基数的上限和下限同职工养老保险相同。具体缴费比例,由各省(自治区、直辖市)根据当地情况自行规定。基本医疗保险基金实行社会统筹和个人账户相结合。个人缴费全部计入个人账户,用人单位缴费的 30%左右划入个人账户,其余部分用于建立统筹基金。个人账户主要用于小病或门诊费用,统筹基金主要用于大病或住院费用。

虽然国务院对城镇企业职工基本养老保险和医疗保险的企业和职工缴费率作出了原则性的规定,但各地区在实际执行中往往会根据本地区实际情况进行适当调整,因此,各地的政策缴费率存在一定差异。根据我们收集的 281 个地级市养老和医疗保险企业政策缴费率数据显示,2004—2007 年绝大多数地级市的养老保险政策缴费率在 18%—20.5%之间,但不同地区的政策缴费率仍存在一定程度的差异,这种差异既表现在省级层面也表现在省区内地级市之间。同样,医疗保险的政策缴费率也存在一定程度的地区差异。

二、我国的最低工资制度

相对于城镇职工社会保险制度,我国最低工资制度建立较晚,2003 年底

---

① 郑秉文、孙永勇:《对中国城镇职工基本养老保险现状的反思——半数省份收不抵支的本质、成因与对策》,《上海大学学报(社会科学版)》2012 年第 3 期,第 1—16 页。

董登新:《养老保险省级统筹困局急待破解》,财新网,见 http://opinion.caixin.com/2018-01-17/101198922.html。

劳动和社会保障部颁布《最低工资规定》(劳动和社会保障部令第 21 号),要求在全国范围内建立最低工资制度,并规定最低工资标准每两年至少调整一次,该规定自 2004 年 3 月 1 日起施行。在此之前,虽然劳动部在 1993 年就颁布了《企业最低工资规定》,但该规定并未在全国范围内贯彻执行,只在部分地区和城市执行,1995 年仅有约 150 个城市实施最低工资制度[①],因此,全国范围内的最低工资制度在 2004 年才真正得以全面实施。我国最低工资标准通常包括月最低工资标准和小时最低工资标准,前者适用于全日制劳动者,后者适用于非全日制劳动者,本章主要关注企业全日制劳动者的社会保险参保问题,因此主要关注月最低工资标准。自 2004 年后,包括西藏在内的所有 31 个省级行政区均建立了最低工资制度,此后各地最低工资标准经过了多轮调整,不断提高。以深圳为例,从 2004 年到 2017 年,深圳月最低工资由 2004 年的 610 元不断增长到 2017 年的 2130 元,共经历 11 轮调整,基本保持每年一调的频率。由于使用的是 2003—2007 年的企业样本,我们收集了除西藏外的 2003—2007 年地级市层面的月最低工资标准数据,通过统计发现,地级市层面最低工资标准差异较大,这有助于我们识别最低工资标准对企业参保行为的影响。

三、研究假设

首先,从最低工资标准与企业实际应缴基数的关系来看,最低工资标准上调可能使得企业的工资总额和应缴基数提高,在政策缴费率不变的情况下,使得企业的社保缴费数额增加,从而使得企业产生社保逃费的动机。[②] 其次,从最低工资制度对企业成本的影响来看,最低工资制度作为一项具有刚性约束

---

① 马双等:《最低工资对中国就业和工资水平的影响》,《经济研究》2017 年第 6 期,第 153—168 页。

② 孙中伟等:《最低工资标准与农民工工资——基于珠三角的实证研究》,《管理世界》2011 年第 8 期,第 45—56 页。

的劳动力市场规制手段,会促使企业工资水平的非市场性上涨,直接影响了劳动力价格,从而提高了企业的劳动力成本。最后,最低工资制度在全国范围内的普遍实施也会对企业的上下游企业的生产成本产生影响,并通过产业链传导使得企业的原材料价格和设备投入成本上涨,最终同时提高了企业的固定成本和可变成本。① 进一步地,最低工资标准的提高会对整个劳动力市场产生溢出效应,工资水平较高的企业的生成成本也会因此受到影响。② 在短期内,最低工资标准的提高的成本效应可能会削弱企业的议价能力和价格能力,从而使得企业盈利下降。③ 因此,企业为了追求利润最大化可能会逃避社保缴费的方式加以应对。根据前述分析,企业以上年度本单位职工平均工资作为缴费基数为职工缴纳养老保险和医疗保险,缴费比例分别不低于 20% 和 6%,是社会保险费用的主要承担者,社保费用占企业用工成本比重超过了 30%,在较高的社保缴费率下,企业的逃费动机更为强烈。④ 在完全竞争的市场条件下,企业难以通过价格加成等方式将劳动力成本转嫁给消费者⑤,通过压缩员工社保支出等方式来转嫁成本压力和维持盈利水平是企业的可能选项之一。由此,我们可以提出以下假设:

假设 H1:面对最低工资标准提升所带来的成本压力,企业的社会保险缴纳积极性会下降,具体表现为企业参保概率下降或参保后缴费率下降。

由于不同地区政策缴费率的差异,企业的法定社保负担存在差异,因而最低工资标准上调所带来的成本压力也可能存在不同,所在地区政策缴费率高

① 田彬彬、陶东杰:《最低工资标准与企业税收遵从——来自中国工业企业的经验证据》,《经济社会体制比较》2019 年第 1 期,第 41—51 页。
② 贾朋、张世伟:《最低工资标准提升的溢出效应》,《统计研究》2013 年第 4 期,第 37—41 页。
徐建炜等:《提高最低工资会拉升产品价格吗?》,《管理世界》2017 年第 12 期,第 33—45 页。
③ 赵瑞丽等:《最低工资与企业价格加成》,《世界经济》2018 年第 2 期,第 121—144 页。
④ 赵静等:《社会保险缴费率、参保概率与缴费水平——对职工和企业逃避费行为的经验研究》,《经济学(季刊)》2016 年第 1 期,第 341—372 页。
⑤ 赵瑞丽等:《最低工资与企业出口持续时间》,《世界经济》2016 年第 7 期,第 97—120 页。

的企业所受的劳动力成本冲击机更为明显,其逃费动机可能更为强烈。据此,提出第 2 个研究假设:

假设 H2:最低工资对企业参保行为的影响与企业所在地的政策缴费率有关,政策缴费率越高,企业逃避社保缴费的潜在收益越高,最低工资对企业参保积极性的负面影响更强。

有学者研究发现,城市本地劳动力的社会保障覆盖率要远远高于外来劳动力[1];而赵静等(2016)的研究发现,在面对政策缴费率上调时,企业可能通过减少外地户口员工的社保缴费来降低企业成本。最低工资标准的上调也意味着职工缴费基数的提高,流动性较高的职工参保积极性可能也会受到影响。此外,地级市流动人口的数量还反映了当地的劳动力供应情况,人口流入较多的城市劳动力供应充足,企业在劳动力市场上的议价能力更高,更有可能选择不为流动人口参保。因此,在面临最低工资标准上调时,所在城市流动人口占比更高的企业逃费动机可能更为强烈。因此,可据此提出第 3 个研究假设:

假设 H3:最低工资对企业参保行为的影响与企业所在地的流动人口有关,人口流入较多的地区,企业的议价能力更高,在面临最低工资上调时企业可能会针对性地减少流动人口参保。

在最低工资制度和社保制度的监督执行方面,由于各地区在执法力度、人力资源配备和激励机制等方面的差异,其对具体政策的监督执行可能存在较大的地区差异,而这种差异会直接影响企业对政策的遵从度。[2] 此外,企业对最低工资制度和社保制度的遵从度可能会受到同地区内其他企业的影响,而这可能也与地区内监管当局的监管力度有关。因此,我们提出第 4 个研

---

① 贾朋、都阳:《中国的最低工资制度:标准与执行》,《劳动经济研究》2015 年第 1 期,第 67—95 页。

② 叶林祥等:《中国企业对最低工资政策的遵守——基于中国六省市企业与员工匹配数据的经验研究》,《经济研究》2015 年第 6 期,第 19—32 页。

叶静怡、杨洋:《最低工资标准及其执行差异:违规率与违规深度》,《经济学动态》2015 年第 8 期,第 51—63 页。

究假设:

假设 H4:最低工资对企业社保行为的影响与当地最低工资政策和社保政策的监管强度有关,最低工资监管越宽松,企业的成本压力越小,最低工资对企业参保行为的负向影响趋弱,而社保政策监管越弱,企业逃费难度越低,最低工资对企业参保行为的负向影响更强。

第四节 数据来源、模型设定与描述性统计

一、数据来源

本章所使用的数据主要来自 2003—2007 年的中国工业企业数据库,该数据库涵盖了全部国有企业及年销售收入在 500 万元以上的非国有企业的基本情况和财务信息,具有样本容量大与代表性强的特点,且样本以制造业企业为主,其对最终工资标准调整所带来的劳动力成本上涨更为敏感,是研究最低工资对企业社会保险参保行为影响较为理想的数据库。① 中国工业企业数据库2004—2007 年的数据中报告了企业的养老保险和医疗保险缴费情况,为我们度量企业的社会保险参保行为提供了指标依据。最低工资主要是通过影响企业的固定成本和可变成本来影响其参保行为的,在劳动成本上涨时更有激励进行逃费,但由于其当年的社保缴费是根据上一年度申报的缴费基数来确定的,而缴费基数又与企业工资总额高度相关,虽然最低工资标准的上调在当年就导致企业工资总额上调,并给企业带来了成本压力,但此时企业社保缴费是根据上一年核定的缴费基数来缴纳的,企业虽然有动力瞒报工资总额和调整缴费基数,但通常会在下一次申报时对申报缴费基数进行调整,从而实现社保

---

① 事实上,相对于国有企业和规模以上企业,小微企业的社保逃费现象可能更为突出,其对最低工资标准提升的敏感性可能更高,其中一位审稿专家也指出了小微企业的社保合规程度可能更低,但限于小微企业的数据较为缺乏,我们使用以制造业企业为主的工业企业数据库不失为一种替代性的做法。

逃费的目的。① 因此,我们借鉴封进关于企业实际缴费率的计算方法②:企业
实际缴费率=(本年度社保缴费/上年度职工工资总额),在计算 2004 年企业
社保缴费率时,使用了 2003 年的企业工资总额数据。在对工业企业数据库的
清理过程中,我们参考已有文献的做法③,对数据库中存在的异常样本进行了
处理:剔除非营业状态和不适用企业会计制度的样本;剔除机构类型属于事
业、机关、社会团体和民办非企业单位样本;剔除实收资本、固定资产、总资
产、工业产值小于或等于 0 的样本;剔除应付职工福利、养老和医疗保险费
小于 0 的样本;剔除固定资产大于总资产的样本;剔除企业负债为负数的样
本。在此基础上,我们对职工工资总额、职工人数、总资产、总产值最高 1%
和最低 1%的样本做了删除处理。针对养老和医疗保险的参保情况,我们剔
除了企业参保程度最高 1%的样本,最后得到了样本量为 457791 个的非平
衡面板数据。

除了企业层面数据,我们还收集了 2003—2007 年地级市层面的最低工资
数据,由于目前缺乏地级市最低工资数据的权威数据来源,我们主要通过劳动
法宝等劳动咨询网站和北大法宝、北大法意等法律法规数据库搜集地级市层
面的最低工资数据,共获得了最低工资数据 2065 条(含直辖市),其中地级市
层面数据 1630 条,共包含 326 个地级市,占目前全国 334 个地级市的 97.6%。
对于四个直辖市,由于北京、天津和上海全市执行统一的最低工资标准,因此

---

① 这在一些省份和地级市人社局的官方文件中得到了证实:河南省社会保障局《关于做
好 2018 年度省直参保单位社会保险缴费基数申报工作的通知》(豫社保〔2018〕25 号),见
http://xcylbx.com/hnsi/news/tongzhi/webinfo/1520418721086583.htm;泰安市人社局《关于做好
2018 年度市直单位企业社会保险费申报工作的通知》(泰社险发〔2017〕8 号),见 http://www.
sdta.lss.gov.cn/web/article? id=80757。

② 封进:《中国城镇职工社会保险制度的参与激励》,《经济研究》2013 年第 7 期,第 104—
117 页。

③ 聂辉华等:《中国工业企业数据库的使用现状和潜在问题》,《世界经济》2012 年第 5 期,
第 142—158 页。

马双、甘犁:《最低工资对企业在职培训的影响分析》,《经济学(季刊)》2014 年第 1 期,第
1—26 页。

其下辖区县最低工资标准一致,而重庆下辖区县最低工资标准差异较大,因此具体到了其所辖的各个区县,记录条数为190条。由于西藏自治区从2004年才开始实施最低工资制度,因此所收集数据未包括西藏自治区。值得指出的是,最低工资标准的度量存在两个问题:一是同一地级市内不同区县可能存在不同的最低工资标准;二是一年内地级市最低工资标准可能有调整,一年内可能有两个不同的最低工资标准。针对前者,为了防止高估区县的最低工资标准,参考马双等的做法,我们取地级市范围内最低工资的最低档作为地级市最低工资标准;针对后者,我们根据最低工资的具体调整时间和不同最低工资标准的执行时间长短对其进行加权处理,从而得到该城市最终年最低工资标准。①

由于地级市的政策缴费率可能会对企业参保行为产生影响,且不同地级市政策缴费率存在较大差异,因此必须对地级市的政策缴费率进行控制。②我们通过劳动法宝、北大法宝以及地方政府人社局网站等查找地级市养老保险和医疗保险政策数据,共收集1472条数据,其中地级市数据1124条,共281个地级市,占334个地级市的84.13%。③此外,我们还收集了地级市层面的总人口数量、职工数量、职工平均工资、财政支出和GDP等宏观经济数据,所有数据均来自中经网数据库。此外,企业参保行为可能会受到当年的老年人口抚养比以及流动人口的影响,由于缺乏地级市层面的数据,我们收集了各省级区域的老年人口抚养比数据,老年人口抚养比数据来自国家统计局。通过

---

① 马双等:《最低工资对中国就业和工资水平的影响》,《经济研究》2017年第6期,第153—168页。

② 封进:《中国城镇职工社会保险制度的参与激励》,《经济研究》2013年第7期,第104—117页。

赵静等:《社会保险缴费率、参保概率与缴费水平——对职工和企业逃避费行为的经验研究》,《经济学(季刊)》2016年第1期,第341—372页。

③ 值得指出的是,武汉市、广州市、湛江市、湖州市和惠州市针对不同所有制企业的养老保险或医疗保险政策缴费率存在差异,在将地级市数据同企业数据匹配时,我们根据这些地区企业的所有制形式和相应的政策缴费率对其政策缴费率进行了调整。

查阅《中国城市统计年鉴》《中国区域经济统计年鉴》《分县市人口统计资料》,我们获得了2004—2007年地级市层面的常住人口和户籍人口数据,用常住人口减去户籍人口得到地级市流动人口数据。

最后,我们将经过清理后的工业企业数据库同地级市层面的平衡面板数据库相匹配,并保留既有企业微观信息又有企业所在地级市最低工资标准和政策缴费率数据的样本,得到了一个样本量巨大且信息丰富的企业——地级市匹配数据库,总观测值为457791个。

二、计量模型设定

本章设定如下的计量模型来实证检验最低工资标准对企业参保行为影响:

$$Y_{ijt} = \beta_1 \ln(mi\ wage_{jt-1}) + \beta_2 T_{jt} + \beta_3 \ln(mi\ wage_{jt-1}) \times T_{jt} + \beta_3 X_{ijt} + \beta_4 Z_{jt} + \lambda_i + \nu_j + \varepsilon_{ijt} \tag{10.1}$$

其中,下标i表示企业,j表示企业所在的城市,t为年份;Y_{ijt}表示j城市i企业在t时期的参保行为,λ_i为企业固定效应,v_j为城市固定效应,ε_{ijt}为随机误差项。对于Y_{ijt},我们主要采用三个指标来加以度量,一是企业是否参加职工养老保险和医疗保险,如果企业当年缴纳的养老和医疗保险费用大于0表示企业参保,此时Y_{ijt}取值为1,否则取值为0,此时使用线性概率模型来估计企业的参保概率。更进一步地,虽然企业迫于政府监管或员工压力而参保,但企业仍有可能通过调整工资结构等手段降低缴费基数来逃避缴费,因此需要对企业的实际缴费率进行计算。我们参考封进(2013)和赵静等(2016)的计算方法,通过工业企业数据库中企业养老和医疗保险费用指标除以上年度工资总额得到其实际缴费率,但由于不同地区的政策缴费率差异较大,因此无法进行缴费率的直接比较。为保证可比性,我们通过企业实际缴费率与政策缴费率的差再除以政策缴费率得到企业的实际缴费,用以度量企业对社保政策的遵守程度,企业相对缴费率绝对值越小,则说明企业的参保程度越低,逃费程度越严重。由于企业通常根据上一年度的职工工资总额为基数缴纳社会保险费,因此我们的核心解释变量 $\ln(miwage_{jt-1})$ 为 j 城市 $t-1$ 期的最低工资标准的对数。T_{jt} 为 j 城市企业所面对的社会保险政策缴费率,考虑到最低工资对企业参保行为的影响可能与企业面临的政策缴费率有关,为了检验假设 H2,我们设置了最低工资标准同企业政策缴费率的交叉项。X_{ijt} 为企业层面的控制变量,主要包括企业的总资产、人均固定资产、利润率、人力资本水平、工会、企业年龄、雇佣规模以及企业平均工资。Z_{it} 为城市层面随时间变化的一系列经济特征,包括市职工平均工资水平、GDP 总量、财政收入占 GDP 的比重、人口总量与职工人数、老年人口抚养比和流动人口数量等。在控制城市经济特征的基础上,我们还将进一步对企业所在的两位数行业和城市固定效应进行控制,以控制可能与企业参保行为和最低工资标准相关但无法观测到的行业和城市层面遗漏变量的影响。参考赵静等(2016)的做法,我们还将对城市时间趋势(即城市虚拟变量与时间固定效应的交叉项)进行控制,以控制各城市最低工资标准、政策缴费率与企业参保行为随时间变化的共同趋势。

根据前述的研究假设 H1,预期 β_1 的估计系数为负数,即在保持其他因素不变的情况下,最低工资标准的提升会对企业的参保概率、实际缴费率和相对缴费率存在负面影响。根据假设 H2,预期 β_3 的估计系数也为负,即最低工资标准对企业参保行为的影响与社保政策缴费率有关,政策缴费率越高的地区企业逃费行为越明显。

为了检验假设 H3 和 H4,在模型(10.1)的基础上设定了如下计量模型:

$$Y_{ijt} = \alpha_1 \ln(mi\ wage_{jt-1}) + \alpha_2 T_{jt} + \alpha_3 \ln(mi\ wage_{jt-1}) \times C_{jt} + \alpha_4 C_{jt} +$$
$$\alpha_5 X_{ijt} + \alpha_6 Z_{jt} + \lambda_i + \nu_j + \varepsilon_{ijt} \qquad (10.2)$$

其中,C_{ijt} 为企业所在城市的流动人口数量、最低工资和社保政策监管强度的代理变量,通过交叉项的回归系数 α_3 来反映最低工资与流动人口、政策监管强度之间的交互效应,其他变量符号的含义同(10.1)式一致。

三、描述性统计

表 10.1 给出了变量的描述性统计。从衡量企业参保指标的三个因变量指标来看,样本中企业参保的比例为 66.3%,说明仍有超过 30% 的企业未参加养老和医疗保险中的任何一项社会保险,企业逃避社保缴费的现象十分突出。从企业缴费率来看,企业平均缴费率为 9.43%,远低于国务院规定的 26% 的政策缴费率;而从企业的平均相对缴费率来看,企业相对缴费率均值为 −0.659,说明企业的实际缴费率仅仅达到政策缴费率的 34.1%,缴费不足现象十分突出。[①] 因此,无论是从企业的参保比例,还是从绝对缴费率和相对缴费率来看,企业通过不参加社会保险缴费和缴费不足的现象十分突出,企业参保水平较低,这将损害劳动者利益和社保基金的持续运行。

从最低工资标准的对数来看,最低工资标准的均值为 6.119,最小值为 5.394,最大值为 6.565,差异较大。为了更为详细地展示样本期内地级市最低工资的变动情况,我们给出了如表 10.2 所示的 2004—2007 年企业工资水平和最低工资调整情况。显然,2004—2007 年间,所有反映地级市平均最低工资标准的指标(均值、最大值、最小值和中位数)均呈持续上涨态势,但最大值与最小值的比保持在两倍以上,表明最低工资标准的地区差异较大。从最低工资标准的调整来看,2004—2007 年间最低工资标准的调整十分频繁,2004 年有超过 70% 的地级市调整了最低工资标准,而 2006 年更是有超过 80% 的城市进行了调整,而 2005 年和 2007 年的调整比例也在 40% 左右,整个样本期内的比例为 61.97%。从企业平均工资来看,企业平均工资也呈持续增长态势,但其均值要高于最低工资均值。值得指出的是,虽然最低工资制度对员工月最低工资标准进行了规定,但在现实中仍有一部分企业并没有完全遵守最低工资制度,北大

---

① 样本中有少部分企业实际缴费率大于政策缴费率,根据郑秉文(2011)和封进(2013)的研究,出现这种现象的原因在于:第一,样本中有些企业自愿为员工提供了企业年金,并将其计入养老和医疗保险费用项目中;第二,一些企业可能预缴或补缴了保费。

法宝数据库中有超过 5000 件劳动争议案件与最低工资有关,占全部争议案件的 3%[①]。我们参考 Long 和 Yang(2016)的做法,根据企业总资产四分位数制作了如图 10.3 所示的企业人均月工资水平与所在城市最低月工资标准之差的分布图。从图 10.3 可以发现,无论企业总资产水平处于哪一分位数,均有相当一部分企业的人均月工资要小于最低工资。因而,即使是采用规模以上工业企业数据,仍有一部分企业的人均月工资标准要低于最低工资标准,说明最低工资标准的调整很有可能会对规模以上工业企业的参保行为产生影响。

表 10.1　变量描述性统计

	变量	含义	均值	最小值	最大值	标准差
因变量	企业是否参保	企业"养老和医疗保险费用"大于 0 则取值为 1,否则为 0	0.663	0	1	0.473
	企业实际缴费率(%)	企业"养老和医疗保险费用"/上年度职工工资总额	9.426	0	61.54	12.81
	企业相对缴费率	(企业缴费率—政策缴费率)/政策缴费率	-0.659	-1	1.260	0.463
自变量	最低工资标准	企业所在地级市上一年度最低工资标准取对数	6.119	5.394	6.565	0.274
企业控制变量	总资产对数	企业总资产取对数	9.946	6.269	16.31	1.176
	人均固定资产对数	企业人均固定资产取对数	3.796	0.909	6.861	1.186
	利润率	营业利润/销售额	3.941	-26.71	34.16	8.154
	人力资本水平	大专以上学历员工所占比例	12.24	0	100	17.60
	企业年龄	样本年份—企业开业年份	10.37	0	407	9.936
	资产负债率	总负债/总资产	57.76	0	126.6	26.19
	雇佣规模	企业从业人员总数对数	4.801	2.708	7.504	0.926

[①] Long,C.& Yang,J.,"How do Firms Respond to Minimum Wage Regulation in China? Evidence from Chinese Private Firms",*China Economic Review*,vol.38,216,pp.267-284.

续表

	变量	含义	均值	最小值	最大值	标准差
	工会情况	企业无工会为0,有工会为1	0.517	0	1	0.500
	企业平均工资对数	企业人均月工资取对数	7.039	2.568	10.99	0.524
城市控制变量	政策缴费率(%)	企业所在地级市养老和医疗保险政策缴费率之和	27.81	16	34	3.040
	市GDP对数	地级市地区生产总值(亿元)取对数	7.473	2.659	18.46	1.177
	市年人均工资	地级市职工年均工资(元)取对数	10.02	8.733	11.83	0.365
	财政收入占比	地级市财政收入/GDP	7.289	1.074	17.38	3.483
	市人口总数对数	地级市人口总数(万人)取对数	6.363	2.819	8.082	0.574
	市职工人数对数	地级市职工人数(万人)取对数	4.201	0.307	6.157	0.862
	老年人口抚养比	地级市所在省份65岁以上人口比例	13.79	1.460	20.31	1.961
	流动人口	地级市流动人口数量	85.59	-419.3	479.1	148.1

表10.2　2004—2007年企业工资水平和最低工资调整情况

年份	最低工资均值(元)	最低工资最小值(元)	最低工资最大值(元)	最低工资中位数(元)	调整最低工资城市数(个)	占样本期内城市比例(%)	企业平均工资(元)
2004	422.2	230	602.5	410	166	70.94	1121.99
2005	490.5	270	662.5	470	83	38.25	1216.63
2006	539.4	280	710	512.5	199	81.25	1351.64
2007	605.7	320	783.3	580	116	48.54	1549.53
全部样本	526.0	230	783.3	517.5	564	61.97	1335.63

资料来源:作者根据《中国工业企业数据库》和搜集得到的地级市最低工资数据计算得到。

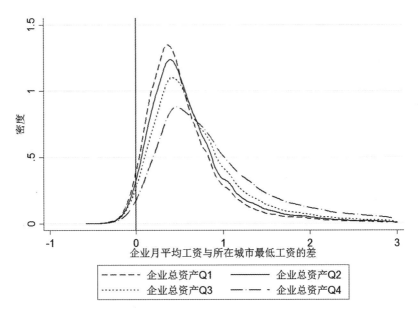

图 10.3　企业平均工资水平与所在城市最低工资标准之差的分布

注:横坐标为企业月平均工资与所在城市月最低工资标准的差额,单位为千元。
资料来源:作者根据《中国工业企业数据库》和搜集到的地级市最低工资数据计算得到。

　　为了更为直观地刻画企业的参保行为,我们分别绘制了企业样本中的政策缴费率、企业实际缴费率和相对缴费率分布图(如图 10.4—图 10.6 所示)。图 10.4 为企业所面临的养老和医疗保险政策缴费率,政策缴费率的均值为 27.81%,最低为 16%,最高则为 34%,但绝大部分在 26%—28% 之间,即在国务院规定的政策缴费率 26% 附近。图 10.5 为企业的实际缴费率,显然企业实际缴费率同政策缴费率的分布差异明显,相当一部分企业的缴费比例为 0,而在参保企业中,缴费比例低于 26% 的企业占绝大部分。从图 10.6 的相对缴费比例来看,其分布与图 10.5 类似,相对缴费比例为 -1 的企业(即没有参保的企业)占比最高,仅有很小一部分企业相对缴费比例等于 0 或在 0 以上,表明很大一部分企业实际缴费率没有达到政策缴费率。图 10.5—图 10.6 表明,在较高的政策缴费率下,企业的参保积极性不高,即使参保,也会通过多种手段来逃避社会保险费征缴,缴费不足和逃费现象十分普遍。

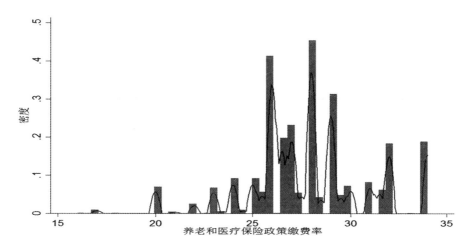

图 10.4　样本中城市养老和医疗保险合计政策缴费率分布

资料来源:作者通过公开渠道收集的地级市养老和医疗保险政策缴费率数据。

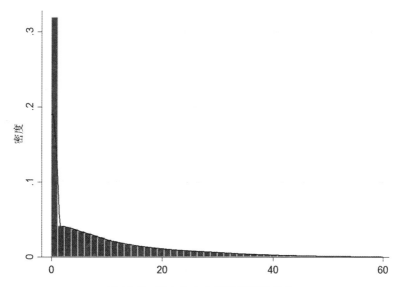

图 10.5　样本中企业实际缴费率分布

资料来源:作者根据《中国工业企业数据库》计算得到。

　　为了考察不同类型企业参保情况的差异,我们根据企业的所有制类型、工会设立情况、雇佣规模、人力资本以及企业工资水平等对企业进行了分类,就

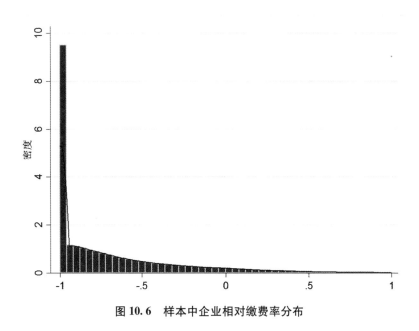

图 10.6　样本中企业相对缴费率分布

资料来源:作者根据《中国工业企业数据库》计算得到。

其参保情况进行了统计(如表 10.3 所示)①。从企业所有制类型来看,参保比例最高的为国有企业(82.0%),同时其缴费率也最高(19.03%),相对缴费率为 -0.303,即实际缴费率达到了政策缴费率的 70%,而私营企业的参保比例(62.5%)、实际缴费率(7.822%)以及相对缴费率(-0.711)均最低,实际缴费率仅为政策缴费率的 30%,集体企业虽然参保比例不高,但缴费率相对更高。值得注意的是,虽然外资企业和港澳台企业的参保比例相对较高,但其实际缴费率和相对缴费率并不高,一方面可能与地方政策优惠有关,另一方面可能是这些企业逃缴漏缴现象较为严重。从企业的工会设立情况来看,有工会企业

①　工业企业数据库中企业所有制的判别可以通过企业的注册类型和企业的资本来源等两种方法进行判定,根据聂辉华等(2012)的建议,采用后者能更为及时地反映企业的所有制类型变化,因此我们主要通过企业实收资本比例的相对比例来定义企业所有制。企业人力资本水平用企业大专以上学历员工所占比例代替,但由于该指标只在 2004 年出现,因此 2005—2007 年的数据用 2004 年的指标近似代替。

的参保比例(72.2%)和缴费率(11.25%)要显著地高于无工会企业(59.9%和7.480%),说明工会的设立确实能够起到保障劳动者利益的作用。从企业规模来看,随着企业雇佣规模的增加,企业的参保比例、实际缴费率和相对缴费率均有所提升。同样,人力资本水平更高的企业,其参保比例、实际缴费率和相对缴费率也相对更高。图10.3已经表明有一部分企业的人均月工资标准低于城市最低工资标准,因此,根据企业人均月工资水平同所在城市最低工资标准的相对水平,我们将企业样本划分为低于最低工资标准20%以上、低于最低工资标准20%以内(20%—0(不含0))、高于最低工资标准20%以内(0—20%(不含20%))、高于最低工资20%—50%(不含50%)和高于最低工资标准50%以上(含50%)等五类,可以发现,企业工资水平越低,其参保比例和缴费率也越低,低于最低工资标准的企业,其参保比例不足50%(39.4%和40.6%),实际缴费率(4.925%和5.227%)和相对缴费比例也最低(-0.82和-0.809),随着企业工资水平的上升,企业的参保比例和缴费率也随之提高。

表10.3 2004—2007年企业参保情况

	观测值	参保比例 (%)	实际缴费率 (%)	相对缴费水平
全部样本	457791	66.3	9.455	-0.658
所有制类型				
国有企业	21465	82.0	19.03	-0.303
外资企业	38293	81.3	12.36	-0.573
法人企业	109046	63.0	9.426	-0.661
港澳台企业	26571	81.3	9.219	-0.671
私营企业	226953	62.5	7.822	-0.711
集体企业	35463	63.5	10.97	-0.611
工会				
无工会	221304	59.9	7.480	-0.729
有工会	236487	72.2	11.25	-0.593

续表

	观测值	参保比例（%）	实际缴费率（%）	相对缴费水平
雇佣规模				
四分位数1	114351	59.5	8.157	-0.703
四分位数2	114477	63.6	8.636	-0.687
四分位数3	114547	67.3	9.482	-0.657
四分位数4	114416	74.7	11.43	-0.588
人力资本				
四分位数1	114521	57.2	6.946	-0.746
四分位数2	115313	65.1	8.738	-0.683
四分位数3	114947	69.8	10.63	-0.616
四分位数4	113267	72.9	11.39	-0.589
企业工资水平				
低于最低工资20%以上	3743	39.4	4.925	-0.820
低于最低工资0-20%	9168	40.6	5.227	-0.809
高于最低工资0-20%	17660	45.4	6.043	-0.779
高于最低工资20%-50%	51272	54.3	6.834	-0.751
高于最低工资50%以上	375948	69.8	10.09	-0.635

注：企业雇佣规模和人力资本四分位数按企业所处地级市分组计算所得。

第五节 实证结果

一、最低工资对企业社会保险参保影响的基准回归

根据研究假设和计量模型设定，我们首先就最低工资对企业参保概率、实际缴费率和相对缴费率进行了基准回归。表10.4为最低工资对企业参保概率的回归结果，第1列只对城市经济特征进行控制，此后逐步控制企业经济特征、行业固定效应、城市和企业固定效应以及城市时间趋势，最后对标准误进行了聚类修正。第1—5列的结果均表明最低工资的回归系数负向显著，在控

制城市时间趋势和标准误聚类后不再显著,但政策缴费率以及最低工资与政策缴费率的交互项持续表现为负向显著,表明在最低工资标准相同的情况下,高政策缴费率地区企业的参保概率相对更低,虽然最低工资标准对企业参保概率的影响不具有统计显著性,但交互项的结果表明最低工资对企业参保概率的影响与企业面临的政策缴费率有关,高政策缴费率地区最低工资对企业参保概率的负向影响相对更强。

　　从地级市层面的其他控制变量来看,城市 GDP、老年人口抚养比和职工人数对企业参保概率有正向作用。从流动人口数据来看,流动人口对企业参保概率存在显著负向影响。从企业层面的控制变量来看,企业总资产、企业年龄、雇佣规模和企业平均工资对企业参保概率有显著正向影响。此外,在不对企业固定效应控制时,企业的人力资本水平对企业参保概率存在显著正向影响,而有工会企业的参保概率也要明显高于无工会企业。

表 10.4　最低工资对企业参保概率的影响

	（1）	（2）	（3）	（4）	（5）	（6）
最低工资	−0.0133 ***	−0.0187 ***	−0.0335 ***	−0.0514 ***	−0.0030	−0.0030
	(0.0046)	(0.0046)	(0.0047)	(0.0102)	(0.0163)	(0.0685)
政策缴费率	−0.0174 ***	−0.0143 ***	−0.0135 ***	−0.0396 ***	−0.0732 ***	−0.0732 ***
	(0.0003)	(0.0003)	(0.0003)	(0.0012)	(0.0018)	(0.0178)
最低工资 * 政策缴费率		−0.0230 ***	−0.0216 ***	−0.0535 ***	−0.2416 ***	−0.2416 ***
		(0.0011)	(0.0011)	(0.0016)	(0.0050)	(0.0627)
LnGDP	−0.0078 ***	−0.0065 ***	−0.0061 ***	0.0032 *	0.0021	0.0021
	(0.0011)	(0.0010)	(0.0010)	(0.0017)	(0.0017)	(0.0020)
Ln 城市平均工资	0.2435 ***	0.1728 ***	0.1692 ***	0.0959 ***	−0.0228	−0.0228
	(0.0046)	(0.0045)	(0.0045)	(0.0085)	(0.0178)	(0.0398)
财政收入占比	−0.0162 ***	−0.0170 ***	−0.0155 ***	0.0020 *	0.0054 ***	0.0054
	(0.0005)	(0.0005)	(0.0005)	(0.0010)	(0.0014)	(0.0051)

续表

	（1）	（2）	（3）	（4）	（5）	（6）
Ln 总人口	−0.1846 ***	−0.1584 ***	−0.1574 ***	−0.0654 ***	−0.0199	−0.0199
	（0.0024）	（0.0023）	（0.0023）	（0.0158）	（0.0160）	（0.0169）
Ln 职工人数	0.1526 ***	0.1283 ***	0.1204 ***	−0.0547 ***	0.1676 ***	0.1676 ***
	（0.0023）	（0.0022）	（0.0022）	（0.0083）	（0.0144）	（0.0574）
老年人口抚养比	0.0207 ***	0.0227 ***	0.0204 ***	−0.0006	0.0039 ***	0.0039
	（0.0005）	（0.0005）	（0.0005）	（0.0008）	（0.0010）	（0.0054）
流动人口	0.0002 ***	0.0002 ***	0.0002 ***	0.0002 ***	−0.0019 ***	−0.0019 ***
	（0.0001）	（0.0001）	（0.0001）	（0.0001）	（0.0001）	（0.0007）
Ln 总资产		0.0443 ***	0.0449 ***	0.0284 ***	0.0306 ***	0.0306 ***
		（0.0010）	（0.0010）	（0.0019）	（0.0019）	（0.0025）
Ln 人均固定资产		−0.0183 ***	−0.0155 ***	−0.0025	−0.0024	−0.0024
		（0.0008）	（0.0008）	（0.0016）	（0.0016）	（0.0020）
利润率		−0.0017 ***	−0.0013 ***	0.0001	0.0001	0.0001
		（0.0001）	（0.0001）	（0.0001）	（0.0001）	（0.0002）
人力资本		0.0005 ***	0.0002 ***	—	—	—
		（0.0001）	（0.0001）	—	—	—
企业年龄		0.0025 ***	0.0024 ***	0.0024 ***	0.0025 ***	0.0025 ***
		（0.0001）	（0.0001）	（0.0002）	（0.0002）	（0.0002）
资产负债率		0.0001 ***	0.0002 ***	0.0001 **	0.0001 *	0.0001
		（0.0001）	（0.0001）	（0.0001）	（0.0001）	（0.0001）
Ln 雇佣规模		0.0167 ***	0.0121 ***	0.0291 ***	0.0279 ***	0.0279 ***
		（0.0011）	（0.0012）	（0.0026）	（0.0026）	（0.0037）
工会		0.0886 ***	0.0857 ***	—	—	—
		（0.0014）	（0.0014）	—	—	—
Ln 企业月平均工资		0.1368 ***	0.1334 ***	0.0610 ***	0.0581 ***	0.0581 ***
		（0.0016）	（0.0016）	（0.0021）	（0.0021）	（0.0041）
行业固定效应	NO	NO	YES	YES	YES	YES

续表

	（1）	（2）	（3）	（4）	（5）	（6）
企业固定效应	NO	NO	NO	YES	YES	YES
城市固定效应	NO	NO	NO	YES	YES	YES
城市时间趋势	NO	NO	NO	NO	YES	YES
标准误聚类	NO	NO	NO	NO	NO	YES
观测值	457791	457791	457791	445534	445534	445534
Adj-R^2	0.0706	0.1361	0.1447	0.4733	0.8277	0.8277

注：第1—5列括号内为稳健性标准误，第6列括号内为经聚类的稳健性标准误；*、** 和 *** 分别表示
　　10%、5%和1%的显著性水平；模型中的交叉变量做了去中心化处理。第4—6列中由于控制了企
　　业固定效应，因而无须再控制不随时间变动的人力资本与工会变量。

表 10.5 为最低工资标准对企业社保实际缴费率的影响，其回归思路与表
10.4 相同。结果显示，最低工资回归系数的显著性基本稳定，符号方向一致，
政策缴费率、最低工资与政策缴费率的交叉项回归系数的显著性和符号方向
也完全一致，表明模型结果较为稳健。从第 6 列的回归结果来看，最低工资标
准的提高对企业实际缴费率存在负向显著影响，从数值来看，在政策缴费率取
样本均值时，最低工资标准每增加 1%，将使得企业实际缴费率下降约
4.7934%。最低工资与政策缴费率的交叉项显著为负，表明最低工资对企业
缴费率的影响与企业面临的政策缴费率有关，政策缴费率越高，最低工资标准
上调对企业社保缴费率的负向影响更强，这是因为随着最低工资标准的提升，
企业劳动力成本上升，在高政策缴费率的情形下，企业所需负担的社保费用更
重，也意味着企业通过各种手段逃避社保缴费的潜在收益更大，其逃费动机会
更为强烈。从其他地级市和企业层面的控制变量来看，地级市的流动人口数
量会降低企业的实际缴费率，而老年人口抚养比则会使得企业实际缴费率提
高，这意味着城市养老负担较重的城市企业缴费负担也相对更重，企业的资产
水平和利润率等对企业缴费率存在正向作用，而作为劳均资本衡量指标的人
均固定资产则与企业缴费率负相关。

表 10.5　最低工资对企业社保实际缴费率的影响

	（1）	（2）	（3）	（4）	（5）	（6）
最低工资	−2.0010***	−2.2092***	−2.1185***	−2.3544***	−4.7934***	−4.7934***
	（0.1201）	（0.1197）	（0.1204）	（0.2758）	（0.4595）	（1.8456）
政策缴费率	0.0327***	0.1107***	0.1150***	−0.7479***	−1.4389***	−1.4389***
	（0.0069）	（0.0076）	（0.0076）	（0.0315）	（0.0489）	（0.3110）
最低工资*政策缴费率	—	−0.7322***	−0.7109***	−0.7017***	−2.6772***	−2.6772***
	—	（0.0296）	（0.0295）	（0.0402）	（0.1216）	（0.8160）
LnGDP	−0.0884***	−0.0578**	−0.0152	−0.0508	−0.0058	−0.0058
	（0.0241）	（0.0234）	（0.0239）	（0.0448）	（0.0456）	（0.0554）
Ln 城市平均工资	3.0447***	0.7038***	0.8766***	−0.9197***	1.6788***	1.6788
	（0.1240）	（0.1184）	（0.1181）	（0.2296）	（0.4664）	（1.1773）
财政收入占比	−0.1064***	−0.1857***	−0.2079***	0.1232***	0.0732*	0.0732
	（0.0129）	（0.0125）	（0.0127）	（0.0281）	（0.0378）	（0.1068）
Ln 总人口	−1.8483***	−1.3020***	−1.5279***	−1.3203***	−0.2118	−0.2118
	（0.0643）	（0.0614）	（0.0616）	（0.3929）	（0.4036）	（0.4335）
Ln 职工人数	1.7982***	1.3312***	1.4503***	0.6336***	5.5288***	5.5288***
	（0.0608）	（0.0586）	（0.0593）	（0.2171）	（0.3923）	（1.4225）
老年人口抚养比	0.1982***	0.3355***	0.3470***	0.2818***	0.2639***	0.2639***
	（0.0139）	（0.0130）	（0.0131）	（0.0212）	（0.0249）	（0.0974）
流动人口	−0.0005**	0.0017***	0.0016***	−0.0042***	−0.0402***	−0.0402***
	（0.0002）	（0.0002）	（0.0002）	（0.0010）	（0.0022）	（0.0110）
Ln 总资产		2.3055***	2.0961***	1.5906***	1.6706***	1.6706***
		（0.0291）	（0.0297）	（0.0604）	（0.0606）	（0.0881）
Ln 人均固定资产		−0.6130***	−0.6670***	−0.6937***	−0.6522***	−0.6522***
		（0.0228）	（0.0233）	（0.0471）	（0.0471）	（0.0625）
利润率		−0.0414***	−0.0343***	0.0177***	0.0124***	0.0124**
		（0.0025）	（0.0026）	（0.0036）	（0.0037）	（0.0055）

续表

	（1）	（2）	（3）	（4）	（5）	（6）
人力资本		0.0088***	−0.0030**	—	—	—
		（0.0012）	（0.0012）	—	—	—
企业年龄		0.2258***	0.2085***	0.1776***	0.1800***	0.1800***
		（0.0029）	（0.0030）	（0.0073）	（0.0074）	（0.0085）
资产负债率		−0.0055***	−0.0042***	0.0023*	0.0015	0.0015
		（0.0008）	（0.0008）	（0.0014）	（0.0014）	（0.0017）
Ln 雇佣规模		−1.0994***	−0.8841***	3.2911***	3.2855***	3.2855***
		（0.0321）	（0.0336）	（0.0779）	（0.0779）	（0.1420）
工会		2.0974***	1.9980***	—	—	—
		（0.0381）	（0.0379）	—	—	—
Ln 企业月平均工资		3.1602***	3.0365***	4.3330***	4.2582***	4.2582***
		（0.0449）	（0.0453）	（0.0650）	（0.0653）	（0.1588）
行业固定效应	NO	NO	YES	YES	YES	YES
企业固定效应	NO	NO	NO	YES	YES	YES
城市固定效应	NO	NO	NO	YES	YES	YES
城市时间趋势	NO	NO	NO	NO	YES	YES
标准误聚类	NO	NO	NO	NO	NO	YES
观测值	457791	457791	457791	445534	445534	445534
Adj-R^2	0.0112	0.1157	0.1248	0.4565	0.6530	0.6530

注：第1—5列括号内为稳健性标准误，第6列括号内为经聚类的稳健性标准误；*、** 和 *** 分别表示10%、5%和1%的显著性水平；模型中的交叉变量做了去中心化处理。第4—6列中由于控制了企业固定效应，因而无须再控制不随时间变动的人力资本与工会变量。

表10.6为最低工资影响企业相对缴费率的回归结果。从最低工资的回归系数来看，随着控制条件的增加回归系数较为稳定，第6列的结果表明，在控制企业和城市特征、行业和城市固定效应以及城市时间趋势的条件下，最低工资标准对企业相对缴费率存在显著负向效应，从具体数值来看，当政策缴费率位于样本均值处时，最低工资标准每上调1%，企业相对缴费率将会下降

0.1734%。从政策缴费率以及最低工资与政策缴费率的交叉项来看,回归系数与前述回归结果一致,即过高的政策缴费率会降低企业的社保相对缴费率,同时最低工资与政策缴费率之间存在较强的交互效应,政策缴费率越高,最低工资标准对企业相对缴费率的负向作用会更强。从其他控制变量来看,其回归系数与表10.4和表10.5基本一致。

表 10.6　最低工资对企业社保相对缴费率的影响

	（1）	（2）	（3）	（4）	（5）	（6）
最低工资	-0.0756 ***	-0.0848 ***	-0.0807 ***	-0.0809 ***	-0.1734 ***	-0.1734 ***
	（0.0045）	（0.0044）	（0.0044）	（0.0102）	（0.0168）	（0.0672）
政策缴费率	-0.0107 ***	-0.0079 ***	-0.0078 ***	-0.0359 ***	-0.0608 ***	-0.0608 ***
	（0.0003）	（0.0003）	（0.0003）	（0.0011）	（0.0018）	（0.0106）
最低工资 * 政策缴费率	—	-0.0269 ***	-0.0262 ***	-0.0304 ***	-0.0874 ***	-0.0874 ***
	—	（0.0011）	（0.0011）	（0.0015）	（0.0044）	（0.0266）
Ln GDP	0.0078 ***	0.0091 ***	0.0102 ***	0.0086 ***	0.0104 ***	0.0104 ***
	（0.0012）	（0.0012）	（0.0013）	（0.0024）	（0.0024）	（0.0030）
Ln 城市平均工资	0.1177 ***	0.0344 ***	0.0414 ***	-0.0333 ***	0.0655 ***	0.0655
	（0.0046）	（0.0044）	（0.0044）	（0.0086）	（0.0180）	（0.0451）
财政收入占比	-0.0032 ***	-0.0059 ***	-0.0068 ***	0.0040 ***	0.0024 *	0.0024
	（0.0005）	（0.0005）	（0.0005）	（0.0010）	（0.0013）	（0.0038）
Ln 总人口	-0.0727 ***	-0.0530 ***	-0.0618 ***	-0.1080 ***	-0.0619 ***	-0.0619 **
	（0.0024）	（0.0023）	（0.0024）	（0.0222）	（0.0227）	（0.0263）
Ln 职工人数	0.0574 ***	0.0406 ***	0.0460 ***	0.0285 ***	0.1956 ***	0.1956 ***
	（0.0023）	（0.0023）	（0.0023）	（0.0079）	（0.0143）	（0.0517）
老年人口抚养比	0.0058 ***	0.0106 ***	0.0111 ***	0.0095 ***	0.0084 ***	0.0084 **
	（0.0005）	（0.0005）	（0.0005）	（0.0007）	（0.0009）	（0.0034）
流动人口	-0.0001 ***	0.0001 ***	0.0001 ***	-0.0002 ***	-0.0014 ***	-0.0014 ***
	（0.0001）	（0.0001）	（0.0001）	（0.0001）	（0.0001）	（0.0004）

续表

	（1）	（2）	（3）	（4）	（5）	（6）
Ln 总资产		0.0808 ***	0.0728 ***	0.0523 ***	0.0552 ***	0.0552 ***
		（0.0011）	（0.0011）	（0.0022）	（0.0022）	（0.0032）
Ln 人均固定资产		−0.0208 ***	−0.0231 ***	−0.0211 ***	−0.0194 ***	−0.0194 ***
		（0.0008）	（0.0008）	（0.0017）	（0.0017）	（0.0023）
利润率		−0.0015 ***	−0.0012 ***	0.0007 ***	0.0005 ***	0.0005 **
		（0.0001）	（0.0001）	（0.0001）	（0.0001）	（0.0002）
人力资本		0.0003 ***	−0.0002 ***	—	—	—
		（0.0001）	（0.0001）	—	—	—
企业年龄		0.0081 ***	0.0075 ***	0.0063 ***	0.0064 ***	0.0064 ***
		（0.0001）	（0.0001）	（0.0003）	（0.0003）	（0.0003）
资产负债率		−0.0001 ***	−0.0001 ***	0.0001 **	0.0001	0.0001
		（0.0001）	（0.0001）	（0.0001）	（0.0001）	（0.0001）
Ln 雇佣规模		−0.0376 ***	−0.0293 ***	0.1297 ***	0.1295 ***	0.1295 ***
		（0.0012）	（0.0012）	（0.0029）	（0.0029）	（0.0052）
工会		0.0735 ***	0.0697 ***	—	—	—
		（0.0014）	（0.0014）	—	—	—
Ln 企业月平均工资		0.1128 ***	0.1080 ***	0.1584 ***	0.1557 ***	0.1557 ***
		（0.0016）	（0.0016）	（0.0024）	（0.0024）	（0.0058）
行业固定效应	NO	NO	YES	YES	YES	YES
企业固定效应	NO	NO	NO	YES	YES	YES
城市固定效应	NO	NO	NO	YES	YES	YES
城市时间趋势	NO	NO	NO	NO	YES	YES
标准误聚类	NO	NO	NO	NO	NO	YES
观测值	457791	457791	457791	445534	445534	445534
Adj-R^2	0.0110	0.1123	0.1222	0.4514	0.8218	0.8218

注：第1—5列括号内为稳健性标准误，第6列括号内为经聚类的稳健性标准误；*、** 和 *** 分别表示10%、5%和1%的显著性水平；模型中的交叉变量做了去中心化处理。第4—6列中由于控制了企业固定效应，因而无须再控制不随时间变动的人力资本与工会变量。

综合表 10.4—表 10.6 的回归结果来看,最低工资标准的提升对企业参保概率的影响存在不显著的负向影响,且对企业的实际缴费率和相对缴费率存在显著负向作用,同时政策缴费率对企业参保概率和缴费率均存在显著负向影响,且最低工资与政策缴费率之间存在显著的交互效应,最低工资标准的提升对高缴费率地区企业负向影响更强。基于以上结论,假设 H1 和假设 H2 可以得到验证。

二、有关内生性问题的讨论

由于不同地区对最低工资政策和社保政策的执行程度可能存在差异,因而可能存在遗漏变量的偏误,同时最低工资与企业参保行为之间可能存在反向因果问题,这些均是基准回归中可能存在内生性问题的根源。一般而言,最低工资标准通常由省级政府制定,单个企业通常无法左右最低工资标准的高低。但是,如果政府在制定最低工资政策的过程中根据当地社会保障现状和企业参保情况来调整最低工资标准,就可能会产生双向因果问题。事实上,根据《最低工资规定》第六条之规定,地方政府在确定和调整月最低工资标准时,应参考当地就业者及其赡养人口的最低生活费用、城镇居民消费价格指数、职工个人缴纳的社会保险费和住房公积金、职工平均工资、经济发展水平、就业状况等因素,并考虑单位应缴纳的基本养老保险费和基本医疗保险费因素。此外,宁光杰发现,我国最低工资标准的制定是政府、企业和劳动者三方博弈的结果,企业的有关诉求会对最低工资标准的制定产生影响,同时地方政府出于维护当地经济发展和保护劳动密集型企业的目的,也有可能在最低工资标准的制定过程中考虑最低工资对当地企业的影响。[①] 因此,针对可能的遗漏变量和双向因果所导致的内生性问题,我们拟通过工具变量法解决。在最低工资工具变量的选取上,现有文献主要有滞后一期或两期的最低工资、最

---

① 宁光杰:《中国最低工资标准制定和调整依据的实证分析》,《中国人口科学》2011 年第 1 期,第 26—34 页。

低工资的预测值和城市所在省份除该地区外其他地区滞后一期最低工资的平均值。① 就本章而言,基于企业社保缴费和费基核定的特殊性,我们使用了企业所在城市滞后一期的最低工资标准作为核心解释变量,因此我们所选取的工具变量应是滞后两期的最低工资标准,我们参考赵瑞丽等(2016,2018)的研究,通过计算城市所在省份除该地区外其他地区滞后两期的最低工资标准的平均值作为我们的工具变量。选取的理由如下:第一,同一省内的地级市之间的经济发展水平和经济结构较为相似,最低工资标准更为接近,且已有研究表明地方政府在制定最低工资标准时会参考相邻地区的最低工资标准②,因此,省内其他城市的最低工资平均值与当地最低工资标准存在较强的相关性。第二,其他城市在制定最低工资标准时通常不会考虑非本市企业的社保负担和参保行为,且短时间内企业发生迁移的概率较低,相较于直接选取滞后两期的最低工资标准作为工具变量更为合理,更能够满足工具变量的外生性假定。③

工具变量回归第二阶段的结果如表 10.7 所示。在表 10.7 中,从不可识别检验和弱工具变量检验的统计量来看,二者数值均较大,拒绝了不可识别和弱识别的原假设,表明不存在不可识别和弱工具变量的问题,工具变量的相关

① 许和连等:《最低工资标准对企业出口产品质量的影响研究》,《世界经济》2016 年第 7 期,第 73—96 页。

Mayneris,F.S.et al.,"The Cleansing Effect of Minimum Wage:Minimum Wage Rules,Firm Dynamics and Aggregate Productivity in China",Disucssion Papers (IRES-Institut de Recherches Economiques et Socials),2014,pp.8-9.

赵瑞丽等:《最低工资与企业价格加成》,《世界经济》2018 年第 2 期,第 121—144 页。

赵瑞丽等:《最低工资与企业出口持续时间》,《世界经济》2016 年第 7 期,第 97—120 页。

张丹丹等:《最低工资、流动人口失业与犯罪》,《经济学(季刊)》2018 年第 3 期,第 1035—1054 页。

② Cao,H.& Zhang,Q.,"Minimum Wage Setting in China:What Factors Matter for Local Governments?",The 3rd China Labor Economist Forum Annual Conference Working paper,2018,pp.2-11.

③ 当然,这一工具变量并不是完美的,因为北京、上海和天津等三个直辖市市内各辖区之间的最低工资标准并不存在差异,对于这些城市内的样本相当于直接取了滞后两期的最低工资标准作为工具变量,在工具变量的外生性方面可能弱于其他地区样本。

性能够得到满足。两阶段估计的结果表明,最低工资标准的提高对企业参保概率的影响不显著,而对于企业缴费率的影响负向显著,且估计系数较基准回归有所上升,在政策缴费率的样本均值处,最低工资标准每增加 1%,企业社保实际缴费率将下降 8.4391%,相对缴费率将下降 0.335%。此外,最低工资同政策缴费率的交互项仍然负向显著,与基准回归结果一致。

表 10.7　最低工资与企业参保行为回归:工具变量法

	参保概率 (1)	实际缴费率 (2)	相对缴费率 (3)
最低工资	0.1298	−8.4391 **	−0.3350 **
	(0.1181)	(3.8566)	(0.1420)
政策缴费率	−0.0621 ***	−0.7768 **	−0.0387 ***
	(0.0178)	(0.3405)	(0.0120)
最低工资 * 政策缴费率	−0.4212 ***	−6.0879 ***	−0.1902 ***
	(0.0863)	(1.2919)	(0.0439)
LnGDP	0.0026	−0.1778 **	0.0076
	(0.0030)	(0.0831)	(0.0047)
Ln 城市平均工资	−0.1076	−1.9039	−0.0628
	(0.0702)	(1.5272)	(0.0536)
财政收入占比	0.0804 ***	1.2841 ***	0.0409 ***
	(0.0177)	(0.3310)	(0.0115)
Ln 总人口	0.0028	−0.5212	−0.0582 *
	(0.0216)	(0.5271)	(0.0324)
Ln 职工人数	0.0114	0.8718	0.0405
	(0.0584)	(1.2500)	(0.0464)
老年人口抚养比	0.0526 ***	0.5194 *	0.0142
	(0.0153)	(0.2936)	(0.0105)

续表

	参保概率	实际缴费率	相对缴费率
	（1）	（2）	（3）
流动人口	−0.0178***	−0.2261***	−0.0072***
	(0.0035)	(0.0590)	(0.0020)
Ln 总资产	0.0258***	1.8865***	0.0622***
	(0.0030)	(0.1131)	(0.0041)
Ln 人均固定资产	−0.0058**	−0.8635***	−0.0262***
	(0.0025)	(0.0819)	(0.0030)
利润率	−0.0005*	0.0048	0.0002
	(0.0003)	(0.0073)	(0.0003)
企业年龄	0.0022***	0.1928***	0.0068***
	(0.0003)	(0.0113)	(0.0004)
资产负债率	0.0001	0.0016	0.0001
	(0.0001)	(0.0020)	(0.0001)
Ln 雇佣规模	0.0194***	3.6852***	0.1463***
	(0.0044)	(0.1937)	(0.0072)
Ln 企业平均工资	0.0563***	4.9338***	0.1810***
	(0.0046)	(0.2059)	(0.0075)
不可识别检验 LM 统计量	489.79	489.79	489.79
弱工具变量检验 F 统计量	2945.86	2945.86	2945.86
企业固定效应	YES	YES	YES
行业固定效应	YES	YES	YES
城市固定效应	YES	YES	YES
城市时间趋势	YES	YES	YES
标准误聚类	YES	YES	YES
观测值	339417	339417	339417
Adj-R^2	0.6603	0.8417	0.8213

注：括号内为聚类稳健标准误；*、**和***分别表示10%、5%和1%的显著性水平。

三、最低工资影响企业参保行为的机制分析

最低工资政策和社会保险政策均是对企业的制度约束,为何企业面临最低工资标准上调时会选择违反社会保险政策而非最低工资政策,这是我们所需要回答的重要问题。我们认为存在如下三方面的原因:第一,最低工资制度作为刚性的制度约束,对于企业具有较强的约束力,特别是2004年《最低工资规定》的出台,要求最低工资至少应两年调整一次,对企业工资水平的调整作出了强制性规定,此后最低工资调整的频率明显加快,而又有相当一部分的企业把最低工资标准作为企业的基本工资标准。[①] 企业若存在违反《最低工资规定》的行为会受到劳动者的举报和较为严厉的处罚,根据国务院《劳动保障监察条例》第二十六条之规定,当劳动者工资低于当地最低工资标准时,劳动保障部门要责令企业补齐工资与最低工资标准间的差额,对逾期不补的,还要支付差额的50%—100%作为对劳动者的赔偿。[②] 此外,最低工资标准通常由省级人民政府制定并向全社会公布,且劳动者对最低工资标准的调整十分关注,制度理解也更为直观,企业和劳动者之间的信息不对称程度较小,所以企业对最低工资制度的遵从度较高。[③] 第二,相较于最低工资制度,社保政策规定相对复杂,且统筹层次不一,普通劳动者对社保制度往往缺乏了解,而企业社保违规的手段通常又较为隐蔽,信息不对称较为严重,监管机构难以发现,企业面临被举报和处罚的风险相对较小。更有甚者,当社保缴费率超出了企业的承受能力和职工从参保中所得的收益时,企业、职工和地方政府可能会合谋逃避社保缴费,而地方政府出于当地经济发展的需要也有可能放松对企业

---

① 孙中伟等:《最低工资标准与农民工工资——基于珠三角的实证研究》,《管理世界》2011年第8期,第45—56页。

② 丁守海:《最低工资管制的就业效应分析——兼论〈劳动合同法〉的交互影响》,《中国社会科学》2010年第1期,第85—102页。

③ 贾朋、都阳:《中国的最低工资制度:标准与执行》,《劳动经济研究》2015年第1期,第67—95页。

监管,对企业社保逃费行为睁只眼闭只眼。[1] 第三,我国自 1997 年才开始逐渐建立城镇职工养老保险制度,此后国务院又于 2005 年发文要求进一步完善城镇职工基本养老保险制度,要求努力扩大基本养老保险覆盖范围并逐步做实个人账户,直到 2010 年才出台《社会保险法》,对社会保险关系进行规范。因此,我们所研究样本(2004—2007 年)正处于基本养老保险制度的初步建立和逐步规范阶段,且各地养老保险和医疗保险统筹层次不一,在社保费用征缴和社保监管等方面还存在诸多漏洞,给企业逃避社保费用提供了可乘之机。除了政策监管力度的差异外,最低工资标准的上调作为外生成本冲击势必会对企业的内部决策产生影响,而企业也会主动采取措施加以应对。我们主要从最低工资和社保政策的监管与违法成本差异、成本效应和替代效应等三个方面分析最低工资对企业社会保险缴纳的影响机制。

图 10.7 为最低工资影响企业参保行为的作用机制示意图。首先,最低工资制度和社保制度的制度设计和监督差异是企业社保逃费的重要制度原因。最低工资制度作为刚性的制度约束,社会关注度高,且存在明确的对照标准,对于企业具有较强的约束力,企业若存在违反《最低工资规定》的行为会受到劳动者的举报和较为严厉的处罚,因此最低工资标准的提升会促使企业生产成本被动抬高。由于企业社保违规的手段较为隐蔽,监管机构难以发现,普通劳动者对社保制度又缺乏了解,因此企业其所面临的被举报和处罚风险相对较小,这为企业通过社保逃费来降低成本提供了可能。其次,从企业内部的决策来看,主要存在成本效应和替代效应等两个主要影响渠道。从成本效应来说,最低工资标准的上调不仅使得企业应缴的实际社保基数提高,提升了其社保负担,而且由于很大一部分企业采用最低工资标准作为企业的基本工资,平

① 段亚伟:《企业、职工和政府合谋逃避参保的动机——基于三方博弈模型的分析》,《江西财经大学学报》2015 年第 2 期,第 59—68 页。
彭宅文:《财政分权、转移支付与地方政府养老保险逃费治理的激励》,《社会保障研究》2010 年第 1 期,第 138—150 页。

329

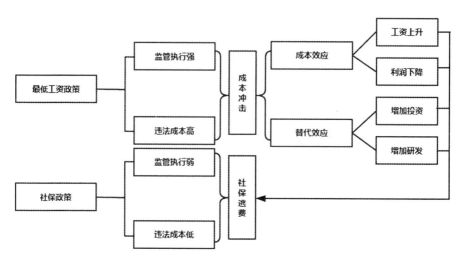

图 10.7 最低工资影响企业参保行为的作用机制

均工资水平较高的企业也不例外,因而最低工资标准的提高上调不仅直接导致了企业的用工成本的上调,同时也会导致企业上下游产业链成本调整,从而推高企业的固定成本和可变成本,而在短期内可能导致企业盈利水平下降,从而提升企业社保逃费的动机。从替代效应来说,当最低工资标准上调导致劳动力的相对价格上升时,企业可能会选择利用机器代替人工和增加研发投入等手段来提升企业生产率[1],这些要素替代行为也可能会挤出企业社保缴费。

(一) 政策监管与企业参保行为

为了验证企业对社保制度的遵从度低于对最低工资制度的遵从度,我们统计了地级市内企业平均工资水平低于当地最低工资的企业数目和实际缴费率低于政策缴费率的企业数目,通过计算这些企业数量与地级市内全部企业

① 赵瑞丽等:《最低工资与企业出口持续时间》,《世界经济》2016 年第 7 期,第 97—102 页。

刘贯春、张军:《最低工资制度、生产率与企业间工资差距》,《世界经济文汇》2017 年第 4 期,第 1—26 页。

数量的比值,得到当地企业对两项政策的遵从度指标,统计结果如表 10.8 所示①。从表 10.8 可以发现,样本中企业平均工资水平低于所在城市最低工资标准的企业占比不足 3%,而缴费不足的企业占比基本维持在 90%左右,由此可见,样本企业对最低工资的遵从度要远远高于对社保政策的遵从度。这也验证了上文关于企业社保违规程度要远高于最低工资违规程度的分析结论。

表 10.8　企业对最低工资和社保政策的遵从度差异

年份	工资水平低于最低工资企业数(个)	实际缴费率低于政策缴费率企业数(个)	全部企业数量(个)	工资水平低于最低工资企业占比(%)	实际缴费率低于政策缴费率企业占比(%)
2004	2206	73761	81231	2.72	90.80
2005	2836	104024	114472	2.48	90.87
2006	3203	114301	126733	2.53	90.19
2007	4456	121402	135355	3.29	89.69
全部样本	12701	413488	457791	2.77	90.32

资料来源:作者根据工业企业数据库和手工搜集的最低工资与政策缴费率数据整理所得。

为了进一步明确各地对最低工资和社保政策的执行与监管差异对企业参保行为的影响,降低遗漏政策执行差异所带来的偏误,我们借鉴马双等的做法,对各地的政策执行差异进行了控制②。具体来说,以企业平均工资水平低于当地最低工资的企业占比和实际缴费率低于政策缴费率的企业占比作为当地最低工资政策和社保政策的监管程度的代理变量,该占比越高,说明当地的最低工资和社保监管更为宽松,监督强度较低。具体的实证结果如表 10.9 所示,以参保概率为例,我们首先对城市社保政策的监督程度和最低工资政策监

_____

①　由于存在一些企业只有部分员工工资低于最低水平而平均工资高于最低工资标准的情况,使用上述指标可能会高估企业对最低工资的遵从度,但由于无法获知企业内部的工资结构,我们无从获知企业内部的具体遵从度。

②　马双等:《最低工资与已婚女性劳动参与》,《经济研究》2017 年第 6 期,第 153—168 页。

督程度进行控制,此后分别加入最低工资与最低工资政策监督程度和社保政策监督程度的交互项,以检验最低工资对企业参保行为的影响是否与当地最低工资和社保政策的监管有关,对于企业缴费率的回归思路与之一致。从回归结果来看,在控制政策执行变量和进行标准误聚类的条件下,最低工资对企业参保概率的影响不显著,而对企业实际缴费率和相对缴费率的影响仍然是负向显著的,这与基准回归的结论一致。从政策监督变量来看,社保政策的监督变量对企业参保概率和缴费率的影响均是负向显著的,表明企业所在地区社保政策监督较为宽松的情况下企业逃费行为会更为明显,但是最低工资政策的执行变量对企业参保概率的影响并不显著。从交互项来看,最低工资与最低工资政策监督的交互项正向显著,而最低工资与社保政策监督的交互项负向显著,这说明最低工资对企业参保行为的影响确实与当地最低工资和社保政策的监管程度有关,在最低工资监管相对宽松的地区,最低工资对企业参保积极性的负面影响相对更弱,而在社保政策监管较为宽松的地区,企业社保逃费更为容易,当面临最低工资标准上调时,企业更有可能选择逃避缴费。

表 10.9 最低工资和社保政策监督与企业参保行为

	参保概率			实际缴费率			相对缴费率		
	(1)	(2)	(3)	(4)	(5)	(6)	(7)	(8)	(9)
最低工资	0.0540	0.0312	-0.1103	-3.8663**	-4.2751**	-5.6482***	-0.1394**	-0.1528**	-0.1968***
	(0.0609)	(0.0616)	(0.0760)	(1.8277)	(1.8625)	(1.7836)	(0.0671)	(0.0684)	(0.0648)
社保政策监督	-0.0192***	-0.0192***	-0.0297***	-0.6390***	-0.6401***	-0.7531***	-0.0232***	-0.0232***	-0.0269***
	(0.0031)	(0.0031)	(0.0059)	(0.0843)	(0.0843)	(0.1116)	(0.0031)	(0.0031)	(0.0039)
最低工资政策监督	-0.0004	-0.0014	-0.0001	-0.0538	-0.0719*	-0.0499	-0.0023	-0.0029*	-0.0022
	(0.0020)	(0.0019)	(0.0020)	(0.0405)	(0.0400)	(0.0404)	(0.0015)	(0.0015)	(0.0015)
最低工资*最低工资政策监督		0.0311***			0.5576***			0.0183***	
		(0.0069)			(0.1594)			(0.0058)	

续表

	参保概率			实际缴费率			相对缴费率		
	(1)	(2)	(3)	(4)	(5)	(6)	(7)	(8)	(9)
最低工资 * 社保政策监督			-0.0958 ***			-1.0387 ***			-0.0335 ***
			(0.0233)			(0.3663)			(0.0124)
城市经济特征	YES	YES	YES	YES	YES	YES	YES	YES	YES
企业特征	YES	YES	YES	YES	YES	YES	YES	YES	YES
企业固定效应	YES	YES	YES	YES	YES	YES	YES	YES	YES
行业固定效应	YES	YES	YES	YES	YES	YES	YES	YES	YES
城市固定效应	YES	YES	YES	YES	YES	YES	YES	YES	YES
城市时间趋势	YES	YES	YES	YES	YES	YES	YES	YES	YES
标准误聚类	YES	YES	YES	YES	YES	YES	YES	YES	YES
观测值	445534	445534	445534	445534	445534	445534	445534	445534	445534
Adj-R^2	0.8273	0.8274	0.8294	0.6559	0.6560	0.6566	0.8233	0.8234	0.8236

注:括号内为回归系数的聚类稳健性标准误; *、** 和 *** 分别表示10%、5%和1%的显著性水平;模型中的交叉变量做了去中心化处理。

值得说明的是,由于存在一些企业只有部分员工工资低于最低水平而平均工资高于最低工资标准的情况,使用城市内企业平均工资低于最低工资标准的企业占比可能高估企业对最低工资遵从度的风险。为此,我们借鉴贾鹏和都阳(2015)的研究,通过查阅《中国劳动统计年鉴》获得了2004—2007年省级层面的劳动争议案件数量,以因工资报酬引发的劳动争议案件数量占总劳动争议案件的比重来作为衡量最低工资标准执行的宏观度量指标,因劳动报酬引发的劳动争议案件占比越高,表明当地的最低工资政策执行情况相对较低,最低工资的监管力度相对较弱。类似地,我们还以因社会保险福利引发的劳动争议案件数量占总劳动争议案件的比重来衡量当地的社保制度监管力度的宏观度量指标,社保福利争议占比越高,则表明社保政策的监管较为宽松。与表 10.9 类似,我们通过引入宏观层面的监管指标及其与最低工资的交互项来考察最低工资对企业参保行为的影响同最低工资和社保政策监管之间的关系,实证结果如表 10.10 所示。首先,从最低工资政策的执行来看,最低工资同劳动报酬争议率的交互项在第 1 列不显著,第 3 列和第 5 列均正向显著,这表明最低工资对企业缴费率的影响同当地最低工资政策的执行力度有关,最低工资监管相对较弱的地区,最低工资对企业缴费率的负向影响也较弱。其次,从社保政策的执行来看,最低工资同社保福利争议率的交互项在第 2、4、6 列均负向显著,从而说明最低工资对企业参保行为的影响同当地的社保政策监管强度有关,社保监管较弱的地区企业逃费成本更低,最低工资对参保概率和缴费率的负向影响相对更强。从宏观监管指标来看,劳动报酬争议占比对企业的缴费率存在正向影响,而社保福利争议占比则存在负向显著影响,从而说明最低工资监管较为宽松的地区企业缴费率相对较高,而社保制度监管宽松的地区企业逃费现象更为严重。总体来看,表 10.10 的结果说明,使用宏观监管指标与使用基于微观企业层面计算的监管指标的实证结果相一致,表明我们计算的微观指标有其合理性。表 10.9 和表 10.10 的实证结果表明,最低工资和社保政策的监管强度对企业参保行为产生影响,在社保政策较为宽松的地区,企业逃费行为更为严重,且在最低工资监管较为宽松的地区,最低工资上调所引起的企业逃费倾向相对较弱,这也印证了我们关于最低工资标准上调会损害企业社保参保积极性的基本假设。

表 10.10　最低工资与企业参保行为:基于宏观监管指标的视角

	参保概率		实际缴费率		相对缴费率	
	（1）	（2）	（3）	（4）	（5）	（6）
最低工资	−0.0341***	−0.0112	−2.1618***	−2.7763***	−0.0638***	−0.0868***
	（0.0090）	（0.0089）	（0.2536）	（0.2548）	（0.0093）	（0.0094）

续表

	参保概率		实际缴费率		相对缴费率	
	（1）	（2）	（3）	（4）	（5）	（6）
最低工资 * 劳动报酬争议占比	0.0005	—	0.0785 ***	—	0.0027 ***	—
	(0.0005)	—	(0.0134)	—	(0.0005)	—
劳动报酬争议占比	0.0001	—	0.1070 ***	—	0.0039 ***	—
	(0.0002)	—	(0.0062)	—	(0.0002)	—
最低工资 * 社保福利争议占比	—	−0.0059 ***	—	−0.2045 ***	—	−0.0072 ***
	—	(0.0004)	—	(0.0107)	—	(0.0004)
社保福利争议占比	−0.0341 ***	−0.0112	−2.1618 ***	−2.7763 ***	−0.0638 ***	−0.0868 ***
	(0.0090)	(0.0089)	(0.2536)	(0.2548)	(0.0093)	(0.0094)
城市经济特征	YES	YES	YES	YES	YES	YES
企业经济特征	YES	YES	YES	YES	YES	YES
企业固定效应	YES	YES	YES	YES	YES	YES
行业固定效应	YES	YES	YES	YES	YES	YES
省份固定效应	YES	YES	YES	YES	YES	YES
观测值	445543	445543	445543	445543	445543	445543
Adj−R^2	0.4669	0.4673	0.4534	0.4535	0.4482	0.4483

注:括号内为回归系数的聚类稳健性标准误; *、** 和 *** 分别表示10%、5%和1%的显著性水平;模型中的交叉变量做了去中心化处理。

（二）最低工资影响企业参保行为的成本效应检验

对于最低工资影响企业参保行为的成本效应,前述分析认为最低工资标准的上调影响了企业的固定成本和可变成本,企业的盈利水平可能下降,在此情况下企业可以选择降低雇佣规模或者压缩员工社保支出,在解雇成本较高的情况下,通过社保逃费压缩用工成本会成为一些企业的优先选项。对于成本效应的检验如表10.11所示,第1列首先就最低工资对企业工资水平的影响进行了检验,发现最低工资标准对于企业平均工资存在显著的正向影响,进一步地,第2列的结果表明最低工资标准的上调会导致企业利润率显著下降,盈利能力的下降会提高企业社保逃费的动机。第3—4列通过比较是否控制企业利率最低工资系数的差异来检验盈利能力对企业缴费率的影响差异,发现控制企业利润率后最低工资的回归系数有所下降,表明最低工资对企业参保行为的影响有一部分是通过影响企业盈利能力来实现的。

表 10.11　最低工资影响企业参保行为的成本效应检验

	（1）	（2）	（3）	（4）
	人均工资	利润率	实际缴费率	实际缴费率
最低工资	0.3782***	−1.0948*	−4.1559**	−4.1427**
	(0.0520)	(0.6079)	(1.8153)	(1.8138)
利润率	0.0014***	—	—	0.0120**
	(0.0002)	—	—	(0.0055)
企业人均工资	—	0.3642***	4.2623***	4.2580***
	—	(0.0479)	(0.1593)	(0.1589)
城市经济特征	YES	YES	YES	YES
企业其他经济特征	YES	YES	YES	YES
企业固定效应	YES	YES	YES	YES
行业固定效应	YES	YES	YES	YES
城市固定效应	YES	YES	YES	YES
城市时间趋势	YES	YES	YES	YES
观测值	445534	445534	445534	445534
Adj-R2	0.9980	0.6768	0.6525	0.6525

注:括号内为回归系数的聚类稳健性标准误;*、** 和 *** 分别表示 10%、5% 和 1% 的显著性水平。

从成本效应的角度来看,最低工资主要通过影响人工成本来影响企业的盈利和决策,因而其对劳动投入占比更高的劳动密集型行业的影响可能更为突出,从这个逻辑来看最低工资对劳动密集型企业参保行为的负向影响可能更为突出。① 因此,我们参考田彬彬和陶东杰(2019)的做法,对所处行业代码在 13—22 的企业作为劳动密集型样本,所处行业代码在 38—44 的企业作为资本密集型样本,对这两个子样本进行分样本回归,结果如表 10.12 所示。表10.12 的结果表明,由于劳动密集型企业对人工成本的变化更为敏感,最低工资对劳动密集型企业缴费率的影响更为显著,从而进一步验证了成本效应的存在。

表 10.12　最低工资对劳动密集型和资本密集型企业的影响差异

	实际缴费率		相对缴费率	
	资本密集型	劳动密集型	资本密集型	劳动密集型
	(1)	(2)	(3)	(4)
最低工资	−4.5952*	−6.9534***	−0.1573*	−0.2626***
	(2.4711)	(2.6222)	(0.0896)	(0.0974)
城市经济特征	YES	YES	YES	YES
企业其他经济特征	YES	YES	YES	YES
企业固定效应	YES	YES	YES	YES
行业固定效应	YES	YES	YES	YES
城市固定效应	YES	YES	YES	YES
城市时间趋势	YES	YES	YES	YES
观测值	56990	127495	56990	127495
Adj-R2	0.7114	0.6313	0.8042	0.8608

注:括号内为回归系数的聚类稳健性标准误;*、**和***分别表示10%、5%和1%的显著性水平。

(三) 最低工资影响企业参保行为的替代效应检验

当最低工资标准上调时,使得企业劳动力成本非市场性上调,在资本价格不变的条件下,企业会选择增加资本投入,以资本替代劳动,如增加固定资产

① 蒋灵多、陆毅:《最低工资标准能否抑制新僵尸企业的形成》,《中国工业经济》2017 年第11 期,第 118—136 页。

投资和研发投入等,资本投入的增加可能会挤出企业的社保缴费。针对替代效应,我们以企业的劳均资本变化和研发投入来进行检验,其中劳均资本用企业人均固定资产余额净值的对数来表示,研发投入则用研究开发支出的对数表示,检验结果如表10.13所示①。从劳均资本来看,最低工资标准上调显著提高了企业的劳均资本水平,而在控制企业劳均资本水平后,最低工资的回归系数下降明显。从企业研发投入来看,最低工资标准与企业研发投入呈正向关系,在第5列中控制企业研发投入后,最低工资的回归系数下降明显,且显著性下降。表10.13的结果表明,最低工资标准的上调确实可能促使企业增加固定资产投资和研发投入来提高生产率,从而挤出企业的社保缴费支出。

表 10. 13　最低工资影响企业参保行为的替代效应检验

	劳均资本	实际缴费率	实际缴费率	研发投入	实际缴费率
	（1）	（2）	（3）	（4）	（5）
最低工资	0.0553*	−4.1782**	−4.1427**	0.3300*	−3.4476
	（0.0307）	（1.8147）	（1.8138）	（0.1725）	（2.6609）
劳均资本	—	—	−0.6437***	0.0652***	−0.8163***
	—	—	（0.0621）	（0.0073）	（0.0754）
研发投入	—	—	—	—	0.2156***
	—	—	—	—	（0.0243）
城市经济特征	YES	YES	YES	YES	YES
企业其他经济特征	YES	YES	YES	YES	YES
企业固定效应	YES	YES	YES	YES	YES
行业固定效应	YES	YES	YES	YES	YES

① 由于工业企业数据库中只有2005—2007年有企业研发支出数据,因而第4列和第5列的回归中只利用了2005—2007年的样本。

续表

	劳均资本	实际缴费率	实际缴费率	研发投入	实际缴费率
	（1）	（2）	（3）	（4）	（5）
城市固定效应	YES	YES	YES	YES	YES
城市时间趋势	YES	YES	YES	YES	YES
观测值	445534	445534	445534	358178	358178
Adj-R2	0.9895	0.6522	0.6525	0.6844	0.6629

注：括号内为回归系数的聚类稳健性标准误；*、** 和 *** 分别表示 10%、5% 和 1% 的显著性水平。

（四）流动人口、最低工资标准与企业参保

为讨论流动人口在最低工资影响企业参保行为中所起到的作用，我们在基准回归中引入城市流动人口与最低工资的交叉项，并对地级市流动人口进行了控制。回归结果如表 10.14 所示。

在表 10.14 中，分别对企业参保概率、实际缴费率和相对缴费率进行了回归，奇数列只控制了城市和企业特征、企业固定效应和行业固定效应，偶数列进一步控制了城市固定效应、城市时间趋势，并对标准误进行了聚类处理。从回归结果来看，无论是参保概率还是缴费率，最低工资与流动人口的交叉项均负向显著，且在控制地级市时间趋势和标准误聚类后仍然显著，说明最低工资企业参保行为确实与企业所在地流动人口的比例有关，人口流入较多的企业议价能力更高，逃费动机更强。值得注意的是，在控制企业固定效应后，流动人口比例对企业缴费率的影响由正向显著变为负向不显著，这是因为城市人口流动情况与城市地理区位等不随时间变化的特征有关，因而在控制城市固定效应后系数方向发生变化，这也表明人口流入地区的企业参保积极性相对较低。

表 10.14　基于流动人口视角的最低工资与企业参保行为

	参保概率		实际缴费率		相对缴费率	
	（1）	（2）	（3）	（4）	（5）	（6）
最低工资	−0.0294 ***	−0.0130	−2.0910 ***	−5.0888 **	−0.0661 ***	−0.1868 **
	（0.0083）	（0.0684）	（0.2370）	（2.0514）	（0.0087）	（0.0751）
最低工资 * 流动人口	−0.0006 ***	−0.0013 ***	−0.0136 ***	−0.0179 *	−0.0005 ***	−0.0007 *
	（0.0001）	（0.0004）	（0.0010）	（0.0099）	（0.0001）	（0.0004）
流动人口	0.0006 ***	−0.0006	0.0077 ***	−0.0257 **	0.0002 ***	−0.0010 ***
	（0.0001）	（0.0006）	（0.0008）	（0.0104）	（0.0001）	（0.0004）
城市经济特征	YES	YES	YES	YES	YES	YES
企业经济特征	YES	YES	YES	YES	YES	YES
企业固定效应	YES	YES	YES	YES	YES	YES
行业固定效应	YES	YES	YES	YES	YES	YES
城市固定效应	NO	YES	NO	YES	NO	YES
城市时间趋势	NO	YES	NO	YES	NO	YES
标准误聚类	NO	YES	NO	YES	NO	YES
观测值	445544	445534	445544	445534	445544	445534
Adj-R^2	0.4628	0.8262	0.4515	0.6525	0.4463	0.8216

注：奇数列括号内为回归系数的稳健性标准误，偶数列括号内为回归系数的聚类稳健性标准误；* 、**
和 *** 分别表示 10%、5% 和 1% 的显著性水平；模型中的交叉变量做了去中心化处理。

（五）最低工资对企业参保行为的异质性分析

在描述性统计中，我们发现不同所有制和工资水平的企业在参保比例和
缴费率方面存在较为明显的差异。同时，不同所有制和工资水平的企业所面
临的社保监管强度以及自身的社保负担存在较大的区别。因此，在面临最低
工资标准上调所带来的成本冲击时，由于历史负担、社保监管和企业自身经营

特征的差异,不同所有制形式和工资水平的企业的参保行为反应的差异性可能较大,通过相应的异质性分析能够为政府部门的政策调整提供更加精准的政策建议。

由于企业工资水平同最低工资标准的相对位置不同,企业受最低工资标准提升的影响也存在差异,对于工资水平较低的企业,其受最低工资标准提升的影响可能更大。为了检验最低工资标准提升对不同工资水平企业的影响,我们以平均工资水平低于所在城市最低工资标准20%以上的企业作为基准组,并设置不同工资水平企业同最低工资标准的交叉项,回归结果如表10.15所示。容易发现,最低工资对工资水平最低的企业的参保概率的影响负向不显著,反而对平均工资水平高于最低工资0—20%和20%—50%的企业的参保概率存在一定正向影响,这或许与这些企业受到的社保监管相对更强有关。从实际缴费率来看,最低工资对工资水平在最低工资标准20%以下和在最低工资50%以上的企业的负向影响较为显著,对其他工资水平的企业的负向影响相对更弱。我们认为出现上述现象的原因在于:对于工资水平最低的企业来说,其受到最低工资规制的影响最大,成本冲击最为明显,因而逃费动机最为强烈;对于工资水平最高的企业来说,由于最低工资溢出效应的存在,其工资水平也会因此受到影响,企业社保负担也会有所增长,由于我国社会保险制度的"半强制"特点和侧重再分配功能,对于高工资水平的企业而言,企业和员工缴纳较高的社保费用并不会使得其社保待遇与低工资水平的企业员工存在显著差异,但其社保费用却高得多,这种制度安排会挫伤高工资水平企业的参保积极性,使得其具有更强的社保缴费逃费动机。从企业相对缴费率的回归结果来看,也表现出与实际缴费率相类似的结果。表10.15的结果表明,最低工资标准的提高对工资水平较低的企业缴费率的负向影响也较为显著,但同时也会降低高工资水平企业的参保积极性。

表 10.15　最低工资与企业社保参保行为:与最低工资水平的相对范围

	参保概率	实际缴费率	相对缴费率
	（1）	（2）	（3）
最低工资	0.00859	−4.827**	−0.153**
	（0.0680）	（1.9162）	（0.0703）
政策缴费率	−0.0828***	−1.546***	−0.0644***
	（0.0231）	（0.3460）	（0.0116）
低于最低工资 0—20% * 最低工资	0.0529	1.689*	0.0557
	（0.0372）	（0.9894）	（0.0368）
高于最低工资 0—20% * 最低工资	0.0794**	1.938**	0.0551*
	（0.0340）	（0.8635）	（0.0321）
高于最低工资 20%—50% * 最低工资	0.0596*	1.610*	0.0384
	（0.0356）	（0.8266）	（0.0310）
高于最低工资 50%以上 * 最低工资	0.0385	0.325	−0.0144
	（0.0352）	（0.8290）	（0.0306）
城市经济特征	YES	YES	YES
企业特征	YES	YES	YES
企业固定效应	YES	YES	YES
行业固定效应	YES	YES	YES
城市固定效应	YES	YES	YES
城市时间趋势	YES	YES	YES
标准误聚类	YES	YES	YES
观测值	445534	445534	445534
Adj-R^2	0.8262	0.6526	0.8216

注:括号内为经聚类的稳健性标准误;*、** 和 *** 分别表示 10%、5%和 1%的显著性水平;表格中未对截距项进行报告。

有学者认为,国有企业由于存在所有者缺位和政策性负担等问题,并不完全追求利润最大化和成本最小化,因而其对成本压力的变化相对不敏感,且国有企业面临的社保监管可能更严,因而最低工资规制对其参保行为的负向影响可能较非国有企业更弱。[①] 针对这一可能情况,我们分别对国有企业和非

---

① Bai,C.et al.,"A Multitask Theory of State Enterprise Reform",*Journal of Comparative Economics*,vol.28,no.4,2000,pp.716—738.

国有企业样本的参保概率、实际缴费率和相对缴费率进行了回归,结果如表
10.16 所示。表 10.16 显示了国有企业对最低工资标准的成本非敏感性检验
结果,容易发现最低工资对国有企业的参保概率和缴费率均不显著,但对非国
有企业的实际缴费率和相对缴费率均为负向显著,从而验证了国有企业对劳
动成本变化相对不敏感的理论假设。

表 10.16　国有企业对最低工资调整的成本非敏感性检验

	参保概率		实际缴费率		相对缴费率	
	国有企业	非国有企业	国有企业	非国有企业	国有企业	非国有企业
	（1）	（2）	（3）	（4）	（5）	（6）
最低工资	0.0258	0.0471	−0.3127	−4.6143**	−0.0145	−0.1698**
	（0.0621）	（0.0632）	（2.2445）	（1.9398）	（0.0825）	（0.0713）
城市经济特征	YES	YES	YES	YES	YES	YES
企业特征	YES	YES	YES	YES	YES	YES
企业固定效应	YES	YES	YES	YES	YES	YES
行业固定效应	YES	YES	YES	YES	YES	YES
城市固定效应	YES	YES	YES	YES	YES	YES
城市时间趋势	YES	YES	YES	YES	YES	YES
标准误聚类	YES	YES	YES	YES	YES	YES
观测值	16832	422470	16832	422470	16832	422470
Adj-R^2	0.9046	0.8229	0.7986	0.6406	0.5874	0.8321

注:括号内为回归系数的聚类稳健性标准误; * 、** 和 *** 分别表示10%、5%和1%的显著性水平。

第六节　稳健性检验

一、基于广东和福建两省的 DID 稳健性检验

为了进一步识别最低工资标准调整对企业参保行为影响的因果效应,我
们参照马双和甘犁(2014)、刘贯春等(2017)的做法,选取 2007 年福建省对最
低工资标准的大幅调整作为准自然实验,以相邻的广东省作为对照组,通过双

重差分法(Difference in Differences,DID)来识别最低工资标准与企业参保行为之间的因果关系。

表10.17给出了2006—2007年广东和福建两省最低工资和政策缴费率的变动情况。2007年,福建省所有地级市均大幅调整最低工资标准,其中上调幅度最小的是福州市(上调幅度为14.03%),上调幅度最大的是厦门市(上调幅度为27.27%),其余地级市上调幅度也在20%左右。与此同时,广东省内仅深圳市调整了最低工资标准,上调幅度为7.14%,其余地级市最低工资标准与2006年保持一致。从养老保险和医疗保险政策缴费率来看,两省所有地级市政策缴费率不变,且两省大多数地级市政策缴费率基本一致。

在DID估计中,只有满足政策冲击前处理组和控制组的输出变量没有显著差异,即满足平行趋势假设时才能得到无偏估计量。就本章而言,由于仅使用了2006—2007年的两期面板数据,因此无法通过作图的方式来检验平行趋势假设。作为替代性的做法,我们对处理组和控制组的最低工资水平和城市经济特征进行了比较,以保证处理组和对照组之间具有较强的可比性。通过表10.18可以发现,福建省的最低工资标准略低于广东省,但二者在GDP总量、平均工资、财政状况、人口和职工人数等方面非常接近,且二者均为人口流入省份,说明对照组和处理组的经济发展水平和经济环境十分接近,表明以广东省内企业作为福建省内企业的控制组是较为合理的。

由于只有两期面板数据,且企业通常不会在一年内在两省之间迁移,因此,企业是否作为处理组的虚拟变量是不变的,可以通过企业固定效应进行控制,因而我们拟通过如下的双向固定效应模型进行DID估计:

$$Y_{ijt} = \beta_1 Time_t + \beta_2 Treat_{ij} + \beta_3 Inter_{ijt} + X_{ijt} + \beta_3 Z_{it} + \lambda_i + \nu_j + \varepsilon_{ijt} \quad (10.3)$$

其中Time为时间虚拟变量,若年份为2007年则为1,否则为0。Treat为地区虚拟变量,用于区分处理组和控制组,若企业位于福建省和深圳市则为1,位于广东省深圳市以外的企业则为0。值得指出的是,在2006—2007年中企业是否位于处理组和控制组是基本保持不变的,因此在控制企业固定效应的情况下无须对地区虚拟变量进行控制,$Treat$ 变量的存在仅是为了便于区分处理组和控制组,并形成相应的交叉项。$Inter$ 为时间虚拟变量和地区变量的交叉项,其回归系数 β_3 即为最低工资标准调整对企业参保行为的影响,λ_i 为企业固定效应,v_j 为城市固定效应。

表 10.17　2006—2007 年广东和福建各市最低工资和社保政策缴费率变动

	市	2006 年最低工资标准（元）	2007 年最低工资标准（元）	最低工资涨幅（%）	2006 年总政策缴费率（%）	2007 年总政策缴费率（%）
广东省	广州市	690	690	—	28	28
	韶关市	450	450	—	26	26
	深圳市	700	750	7.14	16	16
	珠海市	690	690	—	16	16
	汕头市	600	600	—	23	23
	佛山市	690	690	—	16	16
	江门市	600	600	—	13.5	13.5
	湛江市	500	500	—	28.2	28.2
	茂名市	500	500	—	26.5	26.5
	肇庆市	500	500	—	26.3	26.3
	惠州市	600	600	—	24.5	24.5
	梅州市	500	500	—	26.5	26.5
	汕尾市	500	500	—	24	24
	河源市	500	500	—	24.5	24.5
	阳江市	500	500	—	21.5	21.5
	清远市	500	500	—	20	20
	东莞市	690	690	—	16.5	16.5
	中山市	690	690	—	18	18
	潮州市	500	500	—	21.4	21.4
	揭阳市	500	500	—	21.3	21.3
	云浮市	500	500	—	21.8	21.8

续表

市		2006 年最低工资标准（元）	2007 年最低工资标准（元）	最低工资涨幅（%）	2006 年总政策缴费率（%）	2007 年总政策缴费率（%）
福建省	福州市	570	650	14.03	26.5	26
	厦门市	550	700	27.27	22	22
	莆田市	480	570	18.75	25	25
	三明市	400	480	20	26	26
	泉州市	480	570	18.75	25.5	25.5
	漳州市	480	570	18.75	25	25
	南平市	400	480	20	25	25
	龙岩市	400	480	20	25	25
	宁德市	400	480	20	25	25

表 10.18　DID 稳健性分析中对照组和处理组的经济指标比较

经济指标	对照组均值	处理组均值
政策缴费率	20.64	25.13
最低工资标准	554.13	437.59
$LnGDP$	7.346	6.944
Ln 城市平均工资	10.07	9.82
财政收入占比	5.43	6.09
Ln 总人口	5.79	6.05
Ln 职工人数	3.71	4.00
流动人口	160.05	49.97

　　具体的 DID 回归结果如表 10.19 所示。从回归结果来看,在控制企业、行业和城市固定效应,并对企业和城市特征进行控制的条件下,无论是参保概率还是缴费率,时间与地区虚拟变量的交叉项均显著为负。具体来说,2007 年最低工资标准的上调将使得福建省企业的参保概率、实际缴费率和相对缴费

率分别下降 0.077 个百分点、1.802 个百分点和 0.069 个百分点,与前文的回归结果基本一致,说明前文回归结果具有较高的稳健性。

表 10.19　最低工资与企业参保行为:基于广东和福建两省 DID 检验

	（1）	（2）	（3）
	参保概率	实际缴费率	相对缴费率
时间 * 地区	−0.0772*	−1.8018***	−0.0686***
	(0.0386)	(0.4877)	(0.0205)
时间虚拟变量	−0.2595	−3.0331	−0.1615
	(0.2120)	(3.2671)	(0.1469)
城市经济特征	YES	YES	YES
企业经济特征	YES	YES	YES
企业固定效应	YES	YES	YES
行业固定效应	YES	YES	YES
城市固定效应	YES	YES	YES
观测值	84746	84746	84746
Adj-R^2	0.3958	0.5566	0.5524

注:括号内为稳健标准误,并聚类到地级市层面;*、** 和 *** 分别表示 10%、5% 和 1% 的显著性水平。

二、考虑企业报送信息错误后的稳健性检验

值得注意的是,由于会计分录并没有确定的规则规定社保费用的处理,财务会计有可能会直接将企业为职工缴纳的社会保险费用计入应付职工工资,从而导致工业企业数据库中的企业参保率偏低。为了排除企业在会计处理方面存在的问题对实证结果的影响,我们在稳健性检验部分剔除了社保缴费为 0 的样本,结果表明,实证结果仍然稳健。实证结果如表 10.20 所示,可以发现,在剔除缴费为 0 的企业样本后,最低工资标准对企业实际缴费率和相对缴费率的影响仍然负向显著,且回归系数与基准回归的回归系数基本一致。从

政策缴费率来看,政策缴费率对企业缴费率的影响仍然负向显著,最低工资与政策缴费率的交互项不显著。表 10.20 的实证结果表明,虽然企业在社保费用的会计处理上可能存在将社保费用计入职工工资的可能,但总体上并不影响最低工资标准上调会降低企业实际缴费率的基本结论的稳健性。

表 10.20　剔除未参保企业后的稳健性检验

	实际缴费率			相对缴费率		
	（1）	（2）	（3）	（4）	（5）	（6）
最低工资	-1.6015***	-7.5381***	-7.5381***	-0.0507***	-0.2677***	-0.2677***
	（0.3524）	（0.6467）	（2.0450）	（0.0128）	（0.0237）	（0.0753）
政策缴费率	0.2093***	-0.4088***	-0.4088*	-0.0075***	-0.0330***	-0.0330***
	（0.0323）	（0.0589）	（0.2249）	（0.0012）	（0.0022）	（0.0083）
最低工资 * 政策缴费率	-0.1108**	0.6345***	0.6345	-0.0088***	0.0184***	0.0184
	（0.0474）	（0.1517）	（0.4062）	（0.0018）	（0.0057）	（0.0156）
企业固定效应	YES	YES	YES	YES	YES	YES
行业固定效应	YES	YES	YES	YES	YES	YES
城市固定效应	NO	YES	YES	NO	YES	YES
城市时间趋势	NO	YES	YES	NO	YES	YES
标准误聚类	NO	NO	YES	NO	NO	YES
观测值	276457	276454	276454	276457	276454	276454
Adj-R^2	0.4986	0.7744	0.7744	0.4878	0.7583	0.7583

注:第 1、2、4、5 列括号内为稳健标准误,第 3、6 列为聚类稳健标准误; * 、** 和 *** 分别表示 10%、5% 和 1% 的显著性水平。

三、基于平衡面板数据的稳健性检验

在前述的实证分析中,为了保证足够的样本容量,我们采用的是非平衡面板数据,因为各种原因,有些企业在后续年份没有进入工业企业数据库,如果这些企业样本缺失的原因是内生的,则有可能影响样本的随机性,从而导致估计量不一致。为此,我们进一步使用样本中的平衡面板数据和固定效应模型再次进行估计,以检验前述回归结果的稳健性。

表 10.21 给出了基于平衡面板数据的稳健性检验的回归结果。容易发现,政策缴费率以及最低工资与政策缴费率的交叉项的回归系数均是负向显著的,其符号方向和显著性水平同前述的回归结果完全一致,但最低工资对企业参保概率的影响不显著。从缴费率来看,最低工资对企业实际缴费率和相对缴费率均存在负向影响,且回归系数与前文的估计结果较为一致。

表 10.21　基于平衡面板数据的稳健性检验

	参保概率	实际缴费率	相对缴费率
	（1）	（2）	（3）
最低工资	0.0234	−4.4472**	−0.1558**
	(0.0683)	(1.8481)	(0.0673)
政策缴费率	−0.0750***	−1.4564***	−0.0610***
	(0.0179)	(0.3207)	(0.0109)
最低工资 * 政策缴费率	−0.2258***	−2.4958***	−0.0832***
	(0.0581)	(0.7627)	(0.0248)
城市经济特征	YES	YES	YES
企业经济特征	YES	YES	YES
企业固定效应	YES	YES	YES
行业固定效应	YES	YES	YES
城市固定效应	YES	YES	YES
城市时间趋势	YES	YES	YES
标准误聚类	YES	YES	YES
观测值	238166	238166	238166
Adj-R^2	0.8475	0.6925	0.8354

注:括号内为回归系数的聚类稳健性标准误;*、** 和 *** 分别表示 10%、5% 和 1% 的显著性水平。

四、考虑企业跨地区迁移后的稳健性检验

由于不同地级市最低工资标准和社会保险政策缴费率存在较大差异,企

业在最低工资标准和社保政策缴费率较低的地区的用工成本相对更低,因而企业存在从最低工资水平和政策缴费率较高的地区向最低工资标准和政策缴费率较低的地区迁移的动机①。由于在样本中难以识别企业是否发生了迁移,为此我们借鉴 Long 和 Yang(2016)的做法,对样本期内(2004—2007 年)成立的企业样本进行剔除后再次回归,从而排除企业迁移对估计结果的影响,回归结果如表 10.22 所示②。表 10.22 的回归结果表明,在剔除企业跨地区迁移的影响后,最低工资对企业参保概率的影响不显著,但是最低工资对企业缴费率的影响仍然是负向显著的,且回归系数与基准回归结果基本一致。

表 10.22　考虑企业跨地区迁移后的稳健性检验

	参保概率		实际缴费率		相对缴费率	
	（1）	（2）	（3）	（4）	（5）	（6）
最低工资	−0.0747***	0.0033	−2.4983***	−4.5340**	−0.0868***	−0.1631**
	（0.0087）	（0.0679）	（0.2494）	（1.8210）	（0.0091）	（0.0664）
政策缴费率	−0.0185***	−0.0744***	−0.1877***	−1.4712***	−0.0175***	−0.0620***
	（0.0009）	（0.0180）	（0.0255）	（0.3124）	（0.0009）	（0.0106）
最低工资＊政策缴费率	−0.0503***	−0.2427***	−0.7298***	−2.7152***	−0.0311***	−0.0890***
	（0.0015）	（0.0625）	（0.0409）	（0.8110）	（0.0015）	（0.0264）
城市经济特征	YES	YES	YES	YES	YES	YES
企业经济特征	YES	YES	YES	YES	YES	YES
企业固定效应	YES	YES	YES	YES	YES	YES
行业固定效应	YES	YES	YES	YES	YES	YES
城市固定效应	NO	YES	NO	YES	NO	YES
城市时间趋势	NO	YES	NO	YES	NO	YES

① Long,C.& Yang,J.,"How do Firms Respond to Minimum Wage Regulation in China? Evidence from Chinese Private Firms",*China Economic Review*,vol.38,2016,pp.267-284.

② 事实上,在样本期内(2004—2007 年)成立的企业仅有 18945 家,仅占总样本量的 4.1%,可见面对较高的企业搬迁成本,企业进行跨地区的可能性较小。

	参保概率		实际缴费率		相对缴费率	
	(1)	(2)	(3)	(4)	(5)	(6)
标准误聚类	NO	YES	NO	YES	NO	YES
观测值	426467	426457	426467	426457	426467	426457
Adj-R^2	0.4606	0.8299	0.4544	0.6571	0.4495	0.8222

注:奇数列括号内为回归系数的稳健性标准误,偶数列括号内为回归系数的聚类稳健性标准误;*、**
和*** 分别表示10%、5%和1%的显著性水平。

第七节　结论和政策建议

最低工资制度作为一项调节收入分配和保障劳动者权益的重要制度,在
维护职工权益和社会稳定方面发挥着重要作用。但是,最低工资标准的快速
上调也给企业带来了较大的劳动成本压力,企业可能会采取多种手段来抵消
最低工资标准上调所带来的经营成本压力,其中就包括压缩员工社会保障和
福利支出。针对最低工资调整对企业社会保险参保行为的影响,本章利用
2003—2007 年的中国工业企业数据库和 326 个地级市的最低工资与社保政
策缴费率数据,实证检验了最低工资标准对企业社会保险参保积极性的影响。
实证结果表明:第一,样本期内企业养老和医疗保险参保比例和参保程度普遍
较低,其实际缴费率远低于政策缴费率。第二,最低工资标准的提高推高了企
业的工资水平和用工成本,从而损害企业的参保积极性。最低工资标准每上
调 1%,企业的实际缴费率将下降 8.4391%,相对缴费率将下降 0.335%,但对
参保概率的影响并不显著。第三,进一步分析表明,最低工资标准对企业参保
积极性的影响与所在城市的社保政策缴费率和流动人口比例有关,在政策缴
费率和流动人口比例越高的地区,最低工资对企业参保积极性的负面影响越
大。第四,最低工资标准对企业参保行为的影响与当地的监管状态有关,在最

低工资监管较为宽松的地区,企业社保逃费倾向相对较弱,而在社保政策监管宽松的地区,企业社保逃费行为更为严重。第五,最低工资主要通过成本效应和替代效应来影响企业参保行为。通过异质性分析发现,最低工资对低工资企业、劳动密集型企业和非国有企业参保行为的负向影响更强,但也可能挫伤工资水平较高的企业的参保积极性。借助福建省 2006—2007 年最低工资标准的大幅上调为准自然实验,我们通过 DID 方法验证了结果的稳健性。针对企业可能内生退出的风险,我们进一步使用平衡面板数据固定效应模型验证了实证结果的稳健性。此外,我们还排除了企业会计信息报送错误和跨地区迁移对估计结果的不利影响。

本章的研究结果对于完善最低工资制度和社会保障制度具有一定的政策启示。第一,最低工资标准的上调会损害企业社会保险的参保积极性,从而损害劳动者的合法权益。因此,政府应综合考虑经济社会发展水平、就业状况、物价指数、低收入劳动者的生活状况和区域之间收入分配差距、企业经营状况等因素,科学确定最低工资标准调整的时间与频率。第二,当提高最低工资标准时,企业通过调整工资结构等手段逃避社保缴费将严重侵蚀社会保险的费基,不利于社保基金的可持续运行。政府应有针对性地加强对工资水平较低的企业和非国有制企业的社保监管,防范其通过多种隐蔽手段逃避社保缴费的行为。第三,在政策缴费率和流动人口比例较高的地区,最低工资对企业参保行为的负向影响更显著。为此,可通过适当降低社保政策缴费率来提高企业参保积极性,降低最低工资对企业参保积极性的负面影响,从而降低企业的劳动力成本负担。第四,在进行最低工资标准调整的同时,应注重对流动人口等相对弱势劳动者权益的保护,防范企业针对流动人口的结构性逃费。应加强对流动人口社保参保情况的摸底核查和规范管理,并积极探索推进新型业态从业人员参保工作,实现社会保障制度的全覆盖。

值得指出的是,小企业、非正规企业和农民工受最低工资的影响可能更为强烈,但囿于目前小微企业微观数据的缺乏,我们使用了规模以上工业企业数据库作为数据来源,并得出了一些较为有价值的发现,且研究结论与使用民营企业调查数据的 Long 和 Yang(2016)的研究结果互为补充,但利用小微企业和流动人口微观数据进一步探讨最低工资制度对此类群体参保行为的影响仍是未来重要的研究方向。此外,2008 年颁布的《劳动合同法》规范了企业对灵活就业劳动者(如农民工)的用工行为,对于提高该类群体的社会保险覆盖面具有正面意义,但也强化了最低工资制度对企业的刚性约束,进一步推升了企业的用工成本。① 目前关于《劳动合同法》对企业社保缴费率的影响还缺乏深入研究,这将是未来研究的拓展方向。

---

① 杜鹏程等:《劳动保护与农民工福利改善——基于新〈劳动合同法〉的视角》,《经济研究》2018 年第 3 期,第 64—78 页。

龚强:《最低工资制在完全与不完全市场中的影响——一个理论分析框架》,《南开经济研究》2010 年第 1 期,第 97—110 页。

丁守海:《最低工资管制的就业效应分析——兼论〈劳动合同法〉的交互影响》,《中国社会科学》2010 年第 1 期,第 85—102 页。

参 考 文 献

Aaron, H. J., "Economic Effects of Social Security", Washington DC: The Brookings Institution, 1982.

Ackerberg, D. A. et al., "Identification Properties of Recent Production Function Estimators", *Econometrica*, vol.83, no.6, 2015, pp.2411−2451.

Agarwal, S. et al., "Age of Decision: Pension Savings Withdrawal and Consumption and Debt Response", *Management Science*, vol.66, no.1, 2020, pp.43−69.

Aghion, P. et al., "Industrial Policy and Competition", *American Economic Journal: Macroeconomics*, vol.7, no.4, 2015, pp.1−32.

Andreas, S. & Arx, U. V., "The Influence of Pension Funds on Corporate Governance", *Applied Economics*, vol.19, 2014, pp.2316−2329.

Angrist, J. D. & Pischke, J. S., *Mostly Harmless Econometrics: An Empiricist's Companion*, Princeton: Princeton University Press, 2009.

Attanasio, O. P. & Brugiavini, A., "Social Security and Household Saving", *Quarterly Journal of Economics*, vol.118, no.3, 2003, pp.1075−1119.

Attanasio, O. P. & Rohwedder, S., "Pension Wealth and Household Saving: Evidence from Pension Reforms in the United Kingdom", *American Economic Review*, vol.93, no.5, 2003, pp.1499−1521.

Autor, D. H. et al., "Do Employment Protections Reduce Productivity? Evidence from U.S. States", *IZA Discussion Paper*, no.2571, 2007, pp.1−48.

Aydede, Y., "Aggregate Consumption Function and Public Social Security: the First Time-series Study for a Developing Country, Turkey", *Applied Economics*, vol.40, no.14,

2008, pp.1807-1826.

Aydede, Y., "Saving and Social Security Wealth: A Case of Turkey", SSRN Networks Financial Institute Working Paper, no.2007-WP-03, 2007, pp.1-32.

Aziz, J. & Cui, L., "Explaining China's Low Consumption: The Neglected Role of Household Income", IMF Working Paper, no.181, 2007, pp.29-30.

Babbs, S. & Nowman, K., "Kalman Filtering of Generalized Vasicek Term Structure Models", *Journal of Financial and Quantitative Analysis*, vol.34, no.1, 1999, pp.115-130.

Bai, C. et al., "A Multitask Theory of State Enterprise Reform", *Journal of Comparative Economics*, vol.28, no.4, 2000, pp.716-738.

Bailey, C. & Turner, J., "Strategies to Reduce Contribution Evasion in Social Security Financing", *World Development*, vol.29, no.2, 2001, pp.385-393.

Barbarin, J., "Heath-Jarrow-Morton Modelling of Longevity Bonds and the Risk Minimization of Life Insurance Portfolios", *Insurance: Mathematics and Economics*, vol.43, no.1, 2008, pp.41-55.

Barr, N., "Reforming Pensions: Myths, Truths and Policy Choices", *International Social Security Review*, vol.55, no.2, 2000, pp.3-36.

Barro, R. J. & MacDonald, G. M., "Social Security and Consumer Spending in an International Cross Section", *Journal of Public Economy*, vol.11, no.3, 1979, pp.275-289.

Barro, R. J., "Are Government Bonds Net Wealth", *Journal of Political Economy*, vol. 82, no.6, 1974, pp.1095-1117.

Barro, Robert J., *The Impact of Social Security on Private Saving*, Washington: American Enterprise Institute for Public Policy Research, 1978.

Bavel, J. V. & Winter, T. D., "Becoming a Grandparent and Early Retirement in Europe", *European Sociological Review*, vol.29, 2013, pp.1295-1308.

Bergolo, M. & Cruces, G., "Work and Tax Evasion Incentive Effects of Social Insurance Programs: Evidence from an Employment-Based Benefit Extension", *Journal of Public Economics*, vol.117, 2014, pp.211-228.

Bernheim, B. D., "The Economic Effects of Social Security: Towards a Reconciliation of Theory and Measurement", *Journal of Public Economics*, vol. 33, no. 3, 1987, pp. 273-304.

Bian, L. et al., "Pre-commitment and Equilibrium Investment Strategies for the DC Pension Plan with Regime Switching and a Return of Premiums Clause", *Insurance: Mathe-*

matics and Economics, vol.81, 2018, pp.78-94.

Blake, D., "The Impact of Wealth on Consumption and Retirement Behaviour in the UK", *Applied Financial Economics*, vol.14, no.8, 2004, pp.555-576.

Blau, D. M. & Goodstein, R., "Can Social Security Explain Trends in Labor Force Participation of Older Men in the United States?", *The Journal of Human Resources*, vol.45, 2010, pp.328-363.

Blau, D. M., "Labor Force Dynamics of Older Men", *Econometrica*, vol.62, 1994, pp.117-156.

Bloom, D. E. et al., "Demographic Change, Social Security Systems and Savings", *Journal of Monetary Economics*, vol.54, no.1, 2007, pp.92-114.

Bloom, D. E. et al., "Longevityand Life-cycle Savings", *Scandinavian Journal of Economics*, vol.105, no.3, 2003, pp.319-338.

Boeri, T. et al., "Dealing with New Giants: Rethinking the Role of Pension Funds", *Journal of Pension Economics & Finance*, vol.4, 2008, pp.983-988.

Börsch-Supan, A., "Incentive Effects of Social Security on Labor Force Participation: Evidence in Germany and Across Europe", *Journal of Public Economics*, vol.78, 2000, pp.25-49.

Boskin, M. J. & Hurd, M. D., "The Effect of Social Security on Early Retirement", *Journal of Public Economics*, vol.10, 1978, pp.361-377.

Boudoukh, J. et al., "On the Importance of Measuring Payout Yield: Implications for Empirical Asset Pricing", *The Journal of Finance*, vol. 62, no.2, 2007, pp.877-915.

Bound, J. et al., "The Dynamic Effect of Health on Labor Force Transition of Older Workers", *Labour Economics*, vol.6, 1999, pp.179-202.

Branger, N. et al., "Robust Portfolio Choice with Ambiguity and Learning About Return Predictability", *Journal of Banking and Finance*, vol.37, no.5, 2013, pp.1397-1411.

Brav, A. et al, "Hedge Fund Activism, Corporate Governance, and Firm Performance", *The Journal of Finance*, vol.4, 2008, pp.1729-1775.

Brennan, M., "The Role of Learning in Dynamic Portfolio Decisions", *Review of Finance*, vol.1, no.3, 1998, pp.295-306.

Brown, J., "Differential Mortality and the Value of Individual Account Retirement Annuities", NBER Working Paper, no.7560, 2000, pp.1-47.

Browning, M., "Savings and Pensions: Some UK Evidence", *Economic Journal*, no.

92, 1982, pp.954-963.

Browning, M. & Lusardi, A., "Household Saving: Micro Theories and Micro Facts", *Journal of Economic Literature*, vol.34, no.4, 1996, pp.1797-1855.

Burkhauser, R. & Turner, J. A., "Is the Social Security Payroll Tax a Tax?", *Public Finance Review*, vol.13, no.3, 1985, pp.253-267.

Burtless, G., "Social Security, Unanticipated Benefit Increases, and the Timing of Retirement", *The Review of Economic Studies*, vol.53, 1986, pp.781-805.

Cagan, P., *The Effect of Pension Plans on Aggregate Saving: Evidence from a Sample Survey*, NBER Books, 1965.

Cairns, A. J. et al., "A Quantitative Comparison of Stochastic Mortality Models Using Data From England & Wales and the United States", *North American Actuarial Journal*, vol. 13, 2009, pp.1-35.

Cairns, A. J. et al., "A Two-factor Model for Stochastic Mortality with Parameter Uncertainty: Theory and Calibration", *Journal of Risk and Insurance*, vol.73, no.4, 2006, pp. 687-718.

Campbell, L. & Shiller, R., "The Dividend-price Ratio and Expectations of Future Dividends and Discount Factors", *The Review of Financial Studies*, vol.1, no.3, 1988, pp. 195-228.

Cao, H. & Zhang, Q., "Minimum Wage Setting in China: What Factors Matter for Local Governments?", The 3rd China Labor Economist Forum Annual Conference Working paper, 2018, pp.2-11.

Carman, K. et al., "The Impact on Consumption and Saving of Current and Future Fiscal Policies", NBER Working Paper, no.10085, 2003, pp.1-36.

Carroll, C. D. & Samwick, A., "How Important is Precautionary Saving?", NBER Working Paper, no.5194, 1995b, pp.1-38.

Carroll, C. D. & Samwick, A., "The Nature and Magnitude of Precautionary Wealth", NBER Working Paper, no.5193, 1995a, pp.1-44.

Carroll, C. D., "Buffer-Stock Saving and the Life-Cycle/Permanent Income Hypothesis", *Quarterly Journal of Economics*, vol.112, no.1, 1997, pp.1-55.

Casarico, A. & Devillanova, C., "Capital-Skill Complementarity and the Redistributive Effects of Social Security Reform", *Journal of Public Economics*, vol.92, no.3, 2008, pp. 672-683.

Cerda, R. A., "Does Social Security Affect Retirement and Labor Supply? Evidence from Chile", *The Developing Economies*, vol.43, no.2, 2005, pp.235-64.

Chakraborty, S., "Endogenous Lifetime and Economic Growth", *Journal of Economic Theory*, vol.116, no.2, 2004, pp.119-137.

Chang, F., "Uncertain Lifetimes, Retirement, and Economic Welfare", *Economica*, vol.58, no.5, 1991, pp.215-232.

Chang, H. et al., "Defined Contribution Pension Planning with a Stochastic Interest Rate and Mean-reverting Returns Under the Hyperbolic Absolute Risk Aversion Preference", *IMA Journal of Management Mathematics*, vol.31, no.2, 2020, pp.167-189.

Chen, B. et al., "On the Robustness of Longevity Risk Pricing", *Insurance: Mathematics and Economics*, vol.47, no.3, 2010, pp.358-373.

Chen, D. et al., "Old-Age Social Insurance and Household Consumption: Evidence From China", *Emerging Markets Finance and Trade*, vol.54, no.13, pp.2948-2964.

Chen, H. et al., "The Pension Option in Labor Insurance and its Effect on Household Saving and Consumption: Evidence from Taiwan", *Journal of Risk and Insurance*, vol.82, no.4, 2015, pp.947-975.

Cleary, S., "The Relationship Between Firm Investment and Financial Status", *Journal of Finance*, vol.54, no.2, 1999, pp.673-692.

Coronado, J. L. et al., "Distributional Impacts of Proposed Changes to the Social Security System", *Tax Policy and the Economy*, vol.42, no.7, 1999, pp.149-186.

Crawford, V. P. & Lilien, D. M., "Social Security and the Retirement Decision", *The Quarterly Journal of Economics*, vol.96, 1981, pp.505-529.

Cui, J. et al., "Intergenerational Risk Sharing Within Funded Pension Schemes", *Journal of Pension Economics and Finance*, vol.10, no.1, 2011, pp.1-29.

Currie, I. D. et al., "Generalized Linear Array Models with Applications to Multidimensional Smoothing", *Journal of the Royal Statistical Society*, vol.68, no.2, 2006, pp.259-280.

Dahl, M., "Stochastic Mortality in Life Insurance: Market Reserves and Mortality-linked Insurance Contracts", *Insurance: Mathematics and Economics*, vol.35, no.1, 2004, pp.113-136.

De La Croix, D. & Licandro, O., "Life Expectancy and Endogenous Growth", *Economics Letters*, vol.65, no.2, 1999, pp.255-263.

Detemple, J., "Asset Pricing in a Production Economy with Incomplete Information",

The Journal of Finance, vol.41, no.2, 1986, pp.383-391.

Diamond, P. A., "A Framework for Social Security Analysis", *Journal of Public Economics*, vol.8, no.3, 1977, pp.275-298.

Diamond, P. A., "National Debt in a Neoclassical Growth Model", *American Economic Review*, vol.55, no.5, 1965, pp.1125-1150.

Dicks-Mireaux, L. & King, M., "Pension Wealth and Household Savings: Tests of Robustness", *Journal of Public Economics*, vol.23, no.1/2, 1984, pp.115-139.

Disney, R. et al. "Retirement behavior in Britain", *Fiscal Studies*, vol.15, 1994, pp. 24-43.

Dorsey, S. et al., "Pensions and Productivity", Kalamazo: W.E. Upjohn Institute for Employment Research, 1998.

Dothan, M. & Feldman, D., "Equilibrium Interest Rates and Multiperiod Bonds in a Partially Observable Economy", *The Journal of Finance*, vol.41, no.2, 1986, pp.369-382.

Drucker, P., "Reckoning with the Pension Fund Revolution", *Harvard Business Review*, vol.2, 1991, pp.106-113.

Dyreng, S. & Maydew, M. E., "Virtual Issue on Tax Research", *Journal of Accounting Research*, vol.56, no.2, 2018, pp.311-319.

Edward, E. H., "Keynes: General Theory of Employment, Interest and Money", *Economic Record*, vol.76, no.2, 1937, pp.133-137.

Edwards, S., "Why are Saving Rates so Different across Countries?: An International Comparative Analysis", NBER Working Paper, no.5097, 1995, pp.1-41.

Ehrenberg, R. G. & Milkovich, G. T., "Compensation and Firm Performance", In Kleiner, M. et al. (eds.) *Human Resources and the Performance of the Firm*, Madison: Industrial Relations Research Association, 1987.

Escobar, M. et al., "Portfolio Choice with Stochastic Interest Rates and Learning About Stock Return Predictability", *International Review of Economics and Finance*, vol.41, 2016, pp.347-370.

Fama, E. & French, K., "Permanent and Temporary Components of Stock Prices", *Journal of political Economy*, vol.96, no.2, 1988, pp.246-273.

Feldstein, M. & Liebman, J. B., "The Distributional Effects of an Investment-Based Social Security System", in *Distributional Aspects of Social Security and Social Security Reform*, University of Chicago Press, 2002.

Feldstein M. & Samwick A., "Potential Paths of Social Security Reform", *Tax Policy and the Economy*, vol.16, 2002, pp.181-224.

Feldstein, M., "Social Security and Private Saving: Reply", *Journal of Political Economy*, vol.90, no.3, 1982, pp.630-642.

Feldstein, M., "Social Security and Private Savings: International Evidence in an Extended Life-Cycle Model", in: M. Feldstein and R. Inman (eds.), *The Economics of Public Services*, London: The Macmillan Press, 1977.

Feldstein, M., "Social Security and Saving: The Extended Life Cycle Theory", *The American Economic Review*, vol.66, 1976, pp.77-86.

Feldstein, M., "The Effect of Social Security on Private Savings: The Time Series Evidence", *Social Security Bulletin*, vol.42, no.5, 1979, pp.36-39.

Feldstein, M., "The Missing Piece in Policy Analysis: Social Security Reform", *American Economic Review*, vol.86, no.2, 1996, pp.1-14.

Feldstein, M., "Social Security Pension Reform in China", *China Economic Review*, vol.10, no.2, 1999, pp.99-107.

Feldstein, M., "Social Security, Induced Retirement, and Aggregate Capital Accumulation", *Journal of Political Economy*, vol.82, no.5, 1974, pp.905-926.

Feldstein, M., "Structural Reform of Social Security", *The Journal of Economic Perspectives*, vol.19, no.2, 2005, pp.33-55.

Feng, J. et al., "Public Pension and Household Saving: Evidence from Urban China", *Journal of Comparative Economics*, vol.39, no.4, 2011, pp.470-485.

Fleming, W. & Soner, H., *Controlled Markov processes and viscosity solutions*, Springer Science and Business Media, 2006.

French, E., "The Effects of Health, Wealth, and Wages on Labour Supply and Retirement Behavior", *Review of Economic Studies*, vol.72, no.2, 2005, pp.395-427.

Fullerton, D. & Mast, B. D., *Income Redistribution from Social Security*, AEI Press, 2005.

Gale, W. G., "The Effects of Pensions on Household Wealth: A Re-evaluation of Theory and Evidence", *Journal of Political Economy*, vol.106, no.4, 1995, pp.706-723.

Gennotte, G., "Optimal Portfolio Choice Under Incomplete Information", *The Journal of Finance*, vol.41, no.3, 1986, pp.733-746.

Gerrard, R. et al., "Optimal Investment Choices Post-retirement in a Defined Contribution Pension Scheme", *Insurance: Mathematics and Economics*, vol.35, no.2, 2004, pp. 321-342.

Giannetti, M. & Laeven, L., "Pension Reform, Ownership Structure, and Corporate Governance: Evidence from a Natural Experiment", *The Review of Financial Studies*, vol.10, 2009, pp.4091-4127.

Giannetti, M. et al., "The Brain Gain of Corporate Boards: Evidence from China", *The Journal of Finance*, vol.70, no.4, 2015, pp.1629-1682.

Giles, J. et al., "The Labor Supply and Retirement Behavior of China's Older Workers and Elderly in Comparative Perspective", World Bank Policy Research Working Paper, vol. 5853, 2011, pp.1-38.

Gillan, S. L. & Starks, L. T., "Relationship Investing and Shareholder Activism by Institutional Investors: The Wealth Effects of Corporate Governance Related Proposals", University of Texas Working Paper, 1995, pp.2-22.

Gillion, C. et al., "Social Security Pensions: Development and Reform", International Labor Office, 2000.

Gollier, C., "Intergenerational Risk-sharing and Risk-taking of a Pension Fund", *Journal of Public Economics*, vol.92, 2008, pp.1463-1485.

Grossberg, A. J. & Sicilian, P., "Minimum Wages, On-the-Job Training, and Wage Growth", *Southern Economic Journal*, vol.65, no.3, 1999, pp.539-556.

Gruber, J. & Wise, D., "Social Security and Retirement: An International Comparison", *American Economic Association*, vol.88, 1998, pp.158-163.

Gruber, J. et al., "Social Security Programs and Retirement Around the World: The Relationship to Youth Employment, Introduction and Summary", *Estuarine & Coastal Marine Science*, vol.5, no.6, 2009, pp.829-830.

Guercio, D. D. & Hawkins, J., "The Motivation and Impact of Pension Fund Activism", *Journal of Financial Economics*, vol.3, 1999, pp.293-340.

Gustman, A. L. & Steinmeier, T. L., "How Effective is Redistribution Under the Social Security Benefit Formula?", *Journal of Public Economics*, vol.82, no.1, pp.1-28.

Gustman, A. L. et al., "The Role of Pensions in the Labor Market: A Survey of the Literature", *ILR Review*, vol.47, no.3, 1994, pp.417-438.

Haans, R. F. J. et al., "Thinking About U: Theorizing and Testing U- and Inverted U-shaped Relationships in Strategy Research", *Strategic Management Journal*, vol.37, no.7,

2015, pp.1177-1195.

Haberman, S. et al., "Risk Measurement and Management of Defined Benefit Pension Schemes: a Stochastic Approach", *IMA Journal of Management Mathematics*, vol.14, no.2, 2003, pp.111-128.

Haider, S. J. & Stephens, M., "Is There a Retirement-consumption Puzzle? Evidence Using Subjective Retirement Expectations", *The Review of Economics and Statistics*, vol.89, no.2, 2007, pp.247-264.

Hansen, G. D. & İmrohoroğlu, S., "Consumption over the Life Cycle: The Role of Annuities", *Review of Economic Dynamics*, vol.11, no.3, 2008, pp.566-583.

Harvey, C., "The Specification of Conditional Expectations", *Journal of Empirical Finance*, vol.8, no.5, 2001, pp.573-637.

Hashimoto, M., "Minimum Wage Effects on Training on the Job", *The American Economic Review*, vol.72, no.5, 1982, pp.1070-1087.

Hausman, J. A. & Wise, D. A., "Social Security, Health Status, and Retirement", in *Pension, Labor, and Individual Choice*, University of Chicago Press, 1985.

He, L. & Liang, Z., "Optimal Assets Allocation and Benefit Outgo Policies of DC Pension Plan with Compulsory Conversion Claims", *Insurance: Mathematics and Economics*, vol. 61, 2015, pp.227-234.

He, L. & Liang, Z., "Optimal Dynamic Asset Allocation Strategy for ELA Scheme of DC Pension Plan during the Distribution Phase", *Insurance: Mathematics and Economics*, vol.52, no.2, 2013, pp.404-410.

He, L. & Liang, Z., "Optimal Investment Strategy for the DC Plan with the Return of Premiums Clauses in a Mean-variance Framework", *Insurance: Mathematics and Economics*, vol.53, no.3, 2013, pp.643-649.

He, L. & Tian, S., "Optimal Post-retirement Consumption and Portfolio Choices with Idiosyncratic Individual Mortality Force and Awareness of Mortality Risk", *Communications in Statistics-Theory and Methods*, 2021, pp.2259-2275.

Hochman, O. & Lewinepstein, N., "Determinants of Early Retirement Preferences in Europe: the Role of Grandparenthood", *International Journal of Comparative Sociology*, vol. 54, 2013, pp.29-47.

Hong, B. E., "Income Redistributive Effects of Proposals for Social Security Reform", Diss., Washington University in St. Louis, 2001, pp.145-158.

Hsu, P. H. et al., "Financial Development and Innovation: Cross-Country Evidence", *Journal of Financial Economics*, vol.112, no.1, 2014, pp.116-135.

Huang, L. & Chen, Z., "Optimal Risk Asset Allocation of a Loss-averse Bank with Partial Information Under Inflation Risk", *Finance Research Letters*, vol.38, 2021, pp.1-11.

Hubbard, R. G., "Pension Wealth and Saving", *Journal of Money, Credit and Banking*, vol.18, no.2, 1986, pp.167-178.

Hubbard, R. G., "Social Security, Liquidity Constraints, and Pre-Retirement Consumption", *Southern Economic Association*, vol.52, no.2, 1985, pp.471-483.

Hubbard, R. G., "Uncertain Lifetimes, Pension, and Individual Saving", NBER Working Papers, no.1363, 1984, pp.1-38.

Iturbe-Ormaetxe, I., "Salience of Social Security Contributions and Employment", *Int Tax Public Finance*, vol.22, no.5, 2014, pp.741-759.

James, B. Ang & Kunal, Sen., "Private Saving in India and Malaysia Compared: The Roles of Financial Liberalization and Expected Pension Benefits", *Empirical Economics*, 2011, 41: pp.247-267.

John, A., "Corporate Investment and Stock Market Listing: A Puzzle", *The Review of Financial Studies*, vol.2, 2015, pp.342-390.

Josa-Fombellida, R. & Rincon-Zapatero, J., "Funding and Investment Decisions in a Stochastic Defined Benefit Pension Plan with Several Levels of Labor-income Earnings", *Computers and Operations Research*, vol.35, no.1, 2008, pp.47-63.

Josa-Fombellida, R. & Rincon-Zapatero, J., "Optimal Asset Allocation for Aggregated Defined Benefit Pension Funds with Stochastic Interest Rates", *European Journal of Operational Research*, vol.201, no.1, 2010, pp.211-221.

Josa-Fombellida, R. & Rincon-Zapatero, J., "Optimal Risk Management in Defined Benefit Stochastic Pension Funds", *Insurance: Mathematics and Economics*, vol.34, no. 3, 2004, pp.489-503.

Kaganovich, M. & Zilcha, I., "Pay-as-you-go or Funded Social Security? A General Equilibrium Comparison", *Journal of Economic Dynamics and Control*, vol.36, no.4, 2012, pp.455-467.

Kalemli-Ozcan, S. & Weil, D. N., "Mortality Change, the Uncertainty Effect, and Retirement", *Journal of Economic Growth*, vol.15, no.1, 2010, pp. 65-91.

Kim, T. & Omberg, E., "Dynamic Nonmyopic Portfolio Behavior", *The Review of Fi-*

nancial Studies, vol.9, no.1, 1996, pp.141-161.

King, M. A. & Dicks-Mireaux, L., "Asset Holdings and the Life-Cycle", NBER Working Papers, vol.92, no.366, 1981, pp.247-267.

Kleven, H. J. & Waseem, M., "Using Notches to Uncover Optimization Frictions Structural Elasticities: Theory and Evidence from Pakistan", *The Quarterly Journal of Economics*, vol.128, no.2, 2013, pp.69-723.

Kochin, L., "Are Future Taxes Anticipated by Consumers?", *Journal of Money, Credit and Banking*, no.6, 1974, pp.385-394.

Kodama, N. & Yokayama, I., "How the 2003 Social Insurance Premiums reforms Affects Firm Behavior", CIS Discussion Paper Series, no.650, 2015, pp.1-15.

Koskela, E. & Viren, M., "Social Security and Household Saving in an International Cross Section", *American Economic Review*, vol.73, no.1, 1983, pp.212-217.

Kotlikoff, L. J. et al., "Distributional Effects in a General Equilibrium Analysis of Social Security", in *The Distributional Aspects of Social Security and Social Security Reform*, University of Chicago Press, 2002.

Kotlikoff, L. J. et al., "Social Security: Privatization and Progressivity", *American Economic Review*, vol.88, no.2, 1998, pp.137-41.

Kotlikoff, L. J., "Simulating the Privatization of Social Security in General Equilibrium", In *Privatizing Social Security*, University of Chicago Press, 1998.

Kotlikoff, L. J., "Testing the Theory of Social Security and Life Cycle Accumulation", *American Economic Reivew*, no.69, 1979, pp.396-410.

Kremer, A. et al., "Optimal Consumption and Portfolio Choice of Retirees with Longevity Risk", *Journal of Pension Economics and Finance*, vol.13, 2014, pp.227-249.

Krishnan, K. et al., "Does Financing Spur Small Business Productivity? Evidence from a Natural Experiment", *The Review of Financial Studies*, vol.28, no.6, 2014, pp.1768-1809.

Krueger, A. B. & Pischke, J., "The Effect of Social Security on Labor Supply: A Cohort Analysis of the Notch Generation", *Journal of Labor Economics*, vol.10, 1992, pp.412-437.

Kudrna, G. & Woodland, A. D., "Implications of the 2009 Age Pension Reform in Australia: A Dynamic General Equilibrium Analysis", *Economic Record*, vol.87, no.277, 2011, pp.183-201.

Kugler, A. & Kugler, M., "Labor Market Effects of Payroll Taxes in Developing Countries: Evidence from Colombia", NBER Working Papers, no.13855, 2008, pp.1–23.

Lai, C. et al., "Optimal Portfolio Selection for a Defined-contribution Plan Under Two Admin-istrative Fees and Return of Premium Clauses", *Journal of Computational and Applied Mathematics*, vol.398, 2021, pp.1–19.

Lakner, P., "Optimal Trading Strategy for an Investor: The Case of Partial Information", *Stochastic Processes and their Applications*, vol.76, no.1, 1998, pp.79–97.

Lakner, P., "Utility Maximization with Partial Information", *Stochastic Processes and Their Applications*, vol.56, no.2, 1995, pp.247–273.

Lee, M. L. & Chao S. W., "Effects of Social Security on Personal Savings", *Economic Journal*, no.28, 1988, pp.365–368.

Lee, R. D. & Carter, L. R., "Modeling and Forecasting U.S. Mortality", *Journal of the American Statistical Association*, vol.87, no.419, 1992, pp.659–671.

Leimer, D. & Lesnoy, S., "Social Security and Savings: New Time Series Evidence", *Journal of Political Economy*, vol.90, no.3, 1982, pp.606–629.

Leimer, D. & Lesnoy, S., "Social Security and Private Saving: Theory and Historical Evidence", *Social Security Bulletin*, vol.48, no.1, 1985, pp.14–30.

Leimer, D. & Richardson, D. H., "Social Security, Uncertainty Adjustments and the Consumption Decision", *Economica*, vol.59, 1992, pp.311–335.

Leimer, D., "Cohort-specific Measures of Lifetime Net Social Security Transfers", US Department of Health and Human Resources, Social Security Administration, Office of Research and Statistics Working Paper Series, no.59, 1994, pp.1–58.

Leland, H. E., "Saving and Uncertainty: The Precautionary Demand for Saving", *The Quarterly Journal of Economics*, vol.82, no.3, 1968, pp.129–139.

Lemos, S., "A Survy of the Effect of the Minimum Wage on Prices", *Journal of Economic Surveys*, vol.22, no.1, 2010, pp.187–212.

Levenson, A. R., "Do Consumers Respond to Future Income Shocks? Evidence from Social Security Reform in Taiwan", *Journal of Public Economy*, vol.62, no.3, 1996, pp.275–295.

Levinsohn, J. & Petrin, A., "Estimating Production Functions Using Inputs to Control for Unobservables", *Review of Economic Studies*, vol.70, no.2, 2003, pp.317–341.

Li, D. et al., "Equilibrium Investment Strategy for DC Pension Plan with Default Risk and Return of Premiums Clauses Under CEV Model", *Insurance: Mathematics and Economics*, vol.72, 2017, pp.6–20.

Li, Z. & Lv, B., "Total Factor Productivity of Chinese Industrial Firms: Evidence from 2007 to 2017", *Applied Economics*, vol.53, no.60, 2021, pp.6910–6926.

Liebman, J. B., "Redistribution in the Current US Social Security System", in *The Distributional Aspects of Social Security and Social Security Reform*, University of Chicago Press, 2002.

Lind, J. T. & Mehlum, H., "With or Without U? The Appropriate Test for a U-shaped Relationship", *Oxford Bulletin of Economics and Statistics*, vol. 72, no. 1, 2010, pp. 109–118.

Liptser, R. & Shiryaev, A., *Statistics of Random Processes. Volume 2: Applications*, Heidelberg: Springer, 2001.

Liu, Y. & Mao, J., "How do Tax Incentives Affect Investment and Productivity? Firm-Level Evidence from China", *American Economic Journal: Economic Policy*, vol.11, no.3, 2019, pp.261–291.

Long, C. & Yang, J., "How do Firms Respond to Minimum Wage Regulation in China? Evidence from Chinese Private Firms", *China Economic Review*, vol.38, 2016, pp.267–284.

Lundberg, S. et al., "The Retirement-consumption Puzzle: A Marital Bargaining Approach", *Journal of Public Economics*, vol.87, no.5–6, 2003, pp.1199–1218.

MacMinn, R. et al., "Longevity Risk and Capital Markets", *The Journal of Risk and Insurance*, vol.73, no.4, 2006, pp.551–557.

Marinescu, I., "The General Equilibrium Impacts of Unemployment Insurance: Evidence from a Large Online Job Board", *Journal of Public Economics*, vol.150, 2017, pp. 14–29.

Lachowska, M. & Myck, M., "The Effect of Public Pension Wealth on Saving and Expenditure", *IZA Discussion Paper*, no.8895, 2015, pp.1–32.

Martin, A. R. S. & Marcos, V. S., "Demographic Change and Pension Reform in Spain: An Assessment in a Two - Earner, OLG Model", *Fiscal Studies*, vol.31, no.3, 2010, pp.405–452.

Mastrobuoni, G., "Labor Supply Effects of the Recent Social Security Benefit Cuts: Empirical Estimates Using Cohort Discontinuities", *Journal of Public Economics*, vol.93, 2009, pp.1224–1233.

Mayneris, F. S. et al., "The Cleansing Effect of Minimum Wage: Minimum Wage Rules, Firm Dynamics and Aggregate Productivity in China", Discussion Papers (IRES-Institut de Recherches Economiques et Sociales), 2014, pp.8-9.

McGarry, K., "Health and Retirement: Do Changes in Health Affect Retirement Expectations?", The Journal of Human Resources, vol.39, 2004, pp.624-648.

Meghir, C. & Whitehouse, E., "Labour Market Transitions and Retirement of Men in the UK", Journal of Econometrics, vol.79, 1997, pp.327-354.

Meng, X., "Unemployment, Consumption Smoothing, and Precautionary Saving in Urban China", Journal of Comparative Economics, vol.31, no.3, 2013, pp.465-485.

Menoncin, F. & Regis, L., "Longevity-linked Assets and Pre-retirement Consumption/Portfolio Decisions", Insurance: Mathematics and Economics, vol.76, 2017, pp.75-86.

Menoncin, F. & Regis, L., "Optimal Life-cycle Labour Supply, Consumption, and Investment: The Role of Longevity-linked Assets", Journal of Banking and Finance, vol.120, 2020, pp.1-18.

Menoncin, F., "The Role of Longevity Bonds in Optimal Portfolios", Insurance: Mathematics and Economics, vol.42, no.1, 2008, pp.343-358.

Michel, P. O. & Pestieau, P., "Old Age Consumption and Pension Policy in a Two-Tier Developing Economy", Finnish Economic Papers, vol.16, no.1, 2003, pp.3-14.

Missov, T. et al., "The Gompertz Force of Mortality in Terms of the Modal Age at Death", Demographic Research, vol.32, 2015, pp.1031-1048.

Modigliani, F. & Brumberg, R., "Utility Analysis and the Consumption Function: An Interpretation of Cross-section Data", in Post-Keynesian Economics, Rutgers University Press, 1954.

Modigliani, F. & Cao, S. L., "The Chinese Saving Puzzle and the Life Cycle Hypothesis", Journal of Economic Literature, vol.42, no.1, 2004, pp.145-170.

Mollisi, V. & Rovigatti, G., "Theory and Practice of TFP Estimation: The Control Function Approach Using Stata", CEIS Working Paper, no.399, 2017, pp.1-29.

Munnell, A. H. et al., "Job Tenure and Pension Coverage", Center for Retirement Research at Boston College Working Papers, no.wp2006-18, 2006, pp.1-18.

Munnell, A. H., "The Impact of Social Security on Personal Savings", National Tax Journal, vol.27, no.4, 1974, pp.553-567.

Myers, R. J., Social Security, Pension Research Council and University of Pennsylvania

Press, 1993.

Neumark, D. & Wascher, W., "Minimum Wages and Training Revisited", *Journal of Labor Economics*, vol.19, no.3, 2001, pp.563–595.

Ngai, A. & Sherris, M., "Longevity Risk Management for Life and Variable Annuities: The Effectiveness of Static Hedging Using Longevity Bonds and Derivatives", *Insurance: Mathematics and Economics*, vol.49, no.1, 2011, pp.100–114.

Nielsen, I. & Smyth, R., "Who Bear the Burden of Employer Compliance with Social Security Contribution? Evidence from Chinese Level Data", *China Economic Review*, vol.19, no.2, 2008, pp.230–244.

Nishiyama, S., "The Joint Labor Supply Decision of Married Couples and the Social Security Pension System", Michigan Retirement Research Center Research Paper, no. 2010–229, 2010, pp.1–39.

Novos, I. E., " Social Security Wealth and Wealth Accumulation: Futher Microeconomic Evidence", *Review of Economics and Statistics*, vol.71, no.1, 1989, pp. 167–171.

Nyland, C. et al., "What Determines the Extent to which Employers will Comply with their Social Security Obligations? Evidence from Chinese Firm - level Data", *Social Policy & Administration*, vol.40, no.2, 2006, pp.196–214.

O'Barr, W. M. & Conley, J. M., "Managing Relationships: The Culture of Institutional Investing", *Financial Analysts Journal*, vol.5, 1992, pp.21–27.

OECD, "Increasing Employment: The Role of Later Retirement", *OECD Economic Outlook*, vol.72, 2002, pp.146–167.

OECD, "Pensions at a Glance 2011: Retirement-Income Systems in OECD and G20 Countries", *OECD Publishing*, 2011, pp.132–135.

Olley, G. S. & Pakes, A., "The Dynamics of Productivity in the Telecommunications Equipment Industry", *Econometrica*, vol.64, no.6, 1996, pp.1263–1297.

Ooghe, E. et al., "The Incidence of Social Security Contributions: An Empirical Analysis", *Empirica*, vol.30, 2003, pp.81–106.

Opler, T. C. & Sokobin, J., "Does Coordinated Institutional Activism Work? An Analysis of the Activities of the Council of Institutional Investors", Ohio State University Working Paper, 1995, pp.16–17.

Parker, J. A., "The Reaction of Household Consumption to Predictable Changes in Social Security Taxes", *American Economic Review*, vol.89, no.4, 1999, pp.959-973.

Phan, H. V. & Hegde, S. P., "Pension Contributions and Firm Performance: Evidence from Frozen Defined Benefit Plans", *Financial Management*, vol.42, no.2, 2013, pp.373-411.

Pirvu, T. & Zhang, H., "Optimal Investment, Consumption and Life Insurance Under Mean-reverting Returns: The Complete Market Solution", *Insurance: Mathematics and Economics*, vol.51, no.2, 2012, pp.303-309.

Pischke, J. S. & Acemoglu, D., "Minimum Wages and On-the-Job Training", *Social Science Electronic Publishing*, vol.22, no.03, 2002, pp.159-202.

Plat, R., "On Stochastic Mortality Modeling", *Insurance: Mathematics and Economics*, vol.46, no.3, 2009, pp.383-404.

Pries, M. J., "Social Security Reform and Intertemporal Smoothing", *Journal of Economic Dynamics and Control*, vol.31, no.1, 2007, pp.25-54.

Puri, P., "Canadian Pension Funds: Investments and Role in the Capital Markets and Corporate Governance", *Banking & Finance Law Review*, vol.2, 2010, pp.247-294.

Quinn, J. F., "Microeconomic Determinants of Early Retirement: A Cross-Sectional View of White Married Men", *The Journal of Human Resources*, vol.12, 1977, pp.329-346.

Rejda, G. E., *Social Insurance and Economic Security* (6thed), New York: Prentice Hall, 1998.

Renshaw, A. E. & Haberman, S., "Lee-Carter Mortality Forecasting with Age-specific Enhancement", *Insurance: Mathematics and Economics*, vol.38, no.3, 2006, pp.556-570.

Rojas, J. & Urrutia, C., "Social Security Reform with Uninsurable Income Risk and Endogenous Borrowing Constraints", *Review of Economic Dynamics*, vol.11, 2008, pp.83-103.

Royalty, A., "Do Minimum Wage Increases Lower the Probability that Low-skilled Workers will Receive Fringe Benefits?", *Joint Center for Poverty Research Working Paper*, no.222, 2000, pp.3-32.

Ruhm, C. J., "Do Pensions Increase the Labor Supply of Older Men?", *Journal of Public Economics*, vol.59, 1996, pp.157-175.

Rust, J. & Phelan, C., "How Social Security and Medicare Affect Retirement Behavior In a World of Incomplete Markets", *Econometrica*, vol.65, no.4, 1997, pp.781-831.

Samuelson, P. A., "An Exact Consumption-loan Model of Interest With or Without the

Social Contrivance of Money", *Journal of Political Economy*, vol.66, no.6, 1958, pp. 467-482.

Samwick, A., "Is Pension Reform Conducive to Higher Saving?", *Review of Economics and Statistics*, vol.82, no.2, 2000, pp.264-272.

Santos, M. R. & Ferreira, P. C., "The Effect of Social Security, Health, Demography and Technology on Retirement", *Review of Economic Dynamics*, vol.16, no.2, 2013, pp. 350-370.

Sasaki, T., "The Effects of Liquidity Shocks On Corporate Investments and Cash Holdings: Evidence From Actuarial Pension Gains/Losses", *Financial Management*, vol.44, no. 3, 2015, pp.685-707.

Shefrin, H. M. & Thaler, R. H., "The Behavioral Life-cycle Hypothesis", *Economic Inquiry*, vol.26, no.4, 1988, pp.609-643.

Sheshinski, E., "Note on Longevity and Aggregate Savings", *Scandinavian Journal of Economics*, vol.108, no.2, 2006, pp.353-356.

Simon, K. I. & Kaestner, R., "Do Minimum Wages Affect Non-Wage Job Attributes? Evidence on Fringe Benefits", *Industrial & Labor Relations Review*, vol.58, no.1, 2004, pp. 52-70.

Sinn, H. W., "Why a Funded Pension System is Needed and Why it is Not Needed", *International Tax and Public Finance*, vol.7, no.4, 2000, pp.389-410.

Smith, M. P., "Shareholder Activism by Institutional Investors: Evidence from CalPERS", *The Journal of Finance*, vol.1, 1996, pp.227-252.

Song, Z. et al., "Sharing High Growth across Generations: Pensions and Demographic Transition in China", *American Economic Journal: Macroeconomics*, vol.7, no.2, 2015, pp. 1-39.

Stallard, E., "Demographic Issues in Longevity Risk Analysis", *The Journal of Risk and Insurance*, vol.73, no.4, 2006, pp.575-609.

Stephan, S., & Schrooten, M., "Private Savings and Transition: Dynamic Panel Data Evidence from Accession Countries", *Economics of Transition*, vol.13, no.2, 2005, pp. 287-309.

Stephens, M., "The Impact of the 1972 Social Security Benefit Increase on Household Consumption", *MRRC Working Papers*, no.95, 2005, pp.1-20.

Stock, J. H. & Wise, D. A., "Pensions, the Option Value of Work, and Retirement",

Econometrica, vol.58, 1990, pp.1151−1180.

Stock, J. H. & Wise, D. A., "The Pension Inducement to Retire: An Option Value A-nalysis", NBER Working Papers, no.2660, 1988, pp.1−34.

Stock, J. H. et al., "A Survey of Weak Instruments and Weak Identification in General-ized Method of Moments", *Journal of Business & Economic Statistics*, vol.20, 2002, pp.518−529.

Stokey, N. & Lucas, R., *Recursive Methods in Economic Dynamics*, Cambridge: Havard University Press, 1989.

Talosaga, T. et al., "The Effect of Public Pension Eligibility Age on Household Saving: Evidence from a New Zealand Natural Experiment", New Zealand Treasury Working Paper, no.14/21, 2014, pp.26−27.

Thaler, R. H., *Quasi Rational Economics*, New York: Russell Sage Foundation Publi-cations, 1994.

Thaler, R. H., "Anomalies: Saving, Fungibility, and Mental Accounts", *Journal of E-conomic Perspectives*, vol.4, no.1, 1990, pp.193−205.

Turner, J. A. & Center, P. P., "Hybrid Pensions: Risk Sharing Arrangements for Pen-sion Plan Sponsors and Participants", *Society of Actuaries*, 2014, pp.4−33.

Vere, J. P., "Social Security and Elderly Labor Supply: Evidence from the Health and Retirement Study", *Labour Economics*, vol.18, 2011, pp.676−686.

Vigna, E., "On Efficiency of Mean-variance Based Portfolio Selection in Defined Con-tribution Pension Schemes", *Quantitative Finance*, vol.14, no.2, 2014, pp.237−258.

Villegas, A. M. et al., "StMoMo: An R Package for Stochastic Mortality Modelling", *Journal of Statistical Software*, vol.84, no.3, 2018, pp.1−33.

Wachter, J., "Portfolio and Consumption Decisions Under Mean-reverting Returns: An Exact Solution for Complete Markets", *Journal of Financial and Quantitative Analysis*, vol.37, no.1, 2002, pp.63−91.

Wahal, S., "Public Pension Fund Activism and Firm Performance", *Journal of Finan-cial & Quantitative Analysis*, vol.1, 1996, pp.1−23.

Wang, C. W. et al., "Using Stochastic Mortality Models to Measure Longevity Risk in Developed Countries", *International Research Journal of Finance and Economics*, vol.82, no.82, 2012, pp.49−66.

Wang, P. et al., "Asset Allocation for a DC Pension Plan with Learning About Stock

Return Predictability", *Journal of Industrial and Management Optimization*, 2022, vol.18, no.6 pp.3847-3877.

Wang, P. et al., "Equilibrium Investment Strategy for a DC Pension Plan with Learning About Stock Return Predictability", *Insurance: Mathematics and Economics*, vol.100, 2021, pp.384-407.

Wang, P. et al., "Robust Optimal Investment and Benefit Payment Adjustment Strategy for Target Benefit Pension Plans Under Default Risk", *Journal of Computational and Applied Mathematics*, vol.391, 2021, pp.1-11.

Wang, S. & Lu, Y., "Optimal Investment Strategies and Risk-sharing Arrangements for a Hybrid Pension Plan", *Insurance: Mathematics and Economics*, vol.89, 2019, pp.46-62.

Wang, S. et al., "Optimal Investment Strategies and Intergenerational Risk Sharing for Target Benefit Pension Plans", *Insurance: Mathematics and Economics*, vol.80, 2018, pp.1-14.

Wang, S. et al., "Optimal Investment and Benefit Payment Strategy Under Loss Aversion for Target Benefit Pension Plans", *Applied Mathematics and Computation*, vol.346, 2019.

Wessels, W. J., "Minimum Wages, Fringe Benefits, and Working Conditions", *American Enterprise Institute Press*, vol.304, no.917571, 1987, pp.29-62.

Whitelaw, R., "Time Variations and Covariations in the Expectation and Volatility of Stock Market Returns", *The Journal of Finance*, vol.49, no.2, 1994, pp.515-541.

Wilcox, D. W., "Social Security Benefits, Consumption Expenditure, and the Life Cycle Hypothesis", *Journal of Political Economy*, vol.97, no.2, 1989, pp.288-304.

Wong, T. et al., "Managing Mortality Risk with Longevity Bonds when Mortality Rates are Cointegrated", *Journal of Risk and Insurance*, vol.84, no.3, 2017, pp.987-1023.

Wooldridge, J. M., *Econometric Analysis of Cross Section and Panel Data*, Cambridge: The MIT Press, 2002.

Xia, C. et al., "Monitoring: Which Institutions Matter", *The Journal of Financial Economics*, vol.2, 2007, pp.279-305.

Xia Y., "Learning About Predictability: The Effects of Parameter Uncertainty on Dynamic Asset Allocation", *The Journal of Finance*, vol.56, no.1, 2001, pp.205-246.

Yaari, M. E., "Uncertain Lifetime, Life Insurance, and the Theory of the Consumer", *The Review of Economics Studier*, vol.32, no.2, 1965, pp.137-150.

Yakita, A., "Uncertain Lifetime, Fertility and Social Security", *Journal of Population Economics*, *vol*.14, no.4, 2001, pp.635−640.

Yakoboski, P. & Dickemper, J., "Increased Saving but Little Planning: Results of the 1997 Retirement Confidence Survey", Issue Brief No.191, Washington DC: Employee Benefit Research Institute, 1997.

Yang H., "The Choice of Pension and Retirement Systems when Post-1960s Baby Boomers Start to Retire in China", *China Finance and Economic Review*, vol.4, no.1, 2016, pp.1−11.

Yao, H. et al., "Dynamic Discrete-time Portfolio Selection for Defined Contribution Pension Funds with Inflation Risk", *Journal of Industrial and Management Optimization*, vol. 18, no.1, 2022, pp.511−540.

Zant, W., "Social Security Wealth and Aggregate Consumption: An Extended Life-cycle Model Estimated for The Netherlands", *De Economist*, vol.136, no.1, 1988, pp. 136−153.

Zariphopoulou, T., "A Solution Approach to Valuation with Unhedgeable Risks", *Finance and Stochastics*, vol.5, no.1, 2001, pp.61−82.

Zeng, Y. et al., "Ambiguity Aversion and Optimal Derivative-based Pension Investment with Stochastic Income and Volatility", *Journal of Economic Dynamics and Control*, vol.88, 2018, pp.70−103.

Zhang, J. et al., "Mortality Decline and Long-run Economic Growth", *Journal of Public Economics*, vol.80, no.3, 2001, pp.485−507.

Zhao, H. & Rong, X., "On the Constant Elasticity of Variance Model for the Utility Maximization Problem with Multiple Risky Assets", *IMA Journal of Management Mathematics*, vol.28, no.2, 2017, pp.299−320.

Zhao, H. & Wang, S., "Optimal Investment and Benefit Adjustment Problem for a Target Benefit Pension Plan with Cobb-Douglas Utility and Epstein-Zin Recursive Utility", *European Journal of Operational Research*, vol.301, no.3, 2022, 1166−1180.

Zhao, Q. et al., "The Impact of Public Pension on Household Consumption: Evidence from China's Survey Data", *Sustainability*, vol.8, no.9, 2016, pp.1−15.

Zhao, Y. et al., "China Health and Retirement Longitudinal Study", in *2011−2012 National Baseline Users' Guide*, National School of Development, Peking University, 2013.

Zheng, H. & Zhong, T., "The Impacts of Social Pension on Rural Household Expenditure：Evidence from China"，*Journal of Economic Policy Reform*，vol.19，no.3，2016，pp. 221-237.

白重恩等：《中国养老保险缴费对消费和储蓄的影响》，《中国社会科学》2012 年第 8 期,第 71 页。

［美］彼得·F. 德鲁克：《养老金革命》,刘伟译,东方出版社 2009 年版,第 2、77 页。

蔡昉：《中国人口与劳动问题报告 No.15》,社会科学文献出版社 2014 年版,第 33—45 页。

蔡兴：《预期寿命、养老保险发展与中国居民消费》,《经济评论》2015 年第 6 期,第 81—90 页。

曾燕等：《创新的动态人口死亡率预测及其应用》,《系统工程理论与实践》2016 年第 6 期,第 1710—1718 页。

曾益等：《缴费率下调会增加养老保险的财政责任吗?》,《保险研究》2020 年第 6 期,第 93—109 页。

陈斌开：《收入分配与中国居民消费——理论和基于中国的实证研究》,《南开经济研究》2012 年第 1 期,第 33—49 页。

陈德萍等：《股权集中度、股权制衡度与公司绩效关系研究——2007~2009 年中小企业板块的实证检验》,《会计研究》2011 年第 1 期,第 40 页。

陈工：《养老保险体系收入再分配效应的理论分析》,北京大学公共财政研究中心中国养老医疗社会福利体系改革国际研讨会议论文,2007 年。

陈共荣等：《市盈率能否成为投资决策分析的有效指标——来自中国 A 股的经验数据》,《会计研究》2011 年第 9 期,第 9—16 页。

陈曦：《养老保险降费率、基金收入与长期收支平衡》,《中国人口科学》2017 年第 3 期,第 55—69 页。

程杰：《养老保障的劳动供给效应》,《经济研究》2014 年第 10 期,第 60—73 页。

程欣、邓大松：《社保投入有利于企业提高劳动生产率吗? ——基于"中国企业—劳动力匹配调查"数据的实证研究》,《管理世界》2020 年第 3 期,第 90—101 页。

程煜等：《社会保险"阶段性降费"能否实现稳就业? ——基于劳动供给的分析》,《财政研究》2021 年第 2 期,第 90—104 页。

丁守海：《最低工资管制的就业效应分析——兼论〈劳动合同法〉的交互影响》,《中国社会科学》2010 年第 1 期,第 85—102 页。

杜鹏程等：《劳动保护与农民工福利改善——基于新〈劳动合同法〉的视角》,《经济研究》2018 年第 3 期,第 64—78 页。

段亚伟:《企业、职工和政府合谋逃避参保的动机——基于三方博弈模型的分析》,《江西财经大学学报》2015年第2期,第59—68页。

樊毅等:《基于全人口死亡率数据的随机死亡率模型拟合效果比较》,《统计与决策》2018年第23期,第33—37页。

范叙春、朱保华:《预期寿命增长、年龄结构改变与我国国民储蓄率》,《人口研究》2012年第4期,第18—28页。

封进、韩旭:《退休年龄制度对家庭照料和劳动参与的影响》,《世界经济》2017年第6期,第145—166页。

封进、胡岩:《中国城镇劳动力提前退休行为的研究》,《中国人口科学》2008年第4期,第88—94页。

封进:《公平与效率的交替和协调——中国养老保险制度的再分配效应》,《世界经济文汇》2004年第1期,第24—36页。

封进:《可持续的养老保险水平:全球化、城市化、老龄化的视角》,中信出版社2016年版。

封进:《人口转变、社会保障与经济发展》,上海人民出版社2005年版。

封进:《中国城镇职工社会保险制度的参与激励》,《经济研究》2013年第7期,第104—117页。

封进:《中国养老保险体系改革的福利经济学分析》,《经济研究》2004年第2期,第55—63页。

龚强:《最低工资制在完全与不完全市场中的影响——一个理论分析框架》,《南开经济研究》2010年第1期,第97—110页。

顾海兵等:《试论社会保障水平与消费水平的不相关》,《经济学家》2010年第1期,第92页。

郭瑜、张寅凯:《城镇职工基本养老保险基金收支平衡与财政负担分析——基于社保"双降"与征费体制的改革》,《社会保障研究》2019年第5期,第17—29页。

国际劳工组织(International Labor Office, ILO):《展望21世纪:社会保障的发展》,劳动人事出版社1998年版。

韩晓梅等:《薪酬抵税与企业薪酬安排》,《经济研究》2016年第10期,第140—154页。

杭斌:《习惯形成下的农户缓冲储备行为》,《经济研究》2009年第1期,第96—105页。

何丹等:《社保基金持股偏好与治理效果的实证分析——基于股东积极主义的视

角》，《中国会计评论》2014 年第 12 期，第 295 页。

何立新等：《养老保险改革对家庭储蓄率的影响：中国的经验证据》，《经济研究》2008 年第 10 期，第 117—130 页。

何立新：《中国城镇养老保险制度改革的收入分配效应》，《经济研究》2007 年第 3 期，第 70—80 页。

贺菊煌等：《消费函数分析》，社会科学文献出版社 2000 年版。

黄必红：《养老金制度》，中国劳动社会保障出版社 2008 年版。

黄匡时：《Lee-Carter 模型在模型生命表拓展中的应用——以中国区域模型生命表为例》，《人口研究》2015 年第 5 期，第 37—48 页。

贾朋、都阳：《中国的最低工资制度：标准与执行》，《劳动经济研究》2015 年第 1 期，第 67—95 页。

贾朋、张世伟：《最低工资标准提升的溢出效应》，《统计研究》2013 年第 4 期，第 37—41 页。

蒋灵多、陆毅：《最低工资标准能否抑制新僵尸企业的形成》，《中国工业经济》2017 年第 11 期，第 118—136 页。

金博轶：《我国人口死亡率建模与养老金个人账户的长寿风险分析》，《统计与决策》2013 年第 23 期，第 22—25 页。

金博轶等：《养老保险统筹账户收支缺口省际差异研究》，《保险研究》2015 年第 6 期，第 89—99 页。

金刚等：《延迟退休的方案设计及对城镇企业职工基本养老保险统筹基金收支影响研究》，《人口与发展》2016 年第 6 期，第 25—36 页。

金烨等：《收入差距与社会地位寻求：一个高储蓄率的原因》，《经济学（季刊）》2011 年第 3 期，第 887—912 页。

李昂、申曙光：《社会养老保险与退休年龄选择——基于 CFPS2010 的微观经验证据》，《经济理论与经济管理》2017 年第 9 期，第 55—70 页。

李常青等：《董事会特征影响公司绩效吗？》，《金融研究》2004 年第 5 期，第 68—70 页。

李江一、李涵：《新型农村社会养老保险对老年人劳动参与的影响——来自断点回归的经验证据》，《经济学动态》2017 年第 3 期，第 62—73 页。

李蕾等：《价值投资还是价值创造？——基于境内外机构投资者比较的经验研究》，《经济学（季刊）》2014 年第 1 期，第 357 页。

李力行等：《增值税征管与企业排污：一个多维度国家治理能力的视角》，北京大学国家发展研究院工作论文,2018 年,第 1—24 页。

李连友等:《城镇职工基本养老保险退保群体特征研究》,《统计研究》2014 年第 5 期,第 61—65 页。

李连友等:《工资增长和个体异质性对养老保险再分配效应的影响——兼论"断保者"受损了吗?》,《数量经济技术经济研究》2015 年第 5 期,第 88—99 页。

李文星等:《中国人口年龄结构与居民消费:1989—2004》,《经济研究》2008 年第 7 期,第 118—129 页。

李雪增等:《养老保险能否有效降低家庭储蓄:基于中国省级动态面板数据的实证研究》,《厦门大学学报(哲学社会科学版)》2011 年第 3 期,第 30 页。

李珍、刘子兰:《西方社会保障主要理论及其政策主张回眸》,《经济学动态》2004 年第 1 期,第 85 页。

李珍、王海东:《基本养老保险目标替代率研究》,《保险研究》2012 年第 2 期,第 97—103 页。

李志生等:《Lee-Carter 死亡率模型的估计与应用——基于中国人口数据的分析》,《中国人口科学》2010 年第 3 期,第 46—56 页。

连玉君、廖俊平:《如何检验分组回归后的组间系数差异?》,《郑州航空工业管理学院学报》2017 年第 6 期,第 97—109 页。

连玉君等:《融资约束与流动性管理行为》,《金融研究》2010 年第 10 期,第 158—171 页。

梁晓青、郭军义:《均值回归模型下最优人寿保险的购买和投资消费问题》,《中国科学:数学》2015 年第 5 期,第 623—638 页。

廖少宏:《提前退休模式与行为及其影响因素——基于中国综合社会调查数据的分析》,《中国人口科学》2012 年第 3 期,第 96—105 页。

林毅夫等:《中国政府消费券政策的经济效应》,《经济研究》2020 年第 7 期,第 4—20 页。

刘贯春、张军:《最低工资制度、生产率与企业间工资差距》,《世界经济文汇》2017 年第 4 期,第 1—26 页。

刘京军等:《机构投资者:长期投资者还是短期机会主义者?》,《金融研究》2012 年第 9 期,第 144 页。

刘苓玲、慕欣芸:《企业社会保险缴费的劳动力就业挤出效应研究——基于中国制造业上市公司数据的实证分析》,《保险研究》2015 年第 10 期,第 107—118 页。

刘青松等:《败也业绩,成也业绩?——国企高管变更的实证研究》,《管理世界》

2015 年第 3 期,第 155 页。

刘生龙等:《预期寿命与中国家庭储蓄》,《经济研究》2012 年第 8 期,第 107—117 页。

刘诗源等:《税收激励提高企业创新水平了吗? ——基于企业生命周期理论的检验》,《经济研究》2020 年第 6 期,第 105—121 页。

刘万:《延迟退休对城镇职工养老保险收支影响的净效应估计——基于 2025 年起渐进式延迟退休年龄的假设》,《保险研究》2020 年第 3 期,第 105—127 页。

刘万:《延迟退休一定有损退休利益吗? ——基于对城镇职工不同退休年龄养老金财富的考察》,《经济评论》2013 年第 4 期,第 28、29 页。

刘永泽等:《社保基金持股对上市公司盈余管理的治理效应》,《财政研究》2011 年第 11 期,第 67 页。

刘子兰、周成:《现收现付养老社会保险计划与个人储蓄关系的理论研究》,中国《资本论》研究会第十三次学术研讨会(福州)交流论文,2006 年。

刘子兰、陈梦真:《养老保险与居民消费关系研究进展》,《经济学动态》2010 年第 1 期,第 102—105 页。

刘子兰、周熠:《养老社会保险制度再分配效应研究简述》,《消费经济》2010 年第 2 期,第 76—78 页。

刘子兰:《养老金计划私有化问题研究》,《中国人口科学》2004 年第 4 期,第 74、75 页。

刘子兰等:《人口结构对居民消费的影响——基于城乡和地区差异的实证分析》,《湖南师范大学社会科学学报》2014 年第 6 期,第 78—85 页。

刘子兰等:《养老保险对劳动供给和退休决策的影响》,《经济研究》2019 年第 6 期,第 151—167 页。

刘子兰等:《养老基金持股与公司绩效》,《社会科学》2018 年第 2 期,第 49—61 页。

刘子兰等:《养老金积极主义与公司治理》,《湖南师范大学社会科学学报》2005 年第 6 期,第 512 页。

刘子兰等:《最低工资制度对企业社会保险参保积极性的影响》,《经济学(季刊)》2020 年第 4 期,第 1267—1290 页。

鲁晓东、连玉君:《中国工业企业全要素生产率估计:1999—2007》,《经济学(季刊)》2012 年第 1 期,第 541—558 页。

陆铭:《诊断中国经济:结构转型下的增长与波动》,《国际经济评论》2020 年第 6

期,第 22—38 页。

陆旸等:《从人口红利到改革红利:基于中国潜在增长率的模拟》,《世界经济》2016 年第 1 期,第 3—23 页。

罗小兰:《我国最低工资标准农民工就业效应分析——对全国、地区及行业的实证研究》,《财经研究》2007 年第 11 期,第 114—123 页。

马光荣等:《新型农村养老保险对家庭储蓄的影响:基于 CFPS 数据的研究》,《经济研究》2014 年第 11 期,第 127 页。

马双、甘犁:《最低工资对企业在职培训的影响分析》,《经济学(季刊)》2014 年第 1 期,第 1—26 页。

马双等:《养老保险企业缴费对员工工资、就业的影响分析》,《经济学》2014 年第 3 期,第 969—1000 页。

马双等:《最低工资对中国就业和工资水平的影响》《经济研究》2012 年第 5 期,第 132—146 页。

马双等:《最低工资与已婚女性劳动参与》,《经济研究》2017 年第 6 期,第 153—168 页。

毛中根等:《中国人口年龄结构与居民消费关系的比较分析》,《人口研究》2013 年第 3 期,第 82—92 页。

孟向京等:《城镇化和乡城转移对未来中国城乡人口年龄结构的影响》,《人口研究》2018 年第 2 期,第 39—53 页。

穆怀中:《中国养老保险制度改革关键问题研究》,中国劳动社会保障出版社 2006 年版。

[英]尼古拉斯·巴尔:《福利国家经济学》(中译本),郑秉文、穆怀中译,中国劳动社会保障出版社 2003 年版。

聂辉华等:《增值税转型对企业行为和绩效的影响———以东北地区为例》,《管理世界》2009 年第 5 期,第 17—24 页。

聂辉华等:《中国工业企业数据库的使用现状和潜在问题》,《世界经济》2012 年第 5 期,第 142—158 页。

宁光杰:《中国最低工资标准制定和调整依据的实证分析》,《中国人口科学》2011 年第 1 期,第 26—34 页。

彭浩然、申曙光:《改革前后我国养老保险制度的收入再分配效应比较研究》,《统计研究》2007 年第 2 期,第 33—37 页。

彭浩然:《基本养老保险制度对个人退休行为的激励程度研究》,《统计研究》2012

年第 9 期,第 31—36 页。

彭宅文:《财政分权、转移支付与地方政府养老保险逃费治理的激励》,《社会保障研究》2010 年第 1 期,第 138—150 页。

綦建红、尹达:《外商直接投资提高中国工业企业生产率了吗?》,《上海经济研究》2017 年第 11 期,第 55—67 页。

邱俊杰、李承政:《人口年龄结构、性别结构与居民消费——基于省际动态面板数据的实证研究》,《中国人口·资源与环境》2014 年第 2 期,第 125—131 页。

石美娟等:《机构投资者提升公司价值吗? ——来自后股改时期的经验证据》,《金融研究》2009 年第 10 期,第 154、155 页。

史永东等:《中国机构投资者真的稳定市场了吗?》,《经济研究》2014 年第 12 期,第 105 页。

宋弘等:《社保缴费率下降对企业社保缴费与劳动力雇佣的影响》,《经济研究》2021 年第 1 期,第 90—104 页。

孙祁祥:《"空账"与转轨成本——中国养老保险体制改革的效应分析》,《经济研究》2001 年第 5 期,第 20—27 页。

孙中伟等:《最低工资标准与农民工工资——基于珠三角的实证研究》,《管理世界》2011 年第 8 期,第 45—56 页。

唐珏、封进:《社会保险缴费对企业资本劳动比的影响——以 21 世纪初省级养老保险征收机构变更为例》,《经济研究》2021 年第 11 期,第 87—101 页。

唐跃军等:《价值选择 VS.价值创造——来自中国市场机构投资者的证据》,《经济学(季刊)》2010 年第 2 期,第 614、615 页。

陶纪坤、张鹏飞:《社会保险缴费对劳动力需求的"挤出效应"》,《中国人口科学》2016 年第 6 期,第 78—87 页。

田彬彬、陶东杰:《最低工资标准与企业税收遵从——来自中国工业企业的经验证据》,《经济社会体制比较》2019 年第 1 期,第 41—51 页。

田贵贤:《最低工资对就业的影响及其作用机制——基于建筑业面板数据的分析》,《财经论丛》2015 年第 5 期,第 16—23 页。

万广华等:《流动性约束、不确定性与中国居民消费》,《经济研究》2001 年第 11 期,第 35—44 页。

汪德华、毛捷:《增值税转型改革对企业投资的影响——基于中国税收调查数据的实证分析》,载《中国财政学会 2012 年年会暨第十九次全国财政理论讨论会论文集》。

汪辉:《上市公司债务融资、公司治理与市场价值》,《经济研究》2003 年第 8 期,第

30 页。

王红建等:《实体企业跨行业套利的驱动因素及其对创新的影响》,《中国工业经济》2016 年第 11 期,第 73—89 页。

王欢、黄健元:《人口结构转变与我国城镇居民消费关系的实证研究》,《消费经济》2014 年第 5 期,第 13—17 页。

王梦奎:《中国社会保障体制改革》,中国发展出版社 2001 年版,第 461 页。

王晓军、康博威:《我国社会养老保险制度的收入再分配效应分析》,《统计研究》2009 年第 11 期,第 75—81 页。

王晓军等:《我国养老保险的财务可持续性研究》,《保险研究》2013 年第 4 期,第 118—127 页。

王晓军等:《养老金支付缺口:口径、方法与测算分析》,《数量经济技术经济研究》2013 年第 10 期,第 49—62 页。

王晓军等:《长寿风险对城镇职工养老保险的冲击效应研究》,《统计研究》2016 年第 5 期,第 43—50 页。

王晓军等:《中国人口死亡率随机预测模型的比较与选择》,《人口与经济》2011 年第 1 期,第 82—86 页。

王晓军等:《中国社会养老保险的省区差距分析》,《人口研究》2006 年第 2 期,第 44—50 页。

王信:《养老基金在公司治理结构中的作用》,《经济社会体制比较》2002 年第 2 期,第 59 页。

王跃堂等:《董事会的独立性是否影响公司绩效?》,《经济研究》2006 年第 5 期,第 65、66 页。

王志刚等:《我国个人年金长寿风险的资本要求度量》,《保险研究》2014 年第 3 期,第 20—32 页。

吴朝红:《我国城镇养老保险体系的收入再分配效应研究》,博士学位论文,厦门大学公共经济学系,2007 年。

吴辉航等:《减税能否提高企业生产效率? ——基于西部大开发准自然实验的研究》,《财经研究》2017 年第 4 期,第 55—67 页。

肖严华等:《降低社会保险费率与社保基金收入的关系研究》,《上海经济研究》2017 年第 12 期,第 57—65 页。

谢琳:《基于长寿风险的城镇养老保险偿付能力评估》,《江西财经大学学报》2020 年第 1 期,第 71—84 页。

谢旭人:《进一步加强社保基金管理运营》,《人民日报》2016 年 5 月 30 日。

徐建炜等:《提高最低工资会拉升产品价格吗?》,《管理世界》2017 年第 12 期,第 33—45 页。

徐莉萍等:《股权集中度和股权制衡及其对公司经营绩效的影响》,《经济研究》2006 年第 1 期,第 93 页。

许和连等:《最低工资标准对企业出口产品质量的影响研究》,《世界经济》2016 年第 7 期,第 73—96 页。

许红梅、李春涛等:《社保费征管与企业避税——来自〈社会保险法〉实施的准自然实验证据》,《经济研究》2020 年第 6 期,第 122—137 页。

许志涛:《养老保险调节收入分配的作用机理及效果研究》,博士学位论文,西南财经大学社会保险与经济保障系,2014 年。

阳义南:《养老金生产率理论:我国发展企业年金的供给边视角》,《社会保障研究》2012 年第 4 期,第 49—55 页。

杨碧云等:《住房需求对城镇居民消费倾向的影响及其区域差异研究》,《消费经济》2014 年第 1 期,第 7—14 页。

杨典:《公司治理与企业绩效——基于中国经验的社会学分析》,《中国社会科学》2013 年第 1 期,第 83、84 页。

杨合力等:《公司治理、机构投资者与企业绩效——来自中国上市公司的经验证据》,《财政研究》2012 年第 8 期,第 68 页。

杨继军等:《人口年龄结构、养老保险制度转轨对居民储蓄率的影响》,《中国社会科学》2013 年第 8 期,第 65、66 页。

杨娟、李实:《最低工资提高会增加农民工收入吗?》,《经济学(季刊)》2016 年第 4 期,第 1563—1580 页。

杨汝岱、朱诗娥:《公平与效率不可兼得吗?——基于居民边际消费倾向的研究》,《经济研究》2007 年第 12 期,第 46—58 页。

杨再贵等:《中国城镇企业职工统筹账户养老金的财政负担》,《经济科学》2016 年第 2 期,第 42—52 页。

杨震林、王亚柯:《中国企业养老保险制度再分配效应的实证分析》,《中国软科学》2007 年第 4 期,第 39—48 页。

叶静怡、杨洋:《最低工资标准及其执行差异:违规率与违规深度》,《经济学动态》2015 年第 8 期,第 51—63 页。

叶林祥等:《中国企业对最低工资政策的遵守——基于中国六省市企业与员工匹

配数据的经验研究》,《经济研究》2015年第6期,第19—32页。

易行健等:《预防性储蓄动机强度的时序变化与地区差异——基于中国农村居民的实证研究》,《经济研究》2008年第2期,第119—131页。

于新亮等:《企业年金的"生产率效用"》,《中国工业经济》2017年第1期,第155—173页。

于新亮等:《养老保险缴费率,资本—技能互补与企业全要素生产率》,《中国工业经济》2019年第12期,第96—114页。

袁萍等:《关于中国上市公司董事会、监事会与公司业绩的研究》,《金融研究》2006年第6期,第25、26页。

袁志刚、朱国林:《消费理论中的收入分配与总消费——及对中国消费不振的分析》,《中国社会科学》2002年第2期,第69—76页。

袁志刚主编:《养老保险经济学》,上海人民出版社2005年版。

约翰·H.比格斯:《公司治理结构评估:教师保险及年金协会的首创》,载于梁能主编:《公司治理结构:中国的实践与美国的经验》,中国人民大学出版社2000年版。

张川川等:《新型农村社会养老保险政策效果评估——收入、贫困、消费、主观福利和劳动供给》,《经济学(季刊)》2015年第1期,第203—230页。

张丹丹等:《最低工资、流动人口失业与犯罪》,《经济学(季刊)》2018年第3期,第1035—1054页。

张继海:《社会保障对中国城镇居民消费和储蓄行为影响研究》,博士学位论文,山东大学产业经济学系,2008年。

张军等:《最低工资标准提高对就业正规化的影响》,《中国工业经济》2017年第1期,第81—97页。

张克中等:《缘何"减税难降负":信息技术、征税能力与企业逃税》,《经济研究》2020年第3期,第116—132页。

张世伟、李学:《养老保险制度改革的财政效应和收入分配效应——基于微观模拟的研究途径》,《人口与经济》2008年第5期,第61—65页。

张先治等:《社保基金持股对公司价值的影响研究——基于持股特征异质性的视角》,《财经问题研究》2014年第5期,第45页。

张熠:《延迟退休年龄与养老保险收支余额:作用机制及政策效应》,《财经研究》2011年第7期,第4—16页。

赵健宇、陆正飞:《养老保险缴费比例会影响企业生产效率吗?》,《经济研究》2018年第10期,第99—114页。

赵静等:《社会保险缴费率、参保概率与缴费水平——对职工和企业逃避费行为的经验研究》,《经济学(季刊)》2016年第1期,第341—372页。

赵静等:《社会保险缴费率、参保概率与缴费水平——对职工和企业逃避费行为的经验研究》,《经济学(季刊)》2016年第1期,第341页。

赵明等:《基于GlueVaR的我国养老金系统长寿风险度量》,《保险研究》2015年第3期,第13—23页。

赵明等:《中国人口死亡率变动趋势与长寿风险度量研究》,《中国人口科学》2019年第3期,第67—79页。

赵瑞丽等:《最低工资与企业出口持续时间》,《世界经济》2016年第7期,第97—120页。

赵瑞丽等:《最低工资与企业价格加成》,《世界经济》2018年第2期,第121—144页。

赵绍阳、杨豪:《我国企业社会保险逃费现象的实证检验》,《统计研究》2016年第1期,第78—86页。

赵耀辉、徐建国:《我国城镇养老保险体制改革中的激励机制问题》,《经济学(季刊)》2001年第1期,第193—206页。

郑秉文、孙永勇:《对中国城镇职工基本养老保险现状的反思——半数省份收不抵支的本质、成因与对策》,《上海大学学报(社会科学版)》2012年第3期,第1—16页。

郑秉文:《欧债危机下的养老金制度改革——从福利国家到高债国家的教训》,《中国人口科学》2011年第5期,第2—15页。

郑秉文:《中国养老金精算报告(2018—2022)》,中国劳动社会保障出版社2017年版。

郑伟、孙祁祥:《中国养老保险制度变迁的经济效应》,《经济研究》2003年第10期,第75—85页。

邹红等:《养老保险和医疗保险对城镇家庭消费的影响研究》,《统计研究》2013年第11期,第60—67页。

责任编辑:陈　登
封面设计:石笑梦
版式设计:胡欣欣

图书在版编目(CIP)数据

养老金制度的经济学分析/刘子兰 等 著. —北京:人民出版社,2023.12
ISBN 978 - 7 - 01 - 025968 - 0

Ⅰ.①养⋯　Ⅱ.①刘⋯　Ⅲ.①养老保险制度-研究-中国　Ⅳ.①F842.612

中国国家版本馆 CIP 数据核字(2023)第 183119 号

养老金制度的经济学分析
YANGLAOJIN ZHIDU DE JINGJIXUE FENXI

刘子兰 等　著

人民出版社 出版发行
(100706　北京市东城区隆福寺街 99 号)

中煤(北京)印务有限公司印刷　新华书店经销

2023 年 12 月第 1 版　2023 年 12 月北京第 1 次印刷
开本:710 毫米×1000 毫米 1/16　印张:25
字数:356 千字

ISBN 978 - 7 - 01 - 025968 - 0　定价:75.00 元

邮购地址 100706　北京市东城区隆福寺街 99 号
人民东方图书销售中心　电话 (010)65250042　65289539